동의보감과 동아시아 의학사

"이 저서는 2010년도 대한민국 교육부와 한국학중앙연구원(한국학진흥사업단)을 통해 한국학 특정분야 기획연구 (한국과학문명사) 사업의 지원을 받아 수행된 연구임."(AKS-2010-AMZ-2101)

동의보감과 동아시아 의학사

ⓒ 전북대학교 한국과학문명학연구소 2015

초판 1쇄 발행일 2015년 11월 30일
초판 2쇄 발행일 2017년 6월 23일

지 은 이 신동원

출판책임 박성규
편   집 유예림 · 남은재
디 자 인 조미경 · 김원중
마 케 팅 나다연 · 이광호
경영지원 김은주 · 박소희
제   작 송세언
관   리 구법모 · 엄철용

펴 낸 곳 도서출판 들녘
펴 낸 이 이정원
등록일자 1987년 12월 12일
등록번호 10-156
주   소 경기도 파주시 회동길 198
전   화 마케팅 031-955-7374 편집 031-955-7381
팩시밀리 031-955-7393
홈페이지 www.ddd21.co.kr

I S B N 979-11-5925-114-6(94910)
          979-11-5925-113-9(세트)

「이 도서의 국립중앙도서관 출판예정도서목록(CIP)은 서지정보유통지원시스템 홈페이지(http://seoji.nl.go.kr)와 국가자료공동목록시스템(http://www.nl.go.kr/kolisnet)에서 이용하실 수 있습니다.(CIP제어번호: CIP2015033455)」

한국의 과학과 문명 001

동의보감과 동아시아 의학사

신동원 지음

여인석 일부기고와 함께

지은이 신동원

서울대학교 학부를 졸업하고 같은 대학원에서 한국과학사 연구로 박사학위를 받았다. 영국 케임브리지 니덤 동아시아과학사연구소 객원연구원을 지냈으며, 카이스트 인문사회과학부 부교수를 거쳐 현재 전북대학교 과학학과 교수와 한국과학문명학연구소의 소장으로 재직 중이다. 현재 문화재청 문화재위원, 한국과학사학회 회장이기도 하다. 『한 권으로 읽는 동의보감』(공저), 『조선사람의 생로병사』, 『조선사람 허준』, 『호열자, 조선을 습격하다-몸과 의학의 한국사』, 『한국마의학사』, 『카이스트 학생들과 함께 풀어보는 우리과학의 수수께끼』, 『한국과학사 이야기』, 『호환 마마 천연두-병의 일상개념사』, 『조선의약생활사』, 『역시만필』(공저) 등 십여 권의 책을 썼다.

〈한국의 과학과 문명〉 총서

기획편집위원회
연구책임자_ 신동원
전근대팀장_ 전용훈
근현대팀장_ 김근배
전임연구원_ 문만용
　　　　　　 신향숙

일러두기

- 이 책은 신동원이 책의 구상에서부터 집필, 교열까지 전반적인 편찬 작업을 맡아 진행했으며, 부분적으로 여인석의 특별 기고를 포함한다. 여인석의 글은 "2장 3절", "10장 1절" 그리고 "에필로그"임을 밝힌다.

- 옛 서명과 인명은 각 장마다 처음에 등장할 때 한자를 병기하고, 이후에는 가독성을 위해 가급적 한자 병기를 생략했다.

- 중국인명은 과거인은 한자음대로 표기하고 현대인은 중국어 표기법에 따라 표기했다. 일본인명은 과거와 현대의 구분 없이 일본어 표기법에 따라 표기했다.

- 한글 문헌은 의미가 분명하지 않은 경우만 한자를 병기했으며, 외국 문헌은 원어로 표기했다.

- 의학사의 주요 인물 외에도 시대 파악에 필요한 인물의 생몰연도를 표기했으며, 생몰연도가 미상인 인물에 대해서는 이를 따로 밝히지 않았다.

- 주석은 미주를 기본으로 하고 꼭 필요한 경우만 각주를 사용했으며, 각 장별로 번호를 다시 매겨 정리했다.

- 인용 그림은 최대한 소장처와 출처를 밝히고 저작권자의 허락을 얻었으나 일부 저작권자를 찾지 못하여 게재 허가를 받지 못한 사진은 확인되는 대로 통상 기준에 따른 허가 절차를 받기로 한다.

〈한국의 과학과 문명〉 총서를 펴내며

한국은 현재 세계 최고 수준의 메모리 반도체, 스마트폰, 디스플레이, 철강, 선박, 자동차 생산국으로서 과학기술 분야의 경이적인 발전으로 세계의 주목을 받고 있다. 우리는 한국이 달성한 현대적인 과학기술의 발전을 가능케 한 요인 중의 하나가 한국이 오랜 기간 견지해온 우수한 과학기술 문화와 역사 속에 있다고 생각한다.

문명이 시작된 이래 한국은 항상 높은 수준을 굳건히 지켜온 동아시아 문명권의 일원으로서 그 위치를 잃은 적이 없었다. 우리는 한국이 이룩한 과학기술 문화와 역사의 총체를 '한국의 과학문명'이라 부른다. 금속활자, 고려청자 등으로 대표되는 한국 과학문명의 창조성은 천문학·기상학·수학·지리학·의학·양생술·농학·박물학 등 과학 분야를 비롯하여 금속제련·방직·염색·도자·활자·인쇄·종이·기계·화약·선박·건축 등 기술 분야에서도 다양하게 분명히 드러난다.

우리는 이런 내용을 종합하는 〈한국의 과학과 문명〉 총서를 발간하고자 한다. 이 총서의 제목은 중국의 과학문명에 대한 새로운 인식의 지평을 연 조지프 니담(Josep Needham)의 『중국의 과학과 문명』을 염두에 두고 만들었지만, 우리는 전근대와 근현대를 망라하여 한국 과학문명의 총체적 가치와 의미를 온전히 담은 총서의 발간을 목표로 한다. 나아가 한국의 과학과 문명이 지닌 보편적 가치를 세계에 발신하고자 한다. 지금까지 한국의 과학문명은 세계 과학문명의 일원으로 정당한 가치를 인정받지 못한 채, 중국 문명의 아류로 인식되어왔다. 이 총서에서는 한국 과학문명이 지닌 보편성과 독자성을 함께 추적하여 그것이 독자적인 과학문명이자 세계 과학문명의 당당한 일원임을 입증하고자 한다. 우리는 이 총서에서 근현대 한국 과학기술 발전의 역사와 구조를 해명할 것이며, 이는 인류의 과학기술 발전사를 해명하는 데에 기여할 것이다.

이 총서에서는 한국의 과학문명이 역사적으로 독자적인 가치와 의미를 상실하지 않았던 생명력에 주목한다. 이를 위해 전근대 시기에는 중국 중심의 세계질서 아래서도 한국의 과학문명이 독자성을 유지하면서 발전을 지속한 동력을 탐구한다. 근현대 시기에는 강대국 중심 세계체제의 강력한 흡인력 아래서도 한국의 과학기술이 놀라운 발전과 성장을 이룩한 요인을 탐구한다.

우리는 이 총서에서, 국수적인 민족주의나 근대 지상주의를 동시에 경계하며, 과거와 현재가 대화하고 내부와 외부가 부단히 교류하는 가운데 형성되고 발전되어온 열린 과학문명사를 기술하고자 한다. 이 총서를 계기로 한국 과학문명에 대한 관심과 이해가 더욱 깊어지기를 기대한다.

마지막으로 〈한국의 과학과 문명〉 총서의 발간이 교육부와 한국학중앙연구원 한국학진흥사업단의 지원에 크게 힘입었음을 밝히며 이에 감사를 표한다.

〈한국의 과학과 문명〉 총서 기획편집위원회

한국 과학문명사에서 봤을 때『동의보감』은 해외 발신이 가장 널리 된 책으로 이에 견줄만한 것이 없다. 1613년 출간된 지 100여 년 후에 일본 판본이 나왔고, 또 다시 50여 년 후에 중국 첫 판본이 나온 이후 중국에서만 30여 판이 출현했으며 오늘날에도 거듭되고 있다. 19세기 말 베트남 출현 의서에서도『동의보감』이 인용되고 있다. 가히『동의보감』은 세계적인 책이라 불러도 무방하다. 동아시아 전통 과학 분야 중 천문학과 더불어 쌍벽을 이루는 이런 성취는 한국 과학문명의 넓이와 깊이를 아울러 웅변한다.

이뿐만이 아니다. 여러 차례에 걸쳐 소설과 드라마로 한국인, 더 나아가 한류의 일부로서 그것을 즐긴 세계인에게『동의보감』과 저자 허준이 익숙한 존재가되었으며, 2009년 유네스코에서는 전 세계 의학 서적 중 최초로 이 책을 세계기록유산으로 공인했다.

그럼에도 책 알맹이를 정확하게 인식하지 못한 상태에서 최상급 숭배의 대상이 되지는 않았는지 의심을 품어야 한다.『동의보감』이 어떤 점 때문에 세계적인 경쟁력을 갖추게 되었는지, 또 그런 의서를 탄생시킨 조선의 지적, 학문적, 사회적 역량이 무엇인지를 밝힌 본격적인 연구가 없었기 때문이다. 그동안 이룩한 학계의 결과로는 한국 사람끼리는 서로 자랑스러워하며 고개를 끄덕일 정도는 되지만 민족적인 자긍심을 공유하지 않는 사람들까지 설득시킬 정도는 아니었다.

이 책은 한국인을 넘어 중국인이나 일본인, 더 나아가 모든 세계 사람이 공감할 수 있는『동의보감』의 성격과 가치를 밝히기 위해 집필되었다. 나는『동의보감』이 동아시아에서 널리 읽혔던 비밀이 그것이 한국 일국에 갇힌 것이 아니라 동아시아적 성격을 띠었기 때문이라고 본다. 그것은 다음 세 측면에서 분명하게 드러난다. 첫째, 『동의보감』은 동아시아 의학 전반을 재료로 하여 구성했다. 둘째, 몸의 양생을 병 치료보다 우선해서 본다는 고대 중국 의학 정신의 회복을 내세워 동아시아 의학의 거대한 전통을 일관되게 종합해냈다. 셋째, 거기에 조선에서 발전시켜온 여러 의학 전통을 녹여냈다.

이 책이 내 이름 단독으로 나오게 된 짤막한 경위 설명이 필요하겠다. 이 연구는 애초에 3인의 공동 연구로 기획되어 연구가 진행되었다. 과학사를 전공한 내가 연구 책임을 맡았고, 한의학계의 대표적인 『동의보감』 연구자인 김남일 교수, 의과대학에서 한국 의학사 연구를 이끌고 있는 여인석 교수가 같이 연구를 시작했다. 3년 남짓 공동 연구를 통해 『동의보감』 이해가 적지 않게 증진되었지만, 각자 제시한 최종 결과물에 담긴 서로 다른 연구 방법과 글쓰기 스타일로 해서 단행본 논지의 일관성이 떨어지는 일이 벌어졌다. 따라서 김 교수가 맡았던 부분을 내가 다시 쓰게 되면서 내 집필 비중이 커졌고, 또 일관성 있는 단행본 출간 취지를 살리기 위해 여 교수 집필 부분에서도 적지 않은 보완이 이루어졌다. 두 분의 도움에 대해 감사드린다. 이 책에 포함된 여 교수의 기여는 일러두기에 상세히 적었다.

이 밖에 이 연구가 나올 수 있도록 도와 준 여러분께 감사드린다. 연구비를 지원해준 교육부와 한국학중앙연구원 한국학진흥사업단, 책의 초고를 읽고 잘못된 부분을 지적하고 좋은 의견을 준 전용훈, 오재근 교수와 문만용, 신향숙 전임 연구원, 어색한 표현과 문장을 바로잡아준 김기협 선생님, 책을 펴낸 이정원 대표, 박성규 주간 등 도서출판 들녘 식구들에게 감사드린다. 무엇보다도 바쁜 집필 시간 중 인내해준 아내 이꽃메, 딸 보영, 아들 지용에게 고마움을 표한다.

2015년 11월 26일 신동원

1부 탄생 배경과 과정

왜 『동의보감』인가

"1613년 한국에서 집필된 의학적인 지식과 치료 기술에 관한 백과사전으로, 왕의 지시하에 여러 의학 전문가들과 문학자들의 도움을 받아 허준이 편찬하였다. 동의보감은 동아시아 의학의 발전뿐 아니라, 많은 부분에 영향을 주었다. 예를 들어, 19세기까지는 유례가 없었던 예방의학과 국가적으로 이뤄지는 공공 보건 정책에 대한 관념을 세계 최초로 구축했다. 동의보감은 한국적인 요소를 강하게 지닌 동시에, 일반 민중이 쉽게 사용 가능한 의학 지식을 편집한 세계 최초의 공중 보건 의서라는 점을 인정받아 이번에 등재되었다. 전문가들은 또한 동의보감이 질병 치료와 관련해 정신적·심리적 측면을 강조하는 동양의학의 '총체적 접근법'을 담고 있어, 단순한 기술적인 가치를 넘어 사회적·철학적 가치가 인정된다고 보았다. 아울러 초간본 동의보감이 이상적인 보존 환경에 놓여 있다는 점도 높이 평가했다."

(유네스코 한국위원회 홈페이지, 『동의보감』 세계기록유산 등재에 관한 설명.)

한국 과학사, 중국 과학사, 어느 관점에서도 『동의보감(東醫寶鑑)』은 매우 드문 예외에 속한다. 고대부터 근대에 이르기까지 중국 문명과 한국 문명의 관계는 거의 모든 분야에서 중국의 문물이 조선에 유입되어 큰 효과를 일으킨 것이 대부분이었고, 반대의 경우는 찾아보기 힘들다. 『동의보감』은 의학의 가장 높은 수준에서, 또 가장 일반적인 형태로 이 드문 '반대'의 사례에 해당된다. 그래서 여러 궁금증이 생겨난다. 조선과 중국, 더 나아가 일본까지 펼쳐졌던 역사적 현상으로서 『동의보감』 유행의 실체는 무엇인가? 그런 현상이 일어난 요인은 무엇인가?『동의보감』의 저술 과정과 발간 배경은 어떠했는가?『동의보감』의 의학적 내용은 무엇이고 어떤 성취를 담은 것인가? 이런 의서를 편찬해낸 조선 의학계와 사상계의 잠재력은 무엇인가? 대표 저자인 허준(許浚, 1539~1615)은 어떤 인물이었으며, 다른 공동 저자의 지적, 의학적 배경은 무엇인가? 마지막으로『동의보감』은 동아시아 의학사에서, 또 세계 의학사에서 어떤 위치를 차지하는가? 등등이 쉽게 떠오르는 질문들이다.

1.『동의보감』의 국내외적 명성

허준 자신은 아마도『동의보감』이 우리가 알고 있는 것처럼 엄청난 대접을 받으리라는 생각을 해보지 않았을 것이다. 중화 문명의 동쪽 구석에 위치한 조선의 의자(醫者)로서 허준은 자신의 책이 오랫동안 중원(中原)에서 대단한 독자를 얻게 되리라는 사실은 꿈에서조차 상상하지 못했을 것이다. 비록 자신의 성취를 당대 대가로 칭송받는 이고(李杲, 호 東垣, 흔히 李東垣이라 부름)의 북의(北醫), 주진형(朱震亨, 호 丹溪, 흔히 朱丹溪라고 함)의 남의(南醫)에 견주어 동의(東醫)의 확립을 장담했지만,[1] 의학만이 아니라 조선의 그 어떤 사상이나 문물이 대륙 전체로 널리 발신한 사례는 유례가 없었기 때문이다. 중국 학자 량융쉬안(梁永宣)의 최근 연구에 따르면, 1949년까지 27종이, 이후 현재까지 8종의『동의보감』이 중국에서 찍혀 나왔다. 가장 최신본은 2013년도 판이다.[2] 타이완에서도 12종이 찍혀 나왔다고 한다.[3] 일본에서는 19세기까지 두 번 인쇄되었으며 현대에도 여러 차례 인간되었다. 의학 수요의 급증, 출판 산업의 발달, 국내외 유통 시스템의 확장이라는 조류와 맞물려『동의보감』은 허준의 시대에는 꿈도 꾸지 못했을 국제적인 베스트셀러의 반열에 올랐다. 중국 의서로는『동의보감』수준의 인기를 누린 책이 몇 가지 있지만, 조선이나 일본 의서로서 이만큼 널리 읽히는 책은 단연코 없다. 동아시아 의학 저작으로는 최초로 유네스코 세계기록문화유산으로 등록되기도 했다. 내용이 독창적이고 오늘날에도 실용성을 가진 중요한 기록유산으로 평가받았다. 현대 서양의학 이전에 동아시아인의 보건에 도움이 됐고, 서양의학보다 우수한 것으로 인정받는 분야도 있다는 것이 선정 취지였다.

세계기록유산이나 중국에서 누린 인기에 관계없이, 이 책은 출간 이후 조선에서 가장 중요한 의서로 자리 잡아서 한국 역사의 중요한 한 요소가 되었다. 국내에서 조선후기에『동의보감』이 대여섯 차례 공식적으로 인쇄, 발간되었음이 확인되며, 후대 조선 의학계에서『동의보감』이 끼친 영향력은 이 책을 존숭하여 계승한 후학들의 의서를 통해 더욱 짙게 나타난다.[4] 이덕무(李德懋)가 조선에서 가장 좋은 세 가지 책으로 이이(李珥)의『성학집요(聖學輯要)』, 유형원(柳馨遠)의『반계수록(磻溪隨錄)』과 함께『동의보감』을 꼽은 사실은 이의 상징적인 사례다.[5]

의학의 본 고장인 중국에서 대단한 인기를 누린 사실은『동의보감』을 조선 의학사라는 일국의 차원을 넘어 동아시아 의학사의 관점에서 볼 것을 요구한다.『동의보감』이 국내에서 명성을 굳히게 된 결정적 계기도 중국에서 누린 인기에 있다. 여러 연행사가 감격한 것과 같이, 당시 중국에서 출판 상황을 보면, 1747년, 1763년 2종, 1766년까지 4종의 판본이 찍혀 나왔다. 게다가 1724년 일본에서 찍은 판본까지 중국에 널리 퍼졌고, 사신들이 품어 간 조선판본 2종(1613년, 1634년 본)까지 소중하게 취급되었다.[6] 중국에서 판을 거듭할수록 국내에서도『동의보감』에 대한 자긍심은 더욱 커졌다.

〈그림 1〉 ❶ 구암 허준 동상(강서구 구암공원. 사진 출처: 허준박물관)
　　　　❷ 세계 최대 규모의 한의학 대학으로 거론되는 중국 상하이 중의약대 포둥(浦東) 캠퍼스 교정에 세워진 허준 동상
　　　　(사진 제공: 연합뉴스)

2. 거대 프로젝트의 대상으로서 『동의보감』 연구

한국 의학사에서 『동의보감』이 가장 대표적인 책인 만큼 이에 대한 연구는 무수히 많이 나와 있다. 2014년 현재 한국교육학술정보원이 제공하는 학술 정보서비스 사이트(RISS)에서 『동의보감』을 검색해보면, 이를 키워드로 삼은 것으로 석·박사 학위논문 357건, 국내 학술지 논문 422건이 검색된다. 이는 다른 저명한 의서인 『향약집성방(鄕藥集成方)』(학위논문 28건, 국내 학술지 논문 51건), 『의방유취(醫方類聚)』(학위논문 21건, 국내 학술지 논문 31건), 『제중신편』(학위논문 18건, 국내 학술지 논문 27건), 『방약합편(方藥合編)』(학위논문 26건, 국내 학술지 논문 40건), 『동의수세보원(東醫壽世保元)』(학위논문 27건, 국내 학술지 논문 80건)에 비해 압도적으로 많은 것이다. 『동의보감』에 관한 논문의 대다수는 임상에 관한 것이나, 역사에 관한 것도 적지 않다.

　『동의보감』의 놀라운 성취에 대해서는 1990년대 이후 많은 논저가 쏟아져 나왔다. 1991년 허정은 『동의보감』의 등장 배경, 공동 저자, '동의'란 명칭의 의의, 이후의 영향 등에 대한 견해를 제시했다.[7] 1999년 신동원·김남일·여인석은 『동의보감』의 내용을 축약하는 작업을 통해 그동안 파악되지 않았던 『동의보감』 전체 구성의 논리와 특징을 밝히는 단초를 열었다.[8] 2000년 김호는 박사논문에서 『동의보감』의 신체관에 주목하여 그것이 장부, 부인, 소아의 인간 구분을 드러낸 것으로 파악하는 한편, 이 책이 유·불·선 삼교회통 정신에 따라 구성된 것이라는 주장을 펼쳤다. 또한 김호는 책의 저자인 허준의 출생과 가계, 의학 학습, 입사(入仕)에 관한 실증적인 근거를 연구사상 최초로 제시했다.[9] 2001년 신동원은 『동의보감』이 질병보다 몸을 중심으로 한 동아시아 최초의 의학서라고 주장하면서, 책의 구성과 편집 체계, 임상 응용의 적정성 등을 이 책이 이후 동아시아에서 가장 경쟁력 있는 의서로 자리 잡게 된 요인으로 꼽았다.[10] 같은 해 성호준은 『동의보감』의 사상사적인 측면을 분석하여 이 책의 유가적 성격이 '중화(中和)'에 있다고 주장하는 한편, 이 책의 도가적 성격과 유가적 성격의 접합 논리를 찾아내려고 했다.[11] 2006년 김성수는 16세기 조선의 열악한 의료 실태와 선비들 사이에 널리 퍼져 있는 양생법을 확인함으로써 이를 『동의보감』의 편찬 배경으로 파악했다.[12] 이 밖에도 『동의보감』 각론에 대한 연구가 많이 나왔는데, 여기서는 그 내용을 일일이 거론치 않겠다.[13] 『동의보감』 연구에 대한 한의학계의 기여는 한창현·안상우 등의 공동 연구에 총정리되어 있다.[14]

이런 여러 연구 덕택에 『동의보감』의 역사적, 학술적 의미에 대한 이해는 넓어지고 깊어졌다. 그럼에도 동아시아 의학사에서 이 책이 누린 영향력이나, 유네스코 세계기록문화유산 등재에 걸맞은 수준의 종합적인 연구 성과는 아직 출현하지 않았다. 달리 말해, 국내의 독자와 국외 의학사 학계가 함께 인정할 만한 학술적 성과는 아직 나오지 않았다. 한국인에게 은연히 존재하는, 『동의보감』이 '우리 것이기에 대단하다는 민족주의적 편견'을 거두어내는 동시에 '대단한 것이기 때문에 대단하다.'는 동어반복적 해석은 이제 버려야 한다.

『동의보감』 연구는 현재 진행 중인 중국과 일본에서 진행되는 여러 대형 연구와 같은 세계성을 획득해야 한다. 중국의 경우 절대적인 의학 경전으로 평가되는 『황제내경(黃帝內經)』 연구 프로젝트, 한대의 명의 장중경(張仲景)이 열어젖힌 상한론(傷寒論)에 관한 프로젝트, 이른바 금원대에 출현한 네 명의 대가인 금원사대가의 연구에 관한 프로젝트, 명말 의사 이시진(李時珍)의『본초강목(本草綱目)』에 관한 연구 프로젝트, 청대에 두드러진 발전을 본 전염병에 관한 학문인 온병학(溫病學)에 관한 연구 프로젝트 등에 대해 집중적 연구가 진행되고 있다. 일본의 경우에는 에도 시기 의학을 대표하는 고방파(古方派) 또는 상한파(傷寒派)에 대한 연구 프로젝트 등 굵직한 연구 분야가 형성되어 있다.『동의보감』 연구도 그와 같은 궤도에 곧 올라 한국 의학사 발전을 제대로 읽어낼 돌파구가 될 것을 기대한다.

3. 이 책의 문제 의식

나는 두 동료와 함께 지난 십여 년간 허준과『동의보감』에 관한 역사적 연구를 수행하여 결과물로『한권으로 읽는 동의보감』(1999)을 펴냈다. 이 책은『동의보감』 전체 내용을 일반 대중이 읽을 수 있도록 축약한 것으로, 원전의 흐름을 해치지 않으면서 책 내용 전반을 담아내는 것을 목표로 했다. 더 나아가 나는『조선사람 허준』(2001)에서『동의보감』이라는 텍스트와 책의 저자 허준의 생애, 의사로서의 활동, 의학 연구에 대한 역사적 접근을 다루었다. 기존 연구와 달리 이 책에서는 '『동의보감』이 어떤 책이고, 허준의 의학적 성과가 어떤 점인가를 밝히는 데' 초점을 두기보다는 그 지평을 동아시아로 넓히고자 했다. 조선의 의서인 허준의 『동의보감』이 한국 의학의 전범에서 그치지 않고 동아시아 의학의 전범으로까지 자리 잡게 된, 보기 드문 역사적 현상에 관심을 기울였다. 이런 현상의 이면에는 동아시아 전통 의학의 보편성, 조선 의학계라는 지역성, 편집 체계와 같은 의학 외적 요인이 한데 어울려 있다. 동아시아 전통 의학사적인 시각에서 『동의보감』의 등장 배경, 학술적 특징, 유통의 역사적 맥락을 밝히고, 『동의보감』에 나타난 지역성과 의학적 보편성을 징검다리로 삼아 동아시아 의학의 중심/주변 개념을 정립하려고 했다.[15]

나의 문제의식은 조선 의서 『동의보감』(1613)을 이보다 약간 앞서 출간된 명대 이천(李梴)의 『의학입문(醫學入門)』(1575)과 비교하면서부터 출발한다. "허준과 이천의 의서 짓는 방식이 근본적으로 똑같았음에도 불구하고, 왜 이천은 선대의 자료를 활용한 중국 의학의 계승자가 되고, 허준은 중국 의학의 수입자로 구분되어버리는 것인가?" 또 "둘 사이의 개인적인 차원에서의 의학적 식견, 능력, 경험이나 책 짓는 동기보다도 지역성이나 국적을 더 중시해서 보는 접근 방식의 타당성은 어디에 있는 것일까?" 의문은 여기서 그치지 않는다. "『의학입문』이 조선에서 대단히 높은 인기를 끈 현상을 중국 의학의 세계화로 파악한다면, 『동의보감』이 중국에서 대단히 높은 인기를 끈 현상은 조선 의학의 세계화로 불러도 무방한 것일까?" 마지막으로 "일본에서 인기를 끈 『의학입문』과 『동의보감』에 대해 일본인들은 이 두 책에서 의학적 내용 외에 중국·한국이라는 지역적 특성을 느꼈던 것일까?"

이런 질문으로부터 나는 『동의보감』 연구에서 지역성에 앞서 과거 의학 성과물의 보편적 특성을 우선 고려해야 함을 절감했다. '조선의 『동의보감』' 이전에 '의서 『동의보감』'을 먼저 생각해야 한다. 과연 중국이나 일본의 독자들이 이국(異國) 감정의 발로로서 『동의보감』을 선호했던 것일까?

조선의 독자가『의학입문』을 중국에서 왔기 때문이 아니라 그 책이 쓸모 있
는 책이라 생각해서 좋아했던 것처럼, 중국이나 일본의 독자도 비슷한 동
기로『동의보감』을 집어 들었을 것이다. 책의 지은이 입장도 마찬가지로 헤
아릴 수 있지 않을까? 이천은 오랜 의학 전통을 모두 아우르면서 그 핵심
을 노래 형태로 매우 요령 있게, 또 쉽게 뽑아낸다는 목표로『의학입문』을
썼다. 허준도 의학 전체의 핵심을 나름대로 잡아낸다는 비슷한 목표로『동
의보감』을 썼다. 아마도 후대 일본의 다니오 모토카타(丹波元堅, 1795~1857)
도 비슷한 심정으로『잡병광요(雜病廣要)』를 썼을 것이다. 한 민족의 구성원
이기 이전에 이 의학자들은 의학의 전통을 공유하면서, 거기서 자신의 의
학적 물음을 시작했을 것이다. 만일 이 셋이 한데 모인다면, 그들은 자신의
의학적 소견을 출발점으로 하여 마치 오늘날의 과학자들이 자기 분야의 연
구 성과를 토대로 토론을 벌이듯이 밤새 토론이 가능할 것이다.

  그렇다면『동의보감』연구에서 지역성은 무시될 만한 것인가? 이 연구
에서는 의학의 보편성을 고려하지 않고 의학의 지역적 특성에만 관심을
집중하는 게 온당치 않다고 보지만, 지역성을 연구의 대상에서 배제하려
는 것이 아니다.『동의보감』의 저자인 허준도 자기 저작의 지역성을 크게
의식했다. 그것은 중국의 동쪽 의학을 뜻하는 '동의'라는 말을 책 제목에
쓴 데서 단적으로 드러난다. 또『동의보감』의 편집 목표 중 하나가 "국산
향약의 이용을 장려할 것"이었다. 넓게 보면,『동의보감』이 임진왜란으로
인해 수많은 의서의 망실 등 피폐화한 의료 현실에 직면해 편찬된 사실이
나『동의보감』이 조선의 의학 진화 과정에서 가장 유력한 전통을 만들어
낸 현상도 지역적 상황과 관련되어 있다.

  『동의보감』이 의학의 보편성과 관련된 것인지 지역성과 관련된 것인지
딱 부러지게 말하기 힘든 부분이 적지 않은데, 이것들은 어떻게 파악해
야 할까? 이는『동의보감』연구에서 가장 어려운 부분이다. 이를테면 다음

과 같은 질문이다. "『동의보감』이 양생을 앞세워 의학을 그 아래 포섭시킨 것, 또 이 책이 외감적인 원인을 중시한 장중경의 『상한론』보다 신체 내부 기운의 보양을 중시한 이고·주진형의 의학 이론에 더 경사된 사실은 허준 개인 차원의 선호 때문이 아니라 16세기 조선 신유학자의 그러한 분위기를 반영한 게 아닌가?" 질문이 더 확대되어 다음과 같이 민족별 특성을 물을 수도 있다. "그런 양생론적, 보양론적(保養論的) 의학적 특징이 중국의 온병학이나 일본의 상한론과 구별되는 조선 의학의 특징이 된 것은 아닌가?" 여러 의학적 특색이 개인의 취향에서 비롯하는 것인지, 일국의 의학계나 사상계의 경향을 반영하는 것인지의 여부를 따지는 게 결코 쉬워 보이지 않는다.

『동의보감』과 동아시아 의학사 연구를 수행함에 주의해야 할 점은 연구자가 책과 저자에 지나치게 공감되어 객관성을 잃게 되는 상황이다. 오히려 '신화화'한 『동의보감』을 객관적인 시각으로 제대로 평가하는 것이 필요하다. 조선후기부터 『동의보감』은 의학책 이상의 아이콘 또는 신화물의 상징이 되었다. 중국에 다녀온 조선의 사신들은 북경의 서점에 꽂힌 중국판 『동의보감』을 보면서 감격스러워했다. 조선의 모든 책 가운데 중국에서 『동의보감』만큼 인기를 끈 책이 일찍이 없었기 때문이다. 중국 사람에게 널리 읽힌다는 사실 자체만으로도 『동의보감』은 조선인의 자부심이 되었다. 18세기 초반만 해도 성호(星湖) 이익(李瀷, 1681~1763) 같은 사람은 『동의보감』을 비판했다. 중국 사신이 널리 찾는 책이지만 내용의 중복이 많고 산만하다는 것이었다. 18세기 후반의 책에서는 그러한 비판을 찾아보기 힘들다. 이웃 중국과 일본의 후한 평가가 피드백 되어 『동의보감』은 조선에서 일종의 신화가 되었다. 여기에서 더 나아가 20세기 한국에서 『동의보감』은 한국의 전통 의학을 대표하는 민족적 아이콘이 되었다. 한편으로는 중국 의학에 대항하는 것으로서, 다른 한편으로는 서양의학에 대항

하는 이념적 진지 구실을 떠맡았다. 이런 점을 명심하고 나는 긍정적인 것만을 뽑아 부조(浮彫)하거나, 부정적인 것을 감추려고 하지 않을 것이다. 긍정/부정이라는 관점보다도 책의 등장 배경과 성격, 후대에 끼친 자취 등 구조적 측면을 파악해내는 데 주력할 것이다.[16]

〈그림 2〉 『동의보감』 영영개간(嶺營開刊) 목판본 (사진 출처: 허준박물관)

〈그림 3〉 ❶ 『동의보감』 청대 부춘당장판 (사진 출차: 허준박물관)
　　　　 ❷ 『동의보감』 일본원각 중국번각판 (사진 출차: 허준박물관)

4. 이 책의 주요 질문과 그에 대한 가설

『동의보감』과 동아시아 의학사를 살필 때 크게 세 가지 해명이 필요하다.
하나는 『동의보감』이 출현 이후 한국과 일본, 중국에서 대단히 중요한 의서
가 된 현상을 알아내는 것이다. 둘째는 그런 결과를 가져다준 의학 내적인
구조를 해명하는 것이다. 마지막은 그런 『동의보감』이 16세기 조선에서 출
현하게 된 직접적인 상황과 그런 대단한 작업이 있도록 한 조선의 의학적,
지적, 문화적 역량을 밝히는 것이다. 이 책에서는 독자들에게 익숙한 보통

의 역사서처럼 논의 순서를 뒤집어 역사 시대 순으로, 조선, 일본, 중국의 지역 순으로 서술한다. 의학 체제에 대한 분석은 중간에 둔다. 이 책은 총 12개의 질문에 답하는 식으로 구성되어 있는데 그것은 다음과 같다.

1부 '탄생 배경과 과정'에서는 조선에서『동의보감』과 같은 성격의 책이 나오게 된, 더 나아가 나올 수 있었던 역사적 상황을 밝히고자 한다.

① 『동의보감』을 낳게 한 조선의 의학적, 지적 실력은 어떻게 배양되어왔는가? 조선 개국 이후 활발하게 진행된 중국 서적의 수입과 발간, 국책 사업으로서『향약집성방』·『의방유취』같은 대형 의서 편찬, 태산 의학·구급 의학·두창 의학·전염병 분야에 대한 간편한 대민 의서의 발간, 고급 의학을 소화해내는 것을 가능토록 한 의학 교육 시스템의 개혁 등이 추진되어왔다. 이런 의학적 성장은 유교 경전, 역사학, 천문학, 지리학, 언어학, 문학, 음악학 등 전반적인 성장과 궤를 같이하는 것이었다. 국가 차원에서 지적 능력이 고양됨에 따라 자국 문화인 동국(東國)에 대한 자부심으로 이어졌다.(1장)

② 양생과 의학을 통일한 의서로 평가받는『동의보감』의 양생적 성격은 어떤 문화적 배경을 가지는가? 조선 개국의 주체인 신흥 사대부는 자신의 건강을 유지하기 위해서, 또 유학 공부의 일환으로서 심신 수양 위주의 양생을 자신의 문화로 삼았다. 그들은 병 고치는 의학보다 병이 들지 않는 상태를 추구하는 양생을 더 높이 평가하는 경향을 보였다.(2장)

③ 허준의 의학적 능력은 어떻게 함양되었으며,『동의보감』의 편찬자로 발탁된 배경은 무엇인가? 허준은 서자 출신이지만 지적인 양반가에서 폭넓은 교육을 받았으며, 단순히 의학 공부에 그친 게 아니라 경전과 사서 등 유학까지 섭렵하여 실력을 쌓았다. 내의원에 입사한 후 허준은 국왕 선

조와 학문적, 임상적, 인간적인 차원에서 동반자적인 관계를 맺게 되는데, 선조의 높은 신뢰가 사업의 추동력을 제공했으며, 허준은 사업의 완결로 보은했다.(3장)

④ 『동의보감』은 구체적으로 어떤 계기로 해서 편찬되었는가? 편찬의 직접적인 계기는 1592년 일본의 조선 침략 전쟁이었다. 전쟁 피해의 고통을 의서의 제공으로 완화해보겠다는 희망, 전쟁 중에 피폐화한 의료제도에 대한 대안의 제공, 전쟁 중에 망실된 의서 복구의 일환으로서 새 의서 『동의보감』이 편찬되었다.(4장)

⑤ 동의보감의 편찬과 발간 과정은 어떠했는가? 『동의보감』 편찬은 처음에는 허준을 비롯한 6인의 쟁쟁한 의사들의 공동 편찬으로 시작되었으나 곧이어 일어난 전쟁의 재발로 중단되었고, 그것은 허준 단독 편찬으로 바뀌어 10여 년 후에 발간을 보게 되었다.(5장)

2부 '동아시아 의학의 전범'에서는 『동의보감』이 동아시아 의학사에서 높이 평가받은 비밀을 풀고자 한다.

① 동아시아 의학사에서 『동의보감』 같은 책이 왜 필요했는가? 『동의보감』은 역사적 맥락 없이 뚝 떨어져 나온 것이 아니다. 중국 금·원 이후 서로 다른 견해를 가진 의학 이론과 처방이 난무하는 상황이 벌어졌기 때문에 그것을 절충, 종합하려는 시도가 명대 학자들에게서 먼저 보였다. 그렇지만 허준은 그것이 혼란을 극복해낸 것으로 여기지 않았으며, 그것조차 종합의 대상으로 삼아 전체를 일통한 의학 체계의 기획을 시도했다. 그 결과물이 『동의보감』이다.(6장)

② 『동의보감』은 어떤 방식으로 의학을 성공적으로 일통할 수 있었을까? 병을 중심으로 책을 엮은 이전의 종합 의서와 달리, 『동의보감』은 신

체를 중심으로 병을 하위에 두는 방식을 택했다. 신체를 중심으로 함으로써 몸을 건강하게 하고 병에 걸리지 않도록 하는 양생의 원칙에다 병이 들었을 때 진단하여 치료하는 의학을 통섭해낼 수 있었다. 이런 원칙은 고대 중국에서 『황제내경』이 천명한 것이었지만, 이 원칙을 지켜 『동의보감』만큼 의학 전통을 잘 포괄해낸 책은 없었다.(7장)

③ 『동의보감』을 의학의 전범(典範)으로 대접받게 한 원천은 무엇인가? 『동의보감』은 몸 안, 몸 겉, 병리와 각종 병증, 약리와 본초, 침구법 등을 망라하는 105문(門) 대분류에 따라 2,800여 개의 세목(細目)에 4,000여 가지의 처방이 배열되어 있다. 세목을 많이 추출했다 함은 폭넓은 의학 지식을 단호하게 결정해내는 능력과 관련된 것이다. 이렇게 많은 세목을 내세운 의서는 보이지 않는다. 각 세목은 병의 원인, 진단법, 치료법 등이 일관된 계통으로 배열되어 있다. 또 목차를 무려 2권씩이나 두어 이 세목을 다 담았다. 독자는 어느 한 문에 속한 세목을 훑는 것으로 그것을 거느린 문(門)의 내용을 대강 파악할 수 있고, 한데 모인 서목(書目)을 일람하면 의학 전체 내용을 짐작할 수 있다.(8장)

④ 동아시아 의학사에서 『동의보감』은 어떻게 자리매김할 수 있는가? 『동의보감』을 이루는 재료는 대부분이 이전 저작에 담긴 내용이다. 그중의 상당 부분은 명대에 출현한 종합 의서들이다. 『동의보감』은 그것 전체를 다시 종합하는 시도를 했다. 거기에 조선에서 15세기 후반까지 동아시아 의학 전반을 모은 『의방유취』의 내용을 활용했으며, 조선의 개국 이후 활발하게 진행된 태산, 구급, 전염병에 대한 대민 의서의 전통을 흡수했다. 한마디로 종합의 종합인 셈이다. 게다가 허준은 생략, 절충, 수정, 보완 등의 작업을 통해 책의 유기적 구성도를 치밀하게 했으며, 간결하고 압축된 문장을 구사하여 수록 정보량을 늘이는 한편 책의 완성도를 높였다.(9장)

3부 '출현 이후'에서는『동의보감』의 출간 이후 한국과 중국, 일본에서의 반응을 밝힌다. 이어지는 에필로그에서는 세계 의학사의 눈으로 본『동의보감』에 대한 평가를 시도해본다.

①『동의보감』은 한국 의학사의 전통에서 어떤 존재가 되었는가?『동의보감』은 출현 이후 조선 의학계를 대표하는 의서가 되었으며, 그것은 현재까지 이어지고 있다.『동의보감』 이전까지는 국내 의서로서 국내 의학계 전반을 이끈 책이 없었지만『동의보감』의 출현으로 비로소 그런 일이 이루어지게 되었다. 동의(東醫) 전통의 탄생이다. 동의 전통은『동의보감』이 담고 있는 양생과 의학의 통일적 의학 체계를 따르는 것으로 시간이 지나면서 이 점이 조선의 의학적 특색으로 자리 잡게 되어 중국이나 일본의 한의학과 구별되는 의학 체계가 되었다.(10장).

② 중국과 일본에서『동의보감』이 그토록 널리 읽힌 까닭과 의미는 무엇인가?『동의보감』은 출현 이후 중국에서 30여 차례, 일본에서도 여러 차례 출간되었다. 중국과 일본에서 이 책을 중시한 이유는 그것이 동아시아 의학의 표준을 잘 확립한 것으로 보았기 때문이다.(11장)

③ 세계 의학사상『동의보감』같이 동아시아 의학사 전통을 집대성한 비슷한 사례로는 어떤 것이 있을까? 서양 의학사에서 그리스 이후의 고대 의학을 로마의 갈렌(Galenos, 129~199)이 하나의 체계로 세웠지만, 10세기 이후 이슬람과 서유럽을 지배한 갈렌 의학은 아비첸나(Ibn Sina Avicenna, 980~1037)가 집대성했다. 허준의 작업도 비슷한 맥락에서 이해가 가능하다.『황제내경』,『상한론』 이후에 전개된 중국 의학의 체계를 허준이『동의보감』에서 집대성한 성격을 띠기 때문이다.(에필로그)

이 밖에도 최근 국제 동아시아 의학사 학계에서나 한의학계에서는 매우 흥미로운 논의가 본격화하고 있다. 이를테면, 한국의 상한론이 중국이나 일본의 그것과 어떻게 다른가? 조선 보양의학의 유래는 무엇인가? 조선 외과학의 특징은 무엇인가? 조선 침술의 특징은 무엇인가? 등등. 궁극적으로 『동의보감』의 임상 학술적 특징은 이런 질문이 해소될 때 더욱 완벽하게 파악될 것이다. 그렇지만 이 책에서는 이런 탐구는 배제한다. 학계 전반적인 차원에서 각각의 소주제들에 대한 실증적인 연구가 아직 많이 부족하기 때문이기도 하지만, 무엇보다도 내 학문적 역량의 부족 때문이다. 한의학사를 연구하는 동료들의 훌륭한 성과를 기다린다.[17]

5. 『동의보감』에 관한 일반 서지 사항

본격 논의에 앞서 『동의보감』이 어떤 책인지 그간의 연구 결과를 간단하게 제시하고자 한다. 『한국민족문화대백과사전』은 최근의 연구 성과인 김호의 『허준의 동의보감연구』(2000)와 신동원의 『조선사람 허준』(2001)을 반영해 항목을 새로 서술했다. 가장 적절한 요약이라 생각하기에 여기에 소개한다.[18]

> "『동의보감』은 1596년에 편찬이 시작되어 1610년에 집필이 완료되었으며, 1613년에 내의원에서 개주갑인자(改鑄甲寅字) 목활자로 발간되었다. 1596년 책의 편찬이 시작되었을 때에는 태의(太醫) 허준이 왕명을 받아 유의(儒醫)인 정작(鄭碏)과 태의 이명원(李命源)·양예수(楊禮壽)·김응탁(金應鐸)·정예남(鄭禮男) 등 6인이 참여했다. 임금은 자신이 가장 신임하는 수의(首醫)인 허준에게 편찬을 맡겼던 것이며, 그는 왕명을 받아 당시의 뛰어난 의원을 망라해 의서 편찬 작업을 시작했다. 어의인 양예

수·이명원·김응탁·정예남 등 4인과 민간에서 명성을 떨치고 있던 유의 정작이 그들이다. 양예수는 허준보다 선배 세대의 어의로 신의(神醫)로 평가받은 인물이고, 정작은 어의는 아니지만 민간에서 형 정렴(鄭磏)과 함께 도교적 양생술의 대가로서 의학에 밝다는 평판을 받고 있었다. 이명원은 침술에 밝았으며, 김응탁·정예남은 신예 어의였다. 이렇게 많은 의관(醫官)과 의원(醫員)들이 모여서 의서 편찬에 투입된 사례는 세종 때 10인이 참여한 『의방유취(醫方類聚)』 편찬밖에 없었다. 이처럼 『동의보감』의 편찬 사업은 처음부터 국가의 지대한 관심에 따라 대규모로 기획되었다. 그렇지만 1597년 정유재란으로 인해 편찬 팀이 해체되었으며, 이후 허준이 단독 편찬을 맡아 1610년에 집필을 완료했다. 이 책의 재료는 중국의 한나라에서 명나라에 이르는 200여 종의 문헌과 『의방유취』·『향약집성방』·『의림촬요(醫林撮要)』와 같은 수종의 조선 의서 등이었다. 1613년에 인쇄되어 나온 책은 전체 25권 25책으로 목차 2권, 의학 내용이 23권이었다.[19] 의학 내용 23권은 다시 「내경편(內景篇)」(4권)·「외형편(外形篇)」(4권)·「잡병편(雜病篇)」(11권)·「탕액편(湯液篇)」(3권)·「침구편(鍼灸篇)」(1권)으로 나누어 배분되었는데, 이 같은 편제는 동아시아 의학사에서 유례가 없는 독창적인 것이었다. 『동의보감』은 신체에 관한 내용을 안팎으로 나누어 신체 내부와 관련된 내용을 「내경편」에, 신체 외부와 관련된 내용을 「외형편」에 두었다. 신체 관련 내용에 포함되지 않는 각종 병 이론과 구체적인 병 내용은 「잡병편」에 묶였다. 「탕액편」은 가장 주요한 치료 수단인 약에 관한 이론과 구체적인 약물에 관한 각종 지식을 실었고, 「침구편」은 또 하나의 치료 수단인 침·뜸의 이론과 실재를 다뤘다.

『동의보감』의 주요 서지 사항을 보면, 한국 간본으로는 내의원 훈련도감활자 초간본(1611~1613), 호남관찰영 전주장본(全州藏本), 영남관찰영

대구장본, 갑술 내의원 교정 영영개간본(嶺營改刊本, 순조14, 1814년), 갑술 내의원 교정 완영중간본(完營重刊本) 등이 있다.[20]

일본 간본으로는 『동의보감』(楓井藤兵衛, 京都書林, 1724년 초간본), 『동의보감』(1799, 미나모토 모토토루[源元通], 大阪書林, 1799년 훈점[訓點] 재간본)이 있다. 중국 간본으로는 『동의보감』(1763년 초간본), 『동의보감』(1796년 재간본, 江寧 敦化堂), 『동의보감』(1890년 복간본)과 민국상해석인본(民國上海石印本)·대만(臺灣) 영인본 등이 있다. 이들 인본 가운데 1890년의 광서복간본(光緖覆刊本)은 건륭판(乾隆版)이나 가경판(嘉慶版)에 의한 것이 아니고, 일본 간본에 의한 것이다. 중국에서는 『동의보감』이 20세기 이후에도 계속 출판되어 오늘날에 이르고 있다."

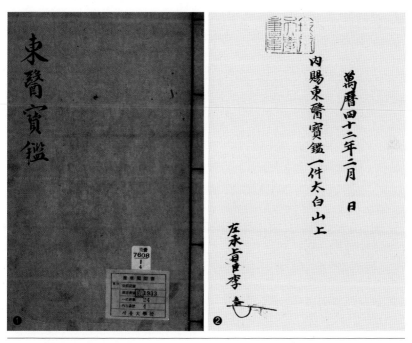

〈그림 4〉 ❶ 국보 『동의보감』 규장각본 표지
❷ '내사기'. '내사기'를 보면 이 책이 출간 직후 좌승지가 태백산사고에 보관용으로 출고했음을 알 수 있다.

1부

탄생
배경과
과정

1장

조선 개국 이후 의학적,
지적 역량의 성장

"우리나라는 후미지게 동방에 위치하고 있지만
의약의 도가 끊어지지 않고 실처럼 이어왔기 때문에
우리나라의 의학도 가히 동의(東醫)라고 할 만하다."
(허준, 『동의보감』 「집례」)

『동의보감(東醫寶監)』같이 높은 평가를 받는 저작이 어떻게 해서 17세기 초 조선에서 출현 가능했을까? 여태까지 『동의보감』에 관한 많은 연구가 있었지만 이 질문을 본격적으로 다룬 것은 없었다. 이 질문은 답이 쉽지 않다. 왜냐하면 『동의보감』은 의학의 전면적 재편을 시도한 책으로서 좁은 의미의 임상적 식견만으로는 파악이 곤란하며 우주관, 자연관, 신체관 등 의학 전체를 메타적으로 바라보는 눈을 요구하기 때문이다. 『동의보감』은 출현하던 시대의 충만한 사상적, 지적 흐름에 따라 출현하기 이전까지의 의학적 성취를 압축하고 있다.

1392년 조선은 유교 국가를 표방하면서 건국했으며, 건국의 주체는 유학을 신봉하는 신흥 사대부들이었다. 이는 귀족층이 지배하던 불교 국가인 전대 왕조 고려와 다른 점이었다. 사대부층이 지배하는 유교 국가의 성격은 의학 분야에서도 관철되었다. 그것은 다음 다섯 가지 측면에서 나타난다. 첫째, 인간의 생명을 다루는 의학이 인정(仁政)을 표방한 국가 통치술의 중요 분야로 자리매김되었다. 국왕 또는 관 주도의 의학 지식 정리 사업이 대대적으로 이루어졌으며, 의사의 양성과 관리가 더욱 체계화됐으며, 이와 함께 전국적인 차원에서 약재의 조사와 수급 체계가 이루어졌다. 둘째, 뭇 백성에 대한 유교 이념의 교화(教化)는 국가 차원에서, 또 지역 차원에서 피지배층까지도 초자연적인 치료법에서 벗어나 합리적인 의약을 쓰도록 하는 문화의 정착을 유도하는 구실을 했다. 셋째, 지배층인 사대부층이 확대되면서 이들이 서울과 지방에서 대표적인 의약의 수요자 집단을 형성했다. 또한 이들은 유교의 '효' 이념에 입각해 아직 열악한 지방의 의료 상황에서 의학 지식을 습득해 스스로 활용하는 계층이기도 했다. 넷째, 이보다 폭넓게, 사대부층의 유교 수양과 무관치 않게 사대부층은 건강을 지키기 위해 양생술을 일상생활에서 실천하는 문화를 만들어냈다. 다섯째, 조선의 사대부는 주자학을 넓고 깊은 수준까지 파고들어 연구해냈으며, 사상 외에도 역사, 문학, 문화 등 전반에 걸쳐 높은 성취를 일구었다고 자부했다. 이런 제반 사항이 조선에서 『동의보감』 같은 성격의 의서가 등장하게 되는 의학적, 지적 배경을 이룬다.

1. 『동의보감』 출현 이전 의학 수준의 도약

1) 조선 이전의 의학 학술 상황

한국에서 의학 학술 전통의 기원은 꽤 오랜 시기로 거슬러 올라간다. 고조선 때 몇몇 약재 이름이 중국 본초서에 등장하며, 삼국시대에 왕실 의료제도가 확립되었으며, 어의를 비롯한 의원의 존재가 보인다. 또 오늘날까지 『백제신집방(百濟新集方)』, 『고구려노사방(高句麗老師方)』, 『신라법사방(新羅法師方)』, 『신라법사비밀방(新羅法師秘密方)』 등과 같이 삼국시대 또는 통일신라시대 때 저술된 처방 또는 처방집의 이름과 몇몇 처방이 전한다. 고려시대에 저술된 『제중입효방(濟衆立效方)』이나 『비예백요방(備預百要方)』, 『어의촬요방(御醫撮要方)』은 이전 의서보다 볼륨이 큰 의서인 듯하며, 온전한 책자가 전하지는 않지만 적지 않은 처방이 조선 초에 편찬된 의서에 실려 있다. 이 밖에도 국산 약재인 향약만으로 구성되는 처방집 5종의 이름이 보이며, 그중 가장 먼저 나온 『향약구급방(鄉藥救急方)』은 오늘날까지 그 내용이 온전한 채로 전한다.

이상이 현재까지 알려진 조선 이전 1,000년 동안 국내에서 출현한 의서의 목록이다. 어찌 보면 매우 초라한 내용이라 하겠다. 이는 10세기 말 일본에서 출현한 거대 종합 의서인 『의심방(醫心方)』과 같은 독자적 의학 학술 활동이 한반도에서는 이루어지지 않았음을 뜻한다. 혹자는 그런 활동이 있었을 것이나 자료의 영성(零星)함 때문에 남아 있지 않은 것이라 생각할지 모르지만, 조선 초에 편찬된 의서는 이전 것을 모두 모아서 만들어졌기 때문에 여기에 목록을 올리지 못한 것, 특히 규모가 큰 것은 존재하지 않았다는 추정이 타당할 것이다. 규모가 크다면 그대로 남아 전하지 않는다고 해도 어떤 형태로라도 흔적은 남아 있었을 것이기 때문이다.

독자적인 의서 편찬이 적었다고 해서 조선 이전의 의술이 형편없었음을 뜻하지는 않는다. 중국 의서를 잘 활용했기 때문이다. 고려 때에는 958년 다른 과거 시험과 함께 의업(醫業) 시험이 시작되었는데, 시험 과목이 어떠했는지는 1136년(인종 14) 때 기록부터 확인이 된다. 이때 의과는 내과 위주의 의업과 외과 위주의 주금업(呪禁業) 둘로 나뉘어 있었는데, 의업의 경우에는 『소문경(素問經)』, 『갑을경(甲乙經)』, 『본초경(本草經)』, 『명당경(明堂經)』, 『맥경(脈經)』, 『침경(針經)』, 『난경(難經)』, 『구경(灸經)』 등 8종이었고, 주금업의 경우에는 『맥경』, 『유연자방(劉涓子方)』, 『창저론(瘡疽論)』, 『명당경』, 『침경』, 『본초경』 등이었다.[1] 여기서 의업 과목 중 『구경』을 제외한 7종은 692년 통일신라 효소왕 때 설립된 의학(醫學)과 동일하며, 모두 당 이전의 저작들로 이른바 의경(醫經) 중심으로 구성되어 있다. 이에 따른다면, 의학 이론은 『소문』, 『침경』, 『난경』 등에 의거하며, 침구는 『소문경』, 『침경』, 『갑을경』, 『명당경』 등을 위주로 하고, 진맥은 『맥경』, 치료는 단방 중심의 『본초경』을 따르게 된다. 여기에는 오늘날 우리들에게 익숙한, 당나라 이후 발달한 여러 약들을 섞어 쓰는 처방이 전혀 포함되어 있지 않다. 단, 종기 등을 다루는 외과학이 따로 분과하여 수·당시대에 등장한 『유연자방』과 『창저론』이 새로 추가되었다. 동시대의 송나라 의학은 아직 채택되지 않았다. 물론 고려에서는 오로지 이런 책에 의거해서만 의료를 행하지는 않았다.

중국 의서 중 수요가 많은 것은 국내에서 찍어 보급했다. 1058년(문종 12)에는 충주목에서 병리 기전을 다룬 『장중경오장론(張仲卿五臟論)』 이외에 병증과 약물 처방을 다룬 『천옥집상한론(川玉集傷寒論)』(李崇慶의 저작으로 추정), 『소아소씨병원(小兒巢氏病源)』(隋代 巢元方의 『病源候論』의 소아편), 『소약증병원일십팔론(小兒藥證病源一十八論)』(劉景裕 찬) 등이 포함되어 있다. 소아에 관한 내용이 2종 포함된 것이 주목을 끈다. 본초에 관한 서적인 『본초괄요(本草括要)』(張文懿 저, 『宋誌』에 수록)도 포함되어 있다.[2] 또한 이듬해인 1059년에도 충주목에서 3종의 의서 판목을 또 올렸는데, 여기에는 『천옥집(川玉集)』 외에 당나라 갈홍(葛洪)이 편찬한 대표적인 구급 의서인 『주후방(肘後方)』이 포함되어 있었다.[3] 고려 멸망 후 충주서고에서 한양 춘추관으로 옮겨진 옛 왕조의 소장 의서로서 『황제소문(黃帝素問)』, 『소아소씨병원후론(小兒巢氏病源候論)』, 『본초요괄(本草要括)』 외에도 오장육부의 해부도와 기능을 다룬 『오장육부도(五臟六腑圖)』, 소아 전문 의서인 『신조보동비요(新彫

保童秘要)』, 당나라 때 편찬되어 신라에도 보내졌던 처방집 『광제방(廣濟方)』, 진랑중(陳郎中)의 『약명시(藥名詩)』, 그림이 딸려 있는 본초서 『신농본초도(神農本草圖)』, 고양생(高陽生)이 지은 『맥결』의 잘못을 바로잡은 『맥결구의변오(脈訣口義辯誤)』 등이 있었다.[4] 이런 중국 의서가 고려에서 편찬된 『제중입효방』, 『어의촬요방』, 『비예백요방』, 『향약구급방』 등의 의서와 함께 고려에서 널리 활용되었을 것이다.

13세기부터 뚜렷하게 보이는 향약 의학에 대한 관심은 분명히 특기할 만한 사항이다. 이전부터 국산 약을 중심으로 의학이 존재해왔겠지만, 현존 자료로서는 13세기 중엽에 등장한 『향약구급방』이 최초다. 『향약구급방』은 상하 두 권으로서 큰 규모의 책은 아니지만, 일상에서 흔히 발생하는 중요한 질병, 중풍에서부터 각종 중독, 내상, 외상, 부인병, 소아병 등 54항목에 대해 180여 종의 동식물, 광물 약재를 망라한 특징을 보인다. 각 증상에는 몇몇 처방이 실려 있다. 이 책의 등장 이후에도 조선 초까지 2백여 년 가까이 효과 있는 향약을 찾는 작업이 계속되었다.

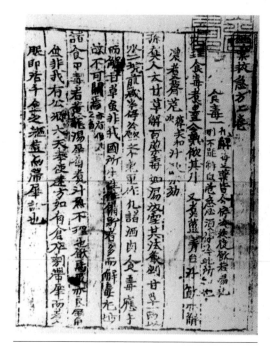

〈그림 5〉 『향약구급방』

2) 『향약집성방』의 편찬과 의학 추구 방향의 대전환

조선의 건국 직후 편찬된 의서는 향약에 관한 것이었다. 대체로 조선에서는 사람이 병들면 반드시 중국의 얻기 어려운 약을 구해야 하는 실정에 있었다. 그러므로 조선 건국 직전에 판문하(判門下) 권중화(權仲和, 1322~1408)가 여러 책에서 내용을 뽑아 국산 약을 처방으로 하는 『향약간이방(鄕藥簡易方)』을 지었으며, 건국 이듬해인 1393년에 그는 다시 평양백(平壤伯) 조준(趙浚, 1346~1405) 등과 더불어 약국 관원에게 명하여 다시 여러 책을 상고하고 또 동인(東人)의 경험을 취하여 분류 편찬한 책인 『향약제생집성방(鄕藥濟生集成方)』을 목판으로 간행토록 했다. 당시 사람들은 "한 병에 하나 약, 고려인의 병에는 고려산 약"이라는 확고한 믿음을 갖고 있었다. 『향약제생집성방』 서문에서 권근(權近, 1352~1409)은 다음과 같이 말한다.

당(唐)나라 이래로는 그 방문이 시대마다 증가되어, 방문이 많아질수록 의술은 더욱 소루해졌다. 대개 옛적에 용한 의원은 한 가지 약종만을 가지고 한 가지 병을 고쳤었다. 그런데 후세 의원들은 여러 가지 약종을 써서 공효 있기를 노렸기 때문에, 당나라의 명의 허윤종(許胤宗)은 '사냥하는데 토끼가 어디 있는지를 몰라, 온 들판에다 널리 그물을 치는 격이다.' 하고 조롱했으니, 참으로 비유를 잘한 것이다. 그렇다면 여러 가지 약을 합쳐서 한 가지 병을 고치는 것이 한 가지 약종을 알맞게 쓰는 것만 못한데, 다만 병을 제대로 알고 약을 제대로 쓰기가 어려운 것이다. ……인쇄하여 널리 전파하니, 모두 구득하기 쉬운 약물이요, 이미 증험한 방문들이다. 이 방문에만 정통하다면 한 병에 한 약물만 쓰면 되니, 무엇 때문에 이 땅에서 나지 않는 구하기 어려운 것을 바라겠는가. ……또 오방(五方)이 모두 성질이 다르고, 천리(千里)면 풍속이 같지 않아, 평상시의 좋아하는 음식의 시고 짬과 차고 더움이 각각 다른 것이니, 병에 대한 약도 마땅히 방문을 달리해야 하며 구차하게 중국과 같이할 것이 없는 것이다. 더구나 먼 지역의 물건을 구하려다가 구하기도 전에 병만 이미 깊어지거나, 혹은 많은 값을 주고 구하더라도 묵어서 썩고 좀이 파먹어 약기운이 다 나가버린다면, 토산 약재가 기운이 완전하여 좋은 것만 같지 못한 것이다. 그러므로 향약을 써서 병을 고친다면 반드시 힘이 덜 들고 효험은 빠를 것이니, 이 『향약제생집성방』이 이루어진 것이 얼마나 백성에게 혜택을 주는 것인가.[5]

이런 의학관이 여말 선초의 지식인들이 일반적으로 가지고 있던 의학관이었을 것이다. 고려 때 의학 서적이 많이 출간되지 않은 이유도 이런 의학관과 무관치 않을 것이다.

　『향약제생집성방』은 이전에 오랫동안 민간에서 축적된 향약 경험을 집대성한 것이다.[6] 『향약제생집성방』의 서문에는 이전의 전통이 기록되어 있다. 이에 따르면, 고려 말 권중화가 여러 책에서 내용을 뽑아 『향약간이방』을 지었으며 이전에 삼화자(三和子)가 지은 『향약방(鄕藥方)』이 있었으나 매우 간단한 요령만 뽑아놓은 약식(略式)이라는 결점이 있었기에 권중화가 서찬(徐贊)이란 사람을 시켜 거기다 여러 방문을 보태게 해서 『간이방(簡易方)』을 지었으나 널리 퍼지지 못했는데, 좌정승 평양백 조준과 우정승 상락백(上洛伯) 김사형(金士衡, 1341~1407)이 또다시 권중화에게 특명을 내려 약국관(藥局官)을 시켜서 다시 『향약제생집성방』을 편찬토록 했다. 이 책은 우리나라 사람들이 경험한 것을 뽑아서 부문(部門)별로 나누어 편집한 것이었다.[7] 『향약집성방(鄕藥集成方)』과 『향약제생집성방』에는 『향약고방(鄕藥古方)』, 『향약구급방』, 『향약혜민경험방(鄕藥惠民經驗方)』, 『동인경험방(東人經驗方)』 등 이전의 향약서가 인용되어 있는데, 이 가운데 『향약구급방』은 가장 오래된 것으로 13세기 중엽 고려 고종 때로 거슬러 올라간다.[8] 이 책은 338개 증상에 2,803개 처방을 담은 제법 규모를 갖춘 책이었다. 이 책이 나옴으로써 사람들이 쉽게 약을 구해 병을 고친 징험이 크게 확장되었다.

이 책은 출간 이후 30여 년 동안 잘 써왔지만, 세종은 그것이 의학 지식이나 약물의 양 측면에서 선진적인 중국 의학과 부합하지 않는 측면을 불만스러워했다. 이 책에 실린 처방 중 중국 의서에 근거하는 것이 너무 적은 데다 약재명이 중국 의서의 기록과 부합하지 않는 것이 많았기 때문이다. 따라서 세종은 "의관을 골라서 매양 사신을 따라 북경에 가서 방서를 널리 구하게 하고, 또 황제에게 신주(申奏)하여 대의원(大醫院)에 나아가서 약명의 그릇된 것을 바로잡"도록 했으며, 이어서 이런 성과를 새 의서인『향약집성방』에 담아내도록 했다.[9] 이 작업은 1421년부터 1432년까지 11년이 걸렸으나,[10] 막상『향약집성방』편찬 자체는 그다지 오랜 시간이 걸리지 않았다. 1432년(세종 14) 가을『향약집성방』편찬이 시작되어 이듬해인 1433년 6월에 발간되었으니, 채 1년도 걸리지 않은 셈이다.[11] 이 작업은 고위직 문관인 집현전의 직제학 유효통(兪孝通)이 책임을 맡았으며, 전의(典醫)인 노중례(盧

〈그림 6〉『향약집성방』(사진 출처: 허준박물관)

重禮, ?~1452)와 부정(副正) 박윤덕(朴允德) 등 2인의 어의가 참여했다.

『향약집성방』에서 그들은 이전보다 더욱 세밀하게 증상을 나누었으며, 수집한 여러 책 가운데 국산 약 처방인 향약 처방을 빠짐없이 찾아내어 해당 분류 안에 실었다. 그리하여 이 책은 이전 책보다 훨씬 두툼해져서 병증이 959개, 처방이 1,706개로 되었으며, 게다가 침구법 1,476개, 향약본초(鄕藥本草) 이론과 포제법(炮製法) 등이 덧붙여진 85권의 방대한 규모를 갖추게 되었다.

『향약집성방』의 편찬을 이전 향약 전통을 종합한 것으로만 본다면 매우 중요한 사실을 놓치게 된다. 왜냐하면 이 책의 편찬 방식이 이전의 책들과 완전히 달랐기 때문이다. 이전에는 의약 처방과 약물의 일차적인 선택 기준이 국내의 경험과 효용에 입각해 있었다. "한 병에 하나 약, 고려인의 병에는 고려산 약"이라는 원칙을 견지했다. 그렇지만 새 의서 『향약집성방』은 이런 전통을 한데 모으는 데서 더 나아가, 국내 경험 여부와 상관없이 수집해온 중국 의서에서 향약재로만 구성되는 처방을 모두 추출하여 확장한 것이었다.

이런 방침에 대해 초기 향약 연구에 관여했던 황자후(黃子厚, 1363~1440)가 강한 불만을 터뜨렸다. 그는 이번에 찬집(撰集)한 권수가 전보다 갑절이나 많고 또 노소강약(老少强弱)에 대한 복약 양의 많고 적음을 분별하지 아니했으니, 무지한 사람들이 만일 박절한 일을 당하면 무슨 약을 써야 옳을지 알지 못해 병을 고치기가 더욱 어려울 것이라고 책의 문제점을 지적했다. 아울러 "제병증론(諸病證論)을 전대로 두어 삭제하지 말고, 경험한 좋은 약을 정밀하게 뽑고 간략하게 모아서, 각각 그 방문(方文) 밑에 약의 우리말 이름과 독의 유무, 노소(老少)의 복용법 등을 각주(脚註)하여, 어리석은 백성으로 하여금 쉽게 알게" 했으면 좋겠다는 대안을 제시했다.[12] 또 당약(唐藥)이 먼 시골에서 구하기 어렵고 값이 비싼 물건이므로 원래 향약방은 당약을 쓰지 아니하고 오로지 지방에서 방서(方書)를 배우지 아니한 사람이 쓰기 위한 것이라 하여, 본 취지에 맞춰 간략하며 실용에 편한 점을 강조했다.[13]

황자후의 견해와 달리, 『향약집성방』은 「향약본초」에서 703종의 약재 중 향명이 있는 경우 그것을 표시해 밝히는 것을 제외한 나머지 부분에서는 단순히 지식을 집적했을 뿐 기존의 징험을 활용하는 방식으로 편집되지 않았다. 오히려 국내 징험의 집적이라는 오랜 전통을 끝내고, 대신에 폭넓게 수집한 '선진' 중국 의서에 실린 향약 적용 가능한 처방을 다수 제시하는 방식을 택했다. 이는 국가적 차원에서, 조선 일국 의학에서 동아시아 의학으로 향하는 의학 정책의 대전환점을 뜻한다.

3) 『의방유취』와 중국 의학의 대대적인 정리

『의방유취(醫方類聚)』는 아예 중국 의학 전체를 정리하는 것을 목표로 했다. 그것은 국내 향약을 총정리하고, 향약만으로 쉽게 처방을 구성할 수 있는 중국에서 수집한 내용을 대폭 보강하여 옛것을 모으고, 중국 의서로부터 새로이 다수의 향약 처방을 추출해 함께 실은 『향약집성방』의 편찬과 차원을 달리한다. 광범위하게 중국 의서를 수집하여 일부의 고려·조선 의서와 함께 의학의 내용을 분문 유취하겠다는 야심찬 계획을 드러냈다.

1445년(세종 27)에 시작해서 3년이 지난 1448년(세종 30) 총 365권으로 묶여 나온 『의방유취』 편찬 작업은 분문 유취, 편집, 교정 등 세 단계로 이루어졌다.[14] 시간은 3년밖에 안 걸렸지만, 『의방유취』 참여 인원은 방서의 수집과 분문 유취 단계에서 3인, 편집에 7인, 교정에 4인 등 총 14인이나 된다. 또 참여 인물의 면면을 보면, 왕족을 비롯해서 도승지, 집현전 직제학 등 고위 관료들이 다수 포함되어 있고, 포함된 의관 3인은 모두 어의로서 이 의서의 편찬이 엄청난 국가적 관심사로 이루어졌음을 실감할 수 있다. 총 권수 365권은 그때까지 알려진 최대 규모의 의서인 송대의 『태평성혜방(太平聖惠方)』 100권, 『성제총록(聖濟總錄)』 200권을 훨씬 상회하는 것이며, 백 종이 훨씬 넘는 의서 내용이 고스란히 담긴 책이다.

『의방유취』 발간은 여기서 끝나지 않고 22년의 세월이 더 소요되었다. 『조선왕조실록』에 실린 기사를 연도별로 따라가보면, 1458년(세조 4) 4월까지 출간되지 못하고 있었다. 너무나도 권질이 많았기 때문이다.[15] 이듬해인 1459년 9월 1일 세조는 『의방유취』는 그릇된 곳이 많지 않고 일용에 간절한 것이기 때문에 [빨리] 교정하여 인출하겠다는 의지를 내비쳤다.[16] 그렇지만 좌승지 이극감(李克堪, 1427~1465)이 제기한 의견이 받아들여지면서 즉각적인 인간 방침은 꼼꼼한 교정 후 발간이라는 정책으로 바뀌었다. 그는 『의방유취』에 대해 "근량(斤兩)의 다소(多少)와 약성(藥性)의 한온(寒溫)에 있어서 만약 조금이라도 틀린 점이 있게 된다면 사람을 해침이 매우 클 것이니, 그것을 교정(校正)하는 일은 마땅히 갑절이나 힘을 써야만 하고 쉽사리 할 수는 없습니다."[17]라는 견해와 함께, 책의 교정이 의학에 밝은 통유(通儒) 1인에게 총책임을 맡기고, 각 권의 교정은 실력 있는 유사(儒士)가 아니라 양반 자제로서 문리에 통달하면서도 의학에 익숙한 의서습독관에게 맡겨 상호 검토토록 하면 되리라는 대안까지 제시했다. 이런 견해가 수용되어 이해 11월 30일 행 대호군(行大護軍) 양성지(梁誠之, 1415~1482)에게 교정 총책임을 맡기며 새로운 교정 작업이 시작되었다.

1463년 3월 교정의 완벽을 기하기 위해 세조는 민간에 대대적인 지시를 내렸다.

> 예조(禮曹)에 전지(傳旨)하기를, "내장(內藏)된 의서가 혹 부질(不秩)하든

가 혹 탈락(脫落)하고 혹 글자가 해져서 고열(考閱)하기가 어렵다. 이제 부집교정(裒集校定)하려 하니, 당본 방서(唐本方書)는 비록 부질(不秩)하 더라도 아울러 모두 진상(進上)하게 하라. 대저 서적이 많고 문헌이 있는 세가(世家)는 비석(秘惜)하여 내지 않을 것이며, 내 뜻을 본받지 않는 자가 있을 것이니, 교정(校定)한 뒤에는 돌려주고, 혹 논상(論賞)하여 원(願)하는 바와 같이 할 것이니, 비록 여항(閭巷)의 소민(小民)까지라도 널리 알려서 행하라." 하고, 아울러 제도 관찰사(諸道觀察使)에게도 유시(諭示)했다.[18]

『의방유취』의 부집과 교정을 위해 민간에 소장되어 있는 모든 중국 의서를 다 거두어들여 참고에 활용토록 한 것이다. 이런 사항까지 반영된 작업은 이해 5월에 마쳤던 듯하다.[19] 세조는 같은 해 9월 유취의 작업에 참여한 사람들에게 1자급(資級) 올려주는 상을 내렸다.[20] 이로써 대략 이 대사업이 일단락된 것 같았다. 그러나 얼마 지나지 않아서 교정이 제대로 되지 못함이 드러났고, 이듬해 1월 젊은 선비 74명에게 중벌을 내리면서 약간의

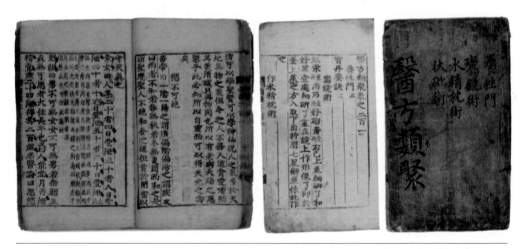

〈그림 7〉 『의방유취』 초간본(사진 출처: 『조선왕실의 생로병사』 전시회 도록)

시간이 더 소요되었다.[21] 이런 우여곡절을 겪은 후 교정 작업은 이해 9월경에 일단락되었다.[22]

이 책의 출간은 바로 되지 못하고, 10년이 지난 1474년 무렵에 발간이 시작되어 3년의 공정을 거친 후 1477년(성종 8)에 30질이 인간되어 나왔다.[23] 마지막 최종 작업을 책임진 인물은 서평군(西平君) 한계희(韓繼禧, 1423~1482)·좌참찬 임원준(任元濬, 1423~1500)·행 호군 권찬(權攢, 1430~1487) 등 3인이었다.[24] 이때 한계희는 내의원 제조였던 것으로 추정되며, 이 세 사람은 당시 가장 의술이 뛰어난 인물로 평가받고 있었다.[25] 최종적으로 찍혀 나온 『의방유취』는 세종 때 초고의 365권이 아니라 266권으로 거의 100권이 줄어든 것이었다. 교정 단계에서 축소된 것이다. 주로 세조 때 5년간의 엄격한 교정 기간 중에 이런 일이 생겨났다. 이 시기 주로 인용서 간의 중복된 처방을 취합하여 축약시키는 과정이 주종을 이룬 것으로 추정된다.[26]

5대 임금 34년에 걸쳐서 『의방유취』를 만든 동기는 무엇일까? 이 작업에는 조선 의학계를 대표하는 18명(세종 때 14명, 세조 때 1명, 성종 때 3명)의 고위 관리와 어의들, 게다가 최소한 74명 이상의 젊은 선비 교정자가 투입되었다. 이에 견줄 만한 사업으로는 중국에서도 송대의 『태평성혜방』과 『성제총록』 같은 거질 의서의 편찬 정도가 있을 것이다.

1445년 세종이 편찬을 지시한 『의방유취』의 편찬 동기를 일러주는 직접적인 사료는 현재까지 발견되지 않았지만, 이 거질 의서 편찬의 동기를 헤아리는 게 그다지 어려운 일은 아니다. 우선 왕명으로 많은 분량의 의서를 편찬하게 된 동기는 이미 12년 전에 나온 『향약집성방』이나 건국 직후에 나온 『향약제생집성방』의 서문에 나와 있다. 조선의 건국과 더불어 국왕과 조정은 인정(仁政)의 한 형태로서 인술(仁術)인 의학 지식을 총정리해 백성들에게 알려준다는 통치 이념의 발현이라는 측면은 『의방유취』의 편찬과 발간에도 그대로 적용될 것이다.

그렇지만 『의방유취』는 『향약집성방』의 동기와 정리의 대상과 규모가 완전히 다르다. 『향약집성방』이 의약이 부족한 지방에서 국산 약으로 활용 가능한 처방의 최대치를 묶어내는 것을 목표로 한 반면, 『의방유취』는 '의방' 전체를 분류, 취합하는 것을 목표로 했다. 여기서 의방이란 '제방(諸方)'으로서 '세대선후(世代先後)', 즉 시대를 거쳐 출현한 고금의 온갖 방서(方書)를 뜻한다.[27] 따라서 『의방유취』의 뜻을 정확하게 풀면 역대의 의학 서적을 내용별로 분류하여 취합한 것이라는 뜻이 된다. 90개로 분류된 각 문에는 병증에 대한 이론과 각각의 처방과 약뿐만 아니라 식치(食治), 침구(鍼灸), 금기(禁忌), 도인(導引)까지도 망라되어 있다.[28] 모든 중복은 거둬냈으며, 처방 중 약간이라도 다른 내용은 같이 적고, 여러 병증에 해당하는 약은 상호 참조토록 했다.[29] 실제로 이 방서는 『의방유취』가 고금의 의학 서적 153종을 인용문헌으로 들고 있으며, 이 가운데 120종은 분문 유취의 대상으로 편재되었으며, 나머지 서적은 본문의 내용을 교정하는 데 활용한 것으로 보인다. 정리한다면, 『의방유취』는 고금의 모든 의학 지식이 병증별로 나뉘고, 각 병증 안에서는 시대 순으로 나열된 총체를 담은 것이다.

이런 성격을 띤 『의방유취』의 독자는 누구인가? 30부를 찍은 이 책은 어디에 어떻게 배부되었을까? 이 책은 보통 의원을 위한 게 아니라, 가장 고도의 의학적 식견을 가진 사람들을 독자로 삼았을 것이다. 또한 조선의 관료 체계로 볼 때, 왕실이나 왕족과 고위 대신, 이어서 내의원·전의감·제생원·혜민국 같은 의료기관 등이 배포 대상이었을 것이다.

『의방유취』는 15~16세기 조선에서 출판된 관찬 의서 대부분의 주요 출처로 구실했다. 『의방유취』 중 구급과 두창에 관한 내용은 따로 뽑혀서, 때로는 언해가 되어 민간에 보급되었다. 후술하겠지만, 세조 조 교정본으로부터는 『구급방(救急方)』(언해, 2권)과 『창진집(瘡疹集)』이, 성종 때 출판본으로부터는 『구급간이방(救急簡易方)』(8권), 『창진방언해(瘡疹方諺解)』, 『속벽온방(續辟瘟方)』, 『구급이해방(救急易解方)』(1권)이, 『의문정요(醫門精要)』로부터는 『간이벽온방(簡易辟瘟方)』, 『언해벽온방(諺解辟瘟方)』, 『분문온역이해방(分門瘟疫易解放)』 등이 나왔다.[30] 이런 작업의 의학사적 가치는 결코 작지 않다. 안상우는 『의방유취』에 관한 박사 논문에서 이를 다음과 같이 정리했다.

> 『의방유취』 편찬 전후로 진행된 다수의 전문 의서 출판 및 이에 수반된 의서 습독과 의학 인재 양성이 밀접한 상관성을 가지고 있다. 동시에 진행된 의서 습독 및 유초 작업은 상호 되먹임 관계를 형성하여 전문 지식을 갖춘 의료 계층이 성장할 수 있었으며, 이때 축적된 소양과 지식은 시용 의서의 간행을 통해 다시 확대 재생산되었다. 이러한 정황은 어문, 사회, 지리, 제도, 과학기술 등 제반 분야에 적용된 '제서유취(諸書類聚)' 과정과 수평적으로 진행되었으며, 조선전기 의학은 이러한 확대 재생산 구조하에서 대량의 선진 의학 지식 기반을 확보할 수 있었던 것이다.[31]

『의방유취』 편찬으로 해서 조선 의학계가 중국 의학 전통의 전모를 일목요연하게 이해하게 되었다는 사실은 매우 중요하다. 분야와 시간의 흐름이라는 두 가지 매트릭스로 구성된 『의방유취』를 통해 조선의 의학계는 중국 의학사와 조선 의학사에 존재하는 수많은 표절과 중복을 거두어낸 알짜 지식 전체를 한눈에 파악하는 게 가능했고, 더 나아가 시간의 흐름에 따라 여러 의가들의 견해와 처방 사이에 보이는 미세한 차이도 읽어낼 수 있게 되었다. 게다가 이런 편찬 작업 과정을 통해 조선에서는 수많은 의학 인력을 확보하는 덤도 얻었다. 만일 후대에 안목 있는 인물이 나온다면 전체를 관통하는 '의학'의 범위와 본질을 깨우치게 될지도 모를 일이었다. 『동의보감』의 저자 허준이 그에 해당하는 사례다. 『의방유취』를 열람할 수 있었던 허준은 당대 중국 명나라의 어느 경쟁자보다 의학 저술에 유리한 처지에 있었다.

4) 종합 의서 『의림촬요』의 편찬

『의방유취』에서 중국과 고려, 조선 초 의학을 총정리한 이후 여러 간편 의서 편찬에 그것을 활용하는 여러 시도와 함께 방대한 이 책을 축약하는 작업이 이루어졌다. 『의방유취』는 지식의 보고로서는 대단한 가치를 지녔지만, 너무 방대해서 실제 임상에는 별 도움이 되지 않는 책으로 인식되었다. "이 책은 수많은 의서를 수집하고 각 분야별로 해당하는 이론과 다양한 치증·처방을 갖추어 집대성한 것으로서 실로 의가의 지남서(指南書)가 아닐 수 없다. 그러나 권수는 너무 많고 인출한 부수가 많지 않아 세상에서 보기 드문 책이 되었으며, 의원들조차도 훤하게 알기 힘든 게 흠이다."[32]는 평이 그것을 말해준다. 따라서 발간 후 16년이 흐른 1493년, 성종은 당대 최고의 명의로 인정받던 내의원 도제조 허종(許琮, 1434~1494)에게 이 책의 발췌본을 만들라는 지시를 내렸다. 그 결과물이 『의문정요(醫門精要)』(50권)이며 1504년(연산군 10)에 발간되었다.[33]

　이 책 이후에는 종합 의서의 국내 편찬이 오랫동안 시도되지 않았다. 『의문정요』 집필이 완료되던 해 내의원 주부(主簿) 허저(許𥛚)는 『의방요록(醫方要錄)』(3권)을 지어 출간했는데[34], 이 책의 성격은 알려져 있지 않다. 그러다 수십 년이 지난 후 출현한 본격적인 종합 의서가 『의림촬요(醫林撮要)』였다. 이 책은 저자인 정경선(鄭敬先)의 생존기(1536~1584)[35], 그것도 후반기에 저술된 것으로 추정된다. 『동의보감』 출현 직전에 나온 『의림촬요』는 기존의 의학 정보를 단순 정리하는 데서 더 나아가 기존의 의학 내용과 저자의 경험을 솜씨 좋게 요리하여 결합했다는 점에서 『동의보감』 편찬에 소중한 자산으로 작용했을 것이다. 『동의보감』의 「역대의방(歷代醫方)」에서는 이 책에 대해 "본국 내의(內醫) 정경선 찬, 양예수 교정"이라고 적었다.[36]

『의림촬요』의 구성과 인용문헌을 볼 때, 이 책의 의학적 성격이 드러난다. 병증을 구분하는 목차는 『의학정전(醫學正傳)』의 것을 그대로 채용했다. 『의방유취』의 인용서와 겹치는 원대까지의 저작 대부분은 『의방유취』에서 가져왔을 가능성이 매우 높으며, 『향약집성방』에 인용된 고유 의서도 다수 보인다. 1477년 『의방유취』가 편찬되어 나온 이후의 중국의 저작들도 여럿 보이는데, 특히 『의학강목(醫學綱目)』(1502년 발간)과 『의학정전』(1515년 발간) 등이 주목된다. 이 밖에도 『구급방』, 『창진집』, 『하중추방(河中樞方)』, 『간이벽온방』, 『중조전습방(中朝傳習方)』, 『중조질문방(中朝質問方)』, 『정북창방(鄭北窓方)』 등 근래 조선에서 나온 의서들도 여럿 보인다. 이런 내용으로 볼 때, 『의림촬요』는 전 시대에 편찬된 조선 의서인 『의방유취』와 『향약집성

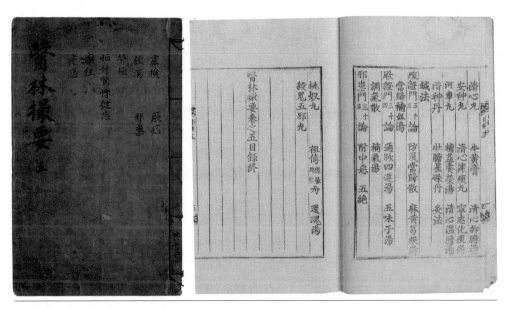

〈그림 8〉 『의림촬요』(사진 출처: 허준박물관)

방』, 새로 들어온 중국 의서, 근래 조선의 경험 처방 등을 재료로 해서 편찬한 것이다.

1608년에는『의림촬요속집(醫林撮要續集)』이 내의원에서 출간되었다.『의림촬요속집』에는 감교관(監校官)의 이름만 적혀 있고 편찬자의 이름은 보이지 않으며, 13권본 증보판『의림촬요』에 이 내용이 그대로 포함되었다.[37] 이 책은 앞에서 언급되지 않은 4종의 최신 수입 의서의 내용을 간추린 것이다.『단계심법부여(丹溪心法附餘)』(1536년),『의학입문(醫學入門)』(1575년)[38],『고금의감(古今醫鑑)』(1576년),『만병회춘(萬病回春)』(1587년) 등이 그것이다. 이 네 책은 모두 종합 의서로서, 갓 수입되어 조선에서 따로 발간되지 않은 것들로 급하게 추려져『의림촬요속집』이라는 이름으로 간행된 것이다.[39] 여기서 중요한 사실은 4종의 종합 의서가 16세기 후반기에 한꺼번에 수입되었다는 사실이다. 그것은 풍부한 의학 지식의 출처가 됨과 동시에 서로 다른 입장 때문에 혼란스러움의 요인이 되었다. 이미 신(新) 의서인『의학정전』체제를 본받아『의림촬요』가 편집되었지만, 갑작스럽게 동시에 밀어닥친 최신 의서를 또 다시 반영하여『의림촬요속집』을 편찬하고, 그것을 이전 것에 증보한 것이 현존하는 양예수(楊禮壽, ?~1597) 편찬으로 이름 붙은 증보판『의림촬요』다.

이후『동의보감』의 편찬을 염두에 둘 때,『의림촬요』는 매우 주목을 끈다. 이 책이 발췌와 분문 편집이라는 방식을 벗어난 최초의 종합 의서라는 점 때문이다. 즉 명나라 우단(虞摶)의『의학정전』이나 이천(李梴)의『의학입문』같은 의서처럼 많은 병증에 대해 자신의 의론(醫論)을 밝히고, 자신의 징험을 바탕으로 하여 고금 의서의 내용을 추려내고, 거기에 자신의 처방까지를 제시하는 일반적인 의서 편찬의 모습을 띠는 것이다.『의방유취』가 중국과 조선 의학의 단순한 종합이었다면,『의림촬요』는 충분한 소화를 바탕으로 핵심을 추려 모은 의서다.『의림촬요』는 이 책이 존숭한『의학정

전』이나『의학입문』등과 동급 수준으로 평가받을 만한 것이었다. 조선에
서는『의림촬요』이전에 이런 종류의 의서가 존재하지 않았으며,『동의보
감』은 이런 소화와 자기 발현이라는 전통의 연장에 있다. 원본『의림촬요』
의 저자인 정경선은『동의보감』편찬에 참여한 정예남(鄭禮男)[40]의 부친으
로 추정되며 증보본의 편차인 양예수는『동의보감』편찬에 참여했으므로,
학술 내용이라는 측면 이외에 인적으로도『의림촬요』와『동의보감』은 서
로 연결되어 있다.『동의보감』의「역대의방」에서는 이전의 조선 저작으로
서 이『의림촬요』를『향약집성방』과『의방유취』와 나란히 놓았다.[41]

5) 허준의 『찬도방론맥결집성』의 교정

조선전기 의학 학술 전통의 마지막 부분은 1581년(선조 14) 허준의『찬도방
론맥결집성(纂圖方論脈訣集成)』의 교정이 차지한다.[42] 오래전부터 작자 불분
명으로 전해져온 가결 형태의『맥결』은 읽기 쉽고 이해하기 쉽다는 장점
을 가졌지만, 아울러 문장이 천박하고 또 적지 않은 오류를 담고 있다는
단점도 가졌다.[43] 그렇기 때문에 원대의 대기종(戴起宗)은『맥결』의 오류를
바로잡아『맥결간오(脈訣刊誤)』라는 책을 쓴 바 있다. 이 책은『맥결』의 내용
을『내경(內經)』,『난경(難經)』,『상한잡병론(傷寒雜病論)』,『중장경(中藏經)』,『맥
경(脈經)』등의 원 출처와 비교하여 바로잡았다.[44]『찬도방론맥결집성』의 저
본인『맥결』과 대기종이 바로잡은『맥결』이 동일한 저작인지는 분명치 않지
만, 허준이 교정 대상으로 삼은『맥결』도 비슷한 문제를 안고 있었다. 허준
은 이에 대해 "육조(六朝) 때 고양생(高陽生)이란 사람이 있었는데, 그는 [『맥
경』의 내용을] 참고[剽竊]하여 그것을 노래로 만들어서 암송하여 익히기 쉽
게 했다. 그러나 그 문장이 비천하여 본래의 참된 뜻을 잃은 것이 많아 선현

이 이미 탄식하여 그것을 바로잡은 바가 있었다."고 말했다. 그런데 조선의 진맥학 수업이 어떻게 이루어지고 있었는가? 오로지 이『맥결』에 관한 주석을 모은『찬도방론맥결집성』한 책에 의존하고 있었다. 그렇다면 그 오류의 심각성은 조선에서 특히 더 컸다고 볼 수 있다. 이런 상황을 허준은 다음과 같이 말했다.

> [조선] 개국 초에 의술 수준이 높지 않아 미처『맥경』전 책을 보지 못하고, 단지 수업서[講典]로『맥결』만을 고집하여 진찰하는 사람의 공부하는 길로 삼았다. 비록『맥결』이 깊은 뜻을 찾는 맛은 없지만 노래 구절이 간단해서 이해하기에 쉽다. 다만 원문 글자가 잘못된 곳이 많고 주석이 매우 번거로워서 배우는 이들이 이를 병으로 여겼다[45]

이를 보면, 당시 조선에서 유일한 진맥 학습서로 활용되는『찬도맥』이 적지 않은 원문 글자의 오류와 주석의 번잡함을 가지고 있었음을 알 수 있다. 그렇지만 이런 문제점 때문에『찬도맥』을 완전히 폐기하겠다는 생각도 가지지 않았음을 알 수 있다. 왜냐하면 심오하지는 않지만 초보 학습용으로는 꽤 쓸 만한 책이었기 때문이다.

허준이 한 일은 교정 작업이었다. 허준이 한 작업을 보면, 당시의 교정과 오늘날의 교정 사이에 약간 차이가 있음을 알 수 있다. 오늘날의 교정은 주로 문장 교정을 뜻한다. 글의 뜻이 매끄럽지 못한 부분을 지적하거나 맞춤법이 틀린 부분을 바로잡는 것이 오늘날의 교정이다. 그러나 허준이 한 교정은 내용의 오류를 바로잡고, 약간의 설명이 필요한 곳에 주를 달고, 뜻이 잘 통하지 않는 곳을 분명히 해주는 그러한 것이었다.

이 책은 교정서이기는 하지만, 허준의 첫 저술이다. 그는 엄밀함을 요구하는 교정 작업에 대해 여러 서적을 대조해가면서 이치를 따지는 방식으로 의학 과거와 취재 교재인 『찬도방론맥결집성』의 오류를 바로잡았다. 『찬도맥』을 교정하면서 그 설명이 부족한 부분을 보완한 내용을 보면, 그 것들은 대체로 『황제내경소문(黃帝內經素問)』, 『영추경(靈樞經)』, 『난경』 등 의학 경전에 입각한 것이다.[46] 이런 사실은 허준이 의학 경전의 정신에 충실한 인물이었음을 말해주며, 훗날의 『동의보감』을 연상케 한다. 조선의 의계에서 중국에서 나온 책을 받아들여 학습하는 데 그치지 않고 '감히' 원본의 오류까지 바로잡고자 하는 시도는 이 책이 처음이었다.

〈그림 9〉『찬도방론맥결집성』(사진 출처: 『조선왕실의 생로병사』 전시회 도록)

2. 의학 교육의 강화를 통한 학문 기반의 구축

고유 의서의 존재만으로 조선전기의 의학 상황을 추정한다면 큰 오류를 범하게 된다. 선진적인 의학을 이끌고 있던 중국 의서는 학습에서나 임상에서나 조선에서 늘 중요한 위치에 있었기 때문이다. 다만 중국에서 오랜 기간을 거쳐 학술 경향이 바뀔 때마다 조선은 시차를 두고 그것을 학습, 소화하여 익숙해지는 과정을 겪었다. 거칠게 말한다면, 16세기 이전까지는 당·송시대에 편찬된 의서의 활용도가 매우 높은 상황에 있었는데, 16세기에 들어서는 이전의 의학과 성격이 매우 다른 금·원시대의 저작, 그것을 계승한 명대의 저작에 익숙해져야 하는 상황에 처했다. 그것은 국가가 정한 의과(醫科)와 의관 취재(取才)의 시험 교과목에 그대로 반영되어 있다.

의과는 3년마다 치르는 과거의 일종으로서 현직 등용의 길인 동시에 과거 급제자만이 고위 관리가 될 수 있는 자격시험이었으며, 취재 시험은 의학생도와 모든 의관의 고과를 평가하기 위해 1년에 네 차례 치러야 하는 시험이었다. 의관의 양성과 승진에 필요한 시험 교재는 당연히 국가에서 가장 중요하고 적절하다고 판단한 의서들이 선정될 수밖에 없었다. 또한 동일한 시험 교재로 공부해야 했기 때문에, 이는 조선이라는 일국의 의학을 표준화하는 성격도 띠었다. 조선에서 따로 찍은 중국의 의서는 시험 교재였거나, 임상적 측면에서 보급의 대상이 될 정도로 높을 평가를 받은 것들이었다.

조선 건국 후 38년이 지난 1430년(세종 12) 처음으로 의학 취재에 관한 교재가 정식화되었다. 그것은 고려 때의 그것보다 종수도 크게 늘어났고, 학문적 경향도 근본적으로 달랐다. 의례상정소에서는 무려 25종을 의학 취재의 대상으로 제시했다.[47] 이 25종은 이후 『향약집성방』(1433년), 『의방유취』(1445년)의 편찬을 위해 학습해야 할 가장 중요한 텍스트였다. 25과목 가운데 고려 때의 '의업식(醫業式)' 교재와 겹치는 것은 『소문』, 『난경』, 『침구경』 셋밖에 없다.[48] 나머지는 완전히 새로운 책이다. 시대별로 보면, 송 이전의 저작이 4종, 송·금대의 저작이 12종, 원대의 저작이 7종, 조선의 저작이 2종이다. 이런 교재의 다수 채택은 통일신라 이후 고려까지 이어왔던 수·당대와 그 이전의 의학을 주로 학습하는 전통의 큰 변화를 뜻한다. 이전까지 의학 학습은 주로 당대 이전의 의서를 주축으로 이루어졌다. 그렇지만 15세기 조선에서는 『소문』, 『난경』, 『침구경』 같은 의학 경전, 『천금익방(千金翼方)』을 제외하고는 모두 송대 이후의 의서를 학습하게 된 것이다. 명나라도 건국한 지 얼마 안 되었기 때문에 이때까지 명대 의서는 한 종도 포함되어 있지 않다. 분야별로 본다면 다음과 같은 것들이다.

의학 이론: 『소문』·『난경』

진맥서: 『직지맥(直指脈)』·『찬도맥(纂圖脈)』

종합 처방: 『천금익방(千金翼方)』·『직지방(直指方)』·『화제방(和劑方)』·『성제총록(聖濟摠錄)』·『위씨득효방(危氏得效方)』·『의방집성(醫方集成)』·『어약원방(御藥院方)』·『제생방(濟生方)』·『제생발수방(濟生拔粹方)』·『서죽당방(瑞竹堂方)』·『백일선방(百一選方)』

약물 이론과 본초: 『화제지남(和劑指南)』[49]·『연의본초(衍義本草)』[50]

상한병: 『상한유서(傷寒類書)』·『쌍종처사활인서(雙鍾處士活人書)』

침구: 『침구경(針灸經)』·『보주동인경(補註銅人經)』

소아과: 『두씨전영(竇氏全嬰)』

부인과: 『부인대전(婦人大全)』

향약: 『향약[제생]집성방(鄕藥[濟生]集成方)』

수의학: 『우마의방(牛馬醫方)』

여기서 분야별로 가장 두드러진 특징은 종합 처방집이 대세를 이루고 있다는 점이다. 당나라 때까지의 처방을 모은 『천금익방』, 송대의 중요한 처방집인 『직지방』, 황실 어의 의술의 정수를 담은 『화제방』, 송대까지의 중요 처방을 모은 『성제총록』, 원대 어의의 명 처방집인 『어약원방』, 19의인의 명 처방을 가려 뽑은 『제생발수방』, 명의 집안을 이어온 경험 처방이 담긴 『득효방』, 빼어난 경험방 모음집인 『제생방』, 『서죽당방』, 『백일선방』이 망라되었다. 이 책 가운데 『성제총록』은 무려 2백 권이나 되는 거질 의서이며, 『천금익방』 30권, 『직지방』 26권, 『부인대전양방(婦人大全良方)』 24권, 『백일선방』 20권 등도 매우 두툼한 책이다. 종합 처방의 흡수와 함께 의학의 전문화도 큰 특징이다. 과목으로 파악이 어려운 열성 계절병인 상한, 성인 남자와 다른 여성과 부인에 대한 의학, 게다가 수의학까지 망라되었다.[51] 조선이 건국된 후 최초로 규정된 이 취재 과목은 조선의 의학계가 당대 중국에서 나온 최근의 의학 동향을 파악하고 이해하는 기초를 마련했다는 점에서 조선전기 의학사의 한 분수령을 이룬다. 이러한 의학 취재 교과목은 『향약집성방』 편찬 지시(1432년)가 내려지기 2년 전에 마련된 것이었다. 이미 책 편찬에 필요한 중국 서적을 다수 확보한 상태에서 책 편찬을 위해 그 내용을 강도 높게 학습하고자 마련한 것으로 추정된다. 아무튼 이 취재 과목에 대한 2년간의 집중적인 학습 후, 본격적인 『향약집성방』의 편찬 작업이 시작되었다. 이 책이 불과 1년이라는 짧은 기간에 출간이 가능했던 것도 이런 선행 작업 덕분이었을 것이다.[52]

첫 취재 과목이 정해진 지 34년이 지난 1464년(세조 10)에 취재 과목이 25종에서 12종으로 대폭 줄었다.[53] 이해는 무려 34년을 끌어오던 『의방유취』의 교정(출간은 1477년에 이루어짐)이 일단락되었다고 보고된 해다. 교정의 완수와 취재 과목의 축소가 같은 해에 이루어진 것은 결코 우연이 아닐 것이다. 향약 의학 전부를 총정리하는 『향약집성방』, 중국 의학과 고려

의학의 전모를 파악해내고자 한 『의방유취』의 편찬 작업을 위해 수많은 의
서를 대상으로 취재(取才)토록 한 비상 상황을 임무 완수 후 해제한 것이다.
이전 25종 가운데 『소문』,『동인경』,『직지방』,『부인대전』,『상한유서』 등 5
종이 계속 쓰였고 20종이 목록에서 빠졌으며 『맥경』,『장자화방』[54],『외과
정요』,『소아약증직결』,『창진집』[55],『(대전)본초』[56],『산서』[57] 등 7종이 새로
추가되었다.[58] 이때 새 취재에는 의관의 품계에 따라 강(講)할 의서를 별도
로 규정하여 관직 품계에 따라 난이도를 높이는 방식으로 취재되었던 것
같다. 종9품에서부터 정3품까지 의학을 담당하는 관리가 차츰차츰 더욱
전문적인 서적과 난이도가 높은 책들을 학습하고 시험을 치른 것으로 추
정된다.[59]

> 정(正)·종(從) 3품은 『소문(素門)』을 강하고, 정·종 4품은 『장자화방(張子
> 和方)』을, 정·종 5품은 『소아약증직결(小兒藥證直訣)』과 『창진집(瘡疹集)』
> 을, 정·종 6품은 『상한유서(傷寒類書)』,『외과정요(外科精要)』를, 정·종 7품
> 은 『부인대전(婦人大全)』과 『산서(産書)』를, 정·종 8품은 『직지방(直指方)』
> 을, 정·종 9품 이하 생도(生徒)에 이르기까지는 『동인경(銅人經)』을 강하게
> 했으며, 다만 『대전본초(大全本草)』와 『맥경(脈經)』은 모두 강하도록 했다.[60]

즉, 진맥과 본초학을 필수 과목으로 삼고, 그다음에는 『동인경』을 통해서
경락과 침법을 연마하고, 차츰 종합 처방서인 『직지방』을 집중 공부한 후,
산부인과, 외과, 상한병(열성 전염병), 두창 각 전문과를 익힌 후, 고급 과목
으로서 『장자화방』과 『소문』을 강하도록 한 것이다. 새 취재 과목 중 『소
문』을 가장 높은 단계로 채택한 데에는 임금인 세조의 뜻이 반영되어 있
다. 그는 1461년(세조 7)에 이미 의학 취재 때 『황제소문』을 강(講)하도록
조치를 내린 바 있었다.[61] 아울러 1464년 8월, 젊은 선비를 대상으로 하여

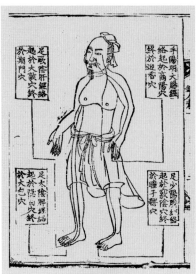
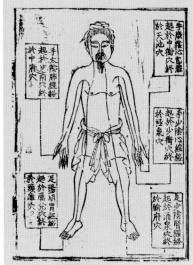

〈그림 10〉 ❶ 『동인경』 중의 동인도
　　　　　 ❷ 조선에서 교육용으로 사용하던 침구동인.(사진 출차: 『조선왕조유물도록』, 한국문화재보호재단)

『소문』을 강하는 시험을 치르게 했다.[62] 이 무렵 『소문』에 대한 관심은 의학의 본령을 강조했다는 점에서 주목할 가치가 있다.

조선전기의 의학 취재와 과거 교재에 대한 내용은 27년이 지난 1471년(성종 2)에 또 한 번 개정되었다. 이때에는 의원을 봄과 가을에 나누어 취재하였다.

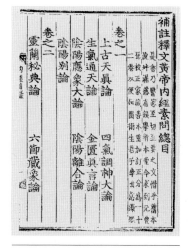

〈그림 11〉 『황제내경 소문』 조선판
(한국학중앙연구원 소장)

> 춘등(春等): 『소문(素問)』, 『본초(本草)』, 『직지방(直指方)』, 『찬도맥(纂圖脈)』, 『외과정요(外科精要)』, 『창진집(瘡疹集)』
> 추등(秋等): 『장자화방(張子和方)』, 『득효방(得效方)』, 『부인대전(婦人大全)』, 『상한유서(傷寒類書)』, 『자생경(資生經)』, 『화제방(和劑方)』[63]

『동인경』, 『맥경』, 『산서』, 『소아약증직결』 등 네 종류의 책이 빠졌고, 이전에 빠졌던 『찬도맥』, 『득효방』, 『화제방』이 다시 들어왔고, 『자생경』이 새로 추가되었다. 『찬도맥』이 『맥경』을 대신하고, 『자생경』이 『동인경』를 대신한 성격을 띤다. 『득효방』과 『화제방』 두 책은 이전부터 있었던 『직지방』과 함께 병증에 관한 종합적 접근과 다양한 처방의 제공을 강화했다는 의미를 지닌다.

이듬해인 1472년에도 취재 과목의 변화가 있었는데, 대부분이 바로 뒤에서 살필 『경국대전(經國大典)』 체제로 굳어졌다. 『찬도맥』, 『직지방』, 『득효방』, 『화제방』, 『부인대전』, 『본초』, 『창진집』, 『자생경』은 여전히 중시되었다. 이 밖에 『본초(本草)』, 『찬도(纂圖)』, 『직지방』, 『득효방』, 『화제지남(和劑指南)』이 새로이 추가되었다. 십여 년 전에 예조에서 이 다섯 책들이 "의가(醫家)의 근본이라 알지 않을 수가 없으니, 제과(諸科)에 분속(分屬)된 사람으로 하여금 먼저 읽게 하여 아울러 강(講)하게 하소서."[64] 하는 요청이 있었는데,

여기서 실현된 것이다. 전해의 과목 중 『소문』, 『상한유서』, 『장자화방』, 『외과정요』 등 네 과목이 제외되었다. 이 과목들은 모두 3품~6품의 교재로 어려운 단계에 속했던 것이다. 『동인경』, 『십사경발휘(十四經發揮)』, 『구급방』, 『태산요록(胎産要錄)』 등 네 과목이 새로 들어왔다. 원대 활수(滑壽)의 『십사경발휘』는 『동인경』과 『자생경』 이후 최고의 침구서로 평가받는 침구서로서 이를 포함시킨 것이 침구학 강화와 관련된 것임을 짐작케 한다. 『구급방』, 『태산집요』가 새로 편입됨으로써 이전부터 있었던 두창 전문서인 『창진집』과 함께 이때부터 기초 의학 3종 세트, 즉 태산·구급·두창에 관한 의학 내용이 고루 다 갖춰지게 되었다.

조선전기의 의학 과목은 1485년(성종 16) 『경국대전』의 반포로 완결되었다. 이때 의학 취재를 의학과 침구의 둘로 나누었으며, 과거 시험에서 의과를 일종의 잡과로 두게 되어 문과 및 무과와 구별 지었다. 그러면서 의학에 양반 계급이 거리를 두게 되는 일이 벌어지게 되었다. 의학의 취재 시험 교재는 1472년의 규정과 동일했다. 새로 생긴 침구의(鍼灸醫)의 경우에는 『찬도맥』, 『동인경』, 『십사경발휘』 등 세 책은 의학과 같았지만, 『직지방』 대신에 맥학 부분만 다룬 『직지맥』을, 『화제방』 대신에 『화제지남』을 채택했다. 『구급방』, 『태산집요』를 뺀 대신에 침구 전문 서적인 『침경지남(鍼經指南)』, 『자오유주(子午流注)』, 『옥룡가(玉龍歌)』, 『침경적영집(針經摘英集)』을 교재로 삼았다. 침구의 분화는 세종 때부터 있어왔지만, 침구학의 전문화는 이때 확립된 것이다.[65] 의과의 경우에는 처음 신설된 것인데, 과목은 의학 취재와 10과목이 같으나 침구서인 『자생경』과 『십사경발휘』는 제외되어 있다. 이는 의과가 주로 침구의가 아닌 약의(藥醫)를 기준으로 선발되었음을 뜻한다. 이런 『경국대전』의 시험 과목은 1746년(영조 22) 『속대전(續大典)』이 편찬될 때까지 260여 년간 지속되었다.

지금까지 살핀 바와 같이 『향약집성방』과 『의방유취』의 편찬이라는 대사업을 앞두고, 의학 부문에서는 매우 강도 높은 학습이 이루어졌으며, 그것은 좁게는 의서 편찬이라는 목표를 달성하는 데 기여했고, 넓게는 의관 이외에도 수많은 소장 관료, 고위 관료가 의학 부문을 학습하는 계기가 되었으며, 전 사회적으로 양적으로나 질적으로나 의학 수준의 향상을 가져다주었다.

3. 간편 의서의 간행과 보급

의학 지식 정리의 목적은 궁극적으로 보급을 전제로 한 것이다. 유교 국가 조선에서는 인정을 내세워 『향약집성방』과 『의방유취』 등 굵직한 의서와 수입된 여러 의서들, 또 새로이 경험해서 얻은 처방 등을 활용하여 민간에 의학 지식을 보급하는 데 크게 신경을 기울였다. 특히 부모의 병을 중시하는 유교적 효도의 관념은 민간에서 그러한 의학 지식을 수용하여 실천하는 데 매우 중요한 구실을 했다. 게다가 세종 때 훈민정음이 창제된 이후에는 자국어를 활용한 간편 의학 지식의 대대적인 보급이 이루어졌다.

간편 의서 중 가장 일찍 편찬된 것은 영아와 소아에 관한 책들이었다. 이는 조선전기의 의학적 관심이 일찍부터 이 부분에 집중되었음을 보여준다. 중국 송나라 때 편찬된 『부인대전양방』이나 세종 때 편찬된 『의방유취』와 『향약집성방』의 태산 관련 부분은 모두 방대한 양을 담고 있다. 그것은 의원이 전문적인 내용을 학습하고 널리 처방을 구하는 데에는 도움이 되지만, 산모와 주변의 사람들이 잉태와 해산, 갓난아이의 관리라는 측면에서 가장 중요한 부분을 쉽게 실천하는 데 도움이 되지는 않는다. 따라서 『향약집성방』의 편찬자 중 일인인 노중례는 이 책을 편찬한 이듬해인

1434년(세종 16)에 임신과 해산, 갓난아이의 건강관리에 관한 간단한 책자를 펴냈다. 그것이 『태산요록』이다.[66] 이 책의 가장 큰 특징은 전문적인 의학 내용을 다루지 않았다는 점이다. 따라서 의학 처방보다는 집에서 산모 또는 가족과 이웃이 지니고 있어야 할 지식과 실천할 수 있는 행동 지침이 전체 내용을 이룬다. 또 분만 때 갖춰야 할 약물이나 갓난아이에게 생긴 병을 고치기 위한 처방의 경우도 간단한 내용으로 구성되어 있다.[67] 『동의보감』 편찬 도중 허준이 태산학(胎産學)에 관한 책을 펴냈다. 이는 "임진왜란 때문에 이전부터 있었던 『태산집』, 『창진집』, 『구급방』 등 여러 의서들이 없어졌기"[68] 때문이다. 그래서 선조는 내장한 책들을 내주면서 허준에게 여러 의학 이론과 처방을 수집해서 이 책들을 다시 꾸밀 것을 명령했는데, 『언해태산집요(諺解胎産集要)』는 그 가운데 하나다. 『언해태산집요』는 이전의 『태산집』(곧, 『태산요록』)을 대신한 성격을 띤다. 허준은 송대에 출현한 걸출한 부인 전문 의서로서 최고로 평가받는 진자명(陳子明)의 『부인대전양방』의 많은 내용을 『언해태산집요』의 자료로 활용했으며, 명대에 출현한 의서의 비중도 1/3 정도 된다.[69] 간편한 내용으로 대중을 위한다는 점에서 『태산요록』과 『언해태산집요』 두 책의 성격이 비슷하지만, 『태산요록』과 달리 『언해태산집요』는 핵심적인 의학 내용과 처방을 폭넓게 담고 있다.[70] 이 책이 언해되어 민간에 널리 유포되었다는 점을 주목할 필요가 있다.[71] 언해되었다 함은 부녀들이 참고할 수 있음을 뜻한다. 조선시대에 태산학 책으로 언해된 것은 이 책이 유일하다. 『언해태산집요』는 1610년에 완성을 본 『동의보감』 「잡병편」 '부인문'의 요약판 성격을 띤다.[72]

조선 정부 차원에서 간편 의서의 보급 중에서도 가장 관심을 많이 둔 것은 언해본 구급방의 편찬과 보급이었다. 세종 때 고려의서 『향약구급방』 (1417년)을 찍어 지방에 보낸 적이 있지만, 조선에서 이런 종류의 의서가 편찬된 것은 1466년(세조 12) 『구급방』이 나오면서부터다. 『의방유취』 교정

본이 일단락된 지(1464년) 두 해가 지
난 후 세조는 이 책에서 구급에 관한
내용 중 가장 중요하다고 생각하는 분
야 17개를 정해 그곳의 핵심을 가려 뽑
고 일부를 보완하여 조선판『구급방』
을 편찬했다.[73] 이『구급방』은 조선에
서 나온 구급방 중 가장 간단한 형태
를 띠었으며 한글 언해가 되어 있다.
이『구급방』은 1489년(성종 20) 이후 새
로운 버전인 언해본『신찬구급간이방
(新撰救急簡易方)』8권으로 보완되었다.

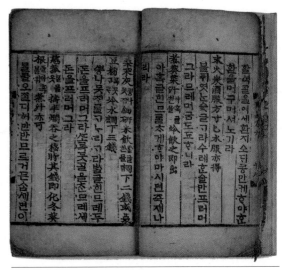

〈그림 12〉『구급간이방』(사진 출처: 『조선왕실의 생로병사』 전시회 도록)

이 책은 이전의 1권본과 달리 목차 포함 9권[74]으로 구급의학을 총망라한
구급의학대전의 성격을 띤다. 이전의『구급방』이 약재 중에서 중국에서
나는 것을 포함하고 있어서 백성들이 쉽게 구할 수 없다는 문제점을 안고
있기 때문에 향약 위주의 의방을 찬집하여 민간에 보급한다는 결정에 따
라 편찬된 의서로 추정된다.[75] 10년 후인 1499년에 새로운 구급방인 언해
본『구급이해방(救急易解方)』이 다시 간행되었다. "어떤 것은 너무 호한(浩瀚)
하고, 어떤 것은 너무나도 간단하고, 어떤 것은 오직 향토 소산 약재로만 구
성되어 있어" 문제가 있다고 보았기 때문이다.[76] 『구급이해방』은 이 분야에
서 허준이 새로이『언해구급방』(1601년)을 편찬하기 이전까지 나라에서 편
찬한 최종판이었다.

　사찬(私撰)인 김정국(金正國, 1485~1541)의『촌가구급방(村家救急方)』(1538
년)은 국가 편찬의 구급방과 성격이 약간 달랐다. 향약과 민간 경험 위주
의 책이다. 이 책은 김정국이 1519년 기묘사화로 황해관찰사에서 삭직되
어 고양(高陽)에 머물면서 지은 책이다. 의원이 없어 의서에 적힌 약을 제

대로 쓰지 못하는 처지를 극복하기 위해서였다. 어떤 환자가 그에게 병을 물어 왔는데, 그는 그의 병증을 보고서 딱 맞는 처방을 찾아냈으나 그 처방은 탕(湯)·산(散)·원(圓 또는 元)·단(丹) 등 의원이 있는 약국에서나 지을 수 있는 것이었지, 궁촌에서 구할 수 있는 것이 아니었다. 이를 계기로 그는 시골에서 구할 수 없는 처방을 담은 의서를 치워버리고, 대신에 민간에서 쉽게 얻을 수 있는 향약과 향촌 노인들이 효험을 본 경험방을 수집해서 의서를 편찬했다. 그것이 바로 『촌가구급방』이다.[77] 김정국은 형인 김안국(金安國, 1478~1543)과 함께 16세기 중후반 최고의 학자로 평가받았는데, 이 둘은 허준 부친의 고모가 낳은 아들로 허준의 오촌 아저씨뻘이다.[78]

허준의 『언해구급방(諺解救急方)』(1601년)은 조선시대 언해 구급방 부류의 최종판이다. 『언해구급방』에서는 위급한 상황의 발생과 해결, 죽게 되는 경우의 처치법, 여러 가지 부스럼과 외상에 대한 처치법, 중독과 해독 등의 내용을 다루었다.[79] 『언해구급방』의 학술적 특징에 대한 언급은 이미 17세기에 있었다. 1637년에 김휴(金烋, 1597~1638)는 『해동문헌총록(海東文獻總錄)』에서 이 책을 다음과 같이 평했다. "언해구급방 상하 2권은 허준이 임금의 명을 받아 편찬한 것이다. 유형을 나누어 온갖 병증을 적어놓았고, 각각 병증에 대해 고치는 법을 적었다. 아울러 침·뜸·기양법·빨아내는 법 등 온갖 방법을 덧붙였다. 속방을 널리 수집했고, 조목조목 한글로 번역했다. 비록 문자[한문]를 모르는 사람이라도 살펴서 병을 치료할 수 있다. 이 책에는 급한 병을 구하는 데 믿을 만하기 때문에 긴요하다고 할 수 있겠다."[80] 허준의 『언해구급방』은 1610년에 완성된 『동의보감』 구급문(救急門)의 바탕을 이루게 된다.

민간에서는 두창이 끔찍한 질병으로서 인간이 고치기 힘들다는 인식이 팽배해 있었기 때문에 의학적 대응을 거의 포기하다시피한 병이었지만[81], 조선은 정부 차원에서 대응 의서를 편찬했다. 세조 때(1457년)에 내의원 의관인 임원준이 왕명으로 두창 전문 의서인 『창진집』 3권을 출간했다. 이 책은 두창에 관한 이론과 처방을 망라한 『의방유취』의 「두진문(痘疹門)」의 내용과 거의 유사하며[82], 두창 병의 진행 과정과 각각의 병증을 기술했다. 책의 내용은 두창의 원인에 대한 설명에서부터 병의 예방약(豫防之劑), 두(痘)를 순조롭게 내게 하는 약(出痘之劑), 두창을 앓을 때 담이 생기고 기가 뭉쳐 두통, 해수 증상이 나타났을 때 이를 푸는 약(和解之劑), 두(痘) 안쪽이 움푹 파여 들어간 위급한 증상을 고치는 약(救陷之劑), 두창의 여독을 푸는 약(消毒之劑), 눈 머는 것을 막는 약(護眼之劑), 두(痘)로 생긴 고름을 말리는 약(催乾之劑), 피부에 생긴 반진(癍疹)을 없애는 약(減癍之劑), 두창을 두루 치료하는 약(通治之劑), 금기 등의 순서로 구성되어 있다. 『창진집』은 출간 직후부터 오랫동안 의과나 취재의 주요 과목으로 설정되어 모든 의관(醫官) 지망자가 읽어야 하는 책이 되었다.[83] 임진왜란 때 간편 의서조차 찾기 힘든 상황이 되었으며, 왕명을 받아 허준은 이 『창진집』을 대신하는 성격의 의서인 『언해두창집요』를 집필했다. 『언해두창집요』에서는 병의 원인 제거부터 시작하여 병 각각의 단계에 따른 대처, 병의 후유증 방지와 치료를 순서대로 정리했다. 『언해두창집요』는 『창진집』보다 전반적으로 잘 다듬어져 있어서 "책의 짜임새가 훨씬 긴밀하고, 병증에 대한 이해가 한층 엄밀하고, 이에 바탕해 혼란스러운 처방의 나열에서 벗어났다."는 평가를 받았다.[84] 게다가 『창진집』과 달리 『언해두창집요』는 명대 의서를 상당히 많이 인용했으며, 그 책들의 내용을 잘 절충하여 종합한 모습을 띤다.[85] 이 책은 『동의보감』 소아문 두창 부분의 기본을 이룬다.

태산 의서, 구급 의서, 두창 의서와 함께 조선전기 의학의 두드러진 특징은 전염병 대책 의서인 벽온방의 편찬과 반포이다. 조선전기 중요한 『벽온방』, 『간이벽온방』(『속병온방』), 『분문온역이해방』 등 3종의 벽온방이 모두 중종 때 중간되거나 새로 편찬되었다. 1515년 김안국은 『벽온방』 발간의 이유를 다음과 같이 썼다.

"……『벽온방(辟瘟方)』 같은 것은, 온역질(瘟疫疾)은 전염되기 쉽고 사람이 많이들 그로 인해 죽기 때문에, 세종 조에서는 생명을 중히 여기고 아끼는 뜻에서 이를 이어(俚語)로 번역하여 경향에 인포(印布)했는데, 지금은 희귀해졌기로 신이 또한 언해를 붙여 개간했습니다. ……바라건대 구급에 간편한 비방을 널리 반포하던 성종 조의 전례를 따라 많이 개간하여 널리 반포하소서." 하니 전교하기를, "경이 그 도에 있으면서 학교와 풍속을 변화시키는 일에 전심한다는 말을 듣고 가상히 여겼다. 또 아울러 이러한 책들을 엮어 가르친다 하는데, 이 책은 모두 풍교(風敎)에 관계되는 것이라 찬집청에 보내 개간하여 널리 반포하게 하라." 했다.[86]

이 인용문에는 『벽온방』 발간의 목적이 백성의 유교 교화에 있음이 잘 드러나 있다. 1525년(중종 20)에는 함경도와 평안도에 역병이 돌자 『벽온방』을 내려보냈는데, 그것은 김안국의 것이 아니라 새로 초록한 『간이벽온방』이었다.[87] 이 책의 내용은 대략 본문 52쪽 분량으로 병의 원인을 간단하게 설명한 다음, 병을 쫓거나 옮기지 않게 하거나 치료하는 처방 40여 가지를 실었으며, 한글 번역을 붙였다. 이 중 몇몇을 제외하고는 모두 『의방유취』「상한문(傷寒門)」의 이곳저곳에서 가려 뽑은 것이다.[88] 『간이벽온방』은 주로 단방(單方)을 중심으로 했고, 따로 약이 안 들어가는 주문(呪文) 등의 방법을 주로 제시했기 때문에 민간에서 쉽게 실천할 수 있는 성격을 띠었다. 그렇지만 병의 예방과 치료를 위한 처방이 적고, "약명과 약의 채취법 등이 적혀 있지 않았기 때문에 보통 백성들이 이해하기 힘들어서 설사 처방을 가지고 있다 해도 그것을 제대로 사용할 수 없는"[89] 문제점도 안고 있었다. 1542년(중종 37) 역병이 크게 유행하자 조정에서는 이런 단점을 개선한 『분문온역이해방』을 엮어 내려보냈다. 이 책은 옛 처방 60개에 새 처방 40개를 추가했으며, 병에 대한 대책을 기도법, 전염 예방법, 복약법, 병의 재발[勞復] 등 네 가지 범주[門]로 나누어 일목요연하게 했다.[90] 어리석은 사람과 부녀까지도 이 책의 내용을 알 수 있도록 한글 번역이 딸렸다. 이 책의 서문은 1538년에 복권된 허준의 외당숙인 김안국이 썼다. 앞서 말했듯, 이 벽온방 전통은 이후 1610년에 완성을 본 허준의 『동의보감』 저술에도 편입되었다.[91]

흉년 때 곡류의 부족을 이겨내기 위한 지식을 보급할 목적으로 편찬한 구황 서적의 발간도 구급방이나 벽온방의 발간과 같은 맥락에서 파악해야 할 것이다. 조선의 기후와 풍토상 흉년이 들어 기근을 극복하기 힘든 경우가 많았기 때문에 조선 건국 직후부터 이에 대해서 위정자는 깊은 관심을 나타냈다. 이미 세종 때 『구황벽곡방(救荒辟穀方)』이 편찬되어 나온 바 있다.[92] 1541년(중종 36) 안위(安瑋, 1491~1563)가 홍윤창(洪胤昌)과 함께 『구황절요(救荒切要)』(1권)를 지었으며[93], 3년 후인 1554년에는 진휼청(賑恤廳)에

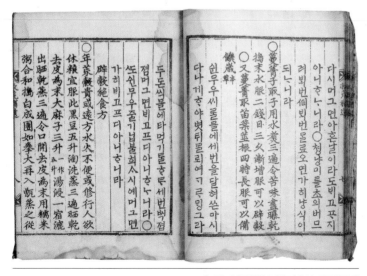

〈그림 13〉 『구황촬요』(사진 출처: 허준박물관)

서 『구황촬요(救荒撮要)』를 펴냈다. 『구황촬요』에는 솔잎, 느릅나무껍질, 도라지, 칡, 마, 냉이, 토란 등 수십 종의 구황식물이 실려 있다. 솔잎이나 느릅나무의 껍질 등을 제외하고 나머지는 경우에 따라서 계절의 맛을 느끼게 해주는 맛있는 반찬으로 쓰이는 것들이지만, 밥 없이 이런 것들로만 끼니

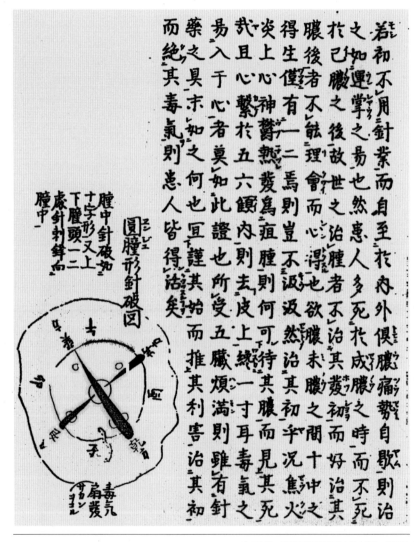

〈그림 14〉 임언국의 『치종지남』에 보이는 치종술

를 때운다고 한다면 식욕이 완전히 사라져버릴 것이다. 따라서 구하기 쉽다는 측면 외에도 제법 먹을 만하다는 맛의 측면이 구황식물의 조건을 이루며, 초근목피를 먹을 수 있도록 하는 이런저런 조리법이 구황 서적의 내용을 채운다. 임진왜란 발발 다음 해인 1593년에도 이 책을 참고하여 상실(橡實), 송피(松皮), 초식(草食) 등의 물품을 조처해 진휼에 쓰도록 한 기록이 남아 있다.[94] 『동의보감』에도 「잡방문」에서 구황에 필요한 지식을 모았다. 『구황벽곡방』의 벽곡절식방(辟穀絶食方), 벽곡불기방(辟穀不飢方) 등이 직접 인용되어 있다.[95]

이 밖에도 조정에서는 달학(疸瘧, 황달 증세를 겸한 학질)에 관한 책으로 『황달학질치료방(黃疸瘧疾治療方)』(1550년)을 찍어 보급했고[96], 외과 치종술에 관한 책인 임언국(任彦國)의 『치종비방(治腫秘方)』이 전라도 금산에서 간행되어 나왔다.[97] 이 두 책의 내용도 『동의보감』에 흡수되었다.

4. 중국 의서의 수입과 발간

조선전기, 특히 세종(1418~1450 재위) 이후 백여 년 이상 책의 출판은 유학 경전을 비롯하여 역사·시문·천문학·지리학·의학 등 모든 분야에서 활발하게 이루어졌다. 거의 대부분이 국가가 편찬 주체였다는 사실은 출간 사업이 예치(禮治)를 내세운 유교 국가의 내적 기틀을 닦는 큰 목표와 관련되어 있었음을 말한다. 모든 분야에서 전 방위적으로 이루어진 지식의 정리와 보급이 가능했던 것은 금속활자 인쇄술의 발달 덕분이었다. 일일이 모든 글자를 파내야 하는 목판과 달리 이미 만들어진 활자를 조합하여 재배치하는 방식은 다수의 책을 소규모로, 수시로 펴내는 것을 가능케 했다.

미키 사카에의 노작인『조선의서지』(朝鮮醫書誌, 1956년 초판, 1973년 수정판) 덕택에 이 시기에 출현한 조선과 중국의 의학 서적에 대한 상세한 정보 파악이 가능하다. 그는『조선왕조실록』,『고사촬요』책판 목록, 국내·일본에 남아 있는 책 등을 폭넓게 조사하여 조선시대 의서 목록을 만들었으며, 목록 자체는 이후 연구에서도 크게 달라지지 않았다. 의학 분야의 경우『동의보감』이전에 대략 70여 종의 관찬 의서가 나왔으며, 그것은 이후에 이루어진 30여 종의 두 배를 상회한다. 그렇지만 16세기 중후반 이문건(李文楗, 1494~1567)의『묵재일기(默齋日記)』, 유희춘(柳希春, 1513~1577)의『미암일기(眉巖日記)』등을 보면, 현재까지 알려진 것보다 더 많은 의서가 유통됐음을 알 수 있다.[98]

세종 대 이후『동의보감』이 발간되기까지 200년 정도의 기간 동안에 중국 의서의 편찬 작업과 도입이 지속적으로 이어졌다. 이 시기 중국 의서의 발간과 보급에 관한 중요한 내용은 다음과 같다.

　　1425년(세종 7)『득효방(得效方)』발간

　　1438년(세종 20)『영류검방(永類鈐方)』출간

　　1442년(세종 24)『보주동인경(補註銅人經)』·『본초(本草)』·『화제(和劑)』등의 의방(醫方)을 함길도의 새로 설치한 각 고을에 보내어 생도들에게 가르치게 함.

　　1449년(세종 31)『동인경(銅人經)』과『맥경(脈經)』각 1건(件)씩을 함길도에 반사(頒賜)함.

　　1453년(단종 2)『화제방(和劑方)』과『증급유방(拯急遺方)』의 각 인본(印本) 5건(件)씩을 지방에 보냄.

　　1454년(단종 3)『화제방』과『증급유방』을 또 찍어냄.

　　1456년(세조 2) 지방에서『화제방』·『득효방』·『영류검방』·『연의본초(衍義

本草)』·『동인경』·『가감십삼방(加減十三方)』·『복약수지(服藥須知)』·『상한
지장도(傷寒指掌圖)』등을 목판으로 찍어냄.

1475년(성종 6) 침구서 『신응경(神應經)』 발간

1481년(성종 12) 간편 의서 『주부수진방(周府袖珍方)』 발간

1484년(성종 15) 『구급이방(救急易方)』(1권) 발간

1488년(성종 19) 『동원십서(東垣拾書)』 전질을 중국에서 구해 옴.

1494년(성종 25) 『가감십삼방』 재간

1531년(중종 26)~1544년(중종 23) 명대 종합 의서 『의학정전(醫學正傳)』 출간

1547년(명종 2) 『동원처방용약지장진주낭(東垣處方用藥指掌珍珠囊)』(2권)·
『맥결리현비요(脈訣理玄秘要)』

1552년(명종 7) 『명의잡저(明醫雜著)』

1560년(명종 15) 무렵 『의가필용(醫家必用)』·『의설(醫說)』·『속의설(續醫說)』
출간

1561년(명종 16) 『본초발휘(本草發揮)』 출간

1545~1566년(명종 연간) 『옥기미의(玉機微義)』(50권) 출간

1554~1557년(명종 연간) 을해자본『황제내경』출간[99]

1577년(선조 10)『증류본초(證類本草)』출간

명종~선조 초『단계선생의서찬요(丹溪先生醫書纂要)』·『의방집략(醫方集略)』출간

세조~선조 초『소문입식운기론오(素問入式運氣論奥)』·『의림증류집요(醫林證類集要)』(명 왕새[王璽])·『오장도(五臟圖)』·『경험제생양방(經驗濟生良方)』·『십약신서(十藥神書)』·『건곤생의(乾坤生意)』와『건곤생의비온(乾坤生意秘韞)』등 10여 종 출간

조선전기에 발간된 책은 세종~성종 시기, 중종~선조 시기별로 약간씩 다른 특징을 보인다. 앞의 시기가『의방유취』의 편찬이라는 대사업과 관련된다면, 뒤의 시기는 금원사대가 중 주단계(朱丹溪)의 의학이 본격적으로 수입되는 동시에, 16세기 중국에서 활발하게 전개된 명대 종합 의서의 본격적인 수입과 확산이라는 측면과 관련된다.

　세종은 본격적으로 조선의 의학을 중국 의학의 표준에 맞추고 수준을 제고한다는 방침을 채택하고,『향약집성방』과『의방유취』라는 저작의 편찬을 통해 지식 전체를 정리하는 한편, 그 과정에서 학습과 인력 양성을 꾀하는 정책을 펼쳤다. 이에 따라 중국 책에 대한 국내 수요가 증가하게 되었기 때문에 책을 찍어 보급해야 하는 일이 뒤따르게 되었다. 이와 함께 꾸준히 새로 나온 중국 의서에 대한 정보 수집과 수입, 보급에도 큰 관심을 기울였다. 1442년(세종 24)의 기록은 중요 학습 의서의 지방 보급이라는 점에서 매우 주목된다. 조정에서는 새로 생긴 함길도의 의학생도(의생)가 학습하도록 침구학 공부를 위해서『동인경』을, 향약 치료를 위해서는『향약집성방』을, 단방 위주의 약물 치료를 위해서『본초』를, 일반적인 병증 치료를 위해서는『화제국방』을 보냈다.[100] 이 네 종류의 책은 의학 취재 25과

목 중 조선의 모든 지방에서 의생들이 학습하고, 임상에 응용하는 가장 기본적인 서적 세트임을 짐작할 수 있다. 여기에는 진맥서가 빠져 있었는데, 1449년에 『맥경』을 보내줌으로써[101] 이를 보완했다.

1450년 세종이 32년의 통치를 마치고 세상을 떴지만 그가 시작한 모든 사업은 이후에도 문종·성종의 치세 기간(1451~1494년)에도 계승되었다. 왕의 이른 죽음과 정변이 있기는 했지만[102], 세종의 유교 국가 프로젝트는 지속되었다. 조정과 지방 관아에서는 계속해서 의서를 찍어냈지만 늘 부족했다. 한 번 찍을 때 그 숫자가 많지 않았고, 또 지방 관아마다 보냈기 때문에 어느 정도 세월이 지나면 다 동났다. 그때마다 다시 계속 찍어냈다. 또 계속해서 중국의 책이 수입되었다. 1488년(성종 19) 중국에서 『동원십서』 전질을 구해 온 것이 좋은 사례다. 『동원십서』는 이고(李杲) 등 송, 금, 원대 의가의 저작 10종을 선록한 것이다.[103] 이 총서에는 금원사대가 중 두 사람인 이고와 주진형(朱震亨)의 대표적인 의학 이론과 그에 입각한 처방이 담겨 있다. 이고는 비위(脾胃)의 보양을 중시했고, 주진형은 몸의 음기를 자양하고 화기를 내리는 것을 골자로 하는 자음론(滋陰論)을 강조했다. 당시 내의원에는 이 10종의 의서가 다 있지 않았다.[104] 성종은 완질본 『동원십서』를 인쇄하도록 명했다.[105]

중종 말년(1531~1544)에 우단(虞摶)이 편찬한 명대 의서 『의학정전』(1515년)이 발간되었다. 이 책은 명나라에서 나온 지 20년 정도 지나서 조선판본으로 발간된 것[106]으로서, 『동의보감』 이전 중국 의서 수입 가운데 가장 주목해야 할 사항이다. 이 책은 종합 의서로서 증상을 서술할 때 총론은 『황제내경』의 요지를 제강(提綱)으로 하고, 증치(證治)는 주진형의 학술경험을 본으로 했다. 맥법은 『맥경』에서 취택했으며, 상한, 내상, 소아병의 분별은 장중경(張仲景), 이고, 전을(錢乙)을 따라서 치료의 원리와 방법에 대한 이해의 신뢰성을 부여한 데다가, 여기에 가전(家傳) 및 개인의 학술 경험을 덧붙인 것이었다.[107] 『의학정전』은 『화제국방』과 『득효방』이 주류를 이뤘던 조선 의계의 대 변화를 이끈 축으로 작용했다. 일례로 1553년 서울에 대사성으로 와 있던 이황(李滉, 1501~1570)은 한양의 의관이 내린 '비해분청음(萆薢分淸飮)'이라는 낯선 처방을 만나 당황했는데, 이 처방은 『의학정전』의 것이었다. 이황은 자신이 쓰던 고방인 『화제국방』 등의 처방과 『의학정전』의 신방이 너무 달라 당혹함에 빠진 것이다.[108] 또한 1556년, 성주에 유배되어

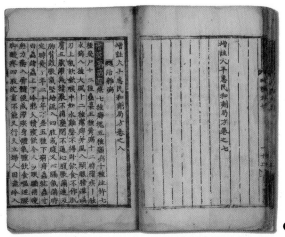

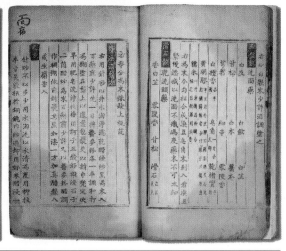

〈그림 16〉 ❶ 『태평혜민화제국방』(사진 출처: 허준박물관)
　　　　　❷ 『세의득효방』(사진 출처: 허준박물관)

있는 승지를 역임한 이문건의 『묵재일기』에도 이 책에 관한 여러 기록이 남아 있다. 그는 성주의 수령에게서 『의학정전』 8권을 여러 차례 빌려오고 찾아갔으며, 수령 부인의 병에 이 책을 참고하여 처방을 내렸고, 마침내는 사람을 시켜 이 책을 베끼게 했다.[109] 이 두 기록을 보면, 1550년대 서울에서는 이미 의원들이 『의학정전』을 능수능란하게 참고하고 있었으며, 그것이 출간되어 지방 관아로 전해지고, 또다시 그것이 의학에 관심이 높은 사람들에게까지 퍼져나가는 과정을 읽을 수 있다. 이는 중국에서 수입한 새로운 의서가 조선의 민간에 퍼져나가는 일반적인 과정을 보여주는 사례다. 또 『동의보감』 직전에 출현한 조선 의서 중 가장 중요한 『의림촬요』가 이 책의 목차를 따르고 있으며, 『동의보감』에서도 매우 많이 인용하고 있다.

1545년 명종 즉위 이후 『동의보감』 편찬 사업이 시작되던 1595년(선조 28)사이에 매우 활발한 의서 유통이 보인다. 여러 기록을 보면 이 시기에 의서의 범람이 느껴질 정도로 많은 종류의 서적이 중앙 또는 지방에서 인간되었다. 거기에는 세종~중종 때 출현한 20여 종의 국내판 의서와 함께 '중국의 의학 경전과 송·금·원대의 의서 70여 종'[110]이 망라되어 있으며, 명대에 출현한 의서들도 적지 않게 보인다. 게다가 국내에서 발간되지는 않았지만 명에서 수입된 의서가 많이 있기 때문에, 실제 의학 정보는 인쇄본의 내용보다 훨씬 많았을 것이다.

특히 주목되는 사항은 이른바 금원사대가에 속하는 이고와 주진형(주단계), 또 그를 추종하는 의학자의 저술이 여럿 출간된 사실이다. 이른바 신방을 대표하는 이들의 의학이 조선 의계에서 주류로 떠오르게 되었다. 『동처용약지장진주낭(東垣處方用藥指掌珍珠囊)』(2권)은 1547년(명종 2) 무렵 홍주목에서 간행되었는데[111], 초심자들이 용약법을 익히는 데 매유 유용한 이 책은 노래 형태의 「약성부(藥性賦)」가 같이 결합된 『진주낭약성부(珍珠囊藥性賦)』(4권) 형태로 널리 유포되었다.[112] 1552년에는 성주에서 명나라 왕륜(王

編)이 이동원(李東垣, 이고)과 주진형의 학설에 자신의 경험을 결합해서 지은 『명의잡저(明醫雜著)』(1502)를 목판으로 발간했고[113], 1541년에는 단계학파(丹溪學派) 의학자들이 상용하는 처방을 중심으로 엮은 명나라 손응규(孫應奎)의 『의가필용(醫家必用)』이 수입되어 1560년 무렵에 간행된 것으로 추정된다.[114] 또한 금·원시대 여러 의학자들의 학설을 절충한 책인 『옥기미의(玉機微義)』(50권)는 명종 대(재위 1545~1567)에 간행된 것으로 추정된다.[115] 이 책은 1396년에 명의 서언순(徐彦純)이 편찬하고, 유종후(劉宗厚)가 증보하여 1396년에 간행된 종합 의서다.[116] 『의방유취』에도 실려 있으며, 『의방유취』 편찬 이후 별도로 인간한 것으로 짐작된다. 1554(명종 9)~1585년(선조 18) 사이에 『단계선생의서찬요(丹溪先生醫書纂要)』(2권)가 예천에서 간행되었다. 이 책은 주단계(朱丹溪, 주진형)의 학설이 중국을 풍미한 즈음에 조선에 전래되어 어떻게 내재화되었는가를 보여주는 자료다. 주단계의 의론과 처방이 요약되어 있는 이 책을 학습함으로써 조선의 의사들이 주단계 학설의 요약된 지식을 습득할 수 있었다.[117]

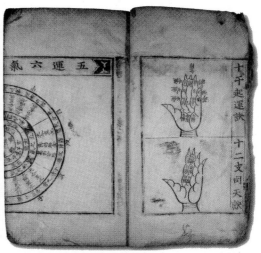

〈그림 17〉 『소문입식운기오론』(사진 출처: 허준박물관)

이상에 든 것은 15~16세기에 조선에서 간행된 중국 의서의 일부에 지나지 않는다. 이 밖에도 세조 때부터 선조 때까지 찍힌 의서로서 판본의 존재가 확인되는 것은 『소문입식운기론오』, 『의림증류집요』(명 왕새), 『오장도』, 『경험제생양방』, 『십약신서』, 『건곤생의』와 『건곤생의비온』 등 10여 종이 있다.[118]

지금까지 15~16세기 중국 의서의 편찬과 유통을 살펴보았다. 출판 사업 덕분에 조선에서 의학 정보는 이전 시기에 비해 폭발적으로 증가했으며, 중국 북경과의 최신 정보를 접하는 격차가 매우 단축되었다. 중국의 경우에는 양생 서적을 포함하여 1392~1596년 사이 421종의 의서가 출현한 것으로 정리되었는데[119], 이 중에서 10여 부가 조선에서 찍힌 것이다. 이런 사실은 중국 전역에서 나온 의서를 조선이 다 수입하지 못한 데서 오는 것이기도 하겠지만, 나름대로 판단 기준을 가지고 중요하다고 생각되는 의서를 선별해 찍어낸 데서 오는 것이기도 하다. 1392년 이전의 의서까지 포함하여 조선에서는 최소한 80여의 중국 의서를 발간했으며, 이 시기 출현한 조선 의서 60종까지 포함한다면 그 숫자는 140여 종을 웃돈다.[120] 이를 당시 이웃 일본과 비교해보면, 비교도 안 될 정도로 조선의 의학 서적 출판 사업이 활기를 띠었음을 알 수 있다. 『동의보감』 편찬이 시작되던 해인 1596년까지 일본에서 중국 의서의 화각본(和刻本)은 『의서대전(醫書大全)』(1528년)과 『81난경』(1536년) 두 종에 불과하다.[121] 『향약집성방』, 『의방유취』 편찬으로 기존 지식을 정리한 것과 함께 이러한 인쇄 사업의 결과 조선의 의학 정보 유통과 확산, 심화가 활발해져 의학적 능력이 높은 정도의 수준에까지 도달하게 되었다.

5. 문물제도의 정비와 의학 지식의 총합

왜 조선에서는 건국 직후 의학의 종합 정리라는 일에 열중했을까? 그것은 의학 분야만 들여다봐서는 풀리지 않는 수수께끼다. 왜냐하면 유교 국가의 통치에 필요하다고 생각되는 분야의 지식을 총정리하는 사업이 의학뿐만 아니라 모든 분야에서 진행되었기 때문이다. 한 예로 『의방유취』가 편찬을 시작하던 해 먼저 완결을 본 『제가역상집(諸家曆象集)』의 발문에는 이런 내용이 적혀 있다. 천문학의 모든 분야를 집대성했다는 내용이다.

> 『제가역상집(諸家曆象集)』이 이루어졌다. 모두 4권인데, 동부승지(同副承旨) 이순지(李純之)가 발문(跋文)을 쓰기를, "제왕의 정치는 역법과 천문(天文)으로 때를 맞추는 것보다 더 큰 것이 없는데, 우리나라 일관(日官)들이 그 방법에 소홀하게 된 지가 오래이지라, 선덕(宣德) 계축년(1433) 가을에 우리 전하께서 거룩하신 생각으로 모든 의상(儀象)과 구루(晷漏)의 기계며, 천문(天文)과 역법(曆法)의 책을 연구하지 않은 것이 없어서, 모두 극히 정묘하고 치밀하시었다. 의상에 있어서는 이른바 대소 간의(大小簡儀)·일성정시의(日星定時儀)·혼의(渾儀) 및 혼상(渾象)이요, 구루(晷漏)에 있어서는 이른바 천평일구(天平日晷)·현주일구(懸珠日晷)·정남일구(定南日晷)·앙부일구(仰釜日晷)·대소 규표(大小圭表) 및 흠경각루(欽敬閣漏)·보루각루(報漏閣漏)와 행루(行漏)들인데, 천문에는 칠정(七政)에 법 받아 중외(中外)의 관아에 별의 자리를 배열하여, 들어가는 별의 북극에 대한 몇 도(度) 몇 분(分)을 다 측정하게 하고, 또 고금(古今)의 천문도(天文圖)를 가지고 같고 다름을 참고하여서 측정하여 바른 것을 취하게 하고, 그 28수(宿)의 도수(度數)·분수(分數)와 12차서의 별의 도수를 일체로 『수시력(授時曆)』에 따라 수정해 고쳐서 석판(石版)으로 간행하고, 역법에

는『대명력(大明曆)』·『수시력(授時曆)』·『회회력(回回曆)』과『통궤(通軌)』·
『통경(通徑)』여러 책에 본받아 모두 비교하여 교정하고, 또『칠정산내외
편(七政算內外編)』을 편찬했는데, 그래도 오히려 미진해서 또 신에게 명하
시어, 천문·역법·의상·구루에 관한 글이 여러 전기(傳記)에 섞여 나온
것들을 찾아내어서, 중복된 것은 깎고 긴요한 것을 취하여 부문을 나
누어 한데 모아서 1질 되게 만들어서 열람하기에 편하게 했으니, 진실
로 이 책에 의하여 이치를 연구하여보면 생각보다 얻음이 많을 것이며,
더욱이 전하께서 하늘을 공경하고 백성에게 힘쓰시는 정사가 극치에
이르지 않은 것이 없음을 볼 수 있을 것이다." 했다.[122]

한마디로 천문학의 네 분야 의상(儀象)과 구루(晷漏)의 기계며, 천문(天文)과
역법(曆法)에 관한 세계고금의 내용을 다 정리했는데, 중복된 것을 덜어내고
긴요한 것을 취하여 부문을 나누어 모았다는 것이다. 천문학[曆象]에 관한
모든 지식[諸家]을 모았다는 뜻으로 책 제목을『제가역상집』이라고 붙였다.
   아쉽게도 오늘날『의방유취』의 서문이나 발문이 남아 있지 않기 때문
에 의학의 종합이라는 측면에서 위와 같은 말을 직접 들을 수 없다. 그렇
지만『제가역상집』발문에서 천문학 대신에 의학을 대입하면 바로『의방유
취』의 편찬 취지가 나타날 것이다. 중복을 덜고 요점을 취해 부문을 나누
어 모으는 방식의 지식 정리법도 거의 비슷하다. 다만『의방유취』는 요점
만 취하는 대신에 모든 내용을 담는 방식을 택했다. 또한 제시한 이념의 표
현으로서 하늘을 공경하고 백성에 힘쓰시는 정사 대신에 백성들의 병고를
걱정하여 해결해주는 정사가 대신 들어갈 것이다. 천문학이나 의학 대신에
예법을 대입한다면 역대 유교 예법을 정리한『국조오례의(國朝五禮儀)』가
될 것이고, 역대 선정(善政) 행위를 모은다면『치평요람(治平要覽)』이 될 것이
며, 병법을 모은다면『역대병요(歷代兵要)』가 될 것이며, 지리학의 경우『세

종실록』의 「지리지(地理志)」, 음악의 경우 『악학궤범(樂學軌範)』, 농학의 경우 『농상집요(農桑集要)』 등등이 될 것이다. 이 대부분이 세종 때 시작되어 이후 왕대에서 완성을 보게 된다.

모든 분야의 지식을 정리하려는 모습은 1466년(세조 12)의 한 기록에 보인다. 이해 10월 2일 세조는 신숙주(申叔舟, 1417~1475) 등에게 명하여 각기 낭청(郎廳) 1인을 거느리고 "역(易)·천문(天文)·지리(地理)·의(醫)·복서(卜筮)·시문(詩文)·서법(書法)·율려(律呂)·농상(農桑)·축목(畜牧)·역어(譯語)·산법(算法) 등 제서(諸書)의 유취(類聚)를 간선(揀選)하도록" 했다.[123] 명령을 받은 인물 중 의서 편찬에 관여한 이로는 양성지·임원준·이예(李芮, 1419~1480) 등의 이름이 보인다. 이런 조치를 보면 유교 국가를 표방한 조선이 모든 분야에서 유교 통치에 필요하다고 생각하는 지식을 총정리하고자 했으며, 의학 분야의 지식 정리가 『의방유취』로 나타난 것임을 알 수 있다.

이런 방식의 학습 방법은 유학, 한이학(漢吏學), 역학(譯學), 자학(字學), 음양학 등 모든 학문 분야에서도 마찬가지였다. 이 부분은 매우 중요하기 때문에 길더라도 각 분야 전체 과목의 내용을 인용한다.

유학(儒學): 『오경(五經)』·『사서(四書)』·『통감(通鑑)』·『송감(宋鑑)』

무학(武學): 『무경칠서(武經七書)』·『진도(陣圖)』·『장감박의(將鑑博義)』·『태일산(太一算)』

한이학(漢吏學): 『서경(書經)』·『시경(詩經)』·『사서(四書)』·『노재대학직해(魯齋大學直解)』·『소학(小學)』·『성재효경(成齋孝經)』·『소미통감(小微通鑑)』·『전후한이학지남(前後漢吏學指南)』·『충의직언(忠義直言)』·『동자습대원통제(童子習大元通制)』·『지정조격(至正條格)』·『어제대고(御製大誥)』·『박통사(朴通事)』·『노걸대(老乞大)』·『사대문서(事大文書)』·『등록제술(謄錄製述)』·『주본(奏本)』·『계본(啓本)』·『자문(咨文)』

자학(字學): 대전(大篆)·소전(小篆)·팔분(八分)

역학(譯學): 한훈(漢訓)으로 된 『서경』·『시경』·『사서직해(四書直解)』·『대학직해(大學直解)』·『소학』·『효경』·『소미통감(小微通鑑)』·『전후한고금통략(前後漢古今通略)』·『충의직언(忠義直言)』·『동자습노걸대(童子習老乞大)』·『박통사(朴通事)』

한어몽훈(漢語蒙訓): 『대루원기(待漏院記)』·『정관정요(貞觀政要)』·『노걸대(老乞大)』·『공부자속팔실(孔夫子速八實)』·『백안파두토고안장기(伯顏波豆土高安章記)』·『거리라하적후라서자(巨里羅賀赤厚羅書字)』·『위올진(偉兀眞)』·『첩아월진(帖兒月眞)』

왜학(倭學): 『소식서격(消息書格)』·『이로파본초(伊路波本草)』·『동자교노걸대(童子敎老乞大)』·『의론통신(議論通信)』·『정훈왕래(庭訓往來)』·『구양물어(鳩養勿語)』·『잡어서자(雜語書字)』

음양학(陰陽學): 『천문보천가(天文步天歌)』·『선명보기삭보교회(宣明步氣朔步交會)』·『수시보기삭보교회(授時步氣朔步交會)』·『태양태음(太陽太陰)』·『금성목성수성화성토성(金星木星水星火星土星)』·『사암성보중성(四暗星步中星)』·『태일산(太一算)』·『성명복과(星命卜課)』·『주역점(周易占)』·『육임점(六壬占)』·『성명서(星命書)』·『대정삼천수(大定三天數)』·『범위수(範圍數)』·『자미수(紫微數)』·『황극수(皇極數)』·『원천강오행정기(袁天綱五行精紀)』·『전정역수(前定易數)』·『응천가(應天歌)』·『오총귀(五摠龜)』·『삼신통재란(三辰通載欄)』·『강강관매수(江綱觀梅數)』·『해저안(海底眼)』·『벽옥경(碧玉經)』·『난대묘선(蘭臺妙選)』·『금연신서(禽演新書)』·『삼거일람(三車一覽)』·『지리대전(地理大全)』·『지리전서(地理全書)』·『천일경(天一經)』·『영경(靈經)』

의학(醫學): 『직지맥(直指脈)』·『찬도맥(纂圖脈)』·『직지방(直指方)』·『화제방(和劑方)』·『상한유서(傷寒類書)』·『화제지남(和劑指南)』·『의방집성(醫方集成)』·『어약원방(御藥院方)』·『제생방(濟生方)』·『제생발수방(濟生拔粹方)』·

『쌍종처사활인서(雙鍾處士活人書)』·『연의본초(衍義本草)』·『향약집성방(鄕藥集成方)』·『침구경(針灸經)』·『보주동인경(補註銅人經)』·『난경(難經)』·『소문괄(素問括)』·『성제총록(聖濟摠錄)』·『위씨득효방(危氏得効方)』·『두씨전영(竇氏全嬰)』·『부인대전(婦人大全)』·『서죽당방(瑞竹堂方)』·『백일선방(百一選方)』·『천금익방(千金翼方)』·『우마의방(牛馬醫方)』

악학(樂學): 아악(雅樂)·금(琴)·슬(瑟)·편종(編鍾)·편경(編磬)·관(管)·약(籥)·생(笙)·우(竽)·화(和)·봉소(鳳簫)·적(笛)·지(箎)·훈(塤)·축(柷)·어(敔)·특종(特種)·특경(特磬)·뇌고(雷鼓)·뇌도(雷鼗)·영고(靈鼓)·영도(靈鼗)·노고(路鼓)·노도(路鼗)·응아(應雅)·상(相)·독(牘)·순(錞)·탁(鐲)·요(鐃)·탁(鐸)·진고(晉鼓)·등가(登歌)·문무(文舞)·무무(武舞)·전악(典樂)·당비파(唐琵琶)·아쟁(牙箏)·대쟁(大箏)·당피리[唐觱篥]·당적(唐笛)·통소(洞簫)·봉소(鳳簫)·용관(龍管)·생(笙)·우(竽)·화·금·슬·장고(杖鼓)·교방고(敎坊鼓)·방향(方響)【이상은 당악(唐樂)】·거문고[玄琴]·가야금·비파·대금(大笒)·장고·해금(嵇琴)·당비파(唐琵琶)·향피리[鄕觱篥]【이상은 향악(鄕樂)】

산학(算學): 상명산(詳明算)·계몽산(啓蒙算)·양휘산(揚輝算)·오조산(五曹算)·지산(地算)

율학(律學): 『대명률』·『당률소의(唐律疏義)』·『무원록(無冤錄)』[124]

이 중 천문학 분야만 보면, 취재 교재로 위의 인용문에 나와 있는 『천문보천가』 등 역법 운용에 필요한 기본서들이 취재 대상의 책으로 정해졌으며, 3년 후인 1433년 정인지(鄭麟趾, 1396~1478), 이순지(李純之, ?~1465), 김담(金淡, 1416~1464) 등이 『칠정산내외편』 편찬 작업을 시작해서 이듬해에 출간했다. 천문학의 정리에서도 의학에서 보인 양상이 그대로 나타난다.

이처럼 의학이 되었든 천문학이 되었든, 모든 학문에 대한 학습의 대전환이 세종 대에 이루어졌다. 그것은 과감한 결정이었고, 그에 따른 집중적인 학습이 이루어졌으며, 그 결과로서 모든 분야에서 획기적인 학문 기반이 닦여졌다. 이런 모든 분야의 시험이라는 조치가 의례상정소(儀禮詳定所)의 이름 아래 같이 추진되었다. 이런 사실은 의학을 비롯한 제반 학문에 대한 학습과 정리가 궁극적으로 유교 국가의 기틀 마련에 따른 것이었음을 말해 준다. 이런 성취에 대한 자부심은 『속동문선(續東文選)』(1518년, 중종 13)을 편찬해 올리는 글에 잘 드러나 있다.

우리 조선국은 예로부터 예의(禮義)의 교화를 입었는데, 당초에는 어두운 길을 헤매었으나 뒤에 와서는 점점 높은 경지에 옮겨갔도다. 고려 운기가 다시 빛남에 미쳐 애연(藹然)히 문풍(文風)이 크게 변했으며, 분란(紛亂)을 푸는 것이 대부분 사명(詞命)에 힘입었고 나라를 빛냄도 풍요(風謠)에 말미암았도다. 5백 년 고려의 왕기(王氣)가 이미 사그라지고 1천 년의 문운(文運)이 크게 진작하도다. 시대가 태평하니 조정에는 다 훌륭한 인재이고, 영재(英材)를 교육하니 학교에는 다 훌륭한 선비로다.[125]

〈그림 18〉 『동문선』(사진 출처: 『한국민족문화대백과』)

국가 통치에 필요한 이런 전반적인 지식의 정리가 15세기 세종~성종 대에 걸쳐 확립되었다면, 16세기에는 주자학의 심화와 관련된 저작이 출간되고, 그것을 연구한 조선 성리학의 중요한 성과물이 출현했다. 성리학의 가장 중요한 저작인 『주자대전(朱子大全)』은 세종 때에 이미 출간되었으나, 명종 때에 또다시 이황의 교정본이 인간되었다. 이황은 『주자어류(朱子語類)』

의 교정을 보았으며[126], 『심경(心經)』의 발문을 썼다.[127] 선조 초에도 또 『주자대전』과 『주자어류』를 인간했는데, 이때에는 허준을 내의원에 천거한 유희춘이 교정을 보았다.[128]

16세기 중반 성리학의 핵심을 정리한 책이 조선 학자에 의해 출현했다. 1569년 판중추부사(判中樞府事) 이황이 새 임금 선조의 공부를 위해 『성학십도(聖學十圖)』를 바쳤다.[129] 그 내용은 "1. 태극도(太極圖), 2. 서명도(西銘圖), 3. 소학도(小學圖), 4. 대학도(大學圖), 5. 백록동규도(白鹿洞規圖), 6. 심통성정도(心統性情圖), 7. 인설도(仁說圖), 8. 심학도(心學圖), 9. 경재잠도(敬齋箴圖), 10. 숙흥야매잠도(夙興夜寐箴圖)"로 구성되어 있었으며[130], 우주론부터 마음의 수양론까지 주자학의 핵심을 10개의 그림과 설명으로 압축한 것이었다. 1575년(선조 8)에는 부제학 이이(李珥, 1536~1584)가 『성학집요(聖學輯要)』를 지어 바쳤다. 그 내용은 "경전(經傳)과 사책(史冊)의 요긴한 말 중에서 학문과 정사(政事)에 간절한 것을 뽑아 모아 분류 편찬하여 수기(修己)·치인(治人)으로 순서를 정해" 모두 5편(篇)으로 만든 것이었다.[131] 이 책의 서문에서 이이는 정사에 바쁜 임금을 위하여 유학의 종지(宗旨)를 터득할 수 있도록 "사서(四書)와 육경(六經)에서 요긴한 것을 뽑고 선유(先儒)의 설과 역대의 사서(史書)에 이르기까지 정밀하고 특수한 것만을 뽑아 유를 나누어 차례를 매긴 것"이라고 했다.[132] 이황의 『성학십도』가 성리학의 수기(修己)에 중점을 두었다면, 이이의 『성학집요』는 이에서 더 나아가 임금의 치인(治人)에 더 중점을 두었다.

특히 16세기 조선 학자는 송대 신(新)유학자의 이기심성(理氣心性)에 관한 논의를 계승하여 더욱 발전시켰다. 이언적(李彦迪, 1491~1553)은 이와 기, 형이상자(形而上者)와 형이하자(形而下者), 도와 기(器)·태극(太極)과 음양(陰陽)이 둘이면서 하나이고 하나면서 둘(二而一, 一而二)인 관계로 합해져 있다고 보았는데, 이와 달리 서경덕(徐敬德, 1489~1546)은 기일원론 철학을 전개하여 이(理)의 선차성을 부정하고 이는 기(氣) 속에 내재하는 것으로 보았으며 이 세계는 담일무형(湛一無形)한 기가 모였다 흩어지는 것[聚散]에 불과하지만 기 자체는 없어지지 않는다는 기불멸론을 주장했다. 이후 이기에 대한 논의는 어떻게 이와 기로써 사단칠정(四端七情)을 해석할 것인가라는 심성론적 연구로 이어졌고, 이황과 기대승(奇大升, 1527~1572) 사이에 사단칠정에 대한 논쟁이 일어났다. 이황은 사단(四端: 惻隱·羞惡·辭讓·是非의 情)을 이에, 칠정(七情: 喜·怒·哀·懼·愛·惡·欲)을 기에 대응시켜 사단과 칠정의 근거를 분립시킨 반면, 기대승은 사단은 이에, 칠정은 기에 분립할 수 없고 사단 역시 칠정에 포함되어 있다는 통일된 해석을 제시했다. 이이 역시 이황의 이기사칠론(理氣四七論)에 비판적이었다. 이이는 이황의 사단과 칠정의 분립에 반대하고 칠정이 사단을 내포한다[七包四]고 주장했다. 이이는 자신의 이기론을 이통기국(理通氣局)으로 총괄하고 있다. 즉, 우주에는 하나의 동일한 이가 관통해 있으면서도 서로 차이나는 기의 제한을 받기 때문에 사물들의 차이가 생긴다고 했는데, 이는 이와 기를 각각 분리하여 논의할 수 있는 선택적 개념으로 보지 않고 동시적 상관관계에 있는 것으로 취급한 것이다.[133]

유교 지식의 총정리에 이어서 심화가 뜻하는 바는 의미심장하다. 유교에 관한 내용에서도 조선이 중국 문물의 수입과 그것을 실천하는 수용자에 그치지 않게 되었음을 의미하기 때문이다. 이미 이전 시대에 불교나 문학, 예술 등 여러 분야에서 이런 일이 일어났던 것처럼, 국가 통치에 필요한 유교 전장(典章)에 대한 이해에서나, 성리학 가르침에 따른 실천에서나, 더욱 구체적으로 우주와 자연, 심성에 대한 연구에서나, 기존 성현이 미발(未發)한 부분을 궁구하여 밝히는 작업에서나 이런 일이 벌어졌다. 조선의 학자들은 이런 모든 분야에 뛰어들었으며 자신들이 그런 일을 수행하고 있다는 자부심을 강하게 느꼈다.

학문의 꽃인 성리학 분야에서 그럴진대, 그보다 하위인 다른 학문 분야에서는 어땠을까? 분야에 따라 차이가 있겠지만, 적어도 의학 분야에서는 지금까지 살핀 바와 같이 의학 전체 내용을 평가할 수 있는 시야와 파악된 문제점을 해결할 수 있는 충분한 역량을 축적했다. 조선 이전부터 이어져오던 향약 위주 의학 전통의 계승, 선진적인 중국 의학 전체에 대한 정리, 철저한 교육 체제의 확립을 통한 체계적인 의학 학습, 태산·구급·두창·벽온·외과·구황 등 대민 의학 지식의 광범한 보급, 수입 중국 의서와 국내 편찬 의서의 대대적인 출판 사업, 문·사·철 전반에 걸친 수준의 제고와 이에 동반한 동국 문화에 대한 자긍심 제고 등이 15세기~16세기에 걸쳐 일어났다. 역사면 역사, 지리면 지리, 문학이면 문학 등에서 오랜 역사를 통해 일구어온 자부심이 '동국(東國)', '동문(東文)'이라는 이름으로 표현되었으며, 의학 분야에서는 '동의(東醫)'라는 명칭이 등장했다. 이윽고 1610년 허준은 『동의보감』의 「집례」에서 중국의 의학을 북의와 남의로 규정하면서 조선의 동의가 그에 필적하는 솥의 세 발 중 하나인 것처럼 자리를 매겨, 그럼으로써 역사상 처음으로 조선의 의학이 중국의 그것과 견줄 수 있는 수준임을 선언하게 된다.

2장

조선 개국 이후
사대부 양생 문화의 확산

"사람의 질병은 모두 조섭을 제대로 하지 못하기 때문에 생기니
수양에 관한 내용들을 앞에 놓고 약물이나 침구에 대한 내용들을
그다음으로 놓아야 할 것이다."
(선조가 내린 동의보감 편찬 지침_「동의보감서(東醫寶鑑序)」 중에서)

『동의보감(東醫寶鑑)』은 선조의 명에 따라 허준(許浚)이 편찬한 의서다. 선
조는 어떤 생각으로 의서의 편찬을 명했으며, 그가 원했던 의서는 어떤 것
이었을까? 그는 "사람의 질병은 모두 조섭을 제대로 하지 못하기 때문에
생기니 수양에 관한 내용들을 앞에 놓고 약물이나 침구에 대한 내용들을
그다음으로 놓아야 할 것이다."는 교시를 내렸다. 선조는 자신이 명한 의
서의 완성을 보지 못하고 승하했지만, 『동의보감』은 선조의 이러한 의도를
충실히 반영하여 편찬되었다. 선조는 편찬할 내용의 지침까지도 구체적으
로 제시했다. 사람의 모든 질병이 조섭을 제대로 하지 못해 생긴 것이므로
양생에 관한 내용을 먼저 내세우고 다음으로 의학적 내용, 혹은 약이나 침
과 같은 의학적 치료법을 두라는 것이었다. 여기서 주목해볼 것은 양생을
우선시하는 선조의 생각이다. 그 생각은 어디에서 온 것일까? 물론 병들기
전에 조심하라는 충고는 상식적으로 누구나가 공감하는 내용이므로 그

연원을 특정 개인이나 사상에서 찾을 필요까지는 없을 것이다. 그러나 그 상식적인 생각이 어떤 특정한 개념 및 방법과 결합하여 실현될 때 우리는 그 생각의 연원을 구체적으로 말할 수 있을 것이다. 그렇다면 선조는 단지 병들기 전에 조심하라는 상식적인 생각을 표현한 것일까, 아니면 어떤 특정한 전통, 혹은 방법을 염두에 두고 있었던 것일까? 위의 서문대로 선조는 병이 들기 이전에 조섭을 잘하도록 하는 수양에 관한 내용을 중시했으며, 그것은 당시 조선 사회에서 유행하던 양생 사상을 적극 수용한 것이었다. 당시 사대부의 양생 문화는 선조의 명을 빌려 또다시 『동의보감』의 핵심 특징인 양생론적 신형장부의학의 창안으로 발현되었다.

1. 조선전기 양생 서적의 발간

16세기를 전후하여 조선에 양생 문화가 본격적으로 정착했다. 양생 문화 전반을 고찰하기에 앞서 관련 서적의 편찬이라는 관점에서 먼저 살피기로 한다.

조선 개국 이후 사대부 계층의 양생에 대한 관심은 의서인 『의방유취(醫方類聚)』의 편찬에도 담겼다. 따라서 조선전기 양생 의학을 제대로 이해하기 위해서는 『의방유취』를 들춰보아야 한다. 『의방유취』에서는 전체 266개 문 가운데 7개 문을 할애하여 「양성문(養性門)」을 두었다. 25종의 책에서 양생과 관련된 내용을 뽑아 「양성문」을 구성했다. 또 신체 운동인 도인법(導引法)은 「양성문」에 두지 않고, 각 질병 문에 분산 배치하여 구체적으로 질병에 응용토록 했다. 「양성문」을 이루는 양생서와 의서는 다음과 같다.

호흡을 통한 내단법: 『천금방(千金方)』·『수진비결(修眞秘訣)』·『보단요결(寶丹要訣)』

마음의 수양과 일상 활동의 양생: 『구선신은(臞仙神隱)』·『쇄쇄록(瑣碎錄)』·『주씨집험방(朱氏集驗方)』·『비위론(脾胃論)』·『(삼원)연수서(三元延壽書)』·『수친양로서(壽親養老書)』·『사림광기(事林廣記)』·『산거사요(山居四要)』·『구선활인심(臞仙活人心)』

금액환단의 제조와 복용: 『금단대성(金丹大成)』

벽곡(辟穀)과 복이(服餌): 『천금방』·『천금익방(千金翼方)』·『성혜방(聖惠方)』·『수진비결』·『시재의방(是齋醫方)』·『쇄쇄록』·『득효방(得效方)』·『주후방(肘後方)』·『연수서』·『필용지서(必用之書)』·『경험비방(經驗秘方)』·『신효명방(神效名方)』·『운화현추(運化玄樞)』·『수역신방(壽域神方)』·『위생이간방(衛生易簡方)』

양생에 필요한 금기: 『금궤방(金匱方)』·『천금익방』·『천금월령(千金月令)』·『성혜방』·『수진비결』·『쇄쇄록』·『연수서』·『사림광기』·『산거사요』·『운화현추』·『천금방』·『경험비방』·『구선활인심』[1]

이 25종의 책은 『천금방』 같은 당나라 때의 서적에서부터 명대 주권(朱權)의 『구선활인심』까지 걸쳐 있다. 이처럼 25종의 양생서와 의서에서 뽑아낸 내용은 방중술을 제외한 나머지 분야, 즉 연단·호흡법·도인·벽곡·복이에 관한 지식을 망라한다.

　이 책 가운데 『(삼원)연수서』, 『수친양로서』, 『산거사요』, 『구선활인심』 등 네 책은 조선에서도 찍혀 나와 널리 읽혔고, 또 『동의보감』의 주요 내용을 이루게 되었다는 점에서 상세히 살필 필요가 있다. 『연수서』는 중국 원나라 때 이붕비(李鵬飛)가 지은 양생에 관한 전문 의서로 1291년에 편찬되었지만 간행 연대는 미상이다. 여기서 '삼원(三元)'이란 천원지수(天元之壽), 지원지수(地元之壽), 인원지수(人元之壽)를 말하며 인간이 장수하는 방법을 논한 것이다. 전체적으로 장수의 방법으로 절제된 생활의 실천을 강조했다. 구체적으로 식이, 행동 절제, 심신 수양, 양생 금기, 도인법(導引法) 등을 실었다. 이 책은 『의방유취』 편찬 시작 7년 전인 1438년(세종 20)에 전주부에서 처음 인간된 것으로 추정된다.[2] 또한 1554~1585년 사이에 찍힌 전주부 목판본도 있다. 『수친양로서』는 송나라 진직(陳直)이 1085년에 지은 양생 위주의 노년 건강에 관한 의서. 원래 이름은 『양로봉친서(養老奉親書)』였는데, 원나라 추현(鄒鉉)이 이를 증보하여 1307년에 간행하면서 『수친양로서(壽親養老書)』라고 바꾸었다. 추현은 『황제내경(黃帝內經)』, 『음부경(陰符經)』, 『천금요방(千金要方)』, 『식료본초(食療本草)』 등 각종 저서의 내용을 추려 노인병에 대한 병기(病機), 섭양(攝養) 및 식료(食療) 등의 내용을 엮었는데, 조선에서는 1554~1585년 사이에 연안, 성주, 고성 등 세 곳의 관아에서 목판으로 찍혀 나왔다.[3] 『식물본초(食物本草)』는 주진형(朱震亨)의 제자로서 『단계찬요(丹溪纂要)』를 지은 명나라 의사 노화(盧和)가 1521년경에 지은 음식요법에 관한 책이다. 『식물본초』는 『본초』의 내용에서 음식과 관련된 것들을 모아 지은 것으로 수(水), 곡(穀), 채(菜), 과(果), 금(禽), 수(獸), 어(魚), 미(味) 등 8개 항목에 387조의 식료 본초가 실려 있다. 각 조목마다 해당 식물의 맛, 본성, 효과, 독성의 유무 등이 설명되어 있다. 이 책은 출간 직후 국내에 바로 수입되어 널리 활용되었으며, 중종~명종 사이에 인간되었다. 중종 대에 성세창(成世昌, 1481~1548)이 이 책의 내용을 토대로 『식물찬요(食物纂要)』를 엮었으며, 어숙권(魚叔權)이 『고사촬요(攷事撮要)』에서 이 책을 높이 평가했다.[4] 『산거사요』는 중국 원나라 왕여무(汪汝懋)가 1360년에 편찬한 양생서다. 이 책은 양우(楊瑀)의 『섭생요람(攝生要覽)』, 『위생요람(衛生要覽)』, 『양생요람(養生要覽)』, 『치생요람(治生要覽)』 등 4종의 책을 모아서 증보하여 만든 것으로, 가정에서 기거(起居), 음식, 질병, 약이(藥餌) 등 일상생활에 실천할 수 있는 양생에 관한 내용을 적어놓았다. 내용이 모두 간편하고 실용적이다.[5] "약으로 보하는 것이 음식으로 보하는 것보다 못하다."는 유명한 양생 격언도 이 책에 실려 있다. 조선에서는 1554~1585년 사이에 진주에서 찍혀 나왔다.[6] 『활인심법(活人心法)』은 명나라 주권이 저술하여 14세기 말에 간행된 양생서다.[7] 이 책의 상권은 치심(治心), 도인법, 거병연년육자법(祛病延年六字法), 보양정신(保養精神) 및 보양음식(補養飲食) 등 양생법의 내용을 담고 있다. 하권은 '옥급(玉笈)' 26가지 처방과 '가감영비(加減靈秘)' 18가지 처방 등 의학 내용을 집록(集錄)했다. 조선에서는 1554~1585년 사이에 나주, 경주, 진주 관아에서 『활인심법』을 목판본으로 찍어냈다. 민간 사대부 사이에 매우 널리 읽혔으며, 이황(李滉)도 이 책을 직접 필사한 바 있다.

『활인심법』[8]은 미병(未病)을 추구하는 양생이 이미 병든 후에 치료에 나서는 의학보다 중요하다는 견해를 담고 있으며, 이는 『동의보감』의 그것과 직접 닿아 있다.

양생에 대한 관심이 깊어지고 내용에 대한 이해가 높아지면서 국내에서도 조선인에 맞는 음식 양생에 대한 저서 2종이 나왔다. 먼저 1460년(세조 4) 의원인 상호군(上護軍) 전순의(全循義)는 왕명을 받들어 『식료찬요(食療撰要)』를 편찬했다. 이 책은 음식이 가장 좋은 약이라는 입장을 내세우면서 『식의심감(食醫心鑑)』, 『식료본초』, 『보궐식료대전본초(補闕食療大全本草)』 등의 서적을 참조하여 오곡, 다섯 육류, 다섯 과일과 채소 등에 관한 식치방(食治方)을 추려 엮었다. 세조

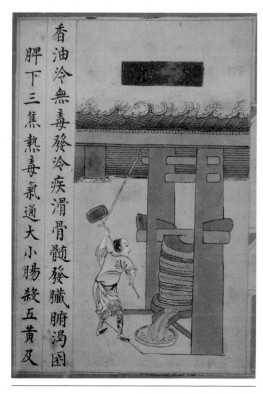

〈그림 19〉 『식물본초』 참기름 짜기

는 "신농·황제·편작의 묘법을 조술하시면서 백성들이 질병으로 고통스러워하시는 것을 안타깝게 여기시며, 매양 모든 의사들이 식치의 방법을 쓰지 않다가 홀연 병이 들은 후에 여러 처방만을 뒤적이는 것"을 비판하면서 이 책을 엮도록 명했으며,『식료찬요』라는 서명도 자신이 지어 내렸다.[9]『식료찬요』는 음식 약재 이름을 언해하여 적음으로써 널리 읽히는 데 도움이 되도록 했는데, 전주에서 경상감사로 있던 손순효(孫舜孝, 1427~1497)가 1487년(성종 18) 이를 간행한 후 성종에게 바쳤다.[10] 우의정 성세창은 또 다른 식치방인『식물찬요』를 편찬했다. 이는『식료찬요』와 비슷한 성격의 책일 것이지만 남아 전하지 않는다. 어숙권은 이 책이 자신이 1546년(명종 1) 명나라 연경에서 얻은『식물본초』에 비한다면 매우 소략하다고 적었다.[11]

본격적인 심신 수련 양생서도 여럿 등장했다. 1523년(중종 18) 정유인(鄭惟仁, 1504~1553)은『이생록(頤生錄)』을 펴냈다.[12] 「자서(自序)」에 따르면, 이 책은 그가 20세 무렵 중병을 얻어 5~6년간 꼼짝 못하고 집에 처박혀 있을 때 고래의 의학 서적을 읽어 이양(양생)의 술을 터득하여 이 중 실천할 만한 것과 경계해야 할 것을 뽑아서 분류한 후 자신의 견해를 붙여 만든 책이다.[13] 이 책의 내용은 총론격의 보양총론(保養總要)에 이어 심신을 기르는 방법[養心神條], 원정(元精)을 기르는 방법[養精元條], 비장과 위장의 기운을 북돋는 방법[養脾胃條] 등을 양생의 3대 원칙으로 제시했으며, 도인법과 양성법(養性法)을 몸과 마음을 수련하는 실천 방법으로 제시했다. 여기에는 하루의 아침, 밤, 낮에 조심해야 할 일, 날짜에 대한 금기, 계절에 따른 섭양을 밝혔고, 보고 듣기·담소 나누기·침 삼키기·기거·행동거지·눕기·목욕과 세면·머리 빗기·대소변 누기·의복 입기 등 일상생활에서 실천할 내용들이 포함되어 있다.[14] 원대 이붕비의『연수서』의 내용을 많이 취하고『수친양로서』등의 책도 인용했지만,『연수서』등의 도가적인 책과 비교할 때『이생록』은 양생이 기를 기르는 데 한정되지 않고 유학자의 소양으로서 심신의 수양 실천을 중시한 특징을 보인다.[15] 『이생록』에는 『논어(論語)』, 『맹자(孟子)』, 『대학(大學)』, 『성리대전(性理大全)』, 『자경편(自警篇)』, 『자치통감(資治通鑑)』 등 유학 경전으로부터 다수의 수양법 내용이 발췌되어 실려 있다.[16] 이황의 문인인 박운(朴雲, 1493년~1562)은 1552년 『위생방(衛生方)』을 지었다. 이 책은 병치레가 많았던 저자가 여러 처방 가운데 양생의 요점을 뽑아 편찬한 책이다.[17] 이 책은 전하지 않지만, 이 책 초고를 읽은 이황의 평으로부터 그 내용의 일단이 짐작 가능하다. 이황은 『위생방』 같은 저술이 학자의 급선무는 아니지만 쓸모가 있다고 인정하면서 몇 가지 문제점을 지적했다. 이 책이 담고 있는 안마법(按摩法)은 도인(導引)보다 더 격렬해서 오히려 해가 되며, 방중술은 도가에서도 버려야 할 것이라 말하므로 마땅히 빼야 한다고 주장했다.[18] 이 밖에 사대부들은 건강을 지키기 위해서, 또 심

신의 평안을 구하기 위해서 양생에 심취했으며, 그런 흔적들이 단편적으로 남아 있다. 편자 미상의 『양생대요(養生大要)』라는 책이 1554~1585년 사이에 곡성에서 출간되었는데[19], 1576년 유희춘(柳希春)이 필사해서 손자에게 준 기록이 남아 있으며[20], 감찰 허수곡(許守谷)은 위백양(魏伯陽)의 『참동계(參同契)』의 뜻을 살려 팔 폭짜리 『양생설(養生說)』을 지어 병풍에 썼다. 이황도 이 병풍에 발문을 썼다.[21]

〈그림 20〉 위백양의 초상화(사진 출처: 『중국역대인물초상화』)

2. 양생에 관한 조정에서의 논의

『주역참동계(周易參同契)』의 광범위한 독서를 빼놓고서 조선전기의 양생 문화를 제대로 논하기 힘들다. 이 책은 조선의 사대부 사이에서 매우 널리 읽히며 우주 자연의 이치, 몸의 수양을 통한 양생이라는 양쪽의 관심을 촉발시켰다. 『선조실록』에서만 해도 『참동계』가 다섯 차례나 등장한다. 명(名)유학자인 조식(曺植, 1501~1572)이 『참동계』에 심취했다고 하고[22], 정렴(鄭磏, 1506~1549)이 이에 정통했다고 하며[23], 정탁(鄭琢, 1526~1605)도 알고, 신흠(申欽, 1566~1628)도 이 책을 잘 알고 있다고 한다.[24] 한 예로, 1595년 홍문관 교리 김홍미(金弘微, 1557~1605)는 『주역참동계』의 양생법을 다음과 같이 선조에게 아뢴다.

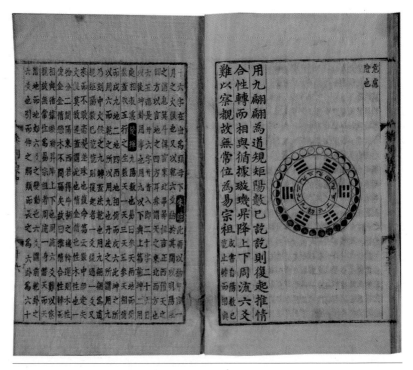

〈그림 21〉 『주역참동계』 조선 초주본(1441) (사진 출처: 국립박물관 도교관련 특별전, 국립중앙박물관 2013)

지난번 내의원에 내린 전교를 보건대 신기(神氣)가 불안하신 듯하므로 소신이 보고서 자신도 모르게 눈물이 나왔습니다. 온 나라의 날짐승·물고기·동물·식물이 모두 상을 의지하고 있는데, 국운이 불행하여 전에 없던 상란(喪亂)을 당하게 되었습니다. 위에서 스스로 몸을 닦아 남을 책망하고 성심(聖心)을 정하여 인정을 급히 수합하여 점차 정돈하며 내정(內政)을 닦고 외적을 물리치면 세상 일이 어찌 다스리기 어렵겠습니까. 마음이란 신명(神明)하기가 헤아릴 수 없으며 위태롭게 동하면 안정되기가 어렵습니다. 위백양(魏伯陽)의 『참동계(參同契)』에 '진인(眞人)의 호흡은 발꿈치에 이른다.' 했는데, 축적하기를 오랫동안 하면 번뇌가 징정(澄精)되고, 본체(本體)가 맑아지는 것으로, 이것이 마음을 다스리는 지름길입니다.[25]

전쟁을 겪는 왕이 정신 안정이 되어 있지 않자, 그에 대한 해결책으로 위백양의 호흡법을 마음을 다스리는 방법으로 제시한 것이다. 단, 이 호흡법에만 전념한다면 이단에 빠져버리기 때문에, 유학의 진맥(眞脈)을 잡아 신기(神氣)를 안정하고 의리를 길러야 한다는 자신의 생각을 다음과 같이 덧붙였다. "옛사람이 '심성을 수양하는 데에는 욕심을 적게 하는 것보다 좋은 것이 없다.' 했습니다. 만일 본원을 먼저 맑게 하면 도적은 근심할 것도 못 됩니다." '본원을 먼저 맑게 하면 그 어떤 일, 즉 도적을 쫓는 일이나 병이 안 생기는 일이 다 해결되는 것'이라는 비슷한 취지의 말은 이듬해 편찬이 시작된 『동의보감』의 "마음 수양이 가장 중요하고, 병을 고치는 것은 그보다 못한 것이다."는 언급과 궤를 같이 한다.

사대부 지배층은 양생, 도교, 신선술, 유교의 관계를 어떻게 생각하고 있었을까? 『주역참동계』를 둘러싼 1603년 8월 왕과 여러 신하의 논쟁은 이를 매우 잘 보여주는 사례다.

이덕형(李德馨): "옛 수양의 논설은『참동계』에서 많이 나왔습니다. 대체로 음기가 죄다 없어지면 순양(純陽)이 주가 되는 것은 도가의 수양하는 방법으로 신이 감히 알 수 있는 것이 아닙니다. 혹 알더라도 이 말은 실용(實用)에 보탤 것이 없습니다."

선조: "그렇다면 주자(朱子)가 어찌하여『참동계』를 주(註)했는가? 왕양명(王陽明)도 비난했다."

이덕형: "마음이 늘 멈추어 있는 물처럼 고요히 안정하여 있다가 반드시 사물을 만난 뒤에야 응한다면 화(火)가 움직이지 않아 마음이 수고롭지 않을 것입니다. 만약 수양하기 위하여 마음 쓰는 것이 적막하고 일을 귀찮아하여 지나치게 담박하게 하면, 이것은 선벽(禪僻)의 방도일 것입니다. 마음은 불에 속하고 불의 성질은 타오르는 것이므로 그렇게 하면 온갖 병이 나기 쉬워 조리하기가 참으로 어려울 것이니, 오직 마음을 맑게 하여 욕심을 적게 하는 것이 참된 양생의 요법(要法)입니다."

이호민(李好閔): "주자가『참동계』를 드러내어 밝힌 것은 다른 뜻이 있는 것이 아니라 다만 그 글을 좋아했기 때문입니다."

홍가신(洪可臣): "주자가『참동계』를 주한 것은 그 글이 고아(古雅)한 것을 좋아해서일 뿐이 아니라, 그 가운데에 깊이 느낀 뜻이 있어서입니다. 채계통(蔡季通)이 유배되었을 때에도 시사(時事)에 상심한 뜻이 있었고, 굴원(屈原)이 원유편(遠遊篇)을 지을 때에도 장생(長生)하는 방도를 말했으니 광탄(狂誕)하다는 것을 모른 것이 아니고 또한 반드시 상심하여 지었을 것입니다. 한문공(韓文公)의 문집도 착실한 편이니 원도(原道) 한 편은 참으로 도체(道體)에서 벗어나지 않은 것으로 한만(閑漫)한 글이 아닙니다."

선조: "한퇴지(韓退之, 한문공=韓愈)의 글은 범연한 말이 아니니, 정(程)·주(朱) 이후로 이만한 사람이 없다."

선조: "도술이 매우 높으면 한낮에 날개가 난다는 것은 무슨 말인가?"

홍가신: "한낮에 날아오른다는 것은 참으로 그럴 리가 없습니다."

선조: "수양하여 나이를 늘린 자는 있으나 신선이 된다는 것은 반드시 그럴 리가 없을 것이다. 예전에 혜강(嵇康)이 신선을 좋아하기는 했으나, 『문선(文選)』에도 신선이 없다고 말했다. 한낮에 날개가 난다는 것은 어찌 그럴 리가 있겠는가."

홍가신: "신선이 있고 없는 것은 강론하는 사이에서 말할 것 없습니다. 오직 마음을 맑게 하고 욕심을 적게 하여 지기(志氣)가 밝고 깨끗해지면 곧 양생하는 방법입니다."

이호민: "신이 듣건대, 『참동계』의 선천(先天)은 화를 낮추는 방도를 말하고 후천(後天)은 위(胃)를 밝게 하는 방도를 말했다 하는데, 이것도 양생하는 방법입니다."

이덕형: "사람의 한 몸은 하나의 태극(太極)이니, 음양의 소장과 이십사기(二十四氣)가 다 자신에게 갖추어져 있습니다. 사람이 일용하는 사이에 반드시 이를 의식하고 살펴서, 본체(本體)가 담박하여 사물을 만나 응접할 때에 자연의 도리가 있고 끌려갈 걱정이 없게 한다면, 나의 태극이 이미 가슴속에 안정되어 물과 불이 서로 도와 희노(喜怒)에 차이가 없고 질병이 절로 없어질 것이니, 양생의 방도로는 이보다 큰 것이 없습니다."[26]

이 논의처럼 왕을 비롯한 대신들이 당시 양생에 대해서 큰 관심을 가지고 있었지만, 그것은 주자가 관심을 두었던 정도에 한정되고 신선같이 불로장생하는 것은 믿지 않았다. 또 그들은 마음의 수양을 가장 중요하게 여겼으며, 양생이 의학보다 더 중요하다고 생각했다. 궁극적으로 그들은 양생을 추구한다 해도 성리학적 수양의 연장이라는 틀을 벗어나지 않아야 한다는 점을 분명히 인식하고 있었다.

3. 조선 성리학자와 단학파의 양생 사상

지금까지 『동의보감』 출현 이전의 양생 서적과 양생에 대한 일반적인 태도에 대해 살폈다. 이처럼 조선 사대부들은 좁게는 건강 실천술로서 음식이나 보정, 섭양 등에 대해 깊은 관심을 기울였다. 넓게는 성리학적인 치심(治心) 수양의 일환으로서 양생에 관심을 쏟았다. 그렇지만 양생에 대한 관심은 자연스럽게 그것을 배태해낸, 더욱 적극적인 도교적 양생술에까지 확장되어 있었다. 원래 양생과 그를 위한 다양한 실천법을 발달시켜온 것은 도교였다. 인간관계와 치세의 학문이었던 유교는 인간의 생물학적 조건이나 자연에 대한 관심이 없었다. 유교의 공백 부분이라 할 수 있는 그러한 면을 채워준 것은 도교였다. 고구려 때 중국에서 들어온 것으로 알려진 도교는 고려시대에는 국가적 의례의 형태로 존재했지만 조선 초기부터는 유교적 지식인들의 반발로 도교적 의례를 포함한 제도적 차원의 도교는 조선 사회에서 모습을 감춘다. 그렇지만 양생의 이념과 그를 위한 실천법들에 대한 관심은 조선의 지식인들 사이에서 다양한 방식으로 유지된다. 이러한 모습은 이미 조선전기부터 찾아볼 수 있다. 변계량(卞季良, 1369~1430)이나 강희안(姜希顔, 1417~1464)과 같은 조선전기의 지식인들은 『황정경(黃庭經)』을 비롯한 다양한 도가적 성격의 양생서들을 읽고 그 내용을 숙지하고 있었다.[27] 이처럼 조선전기부터 도교적 양생 사상과 그 실천법에 대한 인식은 당시 지식인들 사이에 널리 공유되고 있었지만 그것을 받아들이는 방식에는 적지 않은 차이와 다양한 스펙트럼이 나타나고 있다. 그렇지만 이해의 편의상 『동의보감』 편찬의 시대적 배경이 되는 16세기 조선의 양생 사상은 그것을 수용하는 사람들의 태도에 따라 크게 두 부류로 나누어볼 수 있다. 하나는 당대의 유교적 지식인으로서 개인의 건강을 유지하고 성리학적 수양을 돕고자 하는 차원에서 갖고 있던 양생 사상이고, 다른 하나는 도교의 전문적 단학 수련의 전통을 따르는 사람들이 갖고 있던 양생 사상이다. 전자는 일상적 생활의 방식에서 양생을 실천하고자 하는 사람들이고, 후자는 보다 전문적인 수련법과 실천 방법을 통해 양생을 실천하는 데 반해 전문적 도교 수련을 통해 장생을 추구한 사람들이다.

1) 성리학자의 양생관

조선전기의 성리학자들은 일단 건강의 유지라는 차원에서 양생 사상을 받아들였다. 성리학은 인간관계와 경세의 학문이었던 기존 유교의 한계를 넘어서기 위해 불교로부터 철학적 측면과 도교로부터 자연학적, 우주론적 측면을 받아들여 성립된 새로운 유학이었다. 그것은 자연, 혹은 물질의 세계를 '기(氣)'라는 개념으로 표현했다. 이 기(氣)의 세계는 그보다 상위의 원리인 '이(理)'에 의해 제어되는 위계적인 이원적 구도를 가진다. 여기서 양생은 일차적으로 자연적 존재, 다시 말해 기(氣)적인 존재로서 인간에 관련된다. 따라서 양생은 비록 '이(理)'의 통제를 받는 종속적 지위이기는 하지만 성리학의 구도 안에서 자기의 자리를 갖게 된다. 양생은 곧 양기(養氣)가 되는 것이다. 그런데 조선전기의 성리학자들의 양생 추구는 그것이 단지 몸의 기운을 기르는 양기(養氣)의 차원에서 국한되지 않았다. 양기만이 아니라 양심(養心)을 통해 양생을 달성해야 한다는 것이 이들의 공통된 주장이었다. 이황은 "양기에 치우치면 본성을 해치게 되니 노장(老莊)이 이것이다."[28]고 해서 기의 수련을 주로 하는 도교에 반대하는 입장을 분명히 했다. 그렇지만 이들이 양기의 필요성을 전적으로 부인한 것은 아니었다. 건강을 위해 양기의 불가피성을 인정하면서도 이기론에서 이(理)에 의한 기(氣)의 통제가 요구되는 것처럼, 양심을 우선으로 하고 그에 따라 양기를

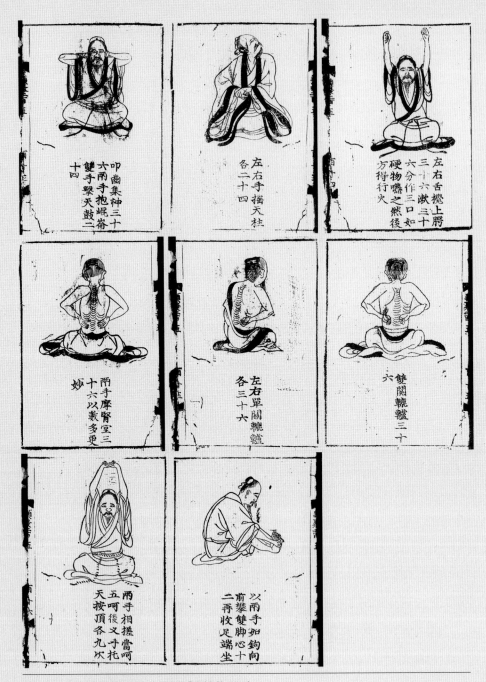

叩齒集神三十
六兩手抱崑崙
雙手擊天鼓二
十四

左右手搖天柱
各二十
四

左右舌攪上腭
三十六
漱三口如
六分作三口
硬物嚥之然後
乃得行火

兩手摩腎堂三
十六以數多更
妙

左右單關轆轤
各三十六

雙關轆轤三十
六

兩手相搓當呵
五呵後又手托
天按頂各九次

以兩手如鉤向
前攀雙脚心十
二再收足端坐

〈그림 22〉 이황이 실천한 『활인심방』의 도인법─『의방유취』로부터

제한적으로 허용하는 방식을 채택했다. 도교에서 나온 양기의 방법론을 전적으로 채택하는 것이 아니라 제한적으로만 채택한 것이다. 이황의 경우 양생을 위해 명나라의 주권이 지은 『활인심방』을 직접 필사하고 도인법을 수행했다. 그렇지만 도인법 이외의 도교적 실천법들에 대해서는 비판적이었다. 그가 도인법과 유사하다고 볼 수 있는 안마법에 대해서 비판적이었던 것을 본다면 다소 신비적 요소가 들어가는 도교의 다른 실천법들에 대해서는 말할 나위도 없었을 것임을 짐작하기 어렵지 않을 것이다.

사실 유교적 지식인들이 받아들인 양생의 방법은 김시습(金時習, 1435~1493)이 보여주는 것처럼 말을 삼가고, 음식을 절제하고, 탐욕을 덜고, 기쁨과 노여움 같은 극단적 감정을 조절하는 정도이며, 여기서 조금 더 나아간다면 이황과 같이 도인을 하거나 용천혈을 자극하는 방법을 사용하기도 한다.[29] 그리고 노수신(盧守愼, 1515~1590)과 같이 보다 구체적인 생활상의 양생법을 제시한 유학자도 있었다. 여기서 노수신이 제시한 방법들을 잠시 살펴보자. 그는 의식주 가운데서 식(食)의 측면을 가장 중시했다. 특히 음식을 절도 있게 먹는 것을 강조했는데 그것은 과식과 과음을 금하고, 끼니때에만 밥을 먹는 것 그리고 배고프거나 목마를 때에만 먹고 마시는 것이다. 다음으로 음식을 먹는 방법과 관련하여 자주 조금씩 그리고 천천히 씹어서 삼키기를 권한다. 음식의 종류에 대해서도 언급하는데 기름지고 자극적인 음식(지나치게 맵고 짜고 쓰거나 단 음식)은 피하라고 말한다. 술은 추울 때 몸을 덥히는 정도, 약을 먹을 때 약기운을 돕는 정도 이상의 과도한 음주는 금한다. 의(衣)에 관해서는 계절에 맞게 옷을 입되 겨울이라고 너무 두껍게 입지 말고, 여름이라고 너무 얇게 입지 말라고 권한다. 주(住)와 관련해서는 집 안에 바람이 들어오지 않도록 발이나 병풍을 방 안에 쳐서 이를 적절히 막아야 하며, 앉을 때는 남쪽을 향하고, 누울 때는 동쪽으로 머리를 두라고 말한다. 그밖에 빗질을 자주 하는 것이 건강을 유지하는 최고의 방법이라고 추천하기도 한다. 양명학과 불교 등에 관심을 가졌던 노수신은 마음 다스리기를 최선의 양생법으로 본 성리학자들보다 한 걸음 더 나아가 '정(精)' 혹은 '기(氣)'를 보존하는 보다 구체적인 방법에 관심을 가지기도 했다. 그의 생각이 『동의보감』 「집례」의 내용과 얼마나 닮아 있는지 비교해보자.[30]

노수신: "사람이 하늘과 땅의 기운을 품부 받아 오행의 성(性)을 갖춰 몸 안으로는 오장인 심장, 간장, 비장, 폐, 신장과 육부인 소장, 담, 위, 대장, 방광, 명문지부의 삼초가 있고 바깥으로는 힘줄, 뼈, 살, 혈맥, 피모 등이 있어 몸의 형태를 이룬다. 기가 겉과 안을 순환하고 장부를 관개하며, 천기(天機)에 따라 운동하며 부단히 쉬지 않는 것이 기와 혈일 뿐이다."[31]

〈그림 23〉 『의방유취』 양생도 하거도

허준: "신이 삼가 헤아리건대, 사람의 몸 안에는 오장육부가 있고 겉에는 근골(筋骨)·기육(肌肉)·혈맥(血脈)·피부(皮膚) 등이 있어서 사람의 형태를 이루고, 정·기·신이 또한 [몸 안의] 장부와 [몸 겉] 온갖 형체의 주인이 됩니다."[32]

다소의 입장 차이는 있지만 그를 포함한 유교적 지식인들은 도교에서 장생을 위해 실천하는 다음과 같은 방법들, 즉 "납과 수은을 단련하고, 소나무 씨와 잣을 먹으며, [단을 만들기 위해] 하거(河車)를 돌리고 부적"을 차는 것이 "천지의 운행을 도적질하여 그것으로 구차히 살려고 하는 것"이라며 지극히 비판적인 입장을 취한다. 이들이 되풀이해서 주장하는 것은 양생은 기의 기름을 통해 몸의 건강만을 추구하는 것이 아니라 마음의 수양을 통해 도덕적 가치의 함양과 함께 나아가 경세(經世)에도 유익함을 주어야 한다는 것이다.[33] 이러한 입장을 대표적으로 잘 보여주고 있는 이가 바로 율곡이다.

율곡(栗谷) 이이(李珥)는 유교의 전통적 덕목인 수신(修身)을 양생과 대비시키며 수신을 상위 개념으로 파악한다. 그에 따르면 수신은 이(理)로써 기(氣)를 기르는 것이다. 반면 섭생을 통해 장수하기를 추구하는 양생은 기(氣)로써 기를 기르는 것이다. 그런데 이(理)로써 기(氣)를 기르면 따로 장수를 구하지 않더라도 장수할 수 있다고 그는 주장한다. 다시 말해 수신에 힘을 쓰는 사람은 따로 노력하지 않더라도 자연스럽게 양생이 된다는 것이다. 이런 주장을 보면 이이가 수신의 개념을 넓게 보고 있음을 알 수 있다. 보통 수신은 전통적 의미에서 마음을 닦는다는 의미로 받아들이지만 이이는 그를 통해 몸을 닦는다는 의미까지도 포함하는 폭넓은 의미로 받아들인다. 수신과 관련하여 이이는 기를 두 가지 측면으로 나눈다. 먼저 그는 이(理)로써 길러진 기를 '호연지기(浩然之氣)'라 하고, 기로써 길러진 기를 '진원지기(眞元之氣)'라 한다. 그의 설명에 따르면 진원과 호연은 원래 두 개의 다른 것이 아니다. 도의(道義)로 길러진 것이 호연지기가 되고 혈기(血氣)만을 보양하면 진원지기가 되는 것이다.[34] 여기서 진원지기는 인간의 생물학적 근원, 다시 말해 정(精)을 기르고 보존하는 것이다. 그리고 호연지기를 기르는 것은 다른 말로 표현하면 마음을 기르는 것, 즉 '양심(養心)'이다. 따라서 수신이란 호연지기와 진원지기를 함께 기르는 것이다. 좀 더 정확히 표현하자면 호연지기의 기름을 통해 진원지기도 함께 기르는 것, 그것이 그가 생각한 수신의 내용이었다. 이이만이 아니라 당시 많은 유학자들은 마음의 수양을 통해 평정심을 유지하면 육체의 양생이 저절로 가능해진다고 생각했다. 이이도 그런 의미에서 진원지기를 기르는 것에만 관심을 가지는 도교의 특유한 양생실천법은 오히려 수신을 방해하며, 반대로 수신을 하면 기혈(氣血)이 올바른 길을 따라 흘러 양생도 절로 된다고 보았다. 따라서 그는 양생을 위한 도교의 특수한 실천법들이나 미신적인 방법들을 비판적으로 보았다. 이처럼 이이는 건강을 유지함에 수신의 중요성을 강조했지만 그렇다고 해서 의약(醫藥)이 불필요하다는 견해를 가진 것은 아니었다. 수신을 통해 병을 예방하고 몸과 마음의 건강을 유지하는 것이 이상적이지만, 현실적으로는 누구나 질병에 걸리고, 질병에 걸린 이후에 의약으로 병을 치료하는 것은 성인(聖人)이라도 어쩔 수 없는 불가피한 일이라는 사실을 그는 잘 알고 있었다.[35]

2) 단학파의 양생 사상

신선에 이르기 위한 도교의 수련법은 크게 외단법(外丹法)과 내단법(內丹法)으로 나누어진다. 외단법은 금단(金丹)의 복용을 중시하는 것으로 이를 대표하는 책이 갈홍(葛洪, 283~343)의 『포박자(抱朴子)』이며, 내단법을 대표하는 책은 『참동계』다. 이 책은 2세기경 후한 때 사람인 위백양이 쓴 책으로, 납갑설(納甲說), 십이소식지설(十二消息之說) 등 한대의 역(易)이론을 빌려 해와 달, 음과 양, 곧 납과 수은 등 약재의 연성을 통해 단을 만들어내는 원리를 체계화했다. 실제 단을 만들어내는 외단으로 해석되기도 하고, 호흡의 들숨과 날숨을 통해 정·기·신을 단련하여 몸 안에 단을 만들어내는 것으로 해석되기도 한다. 주역의 원리를 빌려 연단술을 체계화한 책으로 송대 이후 연단술 경전의 으뜸으로 취급되어 "만 가지 옛 단경(丹經) 중의 으뜸"[36]이라는 평가를 얻었다. 평가에 걸맞게 많은 사람들이 주석을 달았는데, 주희의 『주역참동계고이(周易參同契考異)』도 주석본 가운데 하나다.[37] 이 책은 상징적인 주역 괘상(卦象)의 언어를 사용하여 연단의 과정을 설명한 것으로, 이 과정을 외단 형성의 과정으로 볼 것인가, 아니면 내단 형성의 과정으로 볼 것인가에 대해서는 논란이 있었다. 그러나 당·송 이후에는 내단설이 주류를 이루게 되면서 『참동계』=내단설을 대표하는 책으로 자리 잡게 되었다. 따라서 내단설을 받아들이는 사람들은 『포박자』에서 말하는 금단과 같은 약물의 복용을 부차적인 것으로 본다. 대신 인체 내의 수화(水火) 두 기운을 단련시켜 근원적인 일원기(一元氣)를 체득하는 것을 중요한 목표로 삼는다.

〈그림 24〉 『의방유취』의 금단탁약도

이능화(李能和, 1868~1945)는 조선에서 수련 도교를 실천하며 독자적인 도맥을 형성한 사람들을 조선단학파라 불렀는데[38], 이들의 맥은 신라의 최치원(崔致遠, 857~?)이나 김가기(金可紀, ?~859) 이후 조선 초기에도 이어지고 있었다. 조선의 단학파들은 외단법보다 내단법에 집중했다. 따라서 그들에게 『참동계』는 내단 수련의 중요한 전거가 되었다. 『참동계』가 양생에 관심을 가진 조선 지식인들에게 특별히 중요하게 여겨지고 연구의 대상이 된 것에는 주희가 『참동계』를 진지하게 공부하고 그에 대한 주석서인 『참동계고이』를 저술한 사실이 큰 영향을 미쳤다고 볼 수 있다. 성리학자들에게 불교와 도교는 모두 비판의 대상이었으나 『참동계』만은 도교 서적에 속함에도 불구하고 성리학의 대성자인 주희가 진지한 관심을 갖고 연구했던 책인 만큼 조선의 성리학자들 사이에서 널리 읽히게 된 것이다.

『참동계』에 대한 조선 지식인들의 관심과 영향은 김시습에서 처음으로 나타난다. 그는 『참동계』와 그에 대한 주석서의 하나인 유염(俞琰)의 『참동계발휘(參同契發揮)』의 내용을 인용하며 내단 수련의 과정을 설명했다. 우리나라의 도맥(道脈)을 서술한 『해동전도록(海東傳道錄)』과 같은 도교 사서(史書)

에서는 김시습을 조선 내단 사상의 선구자로 기술하고 있다.[39] 김시습이 내단 수련의 내용에 관한 지식을 갖고 그 과정을 설명한 것은 사실이지만 정작 그 자신은 유교의 입장에서 도가의 무위자연 사상과 내단 수련을 비판했다. 도가의 무위자연은 유교의 문화주의에 배치되며 문명의 발전을 불가능하게 만든다는 점에서, 또 장생을 목적으로 하는 내단 수련은 하늘이 정해준 천명을 거스르는 행위라는 이유에서다. 이처럼 김시습이 도가 사상과 내단 수련에 비판적인 태도를 보여주었지만 그것은 이들 사상과 실천 수용의 한 방식이었다는 점에서, 그리고 내단 수련에 관한 지식과 내용이 당시 조선의 지식인들 사이에 퍼져 있었음을 방증하는 증거로 주목할 필요가 있다고 할 것이다.

정렴은 조선 단학파의 최고봉으로 인정을 받았다. 그 아우인 정작(鄭碏, 1533~1603)이 『동의보감』의 편찬에 참여한 인물이라는 점에서 정렴은 특히 우리의 관심을 끈다. 정렴의 집안은 대대로 단학인을 배출한 집안으로 유명하므로, 그의 아우 정작 역시 이러한 가학을 이어받았을 것을 짐작하기 어렵지 않기 때문이다. 이는 인맥으로도 『동의보감』에 조선의 단학 전통이 연결되어 있음을 잘 말해주는 사실이라 할 수 있다. 정렴의 『용호비결(龍虎秘訣)』은 전문적인 호흡법을 다룬 조선전기 양생학의 대표 저술로 특기할 만하다. 그는 일찍이 천문과 지리, 의약과 복서뿐만 아니라 율려, 산수, 중국어, 기타 외국어 등 잡술 모두에 능통했다. 이 모두 저절로 깨친 것이다. 잠깐 벼슬길에 나가기도 했으나 사화로 인해 정치 상황이 시끄럽게 되자 곧 물러나 청계산 등지에서 신선의 도를 닦다가 44세에 일생을 마쳤다. 『용호비결』은 『주역참동계』의 전통을 이은 연단술(煉丹術) 입문서다. 용(龍)이란 수은, 곧 양기를 뜻하고, 호(虎)란 납, 곧 음기를 뜻한다. 정렴은 단학의 요체를 단전에 쌓아 모으는 폐기(閉氣), 태(胎)로 숨을 쉬는 방법인 태식(胎息), 달구어진 기를 온몸으로 운행시키는 방법인 주천화후(週

天火候) 세 가지를 실천하여 무념무상의 경지에 돌입하여 내단을 연성해내는 방법을 제시했다.[40] 그는 내단 수련의 요체가 호흡법에 있음을 말하고 금석으로 이루어진 단약을 복용하다가 요절하는 폐단이 있음을 통탄했다. 특히 그는 호흡법을 통해 풍사(風邪)를 몰아내어 질병도 예방하고, 있는 질병도 없앨 수 있으므로 의학에서 사용하는 온갖 처방과 약들이 여기에 따르지 못한다고 이 책에서 말한다. 이는 의학적 치료 수단보다는 단학의 호흡법이 우월하다는 주장으로, 도교의 양생법을 의학적 치료보다 우위에 둔 『동의보감』 서문의 내용과도 통한다고 볼 수 있다. 정렴은 의술에도 밝아 선조의 경연 때 화제에 오르기도 했다.[41]

『동의보감』 출현 전후의 단학파 인물로는 단연 권극중(權克中, 1585~1659)이 주목을 끈다. 그가 위에서 우리가 두 가지로 나누어본 조선 양생 사상의 경계선에 위치하는 독특한 자리를 차지하고 있기 때문이다. 그는 내단

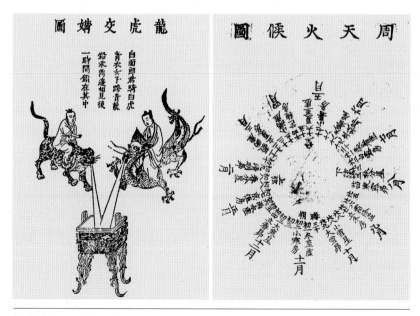

〈그림 25〉 『성명규지(性命圭旨)』의 용호교구도   〈그림 26〉 『의방유취』에 실린 주천화후도

사상의 연원인『참동계』에 대한 주해서『참동계주해(參同契註解)』를 저술하여『참동계』를 중시하는 조선 단학의 맥을 이은 중요한 인물로 평가된다. 그렇지만 그는 단순히 단학 수련만 한 인물이 아니라 율곡 계열의 성리학자로도 알려져 있다.[42] 그는 기의 수련만이 아니라 선불교로부터 마음 수련의 요소도 받아들이고, 또 성리학의 이기론(理氣論)도 받아들여 불로장생의 기술로만 인식되던 단학을 선불교와 연결시켜 철학적 가치를 부여했을 뿐 아니라 성리학과도 융회시켜 삼교일치의 새로운 지평을 연 인물로 평가받는다.[43] 권극중에서 보이는 이러한 복합적 모습은 당시 조선에서 도교 양생술과 성리학 사이에 내재한 긴장 관계를 느끼게 한다. 도교에서 이상으로 제시하는 불로장생 사상은 단순히 건강하게 살자는 인간의 소박한 바람의 표현으로 그치지 않기 때문이었다. 그 사상과 실천은 기존의 유교적 가치관과 배치되는 측면도 있었다. 물론 그런 측면에 구애되지 않고 선도 수련을 한 사람들도 있었지만, 성리학적 이념과 문화가 지배적이었던 조선에서는 도교적 양생 사상과 실천법이 수용되는 과정에서 어떤 식으로든 성리학과 적절한 관계를 설정하는 것이 필요했다.

이상에서 살핀 16세기 조선 사대부의 양생에 대한 넓은 관심은 양생을 의학보다 앞세운『동의보감』에 철저하게 녹아들었다. 그렇지만 여기서 한 가지 간과해서는 안 될 사실은『동의보감』출현 배경으로서 도교적 양생 문화 부분만을 지나치게 높이 평가해서는 안 된다는 점이다. 그간 이루어진『동의보감』의 사상적 배경에 대한 연구는『동의보감』의 도교적 세계관이나 인간관, 혹은 거기에 기술된 도교적 수행법을 근거로 도교와의 연관성이나 당대 조선에서 유행하던 양생 사상과의 관련성을 부각하는 내용이 많았다. 그리고 이러한 연구들을 통해 편찬자 허준의 사상적 배경이나 성향을 설명하기도 했다. 물론 허준이 그러한 사상적 배경하에서『동의보감』을 편찬한 것은 사실이고,『동의보감』이라는 대작이 절대적으로 허준 개인의 역량에 힘입어 나올 수 있었던 것도 사실이다. 그럼에도『동의보감』 편찬이 허준 개인의 의지로 시작되고 진행된 사업이 아니라 어디까지나 선조의 명을 받아 '어의' 허준에 의해 수행된 국가적 편찬 사업이었다는 점을 망각해서는 안 된다. 조선시대에 이루어진 국가에 의한 의서 편찬은 단순한 문화적 사업이 아니라 의료 정책의 일부였다. 의학은 성격상 육체의 건강과 불노장생을 추구하는 도교와 밀접한 관계를 가질 수밖에 없다. 그러나 그런 의학적 내용이 어떤 이념적 틀 안에서 마련되고 실천되는가 하는 것은 다른 차원의 문제다. 따라서『동의보감』의 내용에 아무리 많은 도교적 내용이 반영되어 있다 하더라도 그것이 어떤 정치적인 이념에 의해, 어떤 제도적인 틀 속에서 활용되는 것을 목표로 하고 있었는가에 대한 고려도 반드시 이루어져야 한다. 그런 의미에서『동의보감』의 편찬이 조선이라는 유교 국가의 통치 이념을 구현하는 정책의 하나로 실현되었다는 사실은『동의보감』의 편찬 배경을 논의할 때 간과되어서는 안 되는 부분이라 하겠다. 주자학의 심화와 몸에 대한 수양의 중시라는 사상적 토양이 도교적 양생까지를 포용하기에 이르렀고, 왕과 사대부의 양생에 대한 지극한 관심이『동의보감』이라는 새 의서 편찬 정책에까지 관철되었던 것이다.

3장

어의 허준의 등장과 활약

"허준은 본성이 총민하고 어릴 때부터 학문을 좋아했으며 경전과 역사에 박식했다.
특히 의학에 조예가 깊어서 신묘함이 깊은 데까지 이르렀으며,
사람을 살린 일이 부지기수이다."
(『의림촬요』, 「역대의학성씨」)

어떻게 해서 16세기 조선에 허준(許浚) 같은 인물이 나와서 『동의보감(東醫
寶鑑)』 같은 의학 서적을 편찬해낼 수 있었던 것일까? 이런 질문은 매우 가
치 있는 것이지만, 대답하기는 참으로 어려운 것이다. 그렇기 때문에 선행
연구는 『동의보감』이라는 텍스트 자체에 대한 분석에 한정하거나 『동의보
감』이 등장하게 된 배경을 연구의 주제로 삼으면서, 이 질문은 본격적으로
제기하지 않았다. 그럼에도 『동의보감』 전체를 조명하는 이 책으로서는 이
질문을 더 이상 회피하기 힘들다.

1. 당대인이 기록한 허준의 생애

허준의 행적을 잘 정리하기 힘들었던 것은 조선시대에 살았던 모든 의사

의 행적이 그러하듯, 기록이 적기 때문이다. 스스로 남긴 일기나 메모, 자서전, 당대나 후대인이 쓴 행장이나 전기 등이 전혀 보이지 않는다. 사대부라면 으레 작성되었을 제문이나 묘비명 등도 그의 것은 남아 있지 않다. 요즘에는 수천 종의 문집이 다 수집되어 색인이 되어 있고, 한국학 정보를 망라한 역사정보통합시스템이나 고전번역원, 규장각한국학연구원, 한국학중앙연구원 등의 검색을 활용하여 옛 인물에 대한 정보를 찾아낼 수 있다. 그렇지만 여기에서도 아직까지 허준의 행적을 상세히 정리한 글은 포착되지 않는다.

최근에 민통선 안에 방치되어 있던 그의 무덤과 묘비가 독지가의 끈질긴 작업 끝에 세상에 모습을 드러냈다. 두 동강난 묘비에 '陽平○ ○聖功臣 ○浚'이라 새겨져 있었다.[1] 그것이 내용의 전부였다. 사후 곧바로 정1품 보국숭록대부로 추증된 인물의 것이라 보기에는 비석이 너무 초라하다. 다만 묘비를 작게 쓰는 것이 17세기 초까지는 대체적인 관행이었고, 호성공신 3등에 어의라는 관직이 그다지 크게 내세울 만한 것이 아니었을지도 모르고, 또 허준 집안의 경제력이 큰 비석을 세울 만큼 넉넉지 않았을지도 모른다.

단편적인 기록은 몇몇 남아 있다. 1604년 『실록』에서는 "허준(許浚)의 경우는 제서(諸書)에 널리 통달하여 약을 쓰는 데에 노련"하다고 했으며[2], 1614년에 집필된 이수광(李睟光, 1563~1628)의 『지봉유설(芝峯類說)』에서는 "근래 오직 박세거(朴世擧), 손사명(孫士銘), 안덕수(安德壽), 양예수(楊禮壽)와 허준이 의원으로서 두드러졌다."[3] "선왕조 때 어의 허준이 이 약[저미고(猪 尾膏)]를 써서 [두창에 걸린] 매우 많은 사람을 구활했다. 이로부터 요찰(夭 札)을 면한 사람이 많게 되었다."[4]고 했다. 이 세 기록은 허준의 학식 또는 임상 능력을 높이 평가한 것이다.

위 기록과 달리 허준의 전기인 증보본 『의림촬요(醫林撮要)』「본국명의(本

國明醫)」조에 실린 '허준' 항목은 소략하지만 심충적으로 살필 필요가 있다. 짧기는 하지만 허준의 생애와 관직, 학문적 업적을 체계적으로 정리했기 때문이다.[5]

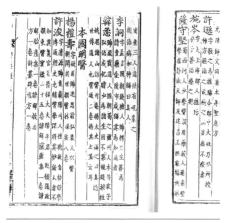

<그림 27> 『의림촬요』 「본국명의」

허준. 자는 청원(淸源) 호는 구암(龜巖), 양주(楊洲) 사람이다. 허준은 본성이 총민하고 어릴 때부터 학문을 좋아했으며 경전과 역사에 박식했다. 특히 의학에 조예가 깊어서 신묘함이 깊은 데까지 이르렀으며, 사람을 살린 일이 부지기수이다. 그의 관직이 숭록대부, 양평군에 이르렀으며 영의정에 추증되었다. 『동의보감』25권·『언해두창집(諺解痘瘡集)』1권·『언해태산집(諺解胎産集)』1권·『언해구급방(諺解救急方)』1권·『신찬벽온방(新撰辟瘟方)』1권.[6]

이 내용을 보면, 허준의 후예들은 그가 어떻게 해서 그의 훌륭한 저서를 쓸 수 있었는가에 대한 답을 염두에 뒀던 것 같다. 길지 않지만 최고의 벼슬과 최고의 저작을 쓸 수 있었던 자질과 광범위한 독서, 의학에 대한 특별한 흥미, 임상에서 보인 탁월한 솜씨를 의서 저술의 배경으로 잘 제시하고 있기 때문이다.

「본국명의」조에서는 먼저 허준의 일반적인 신상을 분명히 했다. 그의 자가 청원, 호가 구암, 그의 근거지가 양주(楊洲)라고 적었다. 양주는 수도 한양의 북쪽에서 그다지 멀지 않으며, 개성(開城)과 가까운 곳에 위치해 있다. 허준의 집안이 대대로 양주에 거주했으며, 그의 무덤도 양주의 장단이란 지역에 자리 잡고 있다. 성인이 되어 얻게 된 청원(淸源)이라는 자(字)에서는 '맑음'을 추구하는 의지가 엿보인다.[7] 허준의 호 구암(龜巖)은 글자 그대로 거북바위로서, 흔히 많은 이들이 그러했듯 그의 근거지를 대표하는 지형을 본떠 지은 것이 틀림없다.[8] 동시대 여러 사람들이 이 '구암'을 좋아했다. 지역은 다르지만 안동의 퇴계 이황(李滉)과 교류한 성리학자 이정(李楨, 1512~1571)과 황효공(黃孝恭, 1496~1553)이 이를 호로 삼았다.[9] 이황은 문인을 교육하는 학당을 구암정사(龜巖精舍)라 이름 지었는데, 거북이가 낙서(洛書)를 바친 후에 성인의 뜻이 천년 아름답게 빛남을 기리기 위해서였다.[10] 이처럼 허준은 거센 물결에도 흔들리지 않는 반석 같은, 또 낙서의 전설과 관련된 거북바위를 자신의 호로 삼았다.

허준의 외모에 관한 기록도 남아 있다. 허준은 임진왜란 때의 공신이었으므로 조정에서는 초상화를 그려 남겼다. 오늘날에는 전해지지 않지만 박미(朴瀰, 1592~1645)는 『분서집(汾西集)』에서 허준을 형용하기를 "[피난 시] 임금을 호종할 때 태의 허준은 비택(肥澤)하여 승려 모습과 흡사했고, 늘 입을 열면 미소를 지었다[고 한다]. 내가 그의 초상화를 보았는데, 곡진(曲盡)하면서도 완용(莞容, 빙그레 웃는 모습―필자)의 모습을 띠었다. 진실로 한번 허준이란 사람을 보게 된다면, 역시 반드시 확실하게 [그] 아무개임을 분별할 것이다."[11] 이를 보면 원본 허준 초상화는 오늘날 그린 엄숙하고 집념 어린 모습의 초상화와 달리 몸이 곡진하면서도 왕골 피어난 듯 미소를 머금은 모습이었음을 알 수 있다. 또 피난이라는 고달픈 상황에서도 얼굴에 웃음을 잃지 않는 낙천적 성격이었음도 드러난다. 몸이 비택(肥澤)한 승려와 같다는 표현에서는 그가 승려처럼 머리카락이 없는 인물 또는 도인의 풍채도 느껴진다.[12]

『의림촬요』「본국명의」조에서는 다음으로 허준의 자질과 공부를 밝혔다. 허준은 본성이 총민하고, 어릴 때부터 학문을 좋아했으며, 특히 의학에 조예가 깊었다는 것이다. 수준 높은 의서의 편찬을 위해서는 전문적인 의학 지식의 깊이뿐만 아니라 문장 실력이나 저술에 필요한 제반 학문적 소

陽平君 許浚 像

〈그림 28〉 현재의 허준 초상(좌). 임란 때 동궁을 호종한 공신인 의원 이공기의 초상(우).
『분서집』에 묘사된 허준의 초상화도 이런 방식으로 그려졌을 것이다.

양이 필요하다. 이 인용문에서는 허준이 의학에만 밝은 데 그치지 않고, 그의 학문 자질이 경전과 역사에도 박학함을 강조하고 있다. 허준의 선배로서 신의(神醫)로 크게 명성을 얻었던 양예수에 대한 세간의 평과 비교할 때 호학이라는 허준에 대한 평가가 더욱 분명해질 것이다. 이수광의 『지봉유설』에서는 "양예수는 학문을 산인(山人) 장한웅(張漢雄)에게 배웠다. 다문박식하고 의학 이론에 신통했으며 사람이 살고 죽음을 미리 예견해도 거의 틀리지 않았다고 전한다."[13]고 썼다. 즉 양예수의 뛰어난 의학 실력과 그것의 유래에 대해 관심을 둘 뿐, 허준의 경우처럼 경전과 역사에 대한 학문적 능력을 말하지 않았다. 「본국명의」에 적힌 허준에 대한 평가는 금원사대가 중 대표적 유의(儒醫)인 이고(李杲, 이동원)에 대한 평가를 떠올리게 한다. 「역대의학성씨(歷代醫學姓氏)」에서 이고는 "어려서 학문을 좋아했고 경전과 역사에 박식했으나 특히 의약에 관심이 깊었다[幼好學, 博經史, 尤樂醫藥]."[14]고 서술되어 있다. 허준에 대한 평가와 완전히 동일하다. 이처럼 허준은 양예수와 같이 단순히 의술이 뛰어난 명의(名醫)에 그치지 않고, 이동원(李東垣)처럼 경사에 박학하면서도 의약에 더욱 밝은 학자로 평가되었다.

허준이 선조의 의주 피난길에 어의로 동반한 후 공신에 책봉되었는데 그 공신 책봉 교서에는 허준의 의술을 다음과 같이 평가하고 있다.

> 그대는 [黃帝의 스승인] 기백(岐伯)[의 도(道)]를 깊이 깨우치고 술업이 [편작의 스승인] 장상군(長桑君)에 정통했다. 동원(東垣)에서 의술을 펼치니 (명의 이동원의 처방을 내리니) 사람을 살린 것이 수천 명이었다. 내의원에 들어와서는 수십 년이 넘도록 게으름이 없었다. 의술 솜씨는 완벽을 넘어설 정도로 절묘했고, 지혜는 이미 [세 번의 위기를 겪은 후 명의가 된다는] 삼절[의 경지]에 도달했도다.[15]

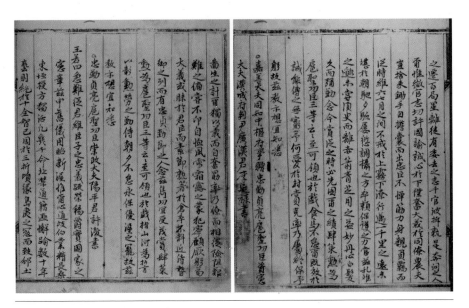

〈그림 29〉 허준 공신 책봉 교서(규장각 의궤)

「본국명의」조의 허준의 관작에 관한 서술은 한 줄이지만 대단한 내용이다. 허준은 생전에 조선의 9품제 관직 시스템에서 두 번째로 높은 종1품인 숭록대부의 관작에까지 이르렀고, 사후에는 첫 번째 관작인 보국숭록대부인 영의정에 추증되었다. 또 공신으로 양평군이라는 봉호(封號)도 받았다. 이런 내용은 허준이 조선 관료제 중 최고의 벼슬까지 누렸음을 뜻하는데, 서자 출신의 중인으로서 이런 지위에 오른 사람은 허준 이전에는 결코 없었다. 물론 그가 누린 것은 실직(實職)이 아니라 일종의 명예직인 관작(官爵)이었다. 의관 중 실직으로서 가장 높은 관직은 정3품직인 내의원의 정(正)이며, 진료를 기준으로 하는 어의의 경우에는 실직에 구애받지 않고 3품직 이상에 올라갈 수 있었다. 허준은 여러 번의 진료에서 세운 공으로 차차 승진하여 생전에 관작이 숭록대부까지 올랐다. 게다가 그는 임진왜란 중 선조의 피난길을 호종(扈從)하여 왕의 진료를 담당한 공을 세워 3등공신인 양평군에 책봉되었다. 이런 경력은 의사로서 타의 추종을 불허

하는 것이었다. 이전까지 어의 중 최고 승진을 보인 명의 양예수조차도 생전에 종2품을 누렸을 뿐이다.[16] 심지어 「본국명의」에서는 양예수의 행적에 대해 "자는 경보(敬甫), 호는 퇴사옹(退思翁)·홍농인(弘農人)이며 의술로써 세상에 이름을 드러냈다. 『의림촬요』 8권을 편찬했다."고만 적었다. 관작을 명기하지 않은 것이다.[17]

마지막으로 「본국명의」조에서는 허준의 주요 저작을 망라하여 제시했다. 『동의보감』 25권, 『언해두창집』 1권, 『언해태산집』 1권, 『언해구급방』 1권, 『신찬벽온방』 1권 등 5종을 명기했다. 이 중 『동의보감』은 25권의 방대한 종합 의서이며, 언해본 3종과 전염병 전문 서적인 벽온서 1종은 태산, 구급, 두창, 온역 등 당시 조선의 대민 의학 지식 중 가장 시급하고 중요하다고 본 네 분야를 다 망라하는 것이다. 그렇지만 허준의 중요한 저술인 진맥서 교정본인 『찬도방론맥결집성(纂圖方論脈訣集成)』 4권과 당홍역(唐紅疫) 전문서인 『벽역신방(辟疫神方)』이 실려 있지 않다. 이 둘을 제외한 5종만으로도 그것을 능가할 조선의 의자(醫者)는 없었다.

2. 허준의 혈연, 학연 네트워크

다른 인물의 경우와 마찬가지로 허준의 출생과 가계에 대한 파악은 그가 의학을 선택하게 된 배경이나 그의 공부에 대한 배경의 많은 부분을 이해하는 데 꼭 필요한 부분이다. 특히 그가 살았던 16~17세기 초반의 조선 사회는 혈연 중심의 강한 가족 공동체적 성격을 띠었으므로 누구 집에서 어떤 자식으로 태어났는지는 한 아이의 일생을 결정짓는 데 매우 중요한 구실을 했다. 허준의 출생을 보면, 그가 부모 집안으로 보면 최고 권세가는 아니지만 꽤 좋은 양반 가문이라는 사실과 그가 적자가 아닌 서자로 태어났다는 사실이 그의 일생의 큰 궤적을 결정짓는 전제를 형성했던 것처럼 보인다.[18]

허준은 1539년 부모 모두 양반인 가문에서 태어났다. 그의 아버지는 양천 허가인 허론(許碖)이었고, 어머니는 영광김씨였다.[19] 허준의 아버지 허론의 생애에 대해서 알려져 있는 것은 단편적이다. 『양천허씨세보(陽川許氏世譜)』에 따르면 무과에 급제하여 용천(龍川)부사를 지낸 것만 적혀 있을 뿐이다. 허준이 태어나기 직전인 1537년 현재 허론은 현직인 부안(扶安)군수 직(품계는 봉렬대부 정4품)을 맡고 있다가 부모상(부친이 1523년에 사망했기 때문에 모친상일 것임)으로 인해 직을 그만두었다.[20] 또 함북 종성(種城)군의 읍지에는 그가 종성부사(종3품)를 지냈다고 한 것으로 보아 그의 생애 중 최소한 종3품 벼슬을 지냈음을 알 수 있다. 허준의 할아버지인 허곤(許琨, 1468~1523)도 무과에 급제하여 벼슬이 경상우수사(정3품)를 지낸 바 있으니, 허준의 집이 뼈대 있는 무관의 집안임을 알 수 있다.

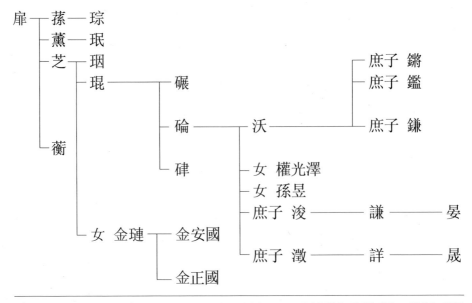

〈표 1〉 허준의 가계도(김호, 『허준의 동의보감 연구』, 일지사, 2000, 98쪽. 신동원, 『조선사람 허준』, 102쪽에서 재인용)

허준의 부친이 소실을 둘 수 있었던 것 또한 그의 신분적, 경제적 안정을 시사한다. 허론은 먼저 해평윤씨(海平尹氏)를 정실로 맞이했고, 그의 사후 다시 일직손씨(一直孫氏)를 후실로 삼았다. 이와 함께 소실로 영광김씨(靈光金氏)를 두었다. 최근의 꼼꼼한 연구 결과에 따르면, 허준의 생모는 이 영광김씨인 것으로 밝혀졌다.[21] 이 셋은 모두 허론의 집안과 통혼하기에 걸맞은 비교적 쟁쟁한 집안이었다. 첫째 부인인 해평윤씨는 선조 때 영의정을 지낸 윤두수(尹斗壽, 1533~1601)의 집안이기도 하다. 하지만 허론의 첫째 정실부인의 직계 가계가 어떤 벼슬을 한 집안인지는 불분명하다. 둘째 부인인 손씨의 경우에는 그의 부친 손희조(孫熙祖)가 좌랑(육조 정6품)이고, 그의 오빠 손엽(孫燁)이 감찰(사헌부 정6품) 벼슬을 지낸 것으로 나와 있다. 손씨 부인은 친가보다도 외가 쪽이 훨씬 쟁쟁하다. 그의 외증조할아버지는 세조 때 이조판서를 지낸 한계희(韓繼禧, 1423~1482)였다. 한계희는 유의로 당대 의술의 1~2인자를 다툴 만큼 의술에 밝았으며 『의방유취(醫方類聚)』의 간행을 주관했다.

허준의 생모인 영광김씨의 경우에도 그의 외할아버지 김유성(金有誠)이 부정(副正, 종3품)에 올랐고, 허준이 막 의관의 활동을 할 무렵 그의 외삼촌이 봉사(奉事, 종8품)의 직에 있었다. 부정이 있던 기관을 보면 전의감(典醫監)을 비롯해서 사복시(司僕寺), 봉상시(奉常寺) 등 여러 곳이 있었는데, 그가 어느 기관에서 부정을 맡았는지는 확실치 않다. 만일 전의감의 부정 자리에 있었다면 의학을 전공한 허준의 삶에 직접적인 영향을 끼쳤을 수도 있다. 최근에 허준의 출생지가 전라도 장성인 것으로 드러났다.[22] 1927년에 편찬된 『장성읍지(長城邑誌)』의 '충절' 조에서는 "허준은 양천인이다. 내의관, 판서를 지냈다."고 하면서 임진란 임금의 몽진 때 이항복(李恒福, 1556~1618), 정곤수(鄭崑壽, 1538~1602) 등과 함께 왕을 모셔 공신에 책봉된 것, 『동의보감』을 지어 의학의 종장(宗匠)이 된 것을 말하면서 허준이 그곳에서 자란 인물 중 하나로 적어놓았다. 『장성읍지』의 기록은 비록 후대에 편찬된 것이기는 하지만, 공식적인 저작이라는 점에서 제법 믿을 만하다. 이러한 사실은 그가 태어나서 어렸을 때 외가에서 자랐음을 의미한다. 당시에는 보통 지방의 수령으로 온 인물이 후실을 얻어 아이를 낳고, 아이가 외가에서 자라는 것이 일반적인 관행이었기 때문이다.[23] 그렇지만 그가 얼마나 오래 그곳에서 자랐는지는 분명치 않으며, 위에서 제시한 『의림촬요』나 『태의원선생안(太醫院先生案)』에서는 그를 양주(楊洲) 사람이라 명시하여 허준의 친가 근거지만을 들고 있다.

허론은 두 형제와 함께 나란히 벼슬길에 들어섰다. 허론은 세 아들을 두었는데, 정실에게서 낳은 첫째 허옥(許沃), 소실 영광김씨에게서 낳은 둘째 허준, 또 동복 또는 또 다른 이복동생인 허징(許澂)이 그들이다. 허준의 형과 동생 또한 관직에 나아갔다. 허준의 이복형인 허옥은 무관 집안의 전통을 이었던 듯, 내금(內禁)의 직책을 맡았던 게 확인된다. 내금위(內禁衛)는 궁궐 수비와 임금의 신변 보호를 위한 부대였는데, 3명의 내금위장(종2품) 아래 190명의 정병(精兵)으로 이루어져 있었다. 내금은 아마도 내금위장 또는 그에 소속된 병사를 가리키는 것일 텐데, 어느 것인지 잘 알 수 없다. 하지만 그가 왕을 지근거리에서 호위하는 중요한 직책에 있었음은 분명하다. 허준의 동생 허징은 서자 출신이면서도 허통되어 문과에 급제하여 봉상시 첨정(僉正, 종4품), 승문원(承文院) 교검(校檢, 정6품)·교리(校理, 종5품) 등의 내직과 영월·파주 등의 외관직을 맡았다.[24] 허징은 선조 때 영의정을 지냈던 당대의 대학자로서 퇴계 이황의 제자인 노수신(盧守愼)의 사위가 되었다. 보통 서자는 양반, 즉 문관과 무관으로 나아갔을 때 신분상 불이익을 받기 때문에 이를 꺼려 잡관(雜官) 의원·통역·천문 등의 전문직을 선택하게 되며, 또 집안에서도 차별을 받아 학습을 제대로 못 받았을 것이라는 게 현대 연구자의 강한 통념이지만, 허준의 집안에서는 그렇지 않았던 것 같다. 서자인 동생이 문과에 급제하여 문관의 길로 나아갔기 때문이다. 이런 사실은 허준의 경우에도, 다른 양반 가문의 자제들처럼 집안에서 과거 준비를 위한 수업과 교양을 충분히 쌓았으리라는 추측을 가능케 한다.

허준의 가계 중에서 주의 깊게 보아야 할 점 하나는 김안국(金安國, 1478~1543)과 김정국(金正國, 1485~1541) 형제의 존재다.[25] 이 둘은 조부 허곤의 누이의 아들이니 허준에게는 5촌 아저씨뻘로 매우 가까운 인척이다. 두 인물은 허준(1539~1615)이 태어난 지 얼마 후 세상을 떴지만 유학자이자 문관으로 이름을 떨쳤으며, 김안국은『간이벽온방(簡易辟瘟方)』과『창진방(瘡疹方)』의 발행자로, 김정국은『촌가구급방(村家救急方)』의 저자로 의학에도 깊은 조예가 있었다. 이 둘을 배향한 서원이 개성에 있으며, 허준의 유·청년기 학습이 그곳에서 이루어진 게 아닌가 추정되기도 한다. 김안국의 제자로 당대의 쟁쟁한 유학자이며 선조의 사부이기도 유희춘(柳希春, 1513~1577)은 허준의 내의원 출사(出仕)에 결정적인 역할을 했다. 유희춘은 1547년(명종 2) 정황(丁熿, 1512~1560)과 함께 양재역벽서사건(良才驛壁書事件)에 연루되어 같이 탄핵을 받은 노수신과 절친한 관계에 있었다. 또 유희춘의 문하에는 허준의 조카뻘로, 학문으로 이름을 떨친 허성(許筬, 1548~1612)과 허봉(許篈, 1551~1588) 형제가 포함되어 있었다. 유명한 허균(許筠, 1569~1618)과 허난설헌(許蘭雪軒, 1563~1589)은 이들의 동생이다.

허준의 학문적 성장과 활동은 선조 초기 사림(士林)의 지적 분위기 속에서 이루어졌다. 유희춘이 동지중추부사(同知中樞府事, 종2품) 벼슬을 받아[26] 전라도에서 귀경했을 때 이를 축하하기 위해 여러 사람이 방문했다. 이때 허준은 8인 그룹 중 1인으로 유희춘을 찾았다. 이들 그룹이 하나로 묶인 것을 보면 허준이 이 네트워크 안에 있었음을 짐작할 수 있다. 동행한 인물은 다음과 같다. 대사헌(大司憲) 노수신과 위장(衛將) 이담(李湛, 1510년~1575)은

1547년 양재역벽서사건으로 같이 유배 갔던 인물이고[27], 정랑(正郞) 허충길(許忠吉)은 승지 허엽(許曄, 1517~1580)과 유희춘이 하던 김안국의 문집 작업을 이어받아 최종 발간한 김안국의 제자다. 금산(金山)군수 성세평(成世平, 1516~1590)은 유희춘이 전라감사로 나갈 때 그 밑의 도사를 맡은 인물이고, 생원 허성은 허준과 같은 항렬의 10촌인 허엽[28]의 아들로 유희춘이 총애하던 제자였으며, 허엽은 김안국의 동생 김정국이 펴낸 『경민편(警民編)』의 보완자[29]로 유희춘과 함께 전라 지방의 학문을 대표하는 인물이었다. 이 밖에 첨지(僉知) 이린(李遴)과 사간(司諫) 신희남(愼喜男, 1517~1591)도 동행 일원이었다. 이들의 면면을 정확히 따지는 것보다 더 중요한 사실은 허준의 지적 배경이 의학에 머무르지 않고 학자와 관료 그룹과 관련되어 있다는 점이다. 이런 네트워크 안에는 부친의 고종사촌인 김안국·김정국의 후광, 양천허씨 세계(世系), 유희춘을 둘러싼 인연 등이 함께 어우러져 있다. 거칠게 말한다면, 허준은 김안국의 스승인 김종직(金宗直, 1431~1492)의 제자인 김굉필(金宏弼, 1454~1504)로부터 유희춘으로 이어지는 학문의 계보 안에 위치하고 있는 것이다.

3. 출사 이전 의원 허준의 행적

어렸을 때부터 총명했던 허준의 이후 삶에는 선택지가 의학 하나만이 아니었음은 분명하다. 「본국명의」가 지적하고 있듯이, 그는 학문을 좋아하고 경전과 역사에도 박식했다고 한다. 의학을 따로 말하고 있으므로, 여기서 말하는 학문이란 16세기 일반 지식인이 추구했던 학문임에 틀림없다. 좁게는 과거에 입격하기 위한 공부일 것이며, 넓게는 사대부들이 익히는 문·

사·철 일반에 대한 학문이었을 것이다.

허준의 행적이 구체적으로 포착되는 것은 그의 나이 30세 때인 1568년(선조 원년)부터다. 그의 아저씨 김안국의 제자인 유희춘의 일기를 통해서다. 유희춘은 선조가 즉위하자 오랜 유배 생활에서 풀려나 한양에서 관직을 다시 시작하면서 『미암일기(眉巖日記)』를 쓰기 시작했는데, 거기서 허준의 행적이 10여 차례 이상 자취를 남겼다. 유희춘의 『미암일기』에서 허준은 이해 1월 29일자에 다음과 같이 처음 등장한다. "곧 서문으로 나와 사직동으로 가서 새 해남군수 이군(李君) 사영(士英)을 찾아보고 집으로 돌아왔다. 박판관(朴判官) 난양(蘭養) 숙(叔)이 찾아와 담화를 하고 구판관(具判官) 택(澤)의 아들 홍(泓)도 찾아와 반가웠으며 허준도 왔다가 갔다."[30] 유희춘은 모든 방문자를 관직과 함께 일기에 적는 방침을 가졌던 듯하며, 허준은 방문자로서 이름이 적힌 것이다. 이 일기를 보면, 아직 허준 앞에는 관직이나 그의 신분을 나타내주는 아무런 말도 없다. 일찍부터 잘 알고 있

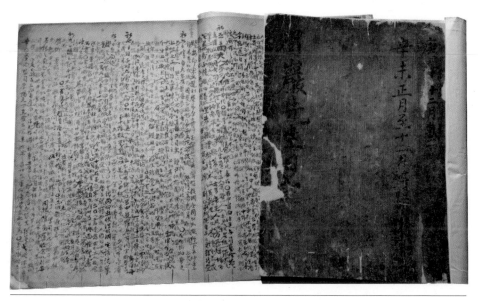

〈그림 30〉『미암일기』(사진 출처: 한국민족문화대백과)

던 아랫사람을 대하는 방식으로 허준을 표현했다. 유희춘은 그의 제자인 허봉이나 허성을 표현할 때에도 이와 같았다. 다만 허성이나 허봉은 고향인 전라도에 머물고 있음이 간혹 드러나지만, 허준의 경우에는 그런 지역적 특성을 언급하는 대목이 전혀 나타나지 않는다. 이는 30세 무렵 허준이 한양에 정착해 있음을 뜻한다.

『미암일기』에는 허준이 과거를 보았으나 합격하지 못한 사실도 실려 있다. 1568년(선조 2) 4월 7일자 일기를 보면, "이날 허준·김란옥·오대립·박자추 녹명(錄名)인 자가 왔다 가다."는 기록이 보인다. 녹명이란 과거 응시자 등록을 뜻한다.[31] 아마도 이들은 왕의 경연관이자 홍문관 장령(掌令, 정4품)인, 또 과거를 총괄하는 제술관이 될 가능성이 높은 유희춘 어른을 찾아 뵌 것이다.[32] 이날 허준은 이에 앞서 별도로 유희춘을 방문한 것 같은데 녹명에 필요한 추천을 받기 위해 방문한 것인지도 모른다. 이들뿐만 아니라 녹명을 마친 사람들이 그를 찾아왔는데, 전라도에서 올라온 제자인 허성과 허봉은 4월 3일에 녹명을 마친 후 그를 방문했다.[33] 허준이 녹명을 받기 위해 애쓰는 것을 보면 나이 서른이 되도록 아직까지 과거에 급제하지 못했음이 분명하다. 1568년의 과거는 선조의 즉위를 경하하기 위해 치러진 증광시(增廣試)였으므로 문과, 무과, 소과, 잡과 등이 다 개설되었다.[34] 이해 증광시 문과에서는 정희적(鄭熙績, 1541~?) 등 33명을 뽑았으며, 생원시에는 허봉, 진사에 하락(河洛, 1530~1592) 등이 급제했다.[35] 『미암일기』를 보면, 허준을 비롯한 4인의 합격 여부에 대해 특별한 언급이 없는 것을 보면 모두 낙방했던 듯하다. 생원시에 합격한 허성과 허봉의 경우에는 특별한 축하 기사가 실려 있다. 이해 시험에서 허준이 어떤 시험을 치렀는지 불분명하다. 『경국대전(經國大典)』(1485년)의 규정에 따른다면, 그는 서자라는 신분 때문에 문과·무과·소과 시험의 응시 자격이 없었으며, 단지 잡과 시험 자격만 갖추고 있었다.[36] 더욱이 1666년에 서얼이 과거장에 끼어드는 것에 대해 엄격한 통제 방침이 내려진 분위기였기 때문에 서자 허준이 잡과인 의과(醫科) 이외의 과목에 응시하기는 더욱 어려웠을 것이다.[37] 어쨌든 이해 문과·무과·소과·의과 등 그 어떤 형태의 과거 합격자 명단에서도 허준의 이름이 발견되지 않는다.[38]

위 녹명 기록을 통해 허준이 전라도 태생임이 더욱 분명해졌다.[39] 허준과 함께 어울려 녹명을 받으러 온 인물이 모두 전라도 사람이었다. 박자추는 나주 사람으로 오촌 조카이며[40], 김란옥은 담양 사람이고[41], 오대립은 담양 사람이었다.[42] 이 넷은 적어도 한, 둘 이상은 이전부터 서로 잘 알고 지냈던 사이였을 것이다. 이 넷 중 오대립은 2년 후인 1570년 진사에 합격했고, 박자추는 1574년 다시 회시를 보기 위해 상경했지만[43] 그의 이름이 방목에 보이지 않는다. 물론 허준이 과거를 본 사실도 『미암일기』에 다시 등장하지 않는다.

『미암일기』에는 아직 벼슬길로 들지 않은 허준의 학식을 짐작할 수 있는 두 가지 기록이 보인다. 1569년 2월, 허준은 유희춘에게 『노자(老子)』, 『문칙(文則)』, 『조화론(造化論)』 등 3책을 보내주었다. 유희춘은 책을 얻은 소감을 일기에 "깊이 감사하고 또한 기쁘다."고 적었다.[44] 두 달 후에 또 허준은 『좌전(左傳)』(10책)과 당본 『모시(毛詩)』(『시경』의 별칭)를 기증했다.[45] 이 중 당본 『모시』는 허연(許演)이란 인물이 6일전 그에게 빌려준 적이 있는데, 유희춘은 이때 고마움의 표시로 숭어 한 마리를 준 바 있는 책이다. 아마도 허준은 동성인 허연을 잘 알고 있었을 것이며, 유희춘이 이 책을 원하고 있다는 정보를 입수하여 『모시』와 함께 『좌전』을 갖다 바친 것이리라. 이 책들은 박학다식했던 유희춘의 관심을 크게 끌 만한, 또 허준 자신의 공부 범위와 깊이를 은근히 알려줄 만한 책들이었다. 즉, 유희춘이 허준을 보통의 의원들과 다른 학식의 소유자로 인식토록 했음직한 책들인 것이다. 경제적인 측면으로 봐도 당시 비싼 책값으로 볼 때 이 5종의 책은 논 몇 마지기를 살 정도로 만만한 것이 아니었다. 허준의 서적 폐백은 책을 좋아한 유희춘을 감동시키기에 충분한 것이었다.[46] 답례로 유희춘은 그에게 부채를 선물했다.[47] 허준이 기증한 책을 보면 그가 당시에 읽었던 독서의 범위를 짐작할 수 있다. 『노자』는 도가의 핵심 저작이며, 『문칙』(2권)은 송대 진규(陳騤)가 지은 문학의 수사학(修辭學)에 관한 보기 드문 책이고, 『[천지만물]조화론』은 주자(朱子)의 제자인 왕백(王柏)이 지은 책으로 천지와 인간을 포함한 만물의 생성·변화의 원리를 포괄하여 논설을 펼친 책이다. 이 책 다섯 권은 허준의 관심이 경전(『시경』), 역사(『좌전』), 문학(『문칙』), 제가(『노자』와 『조화론』)에 폭넓게 형성되어 있음을 보여준다.

『미암일기』에는 허준이 내의원에 들어가기 전의 진료 기록도 세 차례 보인다. 허준의 의원 활동 모습이 처음으로 드러나는 것은 1569년(선조 2) 6월 6일이다. 유희춘의 이종사촌 형인 나사선(羅士恒)이 첨정의 벼슬로 한양에 와 있었는데, 이날 밤 갑자기 측간에 갔다가 악기(惡氣)에 쐬어 기절하는 사건이 생겼다. 구안와사의 증상을 수반한 중풍이었다. 이에 대사성 유희춘은 의원 김언봉(金彦鳳), 석수도(石守道), 견림(堅霖) 등 3인을 불러서 병을 살피도록 했는데, 의원들은 너무 더운 날이라 침을 놓지 못하고 문풍강활산(門風羌活散)[48]이라는 약재를 처방했다. 유희춘은 다시 허준을 불러 병자의 병을 보도록 했는데, 허준은 이 병이 "기가 허한데 풍을 맞은 것이며, 아직 치료가 가능하니 강활산이 가장 신묘하다."는 견해를 제시했다.[49] 김언봉은 의정부에 딸린 약방의 의원이고[50], 석수도는 이웃에 사는 생원인 석성(石誠)의 아버지로 1513년생의 의원이었는데[51] 1568년에 행전의감봉사(行典醫監奉事, 종8품)의 직책에 관작이 통훈대부(通訓大夫, 정3품)였다.[52] 견림은 1564년(명종 19년) 의과에 급제하기 전에 전의감부봉사(前典醫監副奉事, 정9품)를 역임한 바 있는 의원이다.[53] 이렇듯 사촌형의 위급 증세에 유희춘은 의관 3인을 동시에 불러 병을 보도록 하고, 이후 다시 허준을 불러서 병의 예후와 처방을 물었다. 이 셋의 경우에는 정확한 관직명은 아니더라도 신분이 의원임을 분명히 드러냈으나, 허준의 경우에는 그런 표현이 보이지 않는다.[54] 이런 사실로부터 이때 허준이 의술을 펼치는 존재이기는 했지만 의관이 아니었음과, 그럼에도 그의 의술 수준이 의원으로 언급된 인물보다 떨어지지 않는 것으로 인정했음을 어느 정도 알 수 있다. 이들의 처방에도 불구하고 나사선은 제대로 약도 써보지 못하고 6월 7일에 죽었다.[55] 두 번째 사례는 같은 해 6월 23일에 부인의 설종(舌腫, 혀에 난 종기) 증상 치료다. 이날 부인의 설종으로 유희춘은 의녀 사랑비(思郞妃)를 불러 침을 놓도록 하는 한편, 허준을 불러서 설종 병에 대해서 의논했다. 허준은 웅담을 처방한 것 같으며, 복용 후 열이 내렸다. 이 병은 무당을 불러 굿을 해야 한다는 의견이 있을 정도로 심각했던 듯한데[56], 이튿날 병세가 좋아졌다.[57] 사랑비의 침술과 함께 허준의 처방도 유희춘 부인의 설종을 고치는 데 공을 세운 것이다. 세 번째 사례는 같은 해 6월 29일 유희춘의 뺨에 난 종기 치료 기록이다. 유희춘은 허준의 처방에 따라 지렁이즙을 환부에 발랐고, 웅담을 물에 개어 먹은 처방도 허준이 내린 처방일 것이다.[58] 이후 병의 호전 또는 악화를 기록하지 않았지만, 경과가 좋았음에 틀림없다. 허준이 유희춘 집안을 진료한 세 차례 사례는 비록 그가 의관으로 나아가지는 않았지만, 그가 한양에서 지망생으로 의술로 펼치고 있었으며, 의관과 맞먹는 솜씨를 발휘하고 있었음을 드러내준다.

지금까지 살폈듯, 내의원 의관으로 출사하기 전에 허준은 의원으로 활동하고 있었다. 그렇지만 그는 보통 의원과 달리 제반 학문에 대해 관심이 넓었고, 독서도 깊었다. 이는 『의림촬요』「본국명의」에서 말한 것과 같다. 그가 어떻게 의학을 학습했는지, 또 경전과 사서를 공부했는지 일러주는 정보는 없다. 다만 그가 의원 가문이 아닌 양반 가문에서 별 장애 없이 공부를 했으리라는 것은 짐작이 된다. 당대의 어느 기록도 그가 재수 좋게 뛰어난 스승을 만나 비술을 익혔다는 점을 말하지 않는다. 「본국명의」
에서는 경전과 사서를 학습하던 중 그가 특별히 의약에 더 관심을 가지게
된 점을 말하고 있을 뿐이다. "허준(許浚)의 경우는 제서(諸書)에 널리 통달
하여 약을 쓰는 데에 노련"[59]하다는 훗날 선조의 평가처럼 당대 사람이 허
준에 대해 가지고 있던 인식은 그가 온갖 책의 박통함에 바탕을 둔 뛰어
난 의원이었다는 것이었다.

4. 허준의 내의원 입사와 그 의미

1569년~1570년 사이 허준은 대사성 유희춘의 천거로 내의원에 입사(入仕)
했다. 『미암일기』를 통해 그 자초지종을 짐작할 수 있다. 부인과 자신의 종
기를 성공적으로 치료한 직후인 1569년 윤6월 3일, 유희춘은 "허준을 위
해 이조판서에게 편지를 내어서 그를 내의원에 천거"했다.[60] 마침 한 해 전
선조는 즉위 직후 청백리의 자손 중에서 숨어 있는 인재를 발굴해 등용
하는 것을 신정의 중요한 정책으로 표방한 바 있다.[61] 왕의 추천 명령이 전
국적이어서 전라감사가 도내의 유일지사(遺逸之士) 여럿을 조정에 추천해
올리기도 했고[62], 정3품 이상의 고위 문관에게는 추천권이 부여되었고[63]
유희춘은 그것을 행사한 것이다. 허준을 추천하게 된 배경에는 6월 들어
연거푸 그를 불러 이종사촌형, 부인, 자신의 병을 치료하도록 한 데서 오는
미안함과 함께 부인의 설종과 자신의 면종 치유에 대한 고마움이 자리하
고 있었을 것이다. 그렇지만 그가 이런 개인사만으로 허준을 추천하지는
않았을 것이다. 허준이 훌륭한 의술 실력을 가진 데다 온갖 학문에 밝아
서 조정에 추천해 올릴 만한 인물이라는 공적인 판단이 섰기 때문이었다.

비슷한 시기에 있었던 유희춘의 몇 차례 추천 관련 기사가 이를 방증한다. 도사(都事) 민충윤(閔忠允)이 나주의 인물인 김천일(金千鎰, 1537~1593)이 학업과 인품이 훌륭하니 추천하는 게 어떨까 하는 문의를 해 오자 유희춘은 "그의 인물됨은 공부한 게 뛰어나고 행동이 잘 갖춰져 있으며 과거에는 그다지 신통치 않았으나 심성이 고요하고 행동이 착실하며 공부가 독실하여 만나는 선비마다 다 감탄해마지 않으니 참으로 숨어 있는 선비라 일컬을 만하다."며 추천에 동의를 표했다.[64] 아울러 "책 읽는 것을 좋아하며 성품이 단정하고 중후하며 청렴하고 고결하며 신의가 있는" 원례(元禮)의 추천을 수찬(修撰, 정5품)인 송응개(宋應漑, 1536~1588)와 논의하여 그를 대간(大諫, 대사간)에게 추천해 올렸다.[65] 나세찬(羅世纘, 1498~1551)의 아들이 추천되었을 때 추천자인 나옹(羅雍)이 이조판서에게 보낸 서보(書報)에 쓰기를, "내가 너를 추천하는 것은 사사로운 일 때문이 아니고, 공공을 위한 것이다."고 했는데, 유희춘이 이에 공감하며 추천을 지지한 사례를 보면 추천자가 이런 점을 의식하고 있었음을 알 수 있다.[66] 『경국대전』에 따르면 천거의 경우 추천된 자에게 잘못이 생기면 추천한 사람이 연좌의 책임을 묻도록 되어 있다.[67] 함부로 추천권을 남용하지 못하도록 한 것이다.

유희춘이 다른 의료기구가 아니라 내의원(內醫院)에 편지를 낸 것을 주목할 필요가 있다. 당시 조선에서 의관이 있는 중앙 기관으로는 내의원·전의감·혜민서·활인서 등 네 곳과 의정부, 종친부, 육조 등에 설치된 약방 등이 있었다. 내의원은 1485년에 반포된 『경국대전』에서 왕의 약을 관장하는 일을 맡은 정3품아문으로 규정한 조선 최고의 의료기구였다. 고위 책임자는 도제조 1인, 제조 1인, 부제조 1인(승지 당연직) 등 2품 이상의 문관이 맡았으며, 녹봉을 받는 의관(모두 돌아가면서 근무 성적에 따라 녹봉을 받는 체아직임)은 정 1인(정3품 당하관), 첨정 1인(종4품), 판관(종5품) 1인, 주부(종6품) 1인, 직장(종7품) 3인, 부봉사 2인(정9품), 참봉(종9품) 1인 등 총 10

인이었다.[68] 이 밖에 행정은 맡지 않으면서 진료만 담당하는 관작이 높은 어의들을 수 명 따로 두기도 했으며, 1등 어의를 수의(首醫)라고 불렀다. 왕의 진료를 맡은 내의원은 당연히 의료기구 중 최상의 기관이었다. 전의감(典醫監)은 대궐 내에 의원과 약재를 수요에 맞춰 제공하는 일과 대궐 밖 약재의 하사, 의학 교육 등을 맡은 정3품아문이었다. 관원으로는 고위책임직 제조 2인을 비롯하여 녹봉을 받는 의관으로는 15인이 있었고, 이 밖에 의학 교육을 받는 습독관 30인이 따로 배정되어 있었다.[69] 혜민서(惠民署)는 서민의 질병에 의원과 약을 제공해주는 관청으로 제조 2인에 의관 10인이 있었으며, 전의감과 함께 의학 교육을 담당했다.[70] 활인서(活人署)는 도성의 병난 사람을 구료하는 일을 담당하는 기관으로 고위 책임자 1인에 의관 6인이었다.[71] 내의원과 달리 전의감의 경우에는 종6품인 주부 이상은 모두 과거 합격자로만 임명한다는 규정이 있었고, 하급직은 생도로부

〈그림 31〉 『경국대전』 「이전」
(사진 출처: 『조선왕실의 생로병사』 전시회 도록)

터, 또 더 낮은 직급의 의관은 근무 기한과 1년에 네 차례씩 치르는 시험 성적을 계산해서 임명하는 방식이었다.[72] 주부가 의관직으로 최상급 직위인 혜민서도 취재의 방식으로 승진이 결정되었다. 철저하게 승진과 의과에 의존하는 두 의료기관과 달리, 내의원의 경우에는 이런 제한이 없었다. 전의감이나 혜민서 또는 활인서로부터 옮겨 오는 사람이나 의과에 붙어 임명받은 사람과 함께, 외부에서 추천받아 들어오는 경우를 막아놓지 않았다. 따라서 유희춘이 의원 천거 편지를 냈다면, 왕실 진료라는 막중한 임무 덕택에 빡빡한 관료제의 숨통을 터놓은 내의원밖에 없었을 것이다.

이조판서에게 허준을 추천했다고 해도, 그에게 내

의원 관직을 줄 것인지 아닌지, 또 어떤 품계를 줄 것인지의 여부는 이조와 최종 결재자인 왕의 권한이었다. 문관인 경우 천거되었다고 해도, 일찍이 시재(試才)를 했거나 6품 이상의 현관(顯官)을 지낸 자가 아닌 경우에는 사서 중의 1책과 오경 중의 1경을 스스로 선택하여 시험하는 절차가 있었다.[73] 유희춘의 천거가 받아들여져 의관직 망에 들었다 해도 일종의 면접 시험을 봐야 했을 것이다.

유희춘의 천거는 수용된 것 같다. 1570년 8월 23일자 일기를 보면, 유희춘이 상호군(정3품)에 제수되어 임금에게 숙배를 올리러 갔을 때 대궐 안에서 기다리다가 잠깐 사약방(司藥房) 즉 내의원에 들렀는데, 그는 거기서 허준을 불러 송군직(宋君直)의 약에 대해 상의했다. 이 기사는 천거 편지 이후 1년 후의 기록이지만, 이미 허준이 궐내 내의원에 근무하고 있었음을 보여준다. 물론 1570년에 3년마다 치러지는 정례적인 식년시가 있었지만, 현재 확실하게 남아 있는 그해의 의과 방목에는 허준의 이름이 실려 있지 않다. 따라서 허준이 천거 케이스로 내의원 의관이 된 것은 분명한 것 같다. 단, 이때 허준의 관직이 무엇이었는지는 나타나 있지 않다. 이보다 1년 후 『미암일기』의 기록에서는 허준의 관직이 내의 첨정(僉正)이라고 적혀 있다.[74] 의과 장원 급제인 경우에 종8품이고 2등은 정9품, 3등은 종9품이니[75], 이를 감안한다면 어느 경우가 되었든 허준의 종4품 벼슬이 파격적인 대우였음에 틀림없다. 앞서 말했듯, 전의감의 경우 의관이 참하관에서 6품 이상의 참상관으로 넘어갈 때에는 반드시 의과 급제를 요구하는 사안이었는데 허준은 의과 급제 없이도 이를 건너뛴 것이 되기 때문이다.

내의원 의관이 되었다는 것은 단순히 그 자신의 명예가 높아졌다는 것 외에도 여러 측면의 경험을 쌓을 수 있는 토대의 형성을 뜻한다.[76] 첫째, 왕과 왕실의 진료를 전담한 내의원에는 국내의 가장 뛰어난 실력자들이 모여 있었다. 내의원의 모든 일을 총괄하고 책임지는 고위급 문관, 그들의

지휘를 받아 행정을 집행하는 사무 관리, 의술을 담당하는 의관 등이 그
것이다. 이 가운데 문관으로는 총책임자인 도제조(都提調)를 비롯하여 제
조(提調), 부제조(副提調)가 있다. 왕의 건강을 책임지는 기관이었기 때문에
도제조는 3정승 중 1인이 겸직했고, 제조는 정2품 당상관이, 부제조는 왕
실의 살림을 관장하는 승지(겸직)가 맡았다. 내의원에는 의서의 편찬과 교
정, 약재의 수납과 관리, 약의 제조와 조제, 인력 관리 등을 맡은 정3품에
서 종9품까지 10명의 행정을 겸한 의관 외에 실제 병의 진료만 전담하는
의원으로 다수의 산원(散員), 침의(鍼醫), 의약동참(醫藥同參) 등이 따로 존재

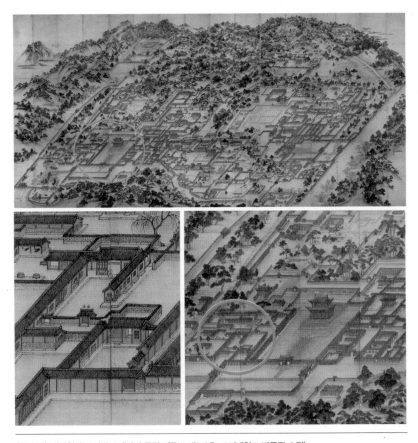

〈그림 32〉 내의원이 표시된 19세기의 동궐도(국보 제249호, 고려대학교 박물관 소장)

했다. 침의는 침놓는 것만을 전문으로 하는 의원으로 12명 정원이었고, 의약동참은 의술에 밝은 사대부 또는 문관을 말하며 역시 정원이 12명이었다.[77] 산원이란 실직(實職)이 없이 품계(品階)만 있는 의관을 뜻했으며 이에는 당상(堂上) 의관과 당하(堂下) 의관이 있었다.[78] 당상 의관이란 품계가 정3품 통정대부(通政大夫) 이상인 의원을 말하며 정원이 따로 없었고, 당하 의관이란 종3품 이하의 품계를 가진 의원으로 정원이 12명이었다. 임금의 진료에 참여하는 의원은 당상 의관으로서 어의라고 불렸으며, 그 가운데 으뜸을 수의라고 불렀다.

왕과 왕실의 진료라는 측면에서 내의원은 의관 사이의 경쟁이 치열하고, 협력이 필수적인 장소였다. 왕이나 왕비 등 왕실에 병이 들었을 때에는 어느 누구의 독단적인 처방이 불가능했다. 의약(議藥)에 참여한 어의·의약동참·내의를 비롯한 내의원을 책임진 문관들이 협의하여 처방을 결정했다. 이는 최상의 처방을 이끌어내기 위해서였으며, 또한 혹시 있을지 모르는 암살이나 의료 사고 등을 미연에 예방하기 위한 조치이기도 했다. 그렇기 때문에 내의원 책임을 맡은 문관들은 의학에 밝은 인물이 임명되었다. 때때로 의학 지식을 갖춘 국왕도 의약에 참여했다. 국왕과 왕실을 병으로부터 지키기 위해 전국 최고 의학 수준의 인물들이 상의해서 내놓는 처방을 통해 의원들은 상호간 얻을 바가 많았을 수밖에 없다. 의원 사이의 경쟁에 대해 말해주는 기록이 없으나, 궐내 왕비의 진료를 담당하는 의녀의 차출에 관한 자료가 알려져 있으므로 참조할 수 있다. 혜민서에 속한 의녀 중 치료 성적이 좋은 자가 내의원 의녀로 승진되며, 20여 명 규모의 내의원 의녀 중 최상위 성적을 받은 10인이 진료에 투입되는 차비대령(差備待令)에 들게 된다.[79] 내의원의 도제조나 제조 등은 어의나 내의, 심지어는 대궐 내나 바깥에서 들려오는 치료 실적과 그로부터 얻어진 명성 등에 늘 귀를 기울이고 있었으며, 그것을 통해 내의와 어의 차출을 결정했을 것이

〈그림 33〉 연회에 참석한 의녀들—기영회도(1584, 국립중앙박물관 소장).
왼쪽 남색 옷에 검정 가리마를 한 무리가 의녀다.

다. 거꾸로 단순한 경쟁 관계만이 아니라 선배 어의와 후배 사이 또는 비슷한 연배끼리 의기투합하여 학문과 의술을 상승시키는 사례도 적지 않았을 것이다. 다음은 1576년 8월, 인종의 왕비 공의전(恭懿殿, 인성왕후[仁聖王后], 인종비 박씨)의 병 때 노수신이 약방도제조를 맡고 있을 당시 의관들이 의약에 힘쓰는 모습을 담은 시(詩)다.

공의전[懿]께서는 시약청 개설하는 것을 싫어하시지만
지극한 효성으로 시약청을 설치하셨네.
임금의 풍요로움[君沃]이 인의 길함[仁吉]에 버금가고
깊고[浚] 상서로움[祥]이 목숨과 수명(壽銘)을 받드네.
비록 화로[盧: 노수신] 곁에서 서로 맞대어 의논해 처방을 정하나
오로지 복(福)스러운 입을 통해 시약청에 전달되네.
(按 君沃朴字. 仁吉鄭字. 許浚·李仁祥, 楊禮壽·孫士銘幷內醫. 福, 女醫善福.)[80]

중의적으로 표현된 이 시에서는 도제조 노수신, 제조 정인길(鄭仁吉=鄭宗榮), 부제조 박군옥(朴君沃=朴啓賢) 등[81]과 함께 어의 양예수와 손사명이 내의 허준과 이인상(李麟祥)의 도움을 받아 진료에 나선 것, 의녀 선복(善福)이 여성 환자에 대한 내외 전달을 맡은 것이 잘 드러나 있다. 문관과 어의, 의관, 의녀가 협력하여 최선을 다해 진료하는 모습을 볼 수 있다.

내의원 의관이 된 직후 허준의 행적은 『미암일기』를 비롯한 몇몇 기록에만 나와 있다. 이후 임진왜란으로 인해 기록이 많이 유실된 채로 나중에 『선조실록』이나 『선조수정실록』이 편찬되었기 때문에 『실록』 자체가 소략한 편이며, 이는 허준에 대한 기록이 소략한 한 이유가 될 것이다.

유희춘이 세상을 뜨던 1577년 5월까지의 기록이 담긴 『미암일기』에는 1569년 윤6월 내의원 천거 이후에 허준의 행적이 10여 차례 보인다. 대부

분의 내용은 허준을 내의원에 추천하여 그것이 받아들여져서인지, 그는 허준을 자주 불렀고 또 약 제제까지 맡겼다. 유희춘 자신이나 지인의 병 치료에 관한 것이었다.[82] 공적인 업무도 보인다. 유희춘이 전라관찰사를 마치고 한양에 도착했을 때, 내의원 첨정인 허준은 전라도에서 올린 우황 약재가 오늘 날짜로 무사히 내의원에 수납되었음을 유희춘에게 보고했다.[83] 대부분의 기록은 유희춘이나 그의 친지를 위해 사적인 진료를 행하거나 제약과 매약을 한 것에 관한 내용들이다. 이처럼 그는 내의원에 근무하면서 고위층에 대한 진료를 행했다. 약값은 치렀지만 진료에 대한 대가를 받는 기록은 전혀 보이지 않으며, 넓은 의미에서 서로 주고받는 네트워크 안에 위치하게 된 것이 대가라면 대가일 것이다. 유희춘은 답례로 부채를 준 적이 있으며, 허준의 모친(아마도 친모일 것이다)에게 소두(小豆) 한 말을 보내준 적이 있다.[84] 『미암일기』에는 그의 변화된 관직도 보인다. 1573년 11월 그는 종4품 내의원 첨정에서 당하관이지만 정3품인 내의원 정(正)으로 승진해 있었다.[85] 『미암일기』에서 허준의 행적이 마지막으로 보이는 것은 1574년 5월 18일이다.[86] 이후의 일기에는 허준의 행적이 보이지 않는다. 유희춘이 1575년 10월부터 이듬해 8월까지 고향인 담양으로 내려가 있었으며, 서울로 돌아온 이후의 일기가 소수만이 남아 있기 때문일 것이다. 아니면 부모의 상 등으로 인해 허준이 기복(忌服)을 하기 위해 서울을 떠나 있었기 때문일지도 모르겠다.

내의원은 신참 의관 허준에게 의학 학습과 의술 연마의 최상의 조건을 제공했다. 내의원에 속한 어의는 국내 최고 수준의 의원을 뜻했으므로, 전국 각지의 수많은 난치와 불치 환자는 그들의 진료를 받고자 했다. 그렇기에 내의원 의관은 그 누구보다도 갖가지 병에 대해 풍부한 임상 경험을 쌓을 수 있었다. 근무 외에 사적 진료를 허용했기에 그의 실력에 걸맞은 경제적 보상도 누릴 수 있었다. 또 내의원은 국내에서 가장 풍부한 약재와 도서를 갖춘 곳이기도 했다. 왕의 진료를 위해서 내의원은 전국에서 올라오는 최상의 약재를 모두 진상 받았으며, 진료에 참고할 신, 구 의서를 부족함 없이 소장했다. 특히 중국에서 새로 사 온 의서는 일차적으로 내의원 의관이 먼저 공부할 내용이었다. 1553년 이황의 사례가 위의 상황을 이해하는 데 도움이 된다.[87] 안동에서 민응기(閔應祺, 이황 형의 외손이자 이황의 제자) 고약한 병에 걸려 죽어가자 한양에 대사성 벼슬을 하고 있는 이황에게 명의의 처방과 약을 부탁했다. 이황은 내의원 제조인 안현(安玹)에게 처방을 얻고, 내의원의 의관 유지번(柳之蕃) 등에게 내용을 물었다. 그들이 내린 처방이 익숙한 처방이 아니라서 이황은 크게 당황했다. "지금의 의술이 다 신방(新方)을 쓰므로 지난날 고방(古方)의 약과는 전혀 달라서 대개가 의문스럽고 또 병증의 소재를 선뜻 분명히 말하여주지를 않아서 더더욱 사람을 속 타게 합니다."[88] 여기서 이황이 말하는 신방과 고방의 관계는 무엇을 뜻하는지 분명치 않으나, 그의 시대에 처방의 경향이 크게 바뀌고 있음을 말해준다. 나중에 출간된 『동의보감』을 통해 확인해보면, 안판서가 내린 처방 가운데 오령산은 장중경의 『상한론(傷寒論)』, 복령환은 원대 위역림(危亦林)의 『득효방(得效方)』, 비해분청음은 우단(虞搏)의 『의학정전(醫學正傳)』 처방이다. 이 가운데 그가 낯설어했던 것은 복령환과 비해분청음 두 가지다. 아마도 그가 출처를 몰라서 계속 묻고 다녔던 두 처방은 신방에 속하고, 알고 있었던 처방은 고방에 속할 것이다. 한양 내의원의 의관이 새로 수입된 의서의 내용을 익혀 활용하고 있는 동안, 지방에서는 옛 처방을 그대로 고수하고 있었던 것이다.

내의원 어의가 되어 명성이 높아진 데 대한 부작용이 없지는 않았던 것 같다. 수많은 환자들이 수시로 찾아들고 일일이 그에 응할 수 없었기 때문이다. 『미암일기』가 아닌 기록 중에 내의 허준에 관한 부정적인 기록이 몇 개 보인다. 1574년 부사의 아들인 박준(朴峻)이란 인물이 부친의 중병 때

밤중에 허준을 찾았으나 그가 문을 열어주지 않았고 새벽까지 기다려도 그러하자, 이후 새벽마다 찾아갔더니 마침내 효성에 감동한 허준이 진료에 응했다는 내용이다.[89] 이 묘지명에서는 허준에 대해 "대드는 마음이 심하다[亢甚]."는 표현을 썼는데, 이에는 허준이 내의라 해도 서자 출신의 미천한 사람이라는 양반 의식이 깔려 있다. "허준이 평소 거만하여 객을 좋아하지 않는다."[90]고 하는 비슷한 표현이 1604년에도 보이는 것을 보면, 허준이 거의 일생 동안 이런 양반층의 비난을 안고 살았던 것 같다. 퇴계 이황도 당시의 명의, 주로 어의의 일반 환자를 대하는 태도를 다음과 같이 비난한 적이 있다.

> 무릇 세상에서 말하는 명의(名醫)란 네댓 사람에 지나지 않는 데다 모두 대신들의 명령으로 해서 동분서주하고 있기 때문에 이것을 핑계 대며 불러도 오지를 않거니와, 친히 찾아가보아도 만나기가 어렵습니다. ……그저께도 다방면으로 찾아보았으나 끝내 의원의 얼굴은 보지 못하고 문자로 증세를 써 보내어 질문한 바 보내온 답신이 너무도 마음에 들지 않았습니다.[91]

"고위 대신의 명령으로 동분서주하고 있다."는 것은 위의 『미암일기』에서 확인된다. 왕의 사부인 유희춘은 자신과 가족의 병이 생겼을 때, 양예수, 안덕수, 허준 같은 당대의 명의를 불렀다.[92] 성균관 대사성보다 높은 실직은 또 얼마나 많은가? 이들 자신, 그들의 가족과 지방 친척들의 병을 보기 위해 어의를 비롯한 의관들이 부지런히 움직였던 것이다. 허준도 예외는 아니었던 것 같다.

마지막으로, 어의는 자신의 의술로써 고위 관리나 학자와 큰 친분을 유지할 수 있었으며, 내의원 약방은 일종의 사교장 구실을 했다. 관료들이 임금을 알현하러 갈 때, 그곳이 잠깐 쉴 수 있는 일종의 휴게소였기 때문이다. 『미암일기』에도 유희춘이 경연을 하러 갔을 때 그곳에서 잠깐 휴식을 취했다는 기록이 여러 차례 보인다. 내의원 의관이 된 허준은 자연스럽게 그곳에서 당대 내로라하는 관리와 학자를 보고 말을 나눴을 것이다. 국왕의 시호가 선조(宣祖)라 붙여졌듯, 임진왜란 전 선조 치세 때에는 대단한 학문의 융성이 있었다. 유희춘이나 노수신 외에도 이이(李珥), 기대승(奇大升), 유성룡(柳成龍, 1542~1607), 성혼(成渾, 1535~1598), 정철(鄭澈, 1536~1593), 이항복, 이덕형(李德馨, 1561~1613) 등 기라성 같은 인물들이 그가 내의원 재직 시 고위 관료로 대궐을 드나들었던 사람들이다. 일례로『우계선생문집(牛溪先生文集)』에는 1587년 성혼과 허준이 정철의 안부를 전한 내용이 실려 있다.[93] 허준이 양쪽을 다 잘 알고 있었음을 드러내주는 대목이다. 학문에 관심을 둔 허준으로서는 내약방에서 대학자를 직접 대면하고, 일상적 대화를 넘어 의학과 양생, 심지어 경사 분야에 대한 토론까지 하는 기회가 많았을 것이다. 이런 것을 보면, 의관 허준이 좁게는 혈연과 학연 등을 매개로 한 집단 네트워크 안에 있지만, 넓게는 조선에서 가장 학문이 융성한 시기로 평가받는 16세기 후반의 지적인 분위기 속에서 유영(遊泳)하고 있었음이 자명하다. 그것은 약방에서나, 내의원 의관 또는 어의로서 친분을 맺은 고관대작이나 학자 사이의 바깥 교류에서도 마찬가지로 나타났을 것이다.

5. 어의 허준과 국왕 선조의 동반자적 관계

공교롭게도 허준의 내의원 입사는 선조(1552~1608, 1567년 즉위)의 즉위 직후 진행된 천거로 인한 것이었다. 1569년 허준이 내의원에 천거되었을 때 그의 나이는 31세로 18세였던 선조보다 13년 연장이었다. 이후 둘 사이의 관계는 선조가 붕어하던 1608년까지 거의 30년 동안 떼기 힘든 끈끈한 관계가 지속되었다. 선조는 허준의 의학적 식견을 크게 인정해 의서 집필을 맡겼으며, 허준은 의술로써 임금 자신과 가족의 병을 고치는 데 최선을 다했다. 선조는 병의 회복이 있게 되었을 때 선물의 하사 또는 작위의 승진이라는 큰 상을 내려주었고, 허준은 임진왜란이 발생하자 임금을 피난지 의주까지 호종하여 건강을 지켰다. 임란 피해 회복이라는 목표를 두고는 양자의 뜻이 한데 모아졌다. 선조는 자신이 가장 신임하는 의관인 허준에게 새로운 거질(巨帙) 의서의 편찬을 맡겨 지원을 아끼지 않았고, 허준은 선조 사후에 귀책되어 유배를 당한 가운데에서도 작업을 완수해『동의보감』을 조정에 바쳤다. 이제 차근차근 그 과정을 자세히 짚도록 한다.

허준의 내의원 생활 초기의 기록은 소략하다. 내의원에 들어가 왕의 진료에 참여하는 모습은 그의 나이 37세 때인 1575년에서야 처음으로 그 기록이 보인다. 허준이 어의 안광익(安光翼)을 보조하여 왕의 맥을 진찰한 것이 그것이다.[94] 앞의 노수신의 시에서 살폈듯, 이 시기에는 아직 내의 허준은 어의를 보조하는 위치에 있었다.

그런 가운데 한참 시간이 흐른 허준의 나이 43세 때인 1581년(선조 14) 왕명으로『찬도방론맥결집성』의 교정을 맡은 주목할 만한 일이 있었다. 의학에 밝은 선조 임금은 허준이 제서에 능통하여 이 일에 적격자라고 판단했기 때문에 그에게 이 일을 맡긴 것이다. 비록 임상에서는 선배 어의의 뒤에 서 있었지만, 학문에서는 그들을 모두 제치고 허준이 이 일을 떠맡은 것이다.[95] 이 책은 글자 그대로 그림이 붙어 있는 진맥 이론을 노래로 풀어낸 것[脈訣]을 집성한 것이다. 조선 초기부터 진맥학 학습의 기본 교재로 활용되어온 것이나 적지 않은 오류가 있었기 때문에 허준이 교정 작업을 맡았다.[96] 허준이 쓴 『찬도방론맥결집성』의 서문을 보면, 그 책의 문제점을 인식하고 그것을 바로잡으라고 한 주체가 선조 임금으로 되어 있다. 그 사실은 "성상께서 부지런히 정사에 힘쓰시는 바쁜 가운데 미천한 의술[方技]에까지 신경을 써서 어느 날 신(臣) [허준에게] 하교하시기를 '『찬도맥결』 원문과 주석의 오류를 네가 마땅히 바로 잡도록[校正] 하고, 책 끝에 간단한 발문을 붙여 자초지종을 기록하라. 내 그것을 인쇄 발간하기를 원하며, 내 몸소 그것을 읽어보리라.' 하셨다."[97]는 언급으로부터 알 수 있다. 임금이 허준에게 책을 편찬하라는 명을 내리고 또 그것이 어떻게 되었는가를 확인해보겠다는 표현은 이후 허준이 지은 다른 책에도 공통적으로 보이는 내용이다. "몸소 읽어보겠다. 인쇄, 발간토록 하겠다."는 표현으로 볼 때, 실제로 선조가 평소 의학에 꽤 높은 관심을 가지고 있었고, 특히 새 의서 편찬에 매우 적극적이었음을 알 수 있다. 왕의 명령을 받들어 의서 편찬의 일을 맡은 허준의 자세는 매우 진지했다. "신이 본래 성품이 용렬하고 우매하며 배움이 명을 받들어 행할 수 있을 만큼 충분하지는 않지만 공경하고 두려워하는 마음으로 이른 아침부터 밤늦게까지 열심히 하여……"[98] 라는 다소 상투적인 수식이 아니라도 그가 실제 작업한 성과물인 『찬도방론맥결집성』을 볼 때 그가 최선을 다했다는 느낌을 얻을 수 있다. 허준은 "떨리는 마음으로 이 일을 완수했다."[99] 그는 똑같은 책의 여러 본들을 일일이 검토하고, 또 『찬도맥』의 내용을 원 출전과 비교하는 식으로 모든 내용을 바로잡아나갔다. 허준은 주석을 달고, 그 근거를 반드시 밝혀 책의 엄밀성을 높였다. 이러한 허준의 고증 자세는 매우 인상적이다. 허준의 후대 저작에서도 거의 예외 없이 나타나는 이러한 학문 자세의 모습이 그의 처녀작에서도 그대로 확인된다. 의술 능력을 더 높게 인정받은 사람은 여럿 있었지만, 당시 선조 임금로부터 학문 능력을 인정받은 의관은 오직 허준뿐이었다.

『찬도방론맥결집성』의 발문은 단순히 책을 발간하게 된 동기나 경과만을 적지 않았다. 이 책의 발문은 문관에게 맡기지 않고 허준 자신이 썼다는 점을 눈여겨볼 필요가 있다. 그는 책을 교정하는 능력만 발휘하는 데 그치지 않고, 의학자로서 또 문장가로서 자신의 의국론(醫國論)을 펼쳤다. 젊은 시절의 언급으로는 이것이 유일하다. 인간에게서 맥을 바로잡는 것은 나라에서 기강을 바로 세우는 것과 같다는 논리를 담은 그의 의국론은 다음과 같다.

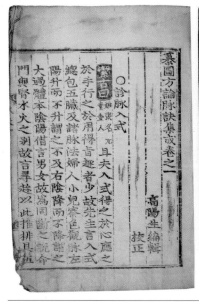

〈그림 34〉 『찬도방론맥결집성』 (사진 출처: 허준박물관)

신(臣)은 나라를 다스리는 이치[醫國]와 사람 몸의 병을 다스리는 이치[醫人]가 똑같다고 생각합니다. 사람에게서 맥은 경락이 그것이고, 나라에서 맥이란 기강이 그것입니다. 기강이 바로 서지 못하면 그릇된 것과 바른 것이 서로 섞이고 예법이 문란해져서 사직이 위태롭게 됩니다. 경락이 제대로 통하지 않으면 몸 겉과 몸 안의 통로가 꽉 막히고 음양이 서로 문란해져서 성명(性命)이 끊어진 것과 같이 됩니다. 어지러움을 바로잡아 바른 것으로 이끌고 위태로운 것을 돌이켜 평안하게 하는 요점은 병의 근원을 살피고, 힘써야 할 정사를 깨닫고, 경락을 조화롭게 하고, 기강을 가지런히 하는 데 있을 따름입니다.[100]

여기서 질서가 있어야 한다는 점, 이것이 맥과 나라의 기강에 공통된 점이다. 병이 들어 경락이 제대로 통하지 않으면 그것이 환자의 죽음으로 이어지듯 나라의 기강이 바로 서지 못해 예법이 문란해진다면 그것은 나라의 쇠망으로 이어진다는 것이 허준의 생각이었다. 몸의 부위를 나라 다스리는 것에 비유한 것은 이미 의학 경전인 『황제내경소문(黃帝內經素問)』이나 갈홍(葛洪)의 『포박자(抱朴子)』에서도 보이는 것이지만, 허준은 이런 생각을 확대하여 맥에 적용한 것이다.

허준이 다른 쟁쟁한 선배 어의와 남다른 인정을 받게 되는 상황은 그의 나이 52세 때인 1590년(선조 23)에 찾아왔다. 이때보다 3년 전의 기록을 보면, 그가 다른 어의와 함께 왕을 진료한 공을 세워 상으로 사슴가죽 하나를 받았는데, 당시 허준은 총 7명 중 어의 양예수, 안덕수, 이인상, 김윤헌(金允獻), 이공기(李公沂) 등에 이어서 여섯 번째로 이름이 등장하며 뒤로는 남응명(南應命) 1인밖에 없었다.[101] 학문의 영역과 달리 의술의 영역에서는 선배가 무려 다섯이나 앞에 있었던 것이다. 이러던 차에 1590년 두창에 걸린 왕자를 허준 홀로 병을 고치는 극적인 상황이 벌어졌다. 선조는 허준을 지목하여 왕자의 병을 치료하라는 특명을 내렸다.[102] "예전에 왕자가 두창에 걸려 상태가 좋지 않았을 때 의관의 무리들이 풍속 금기에 얽매어 수수방관하다가 목숨을 잃은 적이 있었"[103]고, 당시에도 왕자에 앞서 누이인 공주가 두창으로 사망했으며, 왕자의 병세 또한 열흘 내에 위급한 상황에 놓여 있었는데도 다른 어의들이 "[두창신을 노하게 하여] 허물이 된다고 믿어 어쩔 줄 몰라 했기 때문이다."[104] 선배 어의들이 나서지 않는 바람에 허준은 서열과 관례를 깨고 홀로 왕자의 두창 치료에 나섰다. 허준은 고금의 의서를 참고하여 저미고(豬尾膏)와 용뇌고자(龍腦膏子) 등 몇 개의 처방을 찾아내어 왕자의 두창을 완치시켰다.[105] 허준의 용기와 실력에 대한 공고로 선조는 허준에게 당상관의 품계라는 특별한 상을 내렸다. 이전까지 그는 정3품이면서도 당하관인 통훈대부에 머물러 있었지만[106], 왕자의 두창을 완치함으로써 그것을 뛰어넘어 정3품 당상관인 통정대부에 올라섰다.[107] 왕과 왕비의 치료가 아닌 일에 이처럼 후하게 상을 내린 사례가 이전에 없었다. 그렇기 때문에 사간원과 사헌부에서는 이 조치의 철회를 강력히 요청했다.[108] 그럼에도 선조는 죽을 것이 살아난 것이 허준의 공인데 가자(加資)하지 않으면 그 공을 갚을 수 없다고 하여 철회하지 않았다.[109] 허준에게 이 당상관의 의미는 매우 큰 것이었다. 이는 서얼 출신의 기술관인 허준이 당시의 신분 구조상 정상적으로 올라갈 수 있는 최고 지위인 당하관 정3품 통훈대부라는 한계를 돌파한 것을 뜻하기 때문이다. 허준과 선조의 관계는 이를 계기로 하여 다시 한 번 깊어졌다. 이전에는 『찬도맥결방론집성』을 교정하여 단지 학문 능력만을 인정받았으나, 두창의 치료를 계기로 이제는 남다른 의술을 인정받게 된 것이다. 게다가 왕자의 두창을 고친 것을 계기로 하여 허준의 처방에 힘입어 민간의 두창 환자가 많이 치료되면서[110] 허준은 세간의 높은 평가를 얻게 되었다.[111] 앞에서 봤듯, 이런 사실이 이수광의 『지봉유설』에도 실렸다.

1592년 임진왜란 때 의주 피난길에 오른 선조를 호종하게 되면서 허준은 선조의 절대적인 신임을 얻게 되었다. 허준으로서도 가족을 제쳐두고 임금의 피난길을 좇아간다는 것이 매우 어려운 선택이었을 것이다. 그 누구도 그런 어려움을 택하지 않았다. 자신의 편안함과 목숨을 중히 여겼던 것이다. 선조를 끝까지 따라간 문·무관은 겨우 17명에 지나지 않았다. 의원 가운데에서도 임금과 함께 한 사람은 겨우 2인이었으며, 그중 1명이 허준이었다.[112] "사대부가 너희보다 못하구나."는 선조의 말은 내시와 노비들에게 한 것이지만, 의관인 허준에게도 그대로 적용되는 말이기도 하다. 피난이라는 위중한 상황은 늘 충효를 부르짖던 사대부들의 허위의식이 발가벗겨진 반면에 일부 내시와 종들, 허준 같은 의관의 충심이 상대적으로 훨씬 더 돋보이는 계기가 되었다. 선조를 호종한 의원은 허준과 이연록(李延祿) 2인에 불과했다.[113] 그렇지만 왕의 진료는 허준이 맡았다. 이때의 상황에 대해서는 『호성선원종공신도감의궤(扈聖宣武原從功臣都監儀軌)』에서 다음과 같이 말한다.

> 때는 임진년 6~7월 사이에 하늘 어둑하고 장마 가득한 땅을 따라 천리 먼 길을 갈 때 아침에서 저녁까지 달리고 또 달리는 것을 감당치 못해 자주 건강을 잃을 때마다 [그대의] 돌보는 힘에 의지했다. 이렇듯 급하고 어려운 때를 맞아 잠시도 떨어져 있지 않고 적전(赤箭)이나 청지(靑芝) 같은 약을 써서 병을 고치는 효험이 있었고, 그런 맘을 끝까지 변치 않았도다.[114]

이때부터 허준은 내의원 어의 중 으뜸의 자리를 차지했다. 1595년 왕이 병으로 침을 맞았을 때 입시한 의원의 순서는 허준, 이연록, 이공기, 박춘무(朴春茂), 김영국(金榮國), 정희생(鄭希生) 순이었다.[115] 게다가 1596년에는 동궁(광해군)의 병을 치료한 공으로 선조는 허준을 동반(東班)에 올리는 한편, 관작의 승진이라는 상을 내렸다.[116] 이전의 관작이 정3품 통정대부였으니, 승진하여 종2품 가의대부(嘉義大夫)가 된 것이다. 가의대부는 문관의 경우 6조 참판, 홍문관의 제학, 8도 관찰사 등의 관직에 내려주던 작위다. 승진도 승진이지만, 허준에게는 "동반에 오르게 된 사실"이 더 기쁜 일이

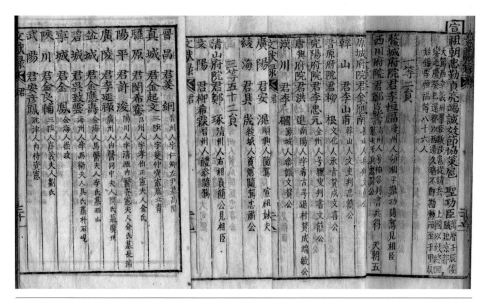

〈그림 35〉 선조의 의주 파천과 관련한 공신록 「충근정량갈성효절협책호성공신(忠勤貞亮竭誠效節協策扈聖功臣)」

었을 것이다. 이 조치는 그가 서얼 출신의 기술관에서 벗어나 어엿한 양반이 된 것을 뜻하기 때문이다. 동반이란 양반 중 하나인 문관을 뜻한다. 이제 그와 그의 가족은 신분상의 굴레가 적용되지 않는 떳떳한 양반의 일원이 된 것이다. 허준의 나이 58세로, 내의원에 들어온 지 17년 만의 일이다.

바로 이해가 병신년으로 선조의 명으로 『동의보감』의 편찬이 시작된 해다. 호학(好學)의 군주와 학문과 임상 양 측면에서 능력을 보인 어의 허준 사이에는 사선을 같이 넘을 정도의 신뢰가 형성되어 있었다. 선조가 허준에게 『동의보감』이라는 의서 편찬을 명령한 데에는, 구습에 사로잡혀 누구도 나서지 않던 두창에 대한 의약 치료를 그가 해낸 데 대한 신뢰감이 있었기 때문이었을 것이다. 이보다 거창한 사회적, 의학적 동기가 더 중요했겠지만, 주문자와 수행자 사이에 형성된 학문과 의술에 대한 공감대 또한 『동의보감』 편찬을 이해할 때 결코 무시하지 못할 동기 중 하나였을 것이다. 후술하겠지만 『동의보감』 편찬은 허준이 편찬 책임자로서 다른 5인의 의원을 이끌고 시작되었으며, 이듬해 정유재란 이후에는 단독으로 모든 집필을 책임졌고, 1601년에는 급히 필요한 『언해구급방』·『언해태산집요』· 『언해두창집요』 편찬 책임을 맡아 완수했다.

수의(首醫) 허준은 임금 호종의 공신으로 책정되었으며, 사경에 처한 선조를 살려냄으로써 관작은 더욱 높아졌다.[117] 1604년 6월, 왜란 때 공훈을 세운 인물에 대한 대대적인 공신 책봉이 있었다. 이때 서울서부터 의주까지 임금이 탄 가마를 모신 사람을 호성공신(扈聖功臣), 전투에서 공을 세운 장수와 명(明)에 군량을 얻으러 간 사신을 선무공신(宣武功臣), 민심을 선동하여 반란을 꾀한 이몽학(李夢鶴)의 난(1596년)을 토벌한 사람을 청난공신(淸難功臣)으로 삼아 각기 3등급의 상을 내렸다. 허준은 호성공신 3등에 책정되었으며 "충근정량(忠勤貞亮, 충성스럽고 근실하며 바르고 성실하다)"이라는 봉호(封號, 君을 책정하는 것)를 받았다.[118] 또한 그는 본관인 양천(陽川, 현 강서구·양천구 부근)의 읍호(邑號)를 받아 양평군(陽平君)이라는 이름을 얻었다. 따라서 그가 받은 작위의 온전한 명칭은 "호성공신 충근정량 양평군"이다. 그의 나이 66세 때였다. 나라와 임금을 지킨 훈공(勳功)의 대가는 봉호의 책정 이외에 품계의 1등급 승진이 주어졌다. 당시 허준이 정2품 가의대부에 있었으니까, 그보다 1등급 위인 종1품 숭록대부가 된 것이다. 품계로만 따진다면, 좌찬성·우찬성과 같은 지위에 오른 것이다. 종1품에 오른 당시 허준의 감회는 "허준이 임금의 건강을 돌보는 어의라는 막중한 직책임에도 불구하고 조상의 산소를 찾겠다고 휴가원을 낸 사실"[119]로부터 어느 정도 확인된다. 어의는 병 치료 중인 임금의 곁을 여러 날 떨어져 있을 수 없도록 되어 있었다. 그러나 허준은 '공신에 책봉된 경사스러움'을 조상에게 고하기 위해서 휴가원을 냈다. 그의 선산은 파주 장단과 개성 주변에 있었다. 사간원에서는 그것을 불경죄로 여겨 파직, 국문할 것을 요청했다. 하지만 선조는 받아들이지 않았다. "허준은 공신에 봉해진 후라서 소분(掃

墳, 조상에 경사스러운 일을 알리러 가는 것)하고자 하는 것"이 그 이유였다.

허준이 종1품에 오른 것은 그로서는 대단한 경사였다. 반면에 서얼 출신의 의관이 1품에 오른 것에 대한 문관의 질시와 견제가 더욱 심해졌다. 종1품직 제수 이후에 『실록』에는 이전에 보이지 않던 사관(史官)의 악평이 보이기 시작한다. "허준은 성은을 믿고 교만을 부리므로 그를 시기하는 사람이 많았다."[120]는 내용이 그것이다. 금상첨화로 1606년 1월, 오랫동안 차도가 없던 선조의 병세가 호전되자, 선조는 수의였던 허준에게 관직의 최고 단계인 정1품 보국숭록대부를 내렸다. 이런 조치는 의원의 신분으로서는 조선 왕조 개국 이래 처음 있는 일이었다. 사간원에서는 그것이 신분 질서를 그르치는 잘못된 조치라고 맹렬히 들고 나왔다.[121] 사헌부도 비슷한 요지의 글을 올렸다.[122] 이런 간언에 대해 선조는 "허준이 높은 품계에 올

〈그림 36〉 「태평회맹도(太平會盟圖)」,병풍.
　　　임진왜란 공신 책봉을 기념하는 공신들의 회맹제의 모습을 담은 4폭짜리 병풍이다.(보물 제668호, 국립진주박물관 위탁보관)

랐어도 크게 해로울 것이 없으니 개정할 필요 없다."[123]는 입장을 보였다. 그러나 탄핵이 계속되자 선조는 정1품 '보국(輔國)' 품계만 주고 보통 정1품 보국숭록대부에 자동으로 따라 붙는 친공신(親功臣)의 표시인 부원군 봉호는 내리지 않는 것으로 절충하려고 했다.[124] 그러다가 결국 '보국'마저 철회했다.[125] 선조가 손을 든 것이다. 비록 좌절되기는 했지만, 허준은 의관으로서는 최초로 생전에 보국숭록대부의 문턱에까지 도달했다. 당시 작위를 남발하는 경향이 있어서 정·종 1품이 이전의 10명 정도에서 거의 50명 정도가 되었던 점[126]을 감안한다 해도, 의관으로서 그가 이룩한 성취는 실로 놀라운 것이었다.

앞에서 말한 바 있듯이, 이후 허준의 새 의서 집필은 매우 지체되어 채 절반도 마치지 못한 상태였다. 특히 임진왜란 때 입은 엄청난 심리적 상처 때문에 이후 늘 병에 시달렸던 선조의 병환이 1606년 1월 잠깐 좋아졌다가 봄 이후에 많이 안 좋아졌다. 『선조실록』에는 이 시기 선조의 병환에 대한 기사를 매우 많이 싣고 있다. 1607년 10월 왕의 병세는 급격히 악화되었고, 급기야는 "수의 허준이 제대로 약을 쓰지 못해 그렇다."는 탄핵의 주장이 정가 일각에서 강하게 제기되었다.[127] 임금이 사경에서 헤매고 있는데 어의를 벌주는 것이 가당치 않다고 하여 그런 주장이 당장 받아들여지는 않았다. 이런 상황이

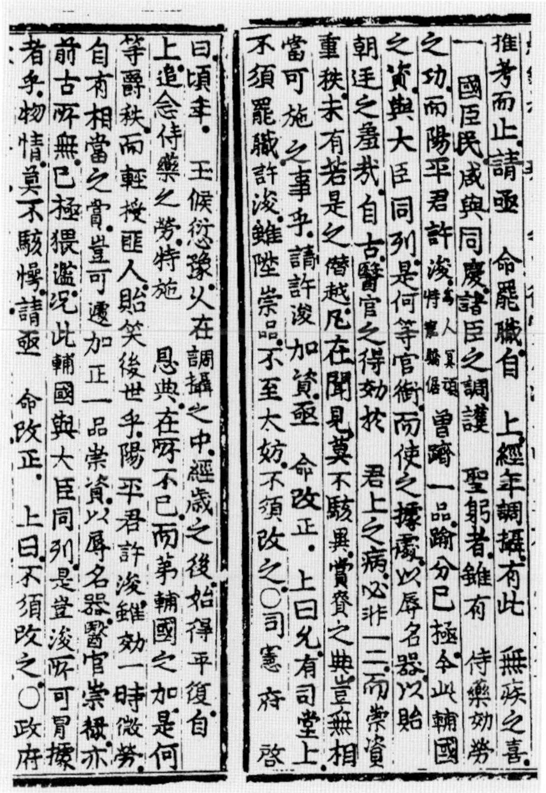
推考而止。請亟 命罷職。自 上經年調攝，有此 無疾之喜，一國臣民，咸與同慶。諸臣之調護 聖躬者，雖有 侍藥效勞之功，而陽平君許浚，（爲人冥頑，特蒙驕倨）曾躋一品，踰分已極。今此輔國之資，與大臣同列，是何等官銜，而使之據處，以辱名器，以貽朝廷之羞哉？自古醫官之得效於 君上之病，必非一二，而崇資重秩，未有若是之僭越。凡在聞見，莫不駭異。賞賚之典，豈無相當可施之事乎？請許浚加資亟 命改正。上曰：「允。有司堂上不須罷職，許浚雖陞崇品，不至太妨，不須改之。」○司憲府啓曰：「頃年 玉候愆豫，以在調攝之中，經歲之後，始得平復。自 上追念侍藥之勞，特施 恩典，在所不已，而第輔國之加，是何等爵秩，而輕授匪人，貽笑後世乎？陽平君許浚，雖效一時微勞，自有相當之賞，豈可遽加正一品崇資，以辱名器？醫官崇秩，亦前古所無，已極猥濫，況此輔國，與大臣同列，是豈浚所可冒據者乎？物情莫不駭愕，請亟 命改正。」上曰：「不須改之。」○政府

〈그림 37〉 허준의 보국숭록대부 작위 수여 관련 논쟁을 실은 『선조실록』
(사진 출처: 『조선사람 허준』)

었기에 허준은 의서 편찬에 많은 시간을 쏟지 못했다.

　1608년 선조의 붕어는 그에게 유배라는 정치적 시련을 안겨준 동시에 지지부진했던 『동의보감』 편찬에 집중할 수 있는 전화위복의 기회를 제공했다. 이해 3월 22일, 그는 강한 약을 써서 선조를 죽게 했다는 책임을 지고 의주로 유배되었다.[128] 선왕이 잊지 않고 새 의서 편찬을 두 차례나 그에게 부탁했듯이, 이제는 허준이 그 부탁을 잊지 않고 유배지에서 저술 작업에 매진했다. 바쁜 의료 활동을 피해 오로지 저술에만 집중하는 게 가능했다. 의주는 중국과 인접한 큰 읍으로서 생활에 불편한 곳이 아니었으며, 게다가 선조의 피난 때 이미 살아보았던 곳이라 낯선 곳이 아니었다. 무엇보다도 중국과 조선 사이의 정보 교류의 핵심 요지였으므로, 허준의 의서 집필에는 매우 유리한 곳이었다. 그는 여기서 새 의서 작업에 박차를 가해 책을 거의 완성했다. 이전에 동궁 때 자신이 목숨을 구해준 바 있었던 새로운 왕 광해군의 호의 덕택에 허준은 귀양을 산 지 1년 8개월이 지난 1609년 11월 22일 귀양에서 풀려나게 되었다.[129] 한양으로 돌아온 후

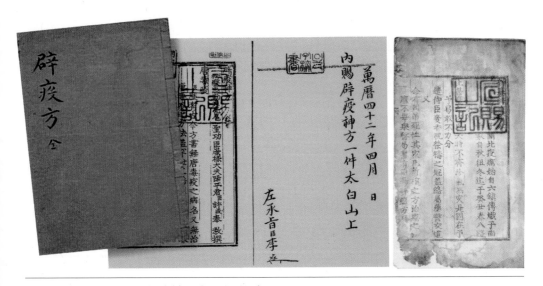

〈그림 38〉 『벽역신방』(좌)와 『신찬벽온방』(우) (사진 출처: 허준박물관)

허준은 새 의서의 마무리 작업을 했다. 마침내 이듬해인 1610년 8월 6일, 허준은『동의보감』이라 이름 붙인 25권짜리 의서를 광해군에게 바쳤다. 『동의보감』 편찬 명령을 받은 지 14년 만에 자신을 신임했던 선조가 맡긴 임무를 완수한 것이다. 허준의 나이 72세 때였다. 이 책은 3년 후에 인쇄되어 세상에 모습을 드러냈다.

허준은 만년에 내의원에서 후학을 가르치며 소일했으며[130], 1613년에 조선을 휩쓴 두 온역(瘟疫)과 당홍역(唐紅疫)에 대응하여 최후의 두 저술인 『신찬벽온방』과『벽역신방』을 저술했으며, 1615년 향년 77세로 세상을 떴다.[131] 광해군은 그에게 "정1품 보국숭록대부"의 작위를 추증했다.[132] 30대 초반 내의원에 들어온 이후 40여 년 동안 선조와 광해군 두 임금의 병을 정성스럽게 돌본 공을 인정하여, 나라에서 그에게 '의관의 역사상 최고의 지위'를 안겨준 것이다.

허준이 의주 유배에서 풀려 귀환했을 때, 일흔 살 동갑내기 친구인 당대

〈그림 39〉 민통선 내의 허준 묘소(사진 제공: 연합뉴스)

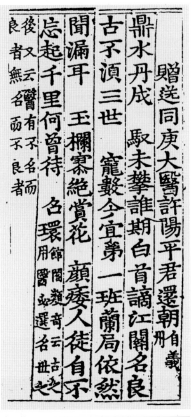

의 명 문장가 최립(崔岦, 1539~1612)이 그에게 준 시구로 이 장을 마무리하고자 한다. "삼세를 거칠 필요 없이 출중했던 우리 의원, 이제 첫 번째 반열로 은총 받는 게 당연하이[名良古不須三世 寵數今宜第一班]. '옛날에 의원을 부를 때에는 반드시 세상에 이름을 날렸던 의원 가문의 후예 중에서 선택했다.'고 했고, 또 '의원 중에는 이름은 크게 알려지지 않았어도 뛰어난 의원이 있기도 하지만, 명성을 날리면서 서투른 의원은 있지 않은 법이다.'"[133]

〈그림 40〉 최립이 허준을 위해 지은 시―『간이집』에서
(사진 출처: 『조선사람 허준』)

4장

『동의보감』 출현을 둘러싼
사회적 상황

"신은 삼가 생각건대, 태화(太和)가 한번 흩어지자 육기(六氣)가 조화를 잃어 온갖 질병들이 백성의 재앙이 되었으니, 의약(醫藥)을 만들어 요사(夭死)하는 사람들을 구제하는 것이 실로 제왕의 인정(仁政)에 있어 무엇보다 우선해야 할 일입니다.
그러나 의술은 책이 아니면 기재할 수 없고 책은 잘 선택하지 않으면 정밀하지 못하며, 채택하는 것이 박흡(博洽)하지 못하면 이치가 환히 드러나지 못하고 전수(傳受)하는 것이 광범(廣範)하지 못하면 혜택이 두루 미치지 못합니다."
(이정구, 『동의보감서(東醫寶鑑序)』)

『동의보감(東醫寶鑑)』의 출현과 관련해서 여러 질문이 가능하다. "왜 16세기 후반 조선의 의학계에서는 『동의보감』을 짓게 되었을까?" 이런 질문도 역사적 관심의 대상이며, "왜 임진·정유재란 와중에 이 책의 편찬이 시작되었을까?" 이런 질문도 마찬가지다. 더욱 구체적으로, "왜 조선의 국왕 선조는 나라의 사업으로 이 일을 명했으며, 이 사업이 조선전기에 이룩한 『향약집성방(鄕藥集成方)』이나 『의방유취(醫方類聚)』의 편찬처럼 다수의 인물이 참여한 대사업의 성격을 띠었을까?" "왜 선조는 양생 강조, 어지러운 중국 의학의 정리, 향약 강조라는 세 가지 편집 지침을 직접 내렸을까?" 이런 점도 물을 수 있다. 『동의보감』의 출현을 제대로 이해하기 위해서는, 어느 한 가지가 아니라 위의 모든 의문이 해소되어야만 한다.

1. 기존 견해에 대한 검토

『동의보감』의 출현 동기에 대한 의견을 최초로 낸 학자는 일본인 학자 미키 사카에(三木榮)다. 그는 중국 의학과 조선 의학 사이의 수용 관계라는 측면에서 해답을 찾았다. 『조선의학사급질병사(朝鮮醫學史及疾病史)』(1963)에서 그는 『동의보감』의 출현 이유를 다음과 같이 제시했다. "[조선의] 중종·명종·선조 초기에 금·원시대의 의학이 혼용되어 있는 새로운 명(明) 의학의 수입이 있었는데, 그것이 반도(半島)에 알맞지 않아서, 명의 의학을 기본으로 하면서 반도에서 배양해온 의학 사상을 엮어서 자국화(自國化)할 필요가 있었기 때문이다."[1]고 보았다. 미키 사카에의 이런 주장은 논증의 방식으로 도출된 것이 아니라, 『동의보감』이 인용한 참고문헌과 자신이 읽은 『동의보감』 내용에 대한 통찰적인 인상에 의거한 것이다. 그는 『동의보감』이 주로 근거하고 있는 중국의 의서로서 명대 중후기에 편찬된 『동원십서(東垣十書)』, 『의학정전(醫學正傳)』, 『고금의감(古今醫鑑)』, 『만병회춘(萬病回春)』, 『의학입문(醫學入門)』 등을 들었으며, 이런 책들이 이미 조선에서 편찬된 『향약집성방』, 『의림촬요(醫林撮要)』 등을 융합하여 『동의보감』이 만들어진 것이라 했다.[2] "혼용된 명 의학의 자국화"의 필요성을 출현 동기로 보는 미키 사카에의 견해는 이후 많은 학자에게 가장 유력한 설명으로 수용되었다.[3] 그렇지만 미키 사카에의 라이벌로서 『한국의학사』를 쓴 김두종(金斗鍾)은 그의 견해를 수용하지 않았다. 그는 특별히 편찬 동기를 따지지 않고 『동의보감』 서문에 나오는 편찬 과정만 짧게 소개했다.[4]

세 번째 한국 의학사 통사를 쓴 노정우(盧正宇)는 『동의보감』의 출현 배경으로서 의학적 동기보다 사회적 동인에 주목했다. 그는 "임진왜란과 정유재란으로 인한 살상과 기근, 질역으로 인심이 극도로 불안하고 민력이 피폐했고, 이에 가하여 일반 문화와 의서의 탕진으로 전후 의계(醫界)가 더욱 황폐화하고 공적(空寂)하게 되었기 때문에 이에 대한 대책으로서 의학서의 간행이 초미의 급무였다."[5]고 말했다. 자신이 읽은『선조실록』등의 여러 기사로부터 이런 결론을 도출했을 텐데, 노정우는 자신의 주장을 입증하기 위한 논의를 전혀 펼치지 않았다. 김호(2000년)는 미키 사카에의 설을 받아들이면서도, 임란을 전후한 시기에 조선이 처한 여러 상황, 즉 역병으로 인한 백성의 유리도산(遊離倒産)과 인구의 감소, 전쟁 기간 동안 물산의 부족으로 인한 약물 공급의 어려움과 향약 장려의 필요성 대두를 각종 사료로서 방증했다.[6] 그렇지만 그는『동의보감』출현의 직접 배경에 대해 집중 논의하지는 않았다.

허정은 "『동의보감』의 보건사적 연구(1)"(1992)에서『동의보감』의 출현계기에 대해 최초로 본격 검토했다. 그는 기존의 설을 네 가지로 나누어 1) 금·원시대 이후 이주의학(李朱醫學, 李東垣과 朱丹溪의 의학)을 포함한 명(明) 의학의 한국적 수용이라는 과제, 2) 임진왜란이라는 전란을 통한 피해 복구책의 일환, 3) 망실된 의서를 대신하기 위한 또 하나의 대안으로서 필요성, 4) 전란 피해 복구와 연결 지어 향약을 주제로 하는 본초 지식을 통일할 필요성 등으로 정리하여 각각의 내용을 각종 사료로 검토했다.[7] 그는 세 번째 향약의 필요성에 대한 주장에 대해서는 그것이 가장 기본적인 동기는 아니었을지라도『동의보감』에 부분 반영되었음을 인정했고[8], 의서의 망실 복구라는 주장에 대해서는 이런 필요성 때문이라면 기존 의서를 다시 찍어내면 되지 구태여 방대한 새 의서를 새로 편찬할 필요가 없었다고 보았다.[9] 전후 피해 복구라는 주장에 대해서는,『동의보감』의 서문에 나오는 시골의 의약 부족, 국왕의 백성에 대한 걱정 등은 꼭 전쟁이라고 해서 등장한 게 아니라, 으레 국가 편찬 의서 서문에 등장하는 내용이라는 점을 들어 반박하고, 전쟁 중 기근과 역병 대책에 관한 부분 또한『동의보감』에서 주된 관심으로 등장하지 않는다는 점을 들어 논박하는 한편,『동의보감』집필 이전과 이후에 허준이 쓴 구급방, 산부인과 관련 의서, 전염병 대책 의서가 이에 해당한다고 보았다.[10] 마지막으로 그는 조선 의학계에서 혼재되어 있는 송, 원, 금 이후의 의학적 견해와 처방의 혼란 상황을 정리하는 것이 가장 중요했다고 보면서 "금원 의학이 섞여 있는 명 의학의 자국화"라는 미키 사카에의 설을 지지했다. 그러면서 그는 미키 사카에가 『동의보감』의 서술 지침으로 제시한 양생 사상에 입각한 의서의 편찬, 향약의 이용 장려, 약의 처방 분량 감소를 통한 경제적 효과 등을 부각하지 않은 점에 대해서는 약간의 불충분한 점이 있다는 입장을 보였다.[11]

신동원은 『조선사람 허준』(2001)에서 『동의보감』 편찬의 주된 동기가 "중국 의서의 잘못된 점과 부족한 점"을 교정하기 위한 데 있었으며, '양생과 수양을 약물 치료보다 중시하며, 꼭 필요한 의학 이론과 처방만을 가려 뽑고, 많은 백성이 알 수 있도록 국산 약재에 신경 쓰라.'는 선조의 세 가지 주문 사항을 교정의 지침으로 삼았다고 보았다.[12] 『선조실록』을 검토하면서 신동원은 책의 발주자인 선조가 형식적인 명령자에 그치지 않고, 그의 특이한 양생관(養生觀)과 [이에 따른] 의학관(醫學觀)이 『동의보감』의 편찬과 책의 성격을 규정짓는 중요한 사안이었음을 보이려고 했다. 신동원은 임진왜란 피해 극복을 위한 의학적 구료나 더 나아가 좀 더 거창한 학술적, 사회적 배경에 대해서는 가능성은 있지만 논증되지 않았기 때문에 받아들이기 힘들다는 입장을 피력했다.

당시 신동원의 입장은 미키 사카에의 의학 내적 동인과 비슷한 것이었지만, 뉘앙스는 사뭇 달랐다. 그는 "금원 의학이 혼융된 명 의학의 자국화"라는 미키 사카에의 주장을 받아들이지 않았다. 아울러 그는 조선의 의학을 철저하게 [선진적인] 중국 문물의 수용과 정리, 자기화라는 등식으로 이해한 미키 사카에의 사관에 동의하지 않았다. 그 대신에 "중국 의학계의 혼란 상황"을 극복하기 위한 것이라는 『동의보감』 서문의 말을 지지했다.

신동원은 비교적 최근의 글(2012년)에서는 기존의 태도를 바꿔 새 의서 편찬의 사회적 성격을 인정했다.[13] 사료를 전반적으로 검토한 결과,『동의보감』같은 거대 편찬 사업이 의학 학술적인 측면의 문제점을 해소한다는 동기로 시작되지 않았을 것이라 판단했기 때문이다. 당시『실록』에서는 임진, 정유재란기에 출간된 책으로『주역(周易)』정도가 확인될 뿐이다. 정치, 군사적 상황은 좋지 않았음은 물론이거니와 거질 의서를 찍어낼 만큼의 경제 형편이 전혀 아니었다. 이런 열악한 처지에서 의학 분야에서 대사업을 벌였던 사실은, 어려운 사정임에도 진행해야만 하는 절실한 사회적 동기가 있었음을 인정할 수밖에 없었다. 이런 사회적 동기는 그랬을 것이라는 심증이 가기는 하지만 그것을 지지하는 확실한 사료가 나오지 않는 한, 추정 차원을 크게 벗어나지는 못할 것이다. 사회 상황과『동의보감』출현의 확실한 인과관계를 드러내지 못한다고 해서『동의보감』출현의 배경으로서 전쟁 상황을 무시하는 것도 쉽지 않은 일이다. 전쟁으로 일본군이 휩쓸고 간 자리에는 죽은 사람과 병든 사람이 수북했고, 전쟁 때문에 농사일이 잘 안 되어 굶주리는 사람도 적지 않았으며, 게다가 전쟁 중 처방에 참고할 만한 의서들도 수많이 망실되었기 때문에 실제로 백성의 생명을 구하는 데 도움이 되고 악화한 민심을 회복하기 위한 그 어떤 조치가 필요한 상황이었기 때문이다.

2. 『동의보감』서문이 밝힌 편찬 동기

『동의보감』의 편찬 동기에 대해 설이 구구한 것은 이를 확실히 할 자료가 충분치 않기 때문이다. 그 근본적인 이유는 아마도 이 새 의서가 출현 당시에 기대했던 것보다 후대에 훨씬 더 높은 평가를 받았기 때문에 이에 대한 관심이 증폭해서 다른 의서의 경우에 진지하게 묻지 않는 편찬 동기를 더욱 정확하게 알고 싶어 하는 현대 연구자의 욕망 때문일지도 모른다. 현재까지 알려진 『동의보감』 편찬에 관련된 당대의 기록은 단 세 가지에 불과하다. 첫째는 대제학 이정구(李廷龜, 1564~1635)가 쓴 『동의보감』의 「서(序)」이고, 둘째는 허준이 쓴 『동의보감』의 지침인 「집례(集例)」이며, 셋째는 허준이 『동의보감』을 완성해 조정에 바쳤을 때의 상황에 대한 『조선왕조실록』의 기록이다. 이 셋 이외에 편찬 동기를 다룬 후대의 기록도 존재하지 않는다. 그렇기 때문에 우리는 그 어떤 선입견이나 판단을 자제하고 이 세 기록으로부터 편찬 동기를 읽어내야 한다.

1610년(광해군 2년) 8월 6일, 허준은 자신이 완성한 책을 국왕인 광해군에게 바쳤는데, 『실록』은 이 상황을 실었다. 이는 『동의보감』에 대한 최초의 기사로, 내용은 다음과 같다.

> 양평군(陽平君) 허준(許浚)은 일찍이 선조(先朝) 때 의방(醫方)을 찬집(撰集)하라는 명을 특별히 받들어 몇 년 동안 [의학의] 정밀한 내용[粹]을 모아, 심지어는 유배되어 유리(流離)하는 가운데서도 이 일을 쉬지 않고 하여 이제 비로소 책으로 엮어 올렸으니, 내가 비감한 마음을 금치 못하겠다. 허준에게 숙마(熟馬) 1필을 직접 주어 그 공에 보답하고, 이 방서(方書)를 내의원으로 하여금 국(局)을 설치해 속히 인출(印出)케 한 다음 중외에 널리 배포토록 하라. 【책 이름은 『동의보감(東醫寶鑑)』인데, 대개 중조(中朝)의 고금 방서를 널리 모아서 한 권에 모은 다음 분류하여 책으로 만든 것이다.】[14]

이 『조선왕조실록』의 기록은 새 의서에 대한 국왕 광해군 또는 조정의 주된 관심이 무엇이었는지 일러준다. 이 책이 선왕인 선조의 명을 받들어 허준이 책을 편찬한 사실, 그가 귀양살이 중에서도 작업을 계속 수행해 완수한 사실, 이에 대한 광해군의 감회, 허준의 공로 인정, 새 의서의 조속한 출간과 전국에 대한 배포, 『동의보감』이라는 책의 이름, 중국 [의학] 방서(方書) 내용을 엮어 만든 책의 성격 등이 그것이다. 그렇지만 이 기록은 핵심 관심만 열거했을 뿐 각각의 내용을 구체적으로 살피지 않고 있다. 우리가 관심을 가지는 책의 편찬 동기 또한 나타나 있지 않다.

책의 서문은 책의 출판을 맡은 내의원의 제조를 맡고 있던, 당대 최고의 문장가로 평가받은 대제학 이정구가 썼다. 그는 여기서 책에 관한 전반적인 정보를 두루 밝혔다. 그의 서문은 크게 네 부분으로 나뉜다. 첫 번째는 책을 발간하게 된 배경 부분이고, 두 번째는 책의 편찬 과정에 관한 부분이며, 세 번째는 책의 성격과 특장 부분이고, 마지막은 책의 출간이 지니는 왕도 정치적 의의에 관한 맺음 부분이다. 여기서 우리가 관심을 가지는 부분은 첫째 부분, 즉 책의 편찬 동기를 담은 부분이다.[15] 이를 좀 더 깊이 들여다보도록 하자.

이정구는 서문에서 새 책의 편찬 동기에 대한 구체적인 상황을 실었다.

> 병신년(1596, 선조 29)에 태의(太醫) 허준(許浚)을 불러 하교하기를, "요즘 중국[中朝]의 방서(方書)를 보니 모두 자잘한 것을 가려 모은 것으로 참고하기에[觀] 부족함이 있다. 너는 마땅히 온갖 처방[의 그릇된 것]을 덜고 [제대로 된 것을] 모아 하나의 책으로 만들어라." 하셨다.[16]

이를 보면, "모두 초집한 것들이라 자질구레하여 볼 만한 것이 없다."는 선조의 생각에 입각해 『동의보감』 편찬이 시작되었음을 알 수 있다. 왜 선조가 의학에 관심이 많았고, 새 의서를 편찬토록 했을까? 이에 대해 이정구는 "우리 소경대왕(昭敬大王)께서는 자신의 병을 다스리는 법을 미루어 뭇 사람을 구제하는 인술(仁術)을 펴리라 생각하시어 의학에 마음을 두고 백성의 고통[民瘼]을 불쌍히 여기셨다."고 썼다. 즉 선조가 평상시 자신의 병을 다스리는 의학에 관심이 높았고, 그것을 연장하여 제대로 된 의서를 편찬함으로써 백성의 병을 고치도록 하는 데까지 나아가도록 했다는 점을 밝힌 것이다.[17]

선조는 의학에 밝은 인물이었다. 그의 행장에는 다음과 같은 내용이 적혀 있다. "선조대왕께서는······ 본디 유술(儒術)을 좋아하며 부지런히 힘써 게으르지 않았으며 날마다 연신(筵臣)을 접견하여 경전(經傳)을 강독하면서 고금의 일을 토론하고 깊고 은미한 뜻을 파헤쳤는데, 논한 것이 선유(先儒)의 전주(箋註)보다 월등히 뛰어났기 때문에 신하들이 감히 한마디도 덧붙일 수가 없었다. 방에다 향불을 피우고 좌우에 도서(圖書)를 비치해놓았으며 마음대로 행동할 수 있는 혼자 있는 곳에서도 태만한 용의(容儀)가 없었으며 정신을 가다듬고 단정히 앉아서 책을 손에서 놓은 적이 없었다. 제자백가(諸子百家)와 의약(醫藥)·잡류(雜流)의 책에 이르기까지 그 뜻을 환히 통달하지 않은 것이 없었으며······." 이 행장을 보면, 그의 유학 수준은 "선유의 전주보다 월등히 뛰어나" 신하들이 감히 한마디도 덧붙일 수 없는 경지에 이르렀고, 혼자 있는 곳에서도 늘 태만한 용의가 없고 정신을 가다듬고 단정히 앉아 있는 수양의 경지를 보였다. 의약의 책까지도 통달했다. 선조가 허준에게 새로 지을 의서의 세 가지 지침이 형식적인 게 아니었음을 말한다.[18]

이정구는 선조의 근래 중국 의서에 대한 불만에 대해서는 자세하게 부연 설명했다.

의술에 종사하는 이들은 늘 헌원씨(軒轅氏)와 기백(岐
伯)을 말하곤 한다. 헌원씨와 기백은 위로 하늘의 이
치와 아래로는 인간의 이치를 샅샅이 궁구했으니, 자
신의 의술을 기록으로 남기는 것을 탐탁지 않게 여겼
을 것이 뻔하다. 그런데도 문답을 가설하여 후세에 의
술을 남겼으니, 의술의 서적이 있은 지는 매우 오래이
다. 위로는 창(倉)·월(越)로부터 아래로 유(劉)·장(張)·
주(朱)·이(李)에 이르기까지 백가(百家)가 이어서 일어
나 분분히 논설을 전개하며 전대의 저술을 표절하여
다투어 문호를 세웠다. 그리하여 서적이 많아질수록
의술은 더욱 어두워져 『영추(靈樞)』의 본지(本旨)와 크
게 어긋나지 않은 것이 드물게 되었다.[19]

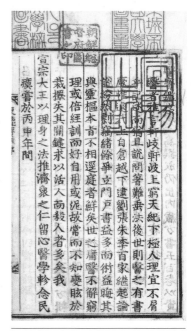

<그림 42> 『동의보감』 「서(序)」

이 인용문처럼 선조는 의학의 대대적인 정리의 필요성을 강하게 느끼고 있
었다. 또한 이는 새 의서의 편찬자인 허준, 서문을 지은 이정구도 공감하던
것이었다. 이들은 의학의 성현인 헌원씨[黃帝]와 그의 스승인 기백이 남긴
『영추』에서 하늘의 이치와 인간의 이치를 두루 꿴 올바른 의학을 창시했다
고 믿었으며, 후대에 나온 수많은 의학 저술이 『영추』의 정신을 제대로 반
영하지 못한 것으로 간주했다. 선조의 언급 중에 "초집"한 것이라든지, 자
질구레하다든지 하는 기준은 『영추』가 말하는 의학적 정신에 따른 것이었
다. 이에 대해서는 약간 뒤에 살피기로 하고, 이정구는 이런 문제점이 의학
에 끼치는 악영향을 이어서 언급했다. 즉 "세상의 범용(凡庸)한 의원은 의술
의 이치를 깊이 알지도 못하여 혹 의경(醫經)의 뜻을 위배하면서 자신의 견
해만 고집하기도 하고, 혹 기존의 방법에만 얽매여 변통할 줄" 모른다. 당
연히 그들은 병을 고치기 위해서 "어느 약, 어떤 방법을 써야 할지 재량할

줄 모르고 병세에 맞는 의술의 관건을 알지" 못하여 "사람을 살리려 하다가 도리어 사람을 죽이는 경우"가 허다하게 있게 되었다는 것이다.[20]

어떻게 『영추』가 밝힌 의학의 본령에 입각해서 제가(諸家)의 의술을 두루 모아 하나의 책으로 편찬할 것인가? 이정구는 선조의 언급을 또다시 실었다. 선조는 책 편찬의 으뜸 조건으로 "사람의 질병은 모두 조섭을 잘하지 못한 데서 생기니, 섭생(攝生)이 먼저이고 약석(藥石)은 그다음이다."는 원칙을 제시했다. 아마도 이 대목이 이정구가 말한 『영추』의 정신일 것이다. 이를 일차 기준으로 삼아서 "창(倉)·월(越)로부터 아래로 유(劉)·장(張)·주(朱)·이(李)에 이르기까지" 호번(浩繁)한 제가(諸家)의 의술의 긴요한 부분을 가려 모으는 것이 선조가 내린 두 번째 지침이었다.

이 두 가지가 올바른 의학을 얻기 위한 방침이었다면, "뭇사람을 구제하는 인술을 펴리라."는 선조의 생각은 세 번째 지침으로 표현되었다. "외진 시골에는 의약이 없어 요절하는 사람이 많다. 우리나라에는 향약이 많이 생산되는데도 사람들이 알지 못하고 있으니, 그대는 약초를 분류하면서 향명(鄕名)을 함께 적어 백성들이 쉽게 알 수 있도록 하라."[21]는 내용이 그것이다. 이처럼 옛 의학 성현이 내린 의학적 가르침에 민간에서 쉽게 구해쓸 수 있는 향약에 대한 지식을 결합함으로써 『동의보감』은 가장 올바르면서도 조선에서 활용 가치가 높은 책으로 기획되었다.

허준은 「집례」에서 자신이 선조가 말한 지침을 더욱 구체화했음을 밝혔다. 그는 "도가는 맑고 고요히 수양하는 것을 근본으로 하고, 의학에서는 약물과 침구로서 치료를 하니, 이것은 도가가 그 정미로움을 얻었고 의학은 그 거친 것을 얻었음을 말한다."[22]고 하여 『동의보감』에서 도교적 양생론을 병을 치료하는 의학적 내용보다 더 중시했음을 천명했다. 이와 함께 그는 처방에 들어가는 약의 분량을 대폭 줄임으로써, 향약 장려에 이어서 약값에 대한 경제성을 고려했다.[23]

지금까지 살핀 내용이『동의보감』의 편찬 동기를 일러주는 사료 전부이다. 철저하게 이 사료만 따른다면, 정돈되지 않은 당대 중국 의학에 대한 선조의 불만과 올바른 의서 편찬을 통한 이런 문제점에 대한 해소, 향약 지식 제공을 통한 백성의 의약 이용 확대 도모가『동의보감』편찬의 가장 직접적인 동기를 이룬다. 뚜렷한 의학 정본이 없는 상태에서 조선 의계(醫界)에서 세간 용의들의 독단과 무지가 판치는 상황을 극복하기 위한 목적이 이에 짝한다. 이 두 이유는 글머리에서 던졌던 "왜 선조는 양생 강조, 어지러운 중국 의학의 정리, 향약 강조라는 세 가지 편집 지침을 직접 내렸을까?"라는 질문과 "왜 16세기 후반 조선의 의학계에서는『동의보감』을 짓게 되었을까?" 하는 질문에 어느 정도 해답을 준다. 또한 "왜 조선의 국왕 선조는 나라의 사업으로 이 일을 명했으며, 이 사업이 조선전기에 이룩한『향약집성방』이나『의방유취』의 편찬처럼 다수의 인물이 참여한 대사업의 성격을 띠었을까?"에 대해서도 답을 준다. '올바른 의학을 얻기 위한 의학의 총정리'를 염두에 두었기 때문이었다는 것이다.

단 "왜 임진·정유재란 와중에 이 책의 편찬이 시작되었을까?"라는 질문에 대해서는『실록』,「서문」,「집례」어디에서도 구체적인 답을 주지 않는다. 임진왜란 피해 복구의 수단이라는 직접적인 표현은 그 어디에서도 보이지 않는다. 서문 끄트머리에는 인정(仁政)을 대표하는 통치술로서 백성들의 병에 대해 걱정하는 의서 편찬에 대한 왕의 고민과 조치만 강조되어 있다. 굳이 이런 정도 배경이라면, 전쟁 상황이 아니라도 충분히 벌어졌음 직한 일이다. 여기에도 왕의 개인적 측면과 백성의 민막(民瘼)을 걱정한다는 사회적 측면이 다 드러난다. 다만 "병신년간(1596년)에 작업이 시작되었다."는 말에서 편찬이 임란 중에 시작되었음을 암시되어 있다. 병신년이 임진왜란 발발 4년 후, 정유재란 재발 한 해 전이기 때문이다.『동의보감』이 편찬되던 시절은 한가로운 평화의 시대가 아니었다.

3. 임진왜란으로 망실된 의서의 회복이라는 과제

온 국토를 휩쓴 큰 전쟁인 임진왜란은 조선의 의약 상황을 크게 악화시켰으며, 그에 따른 대책이 없었다는 건 상상하기 힘들다. 전쟁이 끝난 지 2년이 지난 1601년 봄 국왕 선조는 허준에게 다음과 같은 명령을 내렸다.

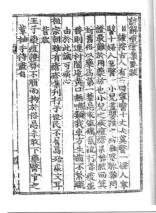

신축년(1601년) 봄 임금께서는 신(臣) 허준에게 하교하시기를, "평시에는 『태산집』·『창진집』·『구급방』이 세상에 간행되었으나 왜란 후에는 모든 것이 없도다. 너는 마땅히 의론(醫論)과 처방을 찾아 다루어 3종의 책으로 만들어라. 그러면 내 그것을 몸소 볼 것이다. 또 왕실에 내장하고 있는 고금의 의서를 내줄 터이니 그것을 검토하여 편찬에 참고하라."[24]

〈그림 43〉 『언해두창집요』 「발문」

여기에 언급된 3종의 의서는 백성을 위한 의술 중 가장 기본적인 성격을 띤다. 좀 더 정확히 말하면, 『태산집』은 세종 때 노중례(盧重禮)가 편찬한 『태산요록(胎産要錄)』으로서 아이를 낳고 의학적으로 조리하는 방법을 담은 책이고, 『창진집(瘡疹集)』은 세조 때 임원준(任元濬)이 편찬한 책으로서 두창을 비롯한 발진성 소아 질환에 대한 처치를 담았다. 『구급방(救急方)』의 경우, 동일한 명칭을 가진 의서가 여럿 있기 때문에 어떤 것을 지칭하는지 불분명하지만 세종 때 처음 편찬되어 세조 때 보완된 『구급방』일 가능성이 높으며, 말 그대로 각종 구급 상황에 대처하는 방법을 담은 책이었다. 간단하면서도 요긴했기 때문에 민간에 널리 퍼져 있었을 이런 책자마저 전쟁 중 망실되어 민간에서 찾아보기 힘들었기 때문에 선조가 같은 종류의 책을 만들어 보급하라는 명령을 내린 것이다. 왕이 내장한 고금의 의서를 내준 걸 보면, 심지어 내의원이나 전의감 같은 국가 의료기관에서도 이런 책이 없었고, 그것을 만들 참고문헌이 부재했을 가능성이 농후하다.

　명령을 받은 허준은 해를 넘기지 않고 신속히 책을 지어 바쳤다.[25] 이 모든 것은 1601년 봄부터 시작하여 이해 8월까지 불과 몇 달 안에 이루어졌다. 허준이 바친 책의 제목은 『언해태산집요(諺解胎産集要)』(1권), 『언해구급방(諺解救急方)』(상·하 2권), 『언해두창집요(諺解痘瘡集要)』(상·하 2권)이었다.[26] 『언해태산집요』는 이전의 『태산요록』을, 『언해구급방』은 이전의 『구급방』을, 『언해두창집요』는 이전의 『창진집』을 대체한 것이다. 각 쌍을 비교해본다면, 허준의 것들은 내용이 훨씬 체계적이고 잘 다듬어져 있다. 또 새로 수입된 명나라 의서가 충분히 활용되었다. 이런 점을 감안할 때 허준은 이전 의서의 대체, 보완을 넘어서 그 분야에 대한 새로운 책을 쓴 것이었다.[27]

　이 세 책의 제목에서 주목할 점은 '언해'되었다는 점이다. 이전의 책은 간편 의서이기는 했지만 한글 번역이 딸린 것은 아니었다. 허준은 태산, 구급, 두창 등 중요한 분야에 대한 새 책을 만들면서, 독자층을 언문을 읽는 사람으로까지 확대했다. 언문만을 읽는 부녀가 주요 대상층이었으며, 역시

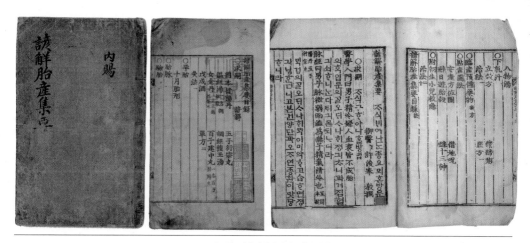

〈그림 44〉 『언해태산집요』(사진 출처: 허준박물관, 『조선왕실의 생로병사』 전시회 도록)

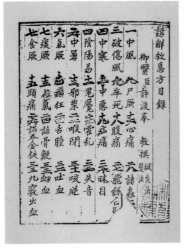
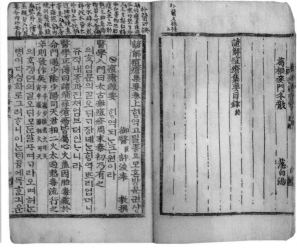

〈그림 45〉 『언해구급방』　　　　　　〈그림 46〉 『언해두창집요』

한문은 깨우치지 못했으나 언문을 읽는 평민, 상민까지 의서의 독자로 확
대한 것이다.

　이 책은 매우 신속하게 집필되어 바쳐졌지만, 출간이 바로 이루어지지
않고 6년이 지난 후에야 출간되었다. 『언해구급방』이 1607년 6월에, 『언해
태산집요』와 『언해두창집요』는 1608년 정월에 출간되었다. 이렇게 지연된
것은 전란 직후 물자 사정과 인력이 여의치 않았기 때문이다. 1606년의 한
기록은 의서가 부족한 형편과 그것을 찍어내기 어려운 상황을 다음과 같
이 말한다.

　　내의원(內醫院)이 아뢰기를, "난리를 겪은 이후 내국의 방서(方書)가 남김
　　없이 없어져서 약을 의논할 때 참고해볼 근거가 없을 뿐만 아니라 새로
　　배우는 무리들이 질정(質正)할 데가 없으니 끝내는 고루하게 될까 걱정
　　입니다. 이번에 흩어지고 없어진 여러 책을 몇 가지나마 모아서 활자(活
　　字)를 사용, 약간의 긴요한 의서를 인출(印出)하고자 하는데, 종이는 본

원에서 이미 약간 준비했습니다. 그 공정을 계산해보니 대단치는 않으나 장인의 늠료(廩料)를 마련할 길이 없어 매우 답답합니다. 만일 교서관(校書館)의 장인 10여 명 및 양료(糧料)를 얻을 수 있다면 긴요한 의서를 인출할 수 있겠습니다. 해조로 하여금 여러 도감(都監) 장인의 예에 비추어 참하(參下)의 삭료(朔料)를 제급(題給)하게 하여 제때에 인출하도록 하는 것이 어떻겠습니까?" 하니, 윤허한다고 전교했다.[28]

10여 명의 책 만드는 장인에게 줄 급료가 없어서 책을 못 찍는 형편이었음이 이 글에 잘 드러나 있다. 또한 이 인용문에서는 전란으로 의서가 완전히 없어져서, 심지어 내의원의 것까지 망실되어 기존의 의원이 참고하거나 학도들이 교재로 쓸 것도 없는 비참한 상황을 말하고 있다. 일반 백성을 위해 시급히 집필한 『언해태산집요』, 『언해구급방』, 『언해두창집요』가 곧바로 찍혀 나오지 못한 것은 바로 이런 경제적 사정 때문이었다. 이런 조치 후 긴요한 다른 여러 의서와 함께 이 3종 책도 인쇄되어 나왔다. 이 무렵 나온 다른 의서들로는 『식물본초(食物本草)』(1607), 『의림촬요속집(醫林撮要續集)』(1608) 등이 확인된다.[29] 이때 찍은 의서들은 교정이 제대로 되지 않아 착오가 많았을 뿐 아니라 심지어 방제에 들어가는 약재까지 누락한 경우도 나와서, 이후 이를 감인(監印)한 관원을 처벌하는 한편, 이미 인출한 의서를 다시 의관으로 하여금 일일이 교정토록 했다.[30]

　　의서 편찬이 어려운 실정에서 새 의서를 편찬했다는 점에서 『의림촬요속집』은 주목할 필요가 있다. 『의림촬요』의 속집이라 말한 데서 알 수 있듯이, 이 책은 정경선(鄭敬先)이 짓고, 양예수(楊禮壽)가 교정을 본 『의림촬요』에 포함되지 않은 명나라 최신의 저자 4종의 내용을 분류하여 추린 것이다. 대상으로 삼은 책은 방광(方廣)의 『단계심법부여(丹溪心法附餘)』(1536년), 이천(李梴)의 『의학입문』(1575년), 공신(龔信)의 『고금의감』(1576년)과 『만병회춘』(1587년) 등과 같다.[31] 양예수 작고 8년 후에 편찬된 이 편자 미상의 저작인 『의림촬요속집』은 후에 편찬된 『의림촬요』 증보판에 모두 편입되었다.[32] 이 책은 최신 정보를 담고 있지 못한 기존의 『의림촬요』를 보완하는 의미를 띤다. 허준의 대민 의서 3종이 기존의 것과 완전히 다른 버전이 되었던 것처럼 『의림촬요』도 새로 나온 명대 의서의 내용을 포괄함으로써 새롭게 버전을 업그레이드했다. '명대 의학의 조선화'라는 미키 사카에의 언급은 이 『의림촬요속집』에 딱 어울린다.

4. 『동의보감』이 착수된 병신년의 시대적 상황

『동의보감』의 서문 첫머리는 '병신년(선조 29)에……'로 시작한다. 이 시기 『조선왕조실록』은 전쟁 상황 중이었기 때문에 많은 기록이 보이지 않는다. 의학 기록은 물론이거니와 일반 정치, 사회, 문화 관련 기록도 소략하다. 그렇지만 몇 안 되는 기록 가운데 전쟁의 피해 상황과 역병의 대유행, 지방의 열악한 의료 상황 등이 남아 있다. 그것은 『동의보감』 편찬이 이런 의약 상황 때문에 시작된 것임을 증명해주지는 못하더라도 이 책의 편찬이 시작될 무렵 정치적, 사회적 상황이 얼마나 처참했는지 잘 보여준다.

병신년(1596)은 전쟁으로 정신이 없었던 조선의 조정이 민생과 민심 회복을 위한 본격적인 첫 조치를 내던 해였다. 임진년(1592) 4월 일본이 조선을 침략하자 선조 임금은 의주로 피난 갔다가 17개월이 지난 이듬해 10월 한양으로 되돌아왔다. 궁궐이 불타버렸기 때문에 그는 월산대군 집에 임시 거처를 마련해야 했다. 전쟁은 일본군이 경상도 남부 지역을 점거한 상태로 소강상태에 접어들었으며, 원병인 명군과 일본군 사이의 종전 협상은 지지부진했다. 전쟁으로 인한 피해는 막대했으며, 민생과 민심의 회복이 절대 과제로 떠올랐다. 이런 상황에서 선조는 전쟁 4년차 병신년을 맞이했다. 병신년은 단순히 전쟁이 소강기에 접어든 여러 해 중 하나가 아니라 환도한 선조에게 붕괴된 민생과 민심의 수습에 무엇인가를 보여주어야만 하는 그런 해였다. 사료가 몇 개밖에 안 남아 있음에도 이 문제가 집중 거론되어 있다는 사실은 당시 상황의 심각성을 짐작케 한다.

이해 2월 14일, 경상우도 감사 서성(徐渻, 1558~1631)의 장계가 조정에 올라왔다. 전쟁과 역병으로 도내 백성이 고통을 겪는다는 내용이었다.

> 영남 일대는 병화(兵火)와 여역(癘疫)을 거친 나머지 학질(瘧疾)이 크게 번져 열 식구의 집이면 7~8명은 앓고 있어 겨울을 나는 동안 죽은 자가 많습니다. 전사(戰士)들도 대개 병에 걸려 폐인이 되어가는데, 도내에 약이 없어 치료할 방법이 없습니다. 특별히 해사(該司)로 하여금 약을 지어 보내주게 하소서.[33]

2월이라는 계절로 볼 때, 여기서 말하는 학질이란 오늘날 우리가 알고 있는 모기가 옮기는 말라리아가 아니다. 전쟁으로 인한 극도의 영양 결핍으로 인해 면역력이 떨어진 상태에서 생기는 여러 미지의 감염병으로 인한 증상을 통칭한다. 추워 떨면서 신열이 심한 증상을 보이는 모든 증상을 학질로 표현한 것이다. 한집 식구의 7~8할이 앓을 정도의 대규모였으며, 심지어 전쟁을 수행할 전사까지도 약이 없어 치료하지 못하는 상황이었다. 긴급히 약을 내려달라는 현지의 요청에 대해 이후의 기록을 포함하여 그어디서도 "알았다, 의약을 내려보내라."는 답이 보이지 않는다. 궁성에도 약재의 여유가 없었기 때문이다.

서성이 올린 장계의 내용은 비단 경상우도에만 국한되는 게 아니라 전국적인 현상이었다. 임진·정유 양란 당시의 전란 사실을 기록한 오희문(吳希文, 1539~1613)의 피란 일기인 『쇄미록(鎖尾錄)』[34]에는 임진왜란이라는 전쟁기의 피폐함, 피난 생활의 고달픔, 학질의 만연, 의원과 약이 부족한 지방의 의약 실정이 생생히 기록되어 있다. 피난 생활 중 매일매일 끼니 걱정, 추위 걱정하는 처지에서 의약을 챙긴다는 것은 지난한 일이었다. 오희문이나 가족은 병이 생겨도 별 의약 처방 없이 견뎌내야만 했다.[35]

경상우도 감사의 장계가 올라온 지 이틀 후에는 이조판서 김우옹(金宇顒, 1540~1603)이 상소를 올렸다. 그는 민생과 민심 회복을 포함한 시무 전반을 폭넓게 논했다. 첫째, 관찰사와 수령에게 산성 안의 안보 확보와 전투 준비를 잘 하도록 할 것, 둘째, 궁궐 비용을 축소하고 그 비용으로 군사의 양성을 지원하고, 활 잘 쏘는 사수에 대해 은전을 지급할 것, 셋째, 억울하게 옥살이하는 자를 석방할 것, 넷째, 전공을 세운 사람에게 훈공을 부여할 것, 다섯째, 인재를 선발하여 등용할 것 등이 그것이다. 이보다도 그는 민생의 회복과 구휼이 군사 다스리는 것보다 더 우선임을 다음과 같이 지적했다. "백성들을 모아 보호하고 재산을 증식시켜주며 가르치는 것이 가장 급선무입니다. 지금 병화(兵火)를 겪은 나머지 생령(生靈)이 거의 다했으니, 마땅히 백성을 구휼하는 일로 첫째를 삼을 것이요, 군사를 다스리고 험조(險阻)를 설치하는 일이 그다음……."[36]

김우옹의 상소가 올라온 지 사흘이 지난 2월 19일, 선조는 교서(敎書)를 내려 전국에 반포했다. 이 교서는 전쟁 후 처음 나온 것이며, 또 일본군이 퇴각할 때까지 내린 유일한 것으로서 다음과 같은 내용이 담겨 있다.

아, 나라는 백성을 근본으로 삼기 때문에 백성이 굳건한 후에야 나라가
편안하고, 사람의 본정은 안일하려 하기 때문에 괴롭히면 상하는 것이
다. 내 비록 혼미하나 나라의 의지할 바인 백성이 곤궁해서는 안 된다는

것은 본래 알고 있다. 더구나 지금 하늘이 화를 내리기를 그치지 않은 지가 5년이며, 나라가 거의 망해가다가 겨우 연명한 것이 한 올의 실과 같음에랴. 우리 조종(祖宗)이 2백 년 동안 길러놓은 백성이 병적(兵鏑)과 역려(疫癘)와 기아(飢餓)에 시달려 죽고 살아남은 자가 얼마 되지 않아 마을이 비고 연기가 끊어졌으며 온 경내가 쓸쓸하여 초목만이 무성하다. 그런데도 백성을 안집(安集)하여 생식(生息)시킬 생각은 하지 않고 도리어 침해하고 괴롭혀서 백성의 힘과 재물을 다 떨어지게 하니 어질지 못함이 이보다 더 극심할 수가 없다. 내 비록 덕은 없으나 또한 이처럼 잔인한 데에까지 이르게 하지는 않았다. ……지금 봄 날씨가 따뜻하여 얼어붙었던 것이 점점 풀린다. 화풍(和風)이 불고 감우(甘雨)가 내리는 곳에 말라 있던 것이 소생하고 유폐되었던 것이 드러난다. 이처럼 온갖 물건이 모두 활기를 띠어 낙생(樂生)의 뜻을 가지는데, 불쌍한 우리 백성만이 그렇지 못하여 죽은 자는 다시 살아날 수 없고 산 자도 스스로 살아갈 수 없어, 길에는 굶어 죽은 시체가 널려 있고 들에는 삭은 해골이 널려 있으니, 무슨 죄가 있어 이처럼 극한 지경에 이르렀단 말인가.[37]

이 교서에서 선조는 전란 피해 못지않게 전쟁 수행을 위해 필요한 재물 수취, 인력 사역 등의 조처로 백성들의 삶이 더욱 피폐해졌음을 인정했다. 그는 "백성들이 나의 허물을 용서한다 한들 내가 무슨 면목이 있겠는가."고 자책하면서, "진대(賑貸)를 의논하니 창고가 비었고 [요역을 면제할] 복제(復除)를 생각하니 방비가 시급"하고, 백성을 사랑하는 마음이 없지 않지만 시행할 바가 없었다고 고백한다.[38] 아울러 민생과 민심 회복책을 제시했다. 전세 미납을 일체 감면할 것, 오래된 죄수를 조속히 석방할 것, 백성에게 해가 되는 폐정을 방백과 어사에게 교유하여 순방할 때 제거토록 할 것 등이 그것이었다. "거의 죽다가 살아난 나머지 백성들이 조그마한 휴

〈그림 47〉 병신년 선조의 교서

식이라도 얻어 나라를 편안히 하는 근본이 되게 하고 나의 부덕함을 더하는 일이 없게 하겠다."[39]는 이 같은 조치는 내용상 전쟁 피해, 역병, 기아의 문제를 언급한 경상우도의 장계와 이조판서의 상소를 뼈아프게 받아들인 형식을 띤다.[40]

『동의보감』의 서문에서는 위에서 살핀 상소 및 교서의 내용과 상통하는 내용 세 가지가 들어 있다. 첫째, 『동의보감』 서문에 나오는 "외진 시골에는 의약(醫藥)이 없어 요절하는 사람이 많다."[41]는 선조의 언급은 "도내에 약이 없어 치료할 방법이 없다."는 경상우도 감사인 서성이 올린 장계의 표현과 일치한다. 지방에까지 약을 내려보낼 형편이 안 되었기 때문에 "우리나라에는 향약(鄕藥)이 많이 생산되는데도 사람들이 알지 못하고 있으니, 그대는 약초를 분류하면서 향명(鄕名)을 함께 적어 백성들이 쉽게 알수 있도록 하라."는 지침을 내린 것이다.[42] 둘째, "[왕이] 의학(醫學)에 마음을 두고 백성의 고통[民瘼]을 불쌍히 여기셨다."[43]는 서문의 표현은 "백성의 부모가 되어서 백성들로 하여금 날로 병들어 방황하게 하고[日瘁昧昧] 있으니, 진실로 백성에게 할 말이 없다.'⁴⁴는 교시의 내용과 부합한다. 여기서 '일췌매매(日瘁昧昧)'는 민막(民瘼)과 같은 표현이다. 셋째, 『동의보감』 서문에서 "태화(太和)가 한번 흩어지자 육기(六氣)가 조화를 잃어 온갖 질병들이 백성의 재앙이 되었다.'⁴⁵고 한 내용이 교서의 전반적인 내용과 상통한다.⁴⁶ 태화가 흩고 육기가 조화를 잃도록 한 원인은 교서에서 말한 전란과 그로 인한 요역, 세금, 억울한 옥살이로부터 뒹구는 시체, 수습 못 한 해골 등에서 뻗어 나온 좋지 못한 원기(冤氣)다. 그렇기에 "의약(醫藥)을 만들어 요사(夭死)하는 사람들을 구제하는 것이 실로 제왕의 인정(仁政)에 있어 무엇보다 우선해야 할 일"인 것이다.⁴⁷

지금까지 살핀 것처럼 『동의보감』의 시작이 정확히 병신년 어느 달인지는 모르고, 또 이해 봄기운에 맞추어 이루어진 교서와 직접 관련이 있는지의 여부도 명시적으로 정확하게 확인하기는 힘들지만, 『동의보감』 출간의 명령이 내려지던 사회나 조정의 상황은 이처럼 무거웠다.⁴⁸ 국왕 선조와 조정은 임진왜란의 피해 수습이라는 무거운 정치적 불만에 휩싸여 있었고, 여전히 왜군이 국토의 남쪽에 주둔하고 있던 시기에 전쟁 이후 최초로, 또 유일하게 역병, 기아, 병화(兵禍) 등 전쟁의 참혹한 상황을 완화하고자 한 대민용 민심 수습 교서를 내릴 수밖에 없는 처지에 있었다. 그렇기에 사(死)에 반대되는 생(生)의 구제를 위한 의서 편찬 사업을 "거의 죽다가 살아난 백성에게 조그만 휴식을" 주는 조치와 연관 지어 생각하는 것은 지나친 비약이 아닐 것이다.

『동의보감』의 출현 동기는 임진왜란이라는 사회적 배경, 조선의 문화적 배경, 의학 혼란 정리라는 동아시아 학술적 배경 세 가지 중 어느 각도에서 보느냐에 따라 다른 식으로 파악될 수 있다. 『동의보감』 서문에서는 양생 우선의 원칙과 향약 장려와 더불어 의학의 혼란을 정리할 제대로 된 의서를 만들라는 데 초점을 맞춰 기술했다. 전쟁이라는 사회적 배경을 명시적으로 드러내지 않았다. 이와 달리 『선조실록』의 기록은 당시 전쟁의 가혹한 피해를 생생하게 적고 있으며, 책 출판 같은 한가로운 사업이 도저히 펼쳐지기 힘든 상황을 보여주고 있다. 동아시아 의학 학술사적으로 볼 때에는 의학 이론과 처방이 난무해 어떤 식으로든지 절충, 종합 아니면 새로운 대안 제시 등이 요청되었다. 이 세 가지를 모순되지 않게 『동의보감』 출현 배경으로 기술할 수 있다. 금원시대 이후 명대에 이르는 동아시아 의학사의 다양한 의학 유파의 등장에 따라 어떤 것이 옳고 그르냐는 임상상(臨床上)의 혼란이 벌어졌다. 이 문제를 해결하기 위해 명대 여러 의학자가 뛰어들었고, 허준의 경우도 그중 하나였다. 그렇지만 양생을 우선하는 신형장부의학 체계를 고안하는 방식의 해결책은 허준 고유의 것이었으며, 이런 체계의 구성은 조선 사대부층의 양생 문화가 국왕 명령의 형태로 내려진 주문에 따른 것이었다. 이런 성격의 책이 1596년에 시작하게 된 것은 사상자와 병고로 신음하는 자가 속출하는 심각한 전쟁 피해의 복구와 관련된 것이었다.

5장

『동의보감』의 편찬과 출간

"양평군(陽平君) 허준(許浚)은 일찍이 선조(先朝) 때 의방(醫方)을 찬집(撰集)하라
는 명을 특별히 받들고 몇 년 동안 자료를 수집했는데, 심지어는 유배되어 옮겨 다
니고 유리(流離)하는 가운데서도 그 일을 쉬지 않고 하여 이제 비로소 책으로 엮어
올렸다. 이에 생각건대, 선왕께서 찬집하라고 명하신 책이 과인이 계승한 뒤에 완성
을 보게 되었으니, 내가 비감한 마음을 금치 못하겠다."

(『동의보감』을 받아 본 광해군의 소감, 『광해군일기』)

『동의보감』은 처음 작업이 착수된 후 집필 완료까지 왜 14년이라는 긴 시
간이 걸렸을까? 또 『동의보감』은 허준 개인의 저작이면서도 당시 쟁쟁한
의사들이 모여 만든 공동 저작물이라는 견해는 왜 나왔을까? 여러 의사
들의 협업이 『동의보감』에 어떻게 반영되어 나왔을까? 『동의보감』이 인
쇄되어 나올 때까지 소요된 3년간 어떤 일들이 벌어졌을까? 이 장에서는
『동의보감』의 착수된 이후 발간까지의 과정을 짚는다.

1. 『동의보감』 편찬의 공동 참여자들

『동의보감(東醫寶鑑)』의 간기(刊記)는 이 책이 허준(許浚)의 편찬임을 분명

히 하고 있다. 『동의보감』 25권 매권마다 한 권도 예외 없이 첫머리에 “어의 충근정량 호성공신 숭록대부 양평군 허준이 왕명을 받아 편찬함(御醫忠勤貞亮扈聖功臣崇祿大夫陽平君臣許浚奉敎撰)”이라는 글이 박혀 있다. 이름 앞에 붙어 있는 각종 수식어는 그의 직책이 어의라는 것, 그가 임금의 피난길을 따라 나서 섬긴 공신으로서 양평군이라는 녹호(祿號)를 받았다는 것, 그의 작위가 종1품 숭록대부였다는 것을 표시한다. 이처럼 『동의보감』 간행자는 이 책이 허준의 단독 저작임을 명확하게 드러냈다.

그럼에도 공동 저작이라는 주장이 등장하는 이유는 무엇일까?[1] 그것은 서문에 등장하는 다음과 같은 구절 때문이다. “허준이 물러나 유의(儒醫) 정작(鄭碏)과 태의(太醫) 양예수(楊禮壽), 김응탁(金應鐸), 이명원(李命源), 정예남(鄭禮男) 등과 더불어 편찬국을 열고 찬집(撰集)하여 대략 긍경(肯綮, 뼈 사이의 살과 뼈에 붙어 있는 힘줄)을 이루게 되었다.” 이 서문에 따르면, 『동의보감』 편찬은 애초에 허준을 책임자로 하여 다른 5인과 함께 진행된 것이다. 선조의 명령을 받아 모인 6인은 가장 먼저 선조가 지시한 세 가지 주문, 즉 양생을 의학보다 우선시할 것, 금·원대 이후 혼란스러운 의학 이론과 처방을 제대로 정리할 것, 향약을 중할 것 등을 어떻게 의서 안에 실현할 것인가를 논의했을 것이다. 이런 주문을 책에 녹여 냈기 때문에 『동의보감』이라는 의서가 기존의 의서와 크게 다른 특색 있는 체계를 갖추게 되었다. 그렇기에 편찬국의 설치, 참여 인원 규모, 공동 편찬자 등 책의 편찬 과정에 대한 논의는 이후 출간된 『동의보감』의 성격을 이해하는 데 매우 중요하다.

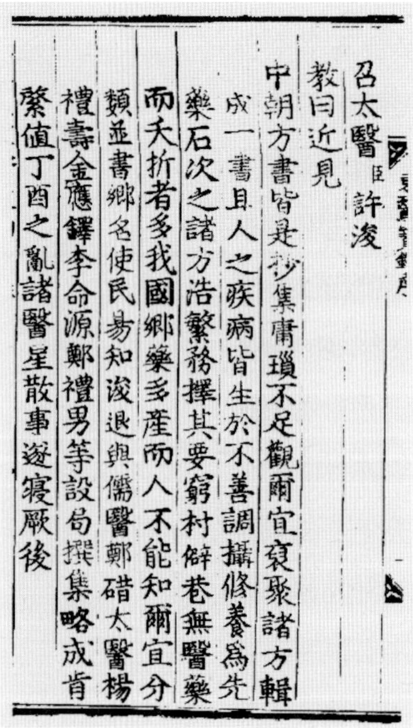
召太醫臣許浚
教曰近見
中朝方書皆是抄集庸瑣不足觀爾宜裒聚諸方輯
成一書且人之疾病皆生於不善調攝修養爲先
藥石次之諸方浩繁務擇其要窮村僻巷無醫藥
而夭折者多我國鄉藥多產而人不能知爾宜分
類並書鄉名使民易知浚退與儒醫鄭碏太醫楊
禮壽金應鐸李命源鄭禮男等設局撰集略成肯
綮値丁酉之亂諸醫星散事遂寢厥後

〈그림 48〉 『동의보감』 「서」의 공동 편찬자 언급 부분

조선 의학사의 전통에서 의서를 편찬하는 데 이렇

듯 많은 의사가 참여한 경우는 흔치 않다.『동의보감』이전에는 오직 세종 때의『의방유취(醫方類聚)』와『향약집성방(鄕藥集成方)』만이 이런 규모에 견줄 만하고, 이후에는 이와 비슷한 규모를 찾아볼 수 없다.『향약집성방』은 유효통(兪孝通)·노중례(盧重禮)· 박윤덕(朴允德) 등 3인의 의관이 책 편찬을 담당했다.『의방유취』는 김예몽(金禮蒙, 1406~1469)·유성원(柳誠源, ?~1456)·민보화(閔普和) 등 3인의 의관이 의방의 수집과 분류와 취합을 맡았고, 김문(金汶, ?~1448)·신석조(辛碩祖, 1407~1459)·이예(李芮)·김수온(金守溫, 1410~1481) 등 4인의 문관과 전순의(全循義)·최윤(崔閏, ?~1465)·김유지(金有智) 등 3인의 의관이 편찬을 담당했다. 이런 사실로 미루어볼 때,『동의보감』의 편찬에 6인의 의사가 참여한 것은 이 사업이 의학상 대사업으로 기획되었음을 뜻한다. 병이 들지 않도록 하는 심신 수양 방법, 중국 의학의 잘못을 바로잡는 것, 향약으로 민간에서 쉽게 활용할 수 있도록 하는 것, 선조의 이 세 가지 주문이 결코 만만치 않은 과제였을 것이다. 따라서 그 것이 실현 가능하도록 당대 최고의 의원을 망라한 것이었다.

학술적으로, 임상적으로, 인간적으로 국왕 선조의 가장 큰 신임을 받는 허준이 새 의서 편찬의 책임을 맡았지만, 4명의 다른 의관과 1명의 유의를 참여시킨 것은 각기 맡아 할 일이 있었기 때문이다. 이들이 허준과 함께 새 의서의 얼개를 짜는 작업에 이른 사실은 구성의 독특함으로 주목을 받는『동의보감』편찬에 이들의 기여가 결코 가볍지 않았음을 시사한다. 그렇지만 이들이 정확히 어떤 일을 맡았으며, 어떤 기여를 했는지 알아내는 것은 자료가 없기 때문에 불가능하다. 대신에 이들의 인물 배경을 검토함으로써, 그들의 장점이 무엇이었는지를 거칠게 추론하는 것만이 가능할 뿐이다.

의서를 편찬하라는 하교를 받은 후 허준이 함께한 5인 중 가장 먼저 언급된 인물은 수의(首醫)를 지낸 양예수가 아니라 유의 정작이다. 허준보다 여섯 살 더 많지만 양예수보다는 어린, 그럼에도 명문 가문 출신인 정작을 부각시킨 것이다. 이상의(李尙毅, 1560~1624)의 문집에서도 그의 부친의 병 진료에 유의 정작과 태의 허준을 불렀다고 했는데, 기재 순서가 정작이 먼 저이고 허준이 나중이다.[2] 이 기록은 둘 모두 세간에서 명의로 평가받았음 과 둘이 서로 잘 아는 사이였음을 말해준다. 그러나 정작의 경우 허준이나 양예수도 누리지 못한 그의 졸기(卒記)가 『실록』에 실렸다. 한 시대를 풍미 한 기인으로 그를 기록했다.

> 전 좌랑(佐郎) 정작(鄭碏)이 졸했다. 작의 자는 군경(君敬)이고 호는 고옥
> (古玉)으로 정순붕(鄭順朋)의 아들이며 정렴(鄭磏)의 아우이다. 풍채가
> 청아하고 재주와 식견이 빼어났다. 시(詩)는 성당(盛唐)을 숭상했고 또
> 초서(草書)와 예서(隷書)에도 뛰어났다. 그 외 의약(醫藥)과 상감(賞鑑)의
> 재주에도 널리 통했는데, 집안의 누(累) 때문에 공명(功名)을 내던지고
> 술에 의탁하여 먼 외방으로 떠돌았으므로 사람들이 주선(酒仙)이라 불
> 렀다. 이때에 이르러 졸했는데 향년은 71세이고 유고(遺稿)가 세상에 전
> 한다.[3]

여기 졸기에서처럼 정작은 형 정렴과 함께 도교적 양생술에 심취했던 인물로 시문과 서예, 의학 등의 분야에서 높은 평가를 받았다. 그의 아버 지 정순붕(鄭順朋, 1484~1548)이 우의정을 지내기는 했지만, 을사사화(1545 년)의 주범으로서 많은 사람을 죽였기 때문에 1578년(선조 11)에 관작이 삭탈되었다. 부친의 나쁜 행적 때문에 두 아들은 벼슬길 대신에 은둔의 길 을 택했다. 정순붕이 내의원 제조를 지낸 바 있는데, 아들들의 뛰어난 의 술이 집안의 내력과 무관치 않은 듯하다. 그들은 벼슬길로 나아가지 않는 대신에 양생술이나 시 짓는 일에 심취했다. 형 정렴은 조선 중기 최고의 양

생술 수련가로 평가받았다. "옛날에는 조사(朝士) 가운데도 의술에 능한 자가 있었으니, 정작의 형 정렴은 의술에 정통하여 인묘(仁廟)를 진찰했다. 그런데 지금의 의술은 단지 찌꺼기만을 훔쳤을 뿐이다."[4]는 『실록』의 기록이 보인다. 또 경연에서 정렴이 『주역참동계(周易參同契)』에 기반을 둔 심통술(心通術)에 정통했다는 기록도 보인다.[5] 동생인 정작도 수련법의 대가였다. 정작의 생애에 대해 지평(持平, 사헌부의 정5품 관직) 허목(許穆, 1595~1682)이 다음과 같이 썼다. "공의 아우 작(碏)은 자가 군경(君敬)이며, 호는 고옥(古玉)이요, 공보다 27년 아래다. 작(碏)도 또한 이인(異人)으로 형을 좇아 수련하는 학문을 배워서 36년을 독신으로 지내면서 여색을 가까이하지 않고, 문을 즐기며, 시를 잘 짓고 또 의학에 깊어서 효험이 많았다. 나이 70세에 또한 미병(未病)으로 앉아서 죽었다."[6]

정작의 의학 솜씨는 여러 문집에 남아 전한다. 1594년 성혼(成渾, 1535~1598)은 자신의 비위 한랭증으로 인한 소화불량에 대한 처방을 정작에게 요구했으며, 같은 해 그의 한 친구도 학질 처방을 그에게 얻어 완쾌되었다.[7] 위에서 살핀 것처럼 이상의의 부친 병 때에도 허준과 함께 그를 초빙했다.

정작은 양생을 우선하라는 선조의 제일 지침과 관련하여 당시 조선에서 가장 적절한 인물이었을 것이다. 당시 의약동참(醫藥同參)으로 내의원에 근무했었을 것으로 추측되기 때문에[8], 다른 어의와 함께 그가 어렵지 않게 『동의보감』의 공동 편자로 뽑힌 것이다. 양생술에 정통했던 그는 『동의보감』「내경편」을 관통하는 양생법과 도교적 부적 사용법 등에 자신의 자취를 남겼을 것이다.[9] 또 그는 경사와 시문을 비롯한 많은 분야의 지식을 갖춘 빼어난 문사(文士)로서 전문적인 의학을 메타적인 시각에서 파악케 하는 데에도 기여했을 것이다.

양예수는 허준 이전에 오랫동안 선조 임금의 수의였다. 수의로서 후배 의관인 허준 등을 지휘, 통솔, 더 나아가 지도하는 위치에 있었다. '양예수의 의술을 신술(神術)'이라고 이수광(李睟光)의 『지봉유설(芝峯類說)』(1614년 탈고)에서 표현했듯, 그의 의술 솜씨는 당대 최고로 평가되었다. 양예수는 1530년 전후 무렵 태어난 것으로 추정되며[10], 부친은 낮은 무관직인 진위장군(振威將軍) 양건(楊建)이었다.[11] 그는 서자가 아니면서도 의관의 길을 택한 인물이다. 아마도 그의 집안이 한미해서 문·무관을 포기했을 것이다.[12] 어린 시절 양예수의 총명함과 학문적 소양은 허준과 동시대 인물인 유몽인(柳夢寅, 1559~1623)의 『어우야담(於于野譚)』에 보인다. 예조에서 그를 만난 "호음(湖陰) 정사룡(鄭士龍, 1491~1570)이 『양절반씨역대론(陽節潘氏歷代論)』을 가르쳐주자 그대로 강독하여 정사룡을 놀라게 했다."는 것이다.[13] 양예수는 종9품 심약(審藥)의 관직에 있던 1549년(명종 4) 식년시에 급제했다. 그는 혜민서(惠民署)나 전의감(典醫監)의 생도로 들어가 정례 승진 시험인 취재(取才)에서 높은 성적을 받아 심약 직에 임명되었다가 의과 급제 후 더욱 두각을 나타냈다.[14]

양예수가 『실록』에 처음 등장하는 것은 1563년(명종 18)이다. 이 무렵 그는 내의원에 있었으며, 동궁을 진찰했다.[15] 1564년 그는 종6품 주부(注簿)에 오랫동안 머물러 있었는데, 명종은 자신의 병을 치료한 공으로 그를 동반(예빈시[禮賓寺])의 종5품 판관(判官)으로 승진시켰다.[16] 그렇지만 1567년(명종 22)에 왕의 병에 약을 잘못 써서 죽게 한 죄를 물어 그는 다른 내의 4인과 함께 투옥되었다.[17] 선조 때 『승정원일기』가 다 사라졌기 때문에 기록이 소략해 당시 인물의 행적에 대한 상세한 내용이 보이지는 않는다. 양예수의 경우는 1570년 유희춘(柳希春)의 『미암일기(眉巖日記)』에 보인다.[18] 여기서는 명의 양예수라 하여 관직은 표기하지 않았지만, 내의 신분이었을 것이다. 1575년의 기록을 보면, 어의로는 명종 승하의 책임을 물어 투옥되었던 손사명(孫士銘)과 안덕수(安德秀) 등과 함께 안광익(安光翼) 등의 이름이 보이는데[19], 양예수도 똑같이 내의원에 복귀해 있었다. 1576년 노수신 (盧守愼, 1515~1590)이 도제조(都提調)를 맡아 공의전(恭懿殿, 인종비 박씨)을 진료했을 때, 양예수는 손사명과 함께 어의의 일인자 또는 이인자의 자리 에 있었다.[20] 1578년 양예수가 상을 당해 고향에 내려가 여묘 생활을 하자, 선조는 "상인(喪人)인 내의 양예수는 술업에 정통했으므로 제조의 계사에 따라 서울 집에 와서 있게 하고 요미(料米)를 주라."[21]는 조치를 내렸는데 여기서 그가 어의로서 받은 신임이 엿보인다. 1580년 양예수는 임금의 병 을 치료한 공로로 가선대부(嘉善大夫, 종2품)의 품계를 받았다. 다른 어의인 이인상(李仁祥)과 안덕수가 받은 통정대부(通政大夫, 정3품)보다 한 등급 높 은 것이다. 이로부터 그는 선조의 의주 피난 시기를 제외하고는 1600년 졸 할 때까지 20여 년을 어의 중 으뜸을 차지했다.[22]

양예수가 주목되는 것은 그가 일찍이 의서 편찬에 관여한 경험이 있었 다는 점이다. 그는 정경선(鄭敬善, 1536~1584)[23]이 편찬한 의서인 『의림촬요 (醫林撮要)』의 교정을 봤다. 당시에 교정이란 의서에 적힌 내용의 정확성을 기하기 위한 활동으로 월등히 높은 학식이 뒷받침되어야 가능한 일이었다. 잘 알려져 있듯이 『의림촬요』는 『동의보감』 출현 직전 조선의 의서로서 가 장 중요한 책이었다. 이 책은 발췌와 분문 편집이라는 방식을 벗어난 최초 의 종합 의서였으며, 문관이 개입되지 않은 전문직 의인(醫人)에 의한 본격 적인 책이었다. 무엇보다도 『향약집성방』과 『의방유취』 이후 수입된 중국 의서의 성과를 최대한 반영하여 만든 최신의 책이었다. 이 점은 이 책이 명대 우단(虞搏)의 『의학정전(醫學正傳)』(1515년)을 따르고 있다는 점에도 잘 드러난다. 이 밖에도 이 책은 15세기 이래 조선에서 출간한 『향약집성방』 에서부터 최근 저작인 『정북창방(鄭北窓方)』까지 아울렀다.

『의림촬요』에 인용되어 있는 『중조질문방(中朝質問方)』과 『중조전습방(中 朝傳習方)』이라는 두 책은 조선과 명나라의 직접적인 의학 교류라는 측면에서 크게 눈길을 끈다.[24] 양예수는 1573년(선조 6)~1584년(선조 17) 선조 조에 이루어진 종계변무(宗系辨誣)(조선 태조가 이인임의 후사라고 『대명회전(大明會典)』에 실린 그릇된 내용을 바로잡기 위한 조선 측의 노력)[25]에 다섯 차례 시종 의관으로 포함되어 사행을 다녀왔다.[26] 아마도 한 의관이 집중적으로 중국 사행에 포함되어 다녀온 사례는 극히 드물었을 것인데, 양예수는 중국 사행을 거듭했기 때문에 당시 중국 의학계와 폭넓은 교류를 했던 것 같다. 중국의 의관에게 물어 대답을 얻은 『중조질문방』, 그가 전습해준 내용을 담은 『중조전습방』이 이런 사행 중 얻은 결과물일 것이며, 이와 함께 그는 다수의 선진적인 명 의서를 수입해 왔을 것이다.[27] 단지 책으로만 배우는 것과 직접 물어 배우는 것 사이에는 현격한 차이가 있을 수밖에 없다. 다른 사행 길의 의관들도 비슷한 일을 했을 것으로 추정되나, 그가 국내 최고급의 어의였다는 점, 여러 차례에 걸쳐 파견되었다는 점에서 그의 행적은 특기해야만 할 것이다. 그가 파악해 온 중국 의계의 내용은 『중조질문방』·『중조전습방』 같은 저작 형태로서뿐만 아니라 실제 대화를 통해 허준과 같은 후배에게도 바로 전달되었을 것이다.

양예수와 정작을 제외한 나머지 3인인 김응탁, 이명원, 정예남 등은 허준보다 하위의 의관이었다. 김응탁은 별로 기록이 남아 있지 않고, 동궁의 병을 고치는 데 참여해 허준·정예남 등과 함께 상을 받은 적이 있었다.[28] 이명원의 경우, 1596년 이전에는 보이지 않으며, 1604년에 그가 의술에 노숙하다는 기록이 전한다.[29] 정예남은 『의림촬요』의 저자인 정경선의 아들로,[30] 동궁의 병을 고쳐 상을 받은 적이 있었다. 1596년 현재 김응탁·이명원·정예남은 어의이기는 하지만, 허준이나 양예수처럼 뚜렷한 두각을 보이지는 않았다. 이전에 편찬된 『의방유취』나 『의림촬요』의 사례에서 봤을 때, 자료를 모으고 분류하여 거기에 내용을 채워 넣는 실무 일을 담당하는 인원이 따로 있었는데, 『동의보감』 편찬에서도 이들이 토론에 참여하면서 허준·양예수·정작의 작업을 도우는 일을 맡았을 것으로 추정해본다.

허준을 비롯한 6인의 공동 작업은 어떻게 이루어졌으며, 어느 일을 수행했을까? 그들이 공동으로 한 일에 대해 『동의보감』 서문에서는 "이 일을 전문으로 수행할 편찬국을 만들어[設局] 거기서 책 엮는 것[撰集]이 대략[略] 긍경(肯綮)을 이루었다[成]."고 말했다. 그것이 전부다. 여기서 핵심은 긍경(肯綮)이란 단어다. 『맹자(孟子)』에 나오는 이 말은 비유적인 말로서 '급소(急所)' 즉 핵심을 뜻한다. 하나씩 뜯어보면, 긍(肯)은 뼈 사이에 붙어 있는 살을 뜻하며, 경(綮)은 뼈와 힘줄이 붙어 있는 것을 뜻한다. 『맹자』에서는 숙련된 백정은 이 긍경을 건드리지 않으면서도 소의 살을 발라내는 기술을 선보였다고 말했는데, 책으로 친다면 긍경은 책의 얼개가 될 것이다. 긍경에 살이 붙어 소가 되듯이, 이런 얼개에 수많은 내용이 결합해 하나의 반듯한 책을 이룰 것이다. 처음 책 편찬 단계에서 공동 참여자들은 상호 토론을 통해 이런 얼개를 만들었을 것이다. 『동의보감』은 책의 편제가 높은 평가를 받기 때문에 긍경의 대략을 협동 작업으로 이뤘다는 대목을 가볍게 여겨서는 안 될 것이다. 특히 양생과 의학을 아우르는 편제의 창안이 공동 작업에서 이루어졌을 가능성이 큰데, 이는 『동의보감』의 독특한 체제와 훗날의 명성과 관련된 부분으로서 공동 참여자의 이름을 기억해야 할 특별한 이유를 제공한다.

그럼에도 긍경을 넘어서 모든 내용을 채워 넣은 허준의 단독 작업이 과소평가되면 곤란하다. 이를 높이 평가했기 때문에, 또 완수가 불확실한 상황에서 우여곡절을 겪으면서 단독으로 저술을 완료한 허준의 공을 인정해서 책의 간기(刊記)에 "어의 충근정량 호성공신 숭록대부 양평군 허준이 왕명을 받아 편찬함[御醫忠勤貞亮扈聖功臣崇祿大夫陽平君臣許浚奉敎撰]"이 박힌 것이다.

2. 『동의보감』 편찬의 단독 재개

아쉽게도 이런 공동 작업은 1년을 넘지 못했다. 이듬해인 정유년 1월에 다시 "왜란을 만나 의원들이 뿔뿔이 흩어지는 통에 일이 그만 중단되고 말았기" 때문이다.[31] 공동 편찬자의 행적을 『실록』을 통해 살펴보면, 양예수는 어의로 활동한 것 같지만 구체적인 행적이 보이지 않다가 1600년 겨울에 세상을 떴고[32] 정작의 경우에는 1603년 여름에 작고할 때까지 행적이 보이지 않는다.[33] 김응탁은 전혀 기록이 없고, 이명원은 1604년 이후에야 기록이 보이며[34], 정예남은 1596년 이후 행적이 보이지 않다가 1608년(광해군 즉위년)에 어의로 공을 세운 기록이 보인다.[35] 허준만이 여전히 선조 곁에 머물러 있었다.

새 의서 편찬 사업 자체가 폐기되지는 않았다. 『동의보감』 서문에서는 어느 해인지 분명치 않지만 선조가 내각(內閣)에 소장하고 있던 방서(方書) 5백 권을 내어주면서 허준에게 혼자서 이 일을 완수하라는 명을 내렸다. 공동 편찬이 허준 단독 편찬으로 바뀐 것이다. 이로부터 선조가 이 사업을 대단히 중요하게 여겼으며, 허준의 의학적 식견을 얼마만큼 높이 샀는지를 읽을 수 있다. 단독 편찬으로 사업이 재개된 시점에 대한 단서는 『언해두창집요(諺解痘瘡集要)』 발문에서 찾을 수 있다.

신축년(1601) 봄 임금께서는 신(臣) 허준에게 하교하시기를, "평시에는 『태산집(胎産集)』·『창진집(瘡疹集)』·『구급방(救急方)』이 세상에 간행되었으나 왜란 후에는 모든 것이 없도다. 너는 마땅히 의론(醫論)과 처방을 찾아 다루어 3종의 책으로 만들어라. 그러면 내 그것을 몸소 볼 것이다. 또 궁 안에서 보관하고 있는 고금의 의서를 내줄 터이니 그것을 검토하여 편찬에 참고하라." ……겨우 해를 넘기지 않고 3책을 모두 마쳐서 바

첬습니다. 신축(辛丑) 8월(八月) 일(日).[36]

여기서 주목을 끄는 대목은 "궁 안에서 내장하고 있는 고금의 의서를 내줄 터이니 그것을 검토하여 편찬에 참고하라."는 구절이다. 이는 『동의보감』 서문에 표현된 "궁 안에서 보관하고 있는 의서 500여 권을 제공하여 의서 고증에 도움이 되도록 하셨다."는 내용과 대동소이하다. 이미 『동의보감』 편찬이 재개되어 내장 의서를 내어주었다면 이런 언급 대신에 지난번에 내준 의서를 참고하라는 내용이 적혔을 것이므로, 1601년 이전에 재개되지 않은 건 분명하다. 이때 고금 의서 500권을 내어주면서 한편으로는 시급한 3종 책을 먼저 편찬하여 올리고, 다른 한편으로는 중단된 새 의서의 편찬을 재개하라는 명령을 내렸을 것으로 추정된다.

1601년 시급한 의서 3종의 편찬은 기존에 해왔던 작업의 우선순위를 조정하는 성격을 띠었다. 얼개만 짜인 상태에 있던, 또는 이미 약간의 작업이 되어 있었던 새 의서인 『동의보감』의 집필 완수보다 당장 급한 대민 의서를 먼저 편찬케 된 것이다.[37] 이런 명령을 받아 허준은 해를 넘기지 않고 신속히 책을 지어 바쳤다.[38] 『언해태산집요(諺解胎産集要)』(1권), 『언해구급방(諺解救急方)』(상·하 2권), 『언해두창집요』(상·하 2권) 등이 그것이다.

3종 대민 의서의 편찬 속도로 새 의서 『동의보감』의 편찬 기간을 거칠게나마 추정할 수 있다. 1601년부터 시작해 이해 봄부터 여름까지 5~6개월 남짓 급하게 작업한 결과물이 3종 5권이었다. 이 세 책은 각 권의 분량이 잘해야 『동의보감』 중 한 권의 1/4 정도 분량이다. 이 책의 절반 이상이 한글 번역 부분이고, 『동의보감』 1행이 가는 글씨로 씌어 있어 언해본 책들에 비해 1장에 두 배 이상의 정보를 담고 있기 때문이다. 이렇게 본다면, 5권의 분량이 『동의보감』 1, 2권 정도에 해당된다. 『동의보감』이 25권이므로 전체 내용의 대략 1/20 정도 수준이 된다. 급하게 이 일에 집중해서 만든 이런 속도로 작업을 한다고 해도, 『동의보감』 25권의 내용을 다 채우기 위해서는 꼬박 10년 정도 시간을 필요로 하는 것이었다.[39]

3. 『동의보감』 집필의 완료와 발간

허준이 1601년에 편찬을 끝낸 3종 시급 의서는 전란 직후 물자가 여의치 않았기 때문에 편찬이 지체되었다.[40] 다행히 1606년 이후에 의서 편찬 작업이 이루어져서 『언해구급방』이 1607년 6월에, 『언해태산집요』와 『언해두창집요』는 1608년 정월에 출간되었다.[41] 그럼에도 이후 허준의 새 의서 집필은 더뎠다. 『동의보감』 서문에서는 1608년 2월까지 채 절반을 마치지 못했다고 적었다. 이는 수개월간 집중적으로 언해본을 써내던 속도로 새 의서를 짓지 못했음을 뜻한다. 지지부진했던 것은 수의(首醫)로서 또 명성이 자자한 의사로서 의료 활동에 바빠서 의서 집필에 많은 시간을 투입하지 못했기 때문일 것이다.

  허준이 새 의서 집필에 박차를 가할 수 있게 된 것은 역설적으로 선조의 죽음과 그로 인한 귀양살이 덕분이었다. 그는 1608년 3월 의주로 유배를 떠났는데 이후 1609년 11월까지 1년 8개월 동안 유배지에서 새 의서 집필에 전념하여 1610년 마침내 『동의보감』이라 이름을 붙인 25권짜리 의서를 완성해 선조를 이은 임금인 광해군에게 바쳤다. 『동의보감』을 받아든 광해군이 다음과 같이 감격에 넘쳐했다.

  양평군(陽平君) 허준(許浚)은 일찍이 선조(先朝) 때 의방(醫方)을 찬집(撰集)하라는 명을 특별히 받들고 몇 년 동안 자료를 수집했는데, 심지어는 유배되어 옮겨 다니고 유리(流離)하는 가운데서도 그 일을 쉬지 않고 하여 이제 비로소 책으로 엮어 올렸다. 이에 생각건대, 선왕께서 찬집하라고 명하신 책이 과인이 계승한 뒤에 완성을 보게 되었으니, 내가 비감한 마음을 금치 못하겠다.[42]

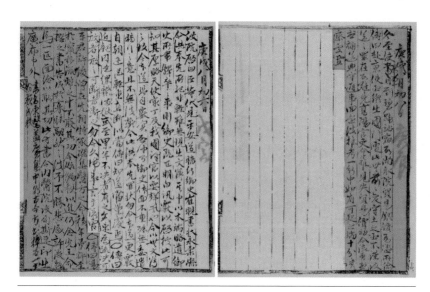

〈그림 49〉『광해군일기』—『동의보감』을 지어 바침.

허준이 왕에게 바친 새 의서에 대해 사관(史官)은 다음과 같이 짧게 적었다. "책 이름은 『동의보감』이다. 대체로 중국[中朝]의 고금 방서를 널리 모은 다음 정수를 뽑아서[粹] 한 권으로 삼았는데, [그것을] 분류하여 한 질을 이뤘다."[43] 아직 출판 전 단계이기 때문에 책은 필사본 한 뭉치로 바쳐진 것이었다. 이 기록을 보면, 당시 사관이 받은 첫 인상은 이 책이 중국 고금의 의학 서적에서 핵심을 추려서 뽑아 분류해 만든 것이었음을 알 수 있다. 책 이름은 『동의보감(東醫寶鑑)』이라 했는데, 이는 하사받은 이름이 아니라 허준이 지어서 붙인 것이었다. 별도의 설명 없이도 이 책 이름이 동쪽 의학의 보감을 뜻함을 쉽게 짐작할 수 있다.

새 임금인 광해군은 허준에게 숙마(熟馬) 1필을 직접 주어 그 공에 보답토록 하는 한편, 이 방서(方書)를 내의원으로 하여금 국(局)을 설치해 속히 인출(印出)케 한 다음 서울과 지방에 널리 배포토록 하라고 지시했다.[44] 서문은 홍문관과 예문관 대제학인 이정구(李廷龜)로 하여금 짓도록 했다.[45] 이정구는 "인민애물(仁民愛物)의 덕과 이용후생(利用厚生)의 도는 전후로 그 법도가 같다 할 것이며, 따라서 중화(中和)·위육(位育)의 선치(善治)가 진실로 여기에 있다 하겠습니다."며 선조의 편찬 명령을 발간으로 마무리하려는 광해군의 뜻을 칭송했다.

내의원에 출판국을 만들어 빨리 인쇄하라는 지침은 잘 지켜지지 않았고 우여곡절을 겪었다. 먼저 재원 마련이 안 되었기 때문에 내의원 발간을 곧 포기했다. 대신에 1610년 8월, 하삼도(下三道, 충청·전라·경상도)에 나누어 보내서 목판본으로 간행토록 했다. 그렇지만 새로 명령을 받은 하삼도 각처에서는 책 수가 매우 많고 해야 할 일이 많기 때문에 제대로 일이 진척되지 못했다. 그러자 다시 하삼도에서 마련한 재원을 사용하여 내의원에서 [목]활자로 찍는 것으로 방침을 바꾸었다.[46] 이때 인쇄에 소요되는 비용 규모는 한 달에 미(米)·태(太)가 아울러 18석, 무명이 20여 필로서 1년으로 예상되는 사업 기간으로 보면 전체 비용이 미·태가 216석, 무명이 240여 필이었다.[47] 하삼도에서 찍을 때 예견되는 문제점 또한 고려되었다. 다른 책과 달리 『동의보감』의 경우 두 줄로 소주(小註)를 써놓아서 글자가 작아 목판으로 새기기가 매우 어려웠다. 또 약명(藥名)과 처방은 조금이라도 착오가 있으면 사람의 목숨에 관계가 되므로 정확을 기해야 하는데 내의원만큼 그 일을 잘할 곳이 없었다. 이 밖에도 이미 『동의보감』 원본을 각 지역에 내려보낸 상태이고, 내의원에는 오직 필사본 1부만이 존재하는데, 만약에 이를 재차 여러 도로 다시 나누어 내려보냈을 때 하나라도 분실되면 치명적이었다.[48] 이런 이유로 결국 『동의보감』은 내의원에서 의관의 감수와 교열을 거쳐 활자로 찍혀 나왔다. 이 시기 『식료본초(食療本草)』, 『언해구급방』, 『언해태산집요』, 『언해두창집요』, 『의림촬요속집(醫林撮要續集)』 등 여러 의서가 출간되었는데, 모두 내의원에서 활자로 찍어내는 방식이었다. 『동의보감』 인쇄도 이와 같은 방식을 채택했다. 『동의보감』의 교감은 이 시기 다른 의서의 교감을 전담했던 내의원 직장(直長)인 이희헌(李希憲)과 내의원 봉사(奉事)인 윤지미(尹知微)가 맡았다.

그 결과 『동의보감』은 1613년 11월에 목활자본으로 출간되어 나왔다.[49] 1610년 8월에 바쳐진 책이 1년 3개월이 지난 1611년 11월 내의원에서 인쇄 작업을 시작하여 2년 동안의 인쇄 과정을 거쳐 최종적으로 세상에 모습을 드러낸 것이다. 첫 편찬이 시작된 1596년부터 셈하면, 총 17년이 걸렸다. 그것은 「동의보감서(東醫寶鑑序)」, 「동의보감총목(東醫寶鑑總目)」, 「동의보감목록(東醫寶鑑目錄)」(상·하)를 합해 2권, 집례와 신형장부도 항목이 포함된 「내경편(內景篇)」(4권)·「외형편(外形篇)」(4권)·「잡병편(雜病篇)」(11권)·「탕액편(湯液篇)」(3권)·「침구편(鍼灸篇)」(1권) 등과 같다.

당시 몇 부를 찍어냈는지는 알려져 있지 않다. 『동의보감』보다 규모가 훨씬 방대한 『의방유취』의 경우에는 30부만 인출했는데, 이보다는 많이 찍어냈을 것이다. 그렇다고 해도 수백 부의 규모로 찍어내지는 않았을 것 같다. 종이와 인쇄 시간의 제약 때문이다. 『동의보감』 1질의 장수가 '「동의보감서」와 「목차」 128장, 「내경편」 전 4권 262장, 「외형편」 전 4권 254장, 「잡병편」 전 11권 669장, 「탕액편」 전 3권과 「침구편」 1권 229장' 해서 도합 1,542장으로 역시 규모가 큰 책이었기 때문이다. 대략 한 판을 인쇄할 때 하루에 최대 50장 규모이므로, 공사 기한 2년 동안 매일 1판씩 인쇄한다면(50x365x2=36,500), 대략 24부(36,500/1,542=23.7) 정도의 인쇄 부수가 나오게 된다. 만약 100부를 인쇄한다고 치면, 하루에 4판 정도를 동시에 인쇄했을 때 2년 동안 이 수치가 맞추어진다. 이때 종이 소요량은 154,200장이다. 당시 책자의 활자본 인쇄 규모가 크지 않았다는 점과 왜란 후 경제 형편이 좋지 못한 상황을 감안한다면, 아마도 100부를 넘지 않는 수준에서『동의보감』이 인출되었을 것이다.

지금까지『동의보감』편찬 과정을 통해 이 책의 구상 단계에서부터 차츰 내용이 채워져가는 일단의 모습을 보았다. 처음에는 양생 중시, 의학의 혼란 극복, 향약 활용을 중시하라는 선조의 명령이 있었고, 허준을 비롯한 당대 최고의 명의 6명이 모여 편찬국을 조직하여 이 같은 원칙을 반영한 책의 뼈대를 세웠다. 그렇지만 정유재란으로 편찬국은 해소되었고, 이후 허준 단독으로 책 편찬에 나섰으나 그 사업은 더뎠다. 그런 가운데 1601년 허준은 구급, 태산, 두창에 관한 간편 의서를 급히 지으라는 명령을 받들어 수행했다. 여기에는 10년 후에 선보일『동의보감』에 관한 중요한 편집 방침 다섯 가지, 즉 명대 의서의 절충, 그것을 바탕으로 한 고금 의서의 종합, 향약 위주 단방·금기·침구법의 중시, 두 가지 인용 방식의 구별, 다수의 세목을 내세운 의서 등이 나타나 있으며, 그것은 '물거울'이라는 대원칙 아래 포용되었다.

『동의보감』은 편찬에 허준의 기여가 컸다고 해도 책의 시작부터 출간되어 나올 때까지 그 과정을 주도한 것이 왕과 국가였음을 망각해서는 안 된다. 왕이 책의 성격에 관한 지침을 내려주었고, 가장 유능한 의학자를 모아서 편찬 작업을 시작토록 했으며, 책의 편찬에 필요한 도서를 제공했다. 또한 어려운 경제 형편 속에서도 책의 발간을 강행했다. 내용과 형식에 대한 지침, 인적 자원과 물적 자원 등 다각적인 측면에서 이루어진 이런 체계적인 지원 속에서『동의보감』이 세상에 빛을 보게 된 것이다. 이런 출판의 모습은 대체로 사적인 차원에서 이루어진 명대 의학 저술 환경과 크게 다르다. 전쟁으로 인한 위기에 처한 조선이라는 국가가 지적, 의학적 역량을 펴

부어 '임란으로 흩어진 태화(太和)의 회복'이라는 정치적 동기와 '제대로
된 의학 전범(典範)의 확립'으로 백성의 목숨을 구한다는 의학적 동기를 실
현코자 했다. 편찬 책임자로 공동 참여자를 이끌다가, 상황이 여의치 않게
되자 단독으로 임무를 수행해낸 허준이란 걸출한 인물이 있었기에 그것이
가능했다는 점을 여기서 다시 상기코자 한다.

2부

『동의보감』: 동아시아 의학의 전범

6장

금·원 이후 의학의 혼란
극복이라는 과제

"의술에 종사하는 이들은 늘 헌원씨(軒轅氏)와 기백(岐伯)을 말하곤 한다. 헌원씨
와 기백은 위로 하늘의 이치와 아래로는 인간의 이치를 샅샅이 궁구했으니, 자신의
의술을 기록으로 남기는 것을 탐탁지 않게 여겼을 것이 뻔하다. 그런데도 문답을
가설하여 후세에 의술을 남겼으니, 의술의 서적이 있는 지는 매우 오래이다. 위로는
창(倉)·월(越)로부터 아래로 유(劉)·장(張)·주(朱)·이(李)에 이르기까지 백가(百家)
가 이어서 일어나 분분히 논설을 전개하며 전대의 저술을 표절하여 다투어 문호를
세웠다. 그리하여 서적이 많아질수록 의술은 더욱 어두워져 『영추(靈樞)』의 본지(本
旨)와 크게 어긋나지 않은 것이 드물게 되었다."

(이정구, 『동의보감서』)

『동의보감(東醫寶鑑)』의 동아시아적 성격을 이해하기 위해서는 동시대 의학
자들이 안고 있었던 의학적 과제가 무엇이었는지 파악해야 한다. 또한 종
족을 기본 단위로 한 개별 국가의 의학사가 아니라 동아시아를 대상으로
하는 의학사를 더욱 제대로 파악하기 위해서는 지역이 다르지만 동종의 과
제에 대한 다른 해결 방식을 내놓은 역사까지를 껴안은 해석이 필요하다.
오늘날 우리는 민족 단위의 역사에 익숙해 있지만, 『동의보감』의 저자인 허
준(許浚)은 자신의 의학을 단순히 조선에 국한시키지 않았다. 또한 당대까
지 중국에서 이루어진 선진적인 의학을 존중하기는 했지만, 그것을 소화하
여 '조선화'하는 데에만 골몰하지 않았다. 조선인 허준은 제대로 된 의서를

편찬하라는 왕명을 받들어 명나라 사람인 이천(李梴), 공신(龔信)과 공정현(龔廷賢) 부자, 이시진(李時珍), 장개빈(張介賓) 같은 당대의 기라성 같은 학자와 마찬가지로 의학의 궁극적인 도(道)를 캐묻고, 최상의 의학을 찾아내기 위한 작업에 매진했다. 허준도 그들처럼 기존 의학의 장점을 학습하여 흡수하면서도 그 의학의 문제점이 무엇인지 파악하여 그것을 극복한 자신의 대안을 내놓았다. 이를 위해서는 나름대로 의학 전체의 역사를 꿰는 시야가 필요했고, 의학 도통론(道統論)의 확립이 불가피했다. 이 장에서는 『동의보감』의 「서문」으로부터 의학의 혼란을 극복하기 위한 과제에 대해 논하며, 그 해결의 필수 작업으로서 『동의보감』 「역대의방」에 담긴 의학 도통론을 분석한다.

1. 의학의 혼란 상황과 극복을 위한 여러 시도들

15세기~17세기 중국 의학사에 대한 해석은 오늘날 학자들의 것과 당대인의 것이 크게 다르다. 오늘날의 연구자들은 새로운 견해의 제시나 현대 의학의 관점에서 봤을 때 가치 있다고 생각하는 부분에 후한 점수를 주는 경향이 강하다. 조선에서는 16세기 중후반 수입 이후 계속 중시된 이천의 『의학입문(醫學入門)』을 예로 들자면, 중국학자 가득도(賈得道)의 평가는 다음과 같이 냉랭하다. "본서는 침구 부분은 『소문(素問)』과 『영추(靈樞)』를 주로 했고, 진맥은 왕숙화(王叔和)를 좇았으며, 본초는 『의경소학(醫經小學)』 및 『의방첩경석약집운(醫方捷徑釋藥集韻)』을 기본으로 했고, 온서(溫暑)는 유하간(劉河間)의 『원병식(原病式)』에서 채록했으며, 상한은 도씨(陶氏)의 육서를 위주로 했고[1], 내상은 동원(東垣, 이고)과 각 유명 의가의 설을 끌어 썼고, 잡병은 위씨(危氏, 위역림)의 『득효방(得效方)』 및 단계(丹溪, 주진형)의 「용약총법(用藥總法)」을 근간으로 했으며, 여과(女科)는 부인양방을 좇았고, 유과(幼科)는 양사영(楊士瀛)을, 두증(痘症)은 『의학정전(醫學正傳)』을, 외과는 『외과추요(外科樞要)』를 위주로 했는데, 대략 각 가를 종합하여 완성한 것으로, 특출한 점은 없다."[2] 조선에서 『의학입문』과 함께 쌍벽의 인기를 누렸던 『만병회춘(萬病回春)』을 포함한 공정현(1522~1619)의 저작에 대해서도 그는 "의도는 완전한 것을 추구했으나, 실은 중복된 것이 많고, 또한 제가의 의론을 절충했으며, 자신의 발휘는 매우 적다."고 인색한 평가를 내렸다. 이런 평가는 현대인의 학술사적 관점에 따른 것이며, 당대인들의 관심과는 거리가 있는 것 같다. 조선에서는 이 의서에 대한 수요가 날이 갈수록 증가하여 『의학입문』의 경우에는 19세기 말에 의과(醫科) 시험 교재의 반열에 오르기까지 했다.

오늘날 학자의 냉정한 평가와 달리 위에서 언급된 명대의 의학자들은 매우 진지한 태도로 자기 앞 시대에 쏟아져 나온 색깔이 다른 수많은 의학 저작 전반을 종합적으로 이해하는 것이 자신들의 과제라 여겼다. 특히 14세기 이후 200여 년 동안 금·원시대의 걸출한 의학자들이 독창적인 의학적 견해를 내놓았으며, 각 파마다 적지 않은 추종자들이 스승의 의학을 계승한다는 기치를 내세웠다. 이는 일찍이 중국 의학사에서 없었던 현상이다. 명대에 출현한 다수의 종합 의서들이 비슷한 성격을 띠었다. 누영(樓英)의 『의학강목(醫學綱目)』, 우단(虞搏)의 『의학정전』, 이천의 『의학입문』, 공신·공정현의 『만병회춘』과 공정현의 『고금의감(古今醫鑑)』 등이 모두 그러했다. 조선의 『의림촬요(醫林撮要)』도 그 연장선에 있다.

제일 먼저 누영의 말을 들어본다. 그는 『의학강목』(1502년 발간)에서 방대한 의학을 절충, 종합하여 거대한 일통(一統)을 시도했다. 황제(黃帝) 이후 의학 전통의 흐름과 의학 이론 처방이 많아져 생긴 문제점을 지적하면서, 의학의 일통으로서 그것을 극복하려고 시도했다. 그는 다음과 같이 말한다.

내가 흰 머리카락 되도록 의학의 도에 잠심(潛心)하여 위로는 『내경』으로부터 아래로는 역대 성현의 책, 제가의 명 처방에 이르도록 밤낮없이, 침식을 잊을 정도로 30여 년 했더니 드디어 천변만상의 병태를 깨달았는데, 모든 것이 음양오행으로부터 벗어나는 게 아니었다. 대체로 혈기, 표리, 상하, 허실, 한열은 모두 음양이고, 오장육부, 12경, 오운육기는 모두 오행이었다. 비늘 있는 것이 물고기에 모이고, 바퀴살은 바퀴통에 모이는 이치와 같이 의학이 할 일이 다 갖춰졌다. 이러므로 함부로 거친 것을 내세우지 않고 경전이 전하는 방서를 엮어서 일일이 음양장부로 병을 나누고 법을 쪼개어 종류에 따라 보아 병을 분속시켜 한 문으로 삼았다.[3]

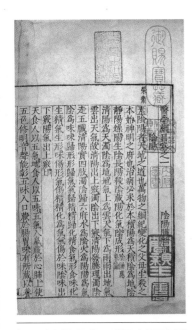

〈그림 50〉 『의학강목』(『중국의학통사』, 문물권에서)

자서(自序)에 적은 것처럼 누영은 황제와 기백(岐伯) 이후 내려온 의학 이론, 병리, 각종 병증, 진단과 치료법, 약물과 침구 등 의학 전통 일체를 음양장부부, 간담부·심소장부·비위부·폐·대장부·신방광부와 상한, 부인과 소아라는 여덟 부(部) 안에 묶어냈다. 그는 일단 음양 주부의 요지를 파악하여 각 조 머리에 실어 설명한 후, 그에 따라 각종 병증과 처방을 상세히 밝혔다. 경전에 연문과 착간이 있는 경우에는 하나같이 이치를 따져 바로잡았고, 경전의 뜻이 분실되었거나 중론에 모순이 있는 경우에는 각각 경전의 뜻을 추구하여 바로잡았다.[4]

누영보다 백년 후의 인물인 우단도 『의학정전』(1515년)을 지어 옛 의학을 제대로 정리하고자 했다. 그는 먼저 의학의 기원부터 당대까지 이르는 의학의 전통을 다음과 같이 말했다. "신농(神農)이 백약을 맛보아 본초를 제정하고 황제가 『소문』을, 진월인(秦越人, 편작[扁鵲])이 『난경(難經)』을 지어 천지와 인신, 음양오행의 이치를 발명하여 만세 의가의 으뜸이 된 이후로 한의 장중경(張仲景), 당의 손사막(孫思邈), 금의 유수진(劉守眞), 장자화(張子和), 이동원(李東垣) 등이 저술을 남겨 『소문』과 『난경』의 뜻을 더욱 발명하여 정학(正學)을 세운 후, 이런 정학을 계승한 주단계(朱丹溪)가 전인이 미처 보지 못한 것을 보고, 전인의 미비함을 보완하여 도를 이루었다." 그렇지만 이 도가 사람에게 제대로 알려지지 못했기에 자신이 『의학정전』을 지었다고 했다. "함부로 거칠고 졸렬한 것을 택하지 않고 신중하게 편집하여[不揣荒拙, 銳意編集]" 지었다는 그의 말처럼 그의 편집 방침은 엄격했다. 그는 『소문』과 『난경』에 근거하여 여러 설을 종횡하면서 자신의 생각을 덧붙이기는 했지만, 맹랑한 허언을 거부하고 오로지 정학의 범위 내에서만 그것을 따랐다고 주장했다.[5]

『만병회춘』(1587년)의 저자인 공신과 공정현 부자는 우단보다 한 걸음 더 나아가 의학의 혼란상을 다음과 같이 신랄하게 비판했다. "의학의 도를 돌아보니 크도다. 의학 책이 많도다. 황제와 기백이 나타나서 『내경(內經)』을 지어 세상에서 의학을 말하는 자의 으뜸이 되었다. 창공(倉公, 순우의[淳于意])과 진월인 이후 유하간, 장종정(張從正), 주단계, 이동원이 각각 전문 분야를 맡아 가장 뛰어나다는 말을 들었다. 다만, 그 책들이 호한(浩瀚)해서 연원을 파고들어 쉽게 헤아리기 힘들고 칼을 잡은 자는 적확하게 [힘줄과 뼈 부분인] 긍경(肯綮)을 도려내지 못하고 잘못 투약하여 고황을 더욱 심하게 만들었다."[6] 그들은 의학

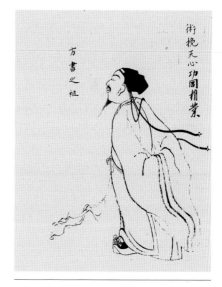

〈그림 5〉 청대에 그려진 장중경 상
(『중국의학통사』 문물권에서)

이 너무 호한해져서 오히려 의술이 어두워진 이 혼란상의 극복을 자신의 사명으로 여겼으며, 의학의 일통을 그 대안으로 제시했다. '만금일통술(萬金一統述)'이 그것이다. 만금일통술은 만상(萬象)의 정수(精髓)를 커다란 틀로 일통한다는 뜻으로, 그들은 만병으로부터 회춘하기 위한 천년의 비술(秘術)을 담았다고 주장했다.[7] '만금일통술'은 우주와 인체, 인체의 장부와 외형의 모든 것이 유기적으로 연결된 거대한 의학 체계다. 그것은 신체의 연원부터 신체의 생리 메커니즘, 병리학, 각 병의 속성과 진단법, 처방법, 침구법을 망라한다.[8] '만금일통'의 구상은 공신·공정현의 『만병회춘』 후에 나온 『고금의감』과 『수세보원(壽世保元)』에서 더욱 다듬어졌다. 그럼에도 이 '만금일통설'은 일종의 의론(醫論)으로 제시되었을 뿐 그에 걸맞은 전면적인 의학 체계의 완성으로 이어지지는 않았다. 오히려 이들의 구상은 조선의 허준에게 전해져 『동의보감』(1613년)에서 더욱 치밀한 형태로 체계성을 획득하게 된다.

중국에서 혼란의 극복, 의학의 일통은 누영이나 공신과 공정현 부자 등의 작업에서만 그친 것은 아니다. 1624년 장경악(張景岳, 1563~1640)은 "양비유여 음상부족(陽非有餘, 陰常不足)"을 주창한 주단계로 종합된 듯했던 기존 의학의 도통(道統)을 전면 거부하면서 "음유여 양부족"에 입각한 부양론(扶陽論)을 제시하면서 이른바 부양론 의학 체계를 세웠다. 『경악전서(景岳全書)』가 그 산물이다. 명대의 저명한 의사 왕긍당(王肯堂, 1551~1622)도 『육과증치준승(六科證治準繩)』을 지어 기존 의학 전반을 정리해냈다. 넓은 시야로 본다면 허준의 종합 시도도 금·원시대 이후 쏟아져 나온 의학 이론과 처방을 일대 정리한다는 16세기~17세기 동아시아 의학계의 맥락 내에서 이루어진 것이다.

2. 의학의 도통에 대한 역대 의학자의 견해

의학 전통이 쌓이면서 어떤 것을 학습해야 하고 계승해야 하는지에 대한 의견들이 있게 되었다. 사마천(司馬遷)의 『사기(史記)』나 역사서 「예문지(藝文志)」에서 주목할 의인(醫人)이나 의학 저술을 실은 것이 좋은 사례다. 의학 분야에서도 이전의 의학을 평가하는 방식도 존재했으며, 그것을 의학 도통(道統)에 대한 인식이라 불러도 무방할 것이다. 『동의보감』의 학술적 특징을 제대로 이해하기 위해서는 『동의보감』이 이전까지 의학의 도통을 어떻게 생각했는지를 더듬는 것이 필요하다. 『동의보감』의 「역대의방(歷代醫方)」은 허준이 생각한 의학의 도통이 담긴 것이다. 그것을 본격 분석하기에 앞서 기존 의서에서 옛 의학 전통을 어떻게 생각했는지를 먼저 살피도록 한다.

현재 남아 있는 저작 중에는 당대의 손사막이 쓴 『천금방(千金方)』의 「논대의습업(論大醫習業)」이 이전의 의학 전통에 대해 서술한 최초의 저작일 듯하다. 이는 조선에서 펴낸 『의방유취(醫方類聚)』의 첫머리에 실려 있는 내용이다.[9] 「논대의습업」에서는 훌륭한 의사가 되기 위해서 반드시 알아야 할 내용으로 다음과 같은 것을 들었다.

> 『소문』, 『갑을경(甲乙經)』, 『황제침경(黃帝鍼經)』 같은 경전, 명당유주(明堂流注)의 혈위(穴位), 12경맥(十二經脈)의 경맥 노선, 삼부구후(三部九候) 진맥법, 오장육부(五臟六腑), 표리공혈(表里孔穴)과 같은 신체 구조, 본초와 본초 사이의 관계[本草藥對], 장중경(張仲景)·왕숙화(王叔和)·완하남(阮河南)·범동양(范東陽)·장묘(張苗)·근소(靳邵) 등의 경방(經方)을 외고 있어야 하며, 모름지기 음양녹명(陰陽祿命, 사주팔자와 같은 술수), 여러 관상법, 거북점[灼龜五兆], 주역 육임점법[周易六壬]등을 깨우치고 있어야 하

며, 이에 정통하다면 곧 대의(大醫)가 된다고 하겠다.[10]

여기서 손사막은 의학 경전과 그 경전에서 파생한 침구·경락·진맥·신체에 대한 이해·본초·처방·술수 등의 각종 분야에 대해 알아야 함을 강조했다. 의학 경전이란 『소문』과 『황제침경』, 『갑을경』 등이다. 왕숙화는 『맥경(脈經)』의 저자이며, 장중경은 『상한론(傷寒論)』을 확립한 인물이다. 완하남·범동양·장묘·근소 등은 여러 약물 처방을 모은 사람들로 제시되었는데, 후대에는 범동양의 『범왕방(范汪方)』만이 널리 알려졌다. 손사막은 각종 점법과 관상법을 잘 알아야 한다고 했으며, 『내경』을 읽는 것처럼 『장자(莊子)』와 『노자(老子)』도 읽어야 하며, 술수에도 밝아야 함을 강조했다. 도교와 술수까지 강조한 점은 당나라 때의 의학 학습 분위기를 잘 드러내준다. 후대에는 이런 방향의 학습이 명시적으로 장려되지 않았다.

송대의 진언(陳言, 진무택[陳無擇])은 『삼인방(三因方)』(1174년)의 「태의습업(太醫習業)」에서 송대까지의 의학 전통을 정리했다. 진언은 도교를 중시한 손사막과 달리, 철저하게 유학적 입장을 취했다. 그는 유자가 경전과 사서, 제자백가를 읽듯이 의자(醫者)도 의학에 대한 경전과 사서, 제자백가를 꼭 읽어야 함을 주장했다.[11] 의학을 공부하는 사람에게 경전은 『소문』과 『영추』 두 책이며, 역사서는 제가가 지은 본초 책이며, 제자(諸子)에 해당하는 것은 『난경』, 『갑을경』, 『(황제내경)태소』, (화타의) 『중장경(中藏經)』 같은 책이며, 백가에 해당하는 것은 귀유(鬼遺, 외과), 안과[龍樹], 외상[金鏃], 침구와 경락[刺要·銅人·明堂], 소아과[幼幼新書], 산과[産科保慶] 등이었다. 그는 한대의 장중경과 화타(華陀)의 글, 그리고 당나라의 손사막과 왕빙(王冰)의 책도 중요시했다.[12] 손사막처럼 진언도 의학 전반과 부문별로 의사가 중시해야 할 서적이 따로 존재하며, 의사는 외과, 안과, 소아과와 산과 등의 책을 다 잘 알아야 함을 말했다.

명초의 의서인 우단의 『의학정전』(1515년)에서도 기존 의학의 흐름을 일관하여 정리했다.[13] 이는 송렴(宋濂, 1310~1381)의 작업을 인용한 것이었다. 송대 송렴의 글을 인용한 우단은 『의학정전』에서 의학 전통을 8개의 사항으로 정리했는데, 대체로 『삼인방』의 내용을 더욱 충실하게 기술한 것이었다.

첫째, 『황제내경』 이후에는 진월인, 즉 편작의 저작 『81난경(八十一難經)』이 나와 『내경』의 핵심을 더 추구 발명했다.

둘째, 화타는 동물의 움직임을 모방한 도인술과 외과수술[刳腹背]에 밝았다.

셋째, 장기(張機, 장중경)가 『금궤옥함경(金匱玉函經)』과 『상한론』을 지어 이전에 어느 누구도 발명하지 못한 외감 이론인 육기소상(六氣所傷)을 제시했다. 그렇지만 기욕·음식·게으름과 과로[嗜欲食飲罷勞]로 생기는 내상에 대해서는 논하지 않았다.

넷째, 다음에는 왕숙화가 『맥경』을 지어 음양의 내외를 밝히고, 맥의 삼부구후(三部九候)를 가려내고, 인영(人迎)과 기구(氣口)맥을 구별해내고, 12경락을 자세히 말하고, 삼초(三焦)와 오장육부의 병을 자세히 논했다. 그렇지만 안타깝게도 세상에는 이 『맥경』보다 고양생(高陽生)이 얕게 추려낸 맥 짚는 노래[脈歌]가 더 유행했다.

다섯째, 소원방(巢元方)이 『제병원후론(諸病源候論)』을 엮어서 병증을 자세히 밝혔으나 풍과 한만 말했지, 습과 열에 대해서 논하지 않은 부족함이 있었다.

여섯째, 이어서 왕빙이 등장해 오운육기의 변화에 대해 면밀히 연구하여 (복희씨를 가탁하여) 『천원옥책(天元玉冊)』을 지었다.

〈그림 52〉 『외대비요』의 저자 왕도의 상
(『중국의학통사』 문물권에서)

일곱째, 왕도(王燾), 손사막이 뒤를 이었는데, 손사막은 『천금방』, 『천금 익방(千金翼方)』을 지어 의술을 널리 떨쳤으나 상한에 대한 내용이 없었고, 왕도의 『외대비요(外台秘要)』는 처방과 증상이 부합되어 많은 이들이 그를 조술(祖述)했다.

여덟째, 송대의 『태평성혜방(太平聖惠方)』은 이런 처방의 전통을 더욱 확대한 것이다.

〈그림 53〉 도본일원파분삼기

이전 의학의 흐름을 도통(道統)의 개념으로 정리한 인물은 원대의 의사 이탕경(李湯卿)이다. 그는 각 분야의 중요한 책을 서술하되 분야에 따른 나열이 아니라, 전통의 올바른 계승이라는 관점에 입각해 의서를 배열했다. 그는 의학 도통의 핵심을 다음과 같이 「도는 본래 하나의 기원을 가지나 세 개의 유파로 나뉘었다[道本一源派分三岐]」는 한 장의 간략한 그림으로 표현했다.

이탕경이 보는 견해는 세 단계로 나뉜다. '복희(伏羲), 신농(神農), 황제(黃帝) 곧 삼황(三皇)이 의학의 기원을 이루며, 그 도통이 장중경에 합쳐졌다가, 다시 장자화(장종정), 유수진(유완소[劉完素]), 이동원(이고) 3인에게 나뉘었는데, 이 셋은 모두 다시 하나의 이치로 귀속된다.'는 것이었다. 그에 따르면, 장자화는 패도를 지향하며 힘으로써 사람을 굴복시키는 것과 같은 [공격치료의] 방법을 썼고, 이동원은 왕도를 추구하며 덕으로써 백성을 감화시키는 것 같은 [원기 보양의] 방법을 썼으며, 유완소는 이 둘을 겸하며 중간의 방법을 썼다.[14]

이탕경의 도통론이 허준의 도통론의 선구를 이룬다는 점에서 다소 길지만 더욱 자세히 들여다 볼 필요가 있다. 이탕경이 볼 때 의학의 기원은 복희, 신농, 황제 등 전설시대의 인물로 거슬러 올라간다. 복희씨가 하늘의 기를 보아 점쳐서 괘를 그려 『천원옥책』이란 책을 남긴 이후 역리(易理)에 따른 판단이 가능해졌고, 신농씨가 온갖 약초를 맛봐 알려준 이후에 본초가 널리 행해졌고, 통치 기간 중 백성의 근심을 걱정하여 황제가 『내경』을 지어 알려준 이후에 침으로 몸 바깥의 병을 치료하고, 탕액으로 몸 안의 병을 치료하는 방법이 시행되었다는 것이다.[15] 이탕경은 이런 『내경』의 학습 전통은 이후 한대까지 잘 계승, 발전되었고 보았다. 『(황제내경)소문』에서 의학의 이치를 탐구하여 운기학이 덧붙여지고, 경락의 표본을 밝히게 되어 병을 논할 때 요점을 얻게 되고, 병을 치료할 때 적절함을 얻게 되었다는 것이다. 이탕경은 『소문』의 「천원기대론(天元紀大論)」, 「육원정기대론(六元正紀大論)」, 「오상정대론(五常政大論)」, 「기교변대론(氣交變大論)」, 「지진요대론(至眞要大論)」 등 수 편에 실린 운기학은 지극히 정묘하여 백성을 장수하게 하는 대전(大典)으로 보았다. 그에 따르면, 이 의학 전통은 한대 이후 일정한 발전이 있었다. 편작이 『내경』의 일부분을 터득하여 지은 『난경』을 지었고, 황보사안(皇甫士安)이 『갑을』에서 침구학을 발전시켰으며, 양상선(楊上善)의 『소문』에 대한 주석인 『태소(太素)』, 전원기(全元起)의 『내경』에 대한 해석, 왕빙의 『소문』에 대한 주석의 출현 등으로 『내경』의 뜻이 더욱 밝아졌다. 그런 가운데에서 한대 장사태수(長沙太守)인 장중경의 업적은 놀라운 것이었다. 그는 『내경』이 전하는 의학의 근본을 탐색하고, 더욱 깊은 곳을 탐구하여 대소(大小)와 기우(奇偶)의 제도를 취하고, 군신좌사(君臣佐使)의 약물학을 정했고, 병의 표리허실(表裏虛實)을 밝혀냈다. 이탕경은 장중경의 이런 업적이 이전에 전해지지 않던 비밀을 푼 대단한 것이라 평가했다. 이탕경이 볼 때, 수·당대는 학자들이 『내경』의 깊은 뜻을 탐구하려고 하지 않은 시대로 의학 도통의 침체 시기였다. 그는 소원방의 『제병원후론』이나 손사막의 『천금방』의 경우 글은 많아졌지만 뜻이 더 어두워졌고, 이들이 널리 유행하면서 참된 것이 사라져 『내경』을 쓰는 자가 드물게 되었다고 보았다. 반면에 송대 이후는 『내경』의 전통이 부활한 시기였고, 진정한 의학이 널리 학습된 시기였다. 비록 주굉(朱宏)이 『남양활인서(南陽活人書)』를 지어 상한론을 계승했으나 장중경이 음양을 표리로 본 것을, 음양을 한열로 보는 잘못을 저지른 문제점이 나타나기는 했다. 그러나 유수진이 『요지론(要旨論)』과 『원병식』을 지어 『내경』의 뜻이 다시 밝아지게 되었고, 『상한직격서(傷寒直格書)』와 『선명론(宣明論)』 등 두 저작이 나와 장중경의 방법의 핵심이 밝아졌고 더욱 효과 높은 처방이 만들어졌다는 것이 이탕경의 송대 의학에 대한 인식이었다. 이탕경에 따르면 자신의 시대는 의학의 발전이 있었고 도통이 하나로 합쳐진 빛나는 시대였다. 장자화는 『내경』의 대도를 분명히 하는 한편 유하간의 올바른 탐구를 이었고, 『유문사친(儒門事親)』을 써서 토·한·하 3법을 분명히 천명했다. 마지막으로, 그는 이동원이 『소문』의 이치를 밝혔고 장중경의 법을 종지로 삼아서 『제생발수(濟生拔粹)』 십서(十書)를 지어서 맥의 권형규거(權衡規矩)를 분명히 했고, 약을 쓸 때 승강부침(升降浮沈)을 분명히 했으며, 이로써 세상에는 [이동원의] 왕도와 [장자화의] 패도의 비유가 있게 되었다고 의학의 도통을 마무리했다.

명대 의학자 이천은 『의학입문』(1575년)에서 이탕경의 「원도통설」을 그대로 받아들여 『내경』의 계승이라는 관점을 취하면서 이탕경이 정리한 이후의 의학 도통을 덧붙였다.[16] 첫 번째로 추가된 인물은 주단계다. 그가 상한, 내상, 잡병의 모든 방면에 연구가 깊었으며 특히 담화(痰火)의 이론이 깊으며, 태사(太史) 송렴의 말을 빌려 그가 "의가를 집성했다."고 보았다. 다음에는 명나라 때의 역사 사적을 덧붙였다. 명대 의사 도절암(陶節菴)은 장중경이 미처 알지 못했던 것을 깨달았으며, 설기(薛己)의 외과는 이동원의 미비함을 보완했고, 갈가구(葛可久)의 내상에 대한 연구, 전영(錢瑛)의 소아에 대한 연구도 모두 주단계의 책에서는 보이지 않던 것들이라 했다.

이와 별도로 이천은 「역대의학성씨(歷代醫學姓氏)」를 따로 두어 의학의 전통을 서적이 아니라 인물을 중심으로 폭넓게 정리하기도 했다. 역대 의학 인물사란 방식은 이천이 처음 고안한 것이 아니다. 이천에 따르면, 이와 같은 의학 인물사 저작은 [당대] 감백종(甘伯宗)이 편찬한 『역대명의성씨(歷代明醫姓氏)』에 유래를 둔다. 감백종의 책에는 "복희로부터 당나라에 이르기까지 모두 120인이 수록"[17]되어 있다. 이런 전통을 이어 받아 이천은 비슷한 책이름인 「역대의학성씨」를 편찬했으나 이 책을 직접 참고한 것 같지는 않다. 그는 명나라 인물인 정이(程伊)가 지은 『의림사전(醫林史傳)』·『(의림)외전(外傳)』과 『원의도찬(元醫圖贊)』을 참고하여 「역대의학성씨」를 지었다. 이천은 『원의도찬』에 관한 정보를 실어놓지는 않았는데, 책이름을 볼 때 원나라의 뛰어난 의사의 초상화와 함께 행적을 적은 글로 추측된다.[18] 그는 이전의 전통을 이어받아 120명이

〈그림 54〉 주단계의 초상
(족보 그림, 『중국의학통사』 문물권에서)

던 인물을 215명으로 증보했다. 이천이 참고한 책과 이천의 「역대의학성씨」의 체제가 다른 점은 이천이 인물을 몇 개의 카테고리를 나눠 엮었다[類編]는 점이다. 감백종의 책에서는 단지 의학에 밝은 인물을 뜻하는 '명의(明醫)' 개념만 있었으나, 이천은 상고성현(上古聖賢), 유의(儒醫), 명의(明醫), 세의(世醫), 덕의(德醫), 선선도술(仙禪道術, 도사와 승려) 등 여섯 범주를 두어 의학에 뛰어난 인물 215명을 시대 순으로 배열했다. 상고성현 13인, 유의 41인, 명의 98인, 세의 28인, 덕의 18인, 선선도술 10명이다. 여기서 상고성현은 "역대의 성군 또는 재상을 지낸 인물로 의학과 약물로 죽을 자를 구해낸 의사"이며, 유의는 "진·한 이후 유학 경전에 통하고 역사에 밝고, 수양이 깊고 행동이 조신하여 사람들로부터 큰 유학자로 평가를 받으면서도 의학에 박통한 의사"이다. 명의(明醫)는 "의학의 이치에 정통한 의사"를, 세의는 "대대로 의사의 업을 이어온 의사"를, 덕의는 "명의와 세의 가운데 덕이 출중한 의

사"를 뜻한다. 선선도술은 "도교와 불교의 승려로 의학에 밝은 의사"를 지칭한다.[19] 이러한 구분은 수양하는 학문의 종류, 덕행, 의학의 깊이, 민족 등을 기준으로 삼은 것으로 유학적 가치가 최고의 가치로 부여되어 성현과 유학자가 앞자리에 놓이며, 도교와 불교의 승려가 말단을 차지한다. 다음으로는 도덕적 가치가 중시되어 덕의를 명의(明醫)과 세의와 구별하여 따로 논했고, 의학의 깊이를 기준으로 의학 원리에 정통한 명의를 의사를 업으로 삼는 세의보다 높이 쳤다. 이 분류에서 가장 두드러진 특징은 성(聖)-유(儒)-덕(德)-의(醫)의 순서가 성리학적 가치를 강하게 풍기고 있다는 점이다. 송대의 주자(朱子)는 한 전문 영역에 치우치지 않는 유(儒)에 대비하여 한 전문 영역에 불과한 의(醫)를 소도(小道)로 평가했는데[20], 바로 이러한 가치관이 이 구분에 담겨 있는 것이다. 다음으로는 유교적 가치가 불교·도교적 가치보다 높이 평가되어 있다. 이 또한 유교를 존숭하고 불교와 도교를 깎아내린 성리학적 태도를 반영한다.[21] 유학을 우선시하는 이런 태도는 그 자신도 유의였던 이천의 "의학은 유학에서 비롯해야 한다[蓋醫出於儒]."는 평소의 지론과 상통한다.[22]

조선 의서 『의림촬요』에서는 이천의 「역대의학성씨」를 거의 전재하면서 중국 인물 5인과 조선 의학자 2인을 추가했다.[23] 중국의 인물로는 수나라 때 『외대비요』를 지은 왕도, 송나라 때 『삼인방』을 지은 진무택(陳無擇), 역시 송나라 때 태의들로 하여금 『태평성혜방』과 『성제총록(聖濟總錄)』을 짓도록 명을 내린 송 태종, 명나라 때 『의림집요(醫林集要)』를 지은 왕새(王璽)와 『의학입문』의 저자 이천, 『고금의감』을 지은 공신, 『만병회춘』·『종행선방(種杏仙方)』을 지은 공정현 등이었다. 이 중 왕도, 송 태종, 진무택의 업적은 이전의 도통(道統) 문헌에서 주요하게 취급되었던 것으로서 어떤 이유인지는 분명치 않으나 이천이 포함시키지 않았던 것을 회복시킨 성격을 띤다. 이천을 포함한 명대 인물 다섯은 근래 중국에서 의학적 성취를 쌓아

가던 의학자들이다. 「의림촬요」 「역대의학성씨」에서 주목할 점은 '본국명의(明醫)' 조를 두어 조선 의학자로 『의림촬요』를 편찬한 양예수(楊禮壽)와 『동의보감』 등을 지은 허준을 역대 명의의 반열에 올려놓았다는 점이다.[24] 이전에 『향약집성방(鄕藥集成方)』, 『의방유취』 등의 역작이 있었지만 이 둘만 본국명의에 올린 점은 위 두 저작이 여러 사람의 공동 편찬의 성격을 띠어서 특정 인물을 내세우기 어려웠기 때문이었다고 짐작된다. 또 임상실력이 출중한 의원들이 적지 않게 있었지만, 양예수와 허준이 조선에서는 독보적인 수준의 의서를 편찬한 인물이었기에 「역대의학성씨」에 포함시킨 것이리라.

3. 허준이 본 의학의 도통

『동의보감』의 의학 도통론은 「역대의방」에 내재되어 있다.[25] 여기에는 복희씨 시대의 저작이라는 『천원옥책』으로부터 시작하여 조선의 내의(內醫) 정경선(鄭敬先)이 편찬하고 양예수가 교정을 본 『의림촬요』까지 모두 86종의 의학 서적 목록이 실려 있다. 시기로 보면 고대 복희, 신농, 황제 때의 전설 시대부터 허준 당대까지를 포괄하며, 지역으로 보면 주·진·한·당·송·금·원·명 등 중국 것 83종, 조선 것 3종이다. 의학의 전통이 중국의 역사와 문화의 탄생과 더불어 시작해서 그 전통이 끊이지 않고 이어져 중국에는 명나라까지, 또 조선에도 이어져왔음을 표시한다.[26]

  허준의 「역대의방」은 인물 중심이 아니라 서적 중심이지만[27] 이천의 「역대의학성씨」를 주요 출처로 삼았다. 이는 「역대의방」에 실린 86종의 의서 가운데 73종의 정보가 「역대의학성씨」와 거의 일치하는 데서 확인된다.

天元玉冊伏羲氏時所作	難經 秦越人號扁鵲所著	肘後方 以上晉葛洪所著字
本草神農氏作	傷寒論	藥對 後魏徐之才抱朴子
靈樞經 以上軒轅黄帝與臣	金匱玉函經 以上後漢張機所著字	集驗方
素問	内照圖 後漢華佗所著字元化	外臺秘要
至教論 黄帝問答而作也所	甲乙經	病源
採藥對	針經 以上西晉皇甫謐所著	千金方 以上唐孫思邈所著
採藥別錄 以上黄帝臣也所	范汪方 東晉范汪所著	本草拾遺
藥性炙灸 雷公教也所	脉經 西晉王叔和所著	食療本草
湯液本草 尹而作也所	脉訣	素問註 以上唐王
	金匱藥方 叔和所著王	玄珠密語 永所著

明堂圖 唐甄權所著	醫說 宋張杲字季明所著	素問玄機
本草音義	傷寒指迷論	明理論 以上金成
古本錄驗方 以上唐甄	小兒方 宋錢乙所著	儒門事親書 金張從政所著
本事方 宋許叔微所著	直指方 宋楊士瀛所著	東垣十書 以上李杲字明老人
備用本草	日華子本草 不著姓名	醫壘元戎
本草補遺 以上宋唐慎微	三因方 宋陳言所著	醫家大法
活幼新書	聖惠方	湯液本草 以上元王好古
神應鍼經	聖濟總錄	丹溪心法 元朱震亨字
活人鍼經 宋陳文中所著	宣明論 以上宋太醫集	王機微義 元徐彦純所著
脉訣 宋劉元賓所著	原病式	衛生寶鑑 元羅謙甫所著

古今醫鑑	本草集要	丹溪心法附餘
萬病回春 以上本朝	丹溪附餘	醫學集成
外科發揮	明醫雜著	醫學權輿
醫方集略	醫學入門	醫學正傳
醫方類聚	醫學綱目	婦人良方
鄉藥集成方 以上本朝	醫林集要	經驗良方
醫林撮要	證治要訣	傷寒瑣言
	永類鈐方	續醫說
	養生主論 元王珪所著	百病鉤玄
		得效方

〈그림 55〉『동의보감』의 「역대의방」

그렇지만 「역대의방」은 단지 「역대의학성씨」에 담긴 의학 서적 목록만 그대로 추려낸 것은 아니다. 「역대의학성씨」에 등장하는 서적 가운데 어떤 것들은 취사선택했고, 거기에 보이지 않는 의서를 추가하기도 했으며, 관련 서술을 수정, 보완하기도 했다.[28] 그렇기에 「역대의방」이 주는 느낌은 「역대의학성씨」의 그것과 크게 다르다. 인물 행적을 중심으로 할 때 초점이 흩어졌던 학술상의 역사적 계보가 확연하게 드러나는 측면이 있다. 달리 말해, 허준의 관점으로 의학의 도통(道統)이 정리된 것이다. 이하에서는 그것을 시기별로 일람하고자 한다.

「역대의방」 첫머리에는 상고성현의 저작 9종이 등장한다.[29] 『천원옥책』·『영추』·『소문』·『지교론(至教論)』, 본초와 약물을 다룬 『채약대(採藥對)』·『채약별록(採藥別錄)』·『약성포자(藥性炮炙)』·『탕액본초(湯液本草)』, 침법을 담은 『영추』와 『소문』 등 일반적인 의학 이론을 담은 책들이다. 이를 통해 허준은 의학의 중요한 세 전통, 즉 이론과 탕액, 침구의 핵심이 이미 삼황시대에 복희·신농·황제 같은 삼황(三皇), 기백(岐伯)·동군(桐君)·뇌효(雷斅) 등과 같은 황제의 신하나, 은대의 이윤(伊尹) 같은 현인에 의해 다 갖춰져 있었음을 천명했다. 이후의 의학 발전은 이들의 원칙에 입각해 그들이 미처 말하지 않은 부분을 계발하는 내용으로 이루어지게 된다.

상고성현에 이어 「역대의방」은 이후 의학의 전개를 실었는데, 이글에서는 편의상 전국시대에서 당대(唐代)까지의 의서 23종에 대해서 살피도록 한다.[30] 이 중 『난경』, 『상한론』 또는 『금궤옥함경』, 『갑을경』, 『침경』, 『범왕방』, 『맥경』과 『맥결』, 『외대비요』, 『제병원후론』, 『천

〈그림 56〉 복희, 황제, 신농(일본 19세기 그림)
(그림 출처: 森 秀太郞·長野 仁, 『日本の傳統醫療と文化編』, 森の醫療學園出版部)

금방』 등 11종의 책은 앞에서 살핀 책이다. 거기에 보이지 않던 책으로는 후한 화타(華佗)가 지었다는 오장육부에 관한 책인『내조도(內照圖)』, 진(晉)의 갈홍(葛洪)이 지은 약물 처방인『금궤약방(金匱藥方)』과『주후방(肘後方)』, 후주(後周)의 요승원(姚僧垣)이 지은 처방집인『집험방(集驗方)』, 의경(醫經) 관련 저작인 왕빙의『소문주(素問註)』와『현주밀어(玄珠密語)』, 견권(甄權)이 지은 침구서『명당도(明堂圖)』, 견립언(甄立言)이 지은 처방집『고금집험방(古今錄驗方)』 등을 목록에 올렸다.[31] 또한 본초서가 여럿 실렸는데, 본초와 본초 간의 약성 관계를 다룬 후주(後周) 서지재(徐之才)의『약대(藥對)』, 당나라의 저작인 맹선(孟詵)의『식료본초(食療本草)』, 진장기(陳藏器)의『본초습유(本草拾遺)』, 견립언의『본초음의(本草音義)』 등이다.[32]

「역대의방」에서는 송대의 의학 전통을 대표하는 저서로 14종을 꼽았다.[33] 송대의 저작은 의학 경전 분야를 제외하고는 진맥학, 상한론, 본초학, 침구학, 소아과, 의학사, 종합 처방서, 거대 총서를 망라한다.

맥학: 통진자(通眞子) 유원빈(劉元賓)의『맥결(脈訣)』

상한론: 주굉의『활인서(活人書)』와 전을(錢乙)의『상한지미론(傷寒指迷論)』

본초서: 당신미(唐愼微)의『비용본초경사증류(備用本草經史證類)』[34], 방안상(龐安常)의『본초보유(本草補遺)』, 편자 미상의『일화자본초(日華子本草)』

침구서: 허희(許希)의『신응침경(神應鍼經)』

소아과: 진문중(陳文中)의『활유신서(活幼新書)』와 전을의『소아방(小兒方)』

의학사: 장확(張擴)의『의설(醫說)』[35]

종합처방서: 허숙미(許叔微)의『본사방(本事方)』, 양사영의『직지방(直指方)』, 진무택(진언)의『삼인방』

거대 총서: 송 태종의 명을 받아 태의원에서 편찬한『성혜방(聖惠方)』과『성제총록』

여기서 『본사방』, 『직지방』, 『비용본초경사증류』, 즉 『경사증류비용본초』
는 조선 초에 널리 읽힌 책이었다. 『삼인방』은 병인을 내상, 외감, 불내외인
셋으로 나눠 파악한 것으로 후대에 "근대 의방 중에 진무택의 논의가 최
고다."라는 평을 받기도 한 의서였다.[36] 『성혜방』과 『성제총록』은 거대 총서
로서 『향약집성방』과 『의방유취』 편찬의 근간을 이루는 책이었다.[37]

금·원대 의서로는 13종이 실렸는데 대부분이 이른바 금원사대가 및 그
유파와 관련된 의서들이다.[38] 몸 안의 화(火)를 가장 중요한 병인으로 보았
던 금대 유완소(劉完素)의 저작으로는 『선명론』, 『원병식』, 『소문현기(素問玄
機)』 등 3종을 실었다.[39] 토·한·하 3법을 위주로 몸 안에 깃든 사기를 몰아
내는 것을 중시한 금대 장종정의 저작으로는 『유문사친서(儒門事親書)』를 게
재했고, 몸속 비장과 위의 소화 기능을 중시한 원의 이고(李杲)를 대표해서
는 그의 이름이 들어간, 여러 사람의 저작을 묶은 『동원십서(東垣十書)』를 실
었고, 몸 안에 늘 부족한 음의 기운을 북돋는 것을 주된 치료 원칙으로 삼
은 주진형(朱震亨, 주단계)의 저작으로는 『단계심법(丹溪心法)』을 들었다. 이고
와 더불어 장종정을 계승한 인물로는 원대 왕호고(王好古)의 『의루원융(醫壘
元戎)』, 『의가대법(醫家大法)』, 『탕액본초』를 실었고, 이고를 계승한 인물로는

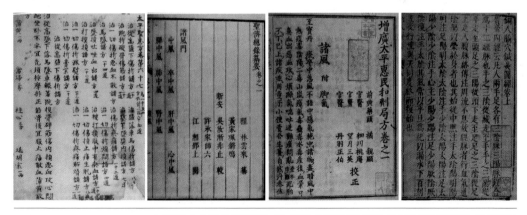

〈그림 57〉 송대 의서 『태평성혜방』, 『성제총록』, 『태평혜민화제국방』, 『동인경』(『중국의학통사』 문물권에서)

원대 나겸보(羅謙甫)의 『위생보감(衛生寶鑑)』을 게재했다. 주단계를 계승한 인물로는 원대 대원례(戴元禮)의 『증치요결(證治要訣)』과 유순(劉純)의 『옥기미의(玉機微義)』를 실었다.[40] 금원 유파의 책은 의학 경전에 대한 연구로부터 병의 원인 파악, 본초, 처방 등의 제 측면에서 이전의 처방과 다른 양상을 보였기 때문에 후대인은 이를 고방(古方)에 대비된 금방(今方)이라 불렀다. 「역대의방」은 금·원시대의 저작 중 특별 유파에 속하지 않는 의서로서 가전(家傳) 비장(祕藏)에 자신의 경험을 결합한 『득효방』과 역시 고금의 의서를 분문 취사선택한 『영류검방(永類鈐方)』 등을 실었다. 특히 『득효방』은 도통과 관계없이 조선 초 가장 널리 읽힌 책이므로, 「역대의방」이 도통에만 집착하여 의서를 선별하지 않았음을 일러준다. 이 밖에 「역대의방」에서는 상한에 관한 서적으로 금나라 성무기(成無己)의 『상한명리론(傷寒明理論)』, 양생 서적으로는 유일하게 원대 왕중양(王中陽)이 편찬한 『양생주론(養生主論)』을 올렸다.

「역대의방」에는 명대 의서를 무려 20종이나 실었다.[41] 짧은 시기 동안 주목할 만한 의서가 많이 나왔음을 뜻한다. 이 중 8종이 금원 의학을 계승한 저작이다. 주진형의 제자인 왕리(王履)의 『백병구현(百病鉤玄)』, 역시 주진형을 사숙한 왕륜(王綸)의 『명의잡저(明醫雜著)』, 『단계부여(丹溪附餘)』, 『본초집요(本草集要)』와 우단의 『의학정전』, 『의학권여(醫學權輿)』, 『의학집성(醫學集成)』, 방광(方廣)의 『단계심법부여(丹溪心法附餘)』 등이 그것이다. 이를 보면 허준이 주진형의 의학 전통을 매우 중시했음을 짐작할 수 있다. 명대 의학의 또 다른 큰 특징은 이론과 처방의 양 측면에서 의학의 전 분야를 아우르는 이른바 '종합 의서'가 다수 출현했다는 사실이다. 위에 언급된 우단의 『의학정전』도 그런 성격을 띠며, 누영의 『의학강목』[42], 이천의 『의학입문』, 공신의 『고금의감』과 『만병회춘』, 한무(韓懋)의 『의통(醫通)』, 왕새의 『의림집요』가 그런 성격이다. 이 밖에 상한론을 연구한 도화(陶華)의 『상한쇄언(傷寒瑣言)』과 설기의 『외과발휘(外科發揮)』가 눈에 띤다. "도화는 장중경이 미처 알지 못했던 것을 깨달았으며, 설기의 외과는 이동원의 미비함을 보완했다."는 평을 받았다.[43] 이상에 속하지 않는 것으로서는 경험방을 제시한 추복(鄒福)의 『경험양방(經驗良方)』과 곽감(郭鑑)의 『의방집략(醫方集略)』, 분과학으로서 웅종립(熊宗立)의 『부인양방(婦人良方)』, 의사(醫史)의 성격을 띠는 『의설』의 속집인 『속의설(續醫說)』이 「역대의방」에 이름을 올렸다.

「역대의방」은 명대의 저술 다음에 조선 의서 3종을 올렸다.[44] 『의방유취』, 『향약집성방』, 『의림촬요』가 그것이다. 『의방유취』와 『향약집성방』에 대해서는 본국에서 왕명으로 문관과 의관이 함께 찬집한 것이라 했고, 『의림촬요』는 정경선이 찬집하고 양예수가 교정을 본 것이라 했다. 『의방유취』는 역대 의학 이론과 처방을 분류하여 모은 것이고, 『향약집성방』은 조선에서 나는 약재로 쓸 수 있는 처방을 국내외 저작에서 광범하게 모은 것이다. 『의림촬요』는 의학의 핵심을 조선의 의원이 가려 뽑아 편찬한 책이다. 이천이 『의학입문』의 「원도통설(原道通說)」에서 명대의 의학 성과를 자랑스럽게 추가한 것처럼, 허준도 역대 의학 전통의 마지막 부분에 조선이 이룩한 업적을 추가한 것이다.

이상에서 살핀 「역대의방」에 뽑힌 86종의 책은 의학의 역사에서 가장 중요하다고 여긴 것들이며 각각 분야의 전통을 대표하는 것이다. 그것을 다시 분야별로 정리한다면 다음과 같다.

의학 경전: 『천원옥책』·『영추』·『소문』·『지교론』·『난경』·『내조도』·『소문주』·『현주밀어』·『선명론』·『원병식』·『소문현기』[45]

맥학: 『맥경』·『맥결』·통진자『맥결』

상한론: 『상한론』·『금궤옥함경』·『활인서』·『상한지미론』·『상한명리론』·『상한쇄언』

본초서: 『본초』·『채약대』·『채약별록』·『약성포자』·『탕액본초』·『약대』· 『식료본초』·『본초습유』·『본초음의』·『비용본초경사증류』·『본초보유』· 『일화자본초』·『탕액본초』·『본초집요』

침구서: 『갑을경』·『침경』·『명당도』·『신응침경』

종합의서: 『범왕방』·『제병원후론』·『금궤약방』·『주후방』·『집험방』·『고금집험방』·『본사방』·『직지방』·『삼인방』·『유문사친서』·『동원십서』·『의루원융』·『의가대법』·『단계심법』·『옥기미의』·『위생보감』·『득효방』·『백병구현』·『경험양방』·『의학정전』·『의학권여』·『의학집성』·『단계심법부여』·『영류검방』·『증치요결』·『의통』·『의림집요』·『의학강목』·『의학입문』·『명의잡저』·『단계부여』·『고금의감』·『만병회춘』·『의방집략』·『향약집성방』·『의림촬요』

거대 총서: 『외대비요』·『천금방』·『성혜방』·『성제총록』·『의방유취』

부인과: 『부인양방』

소아과: 『활유신서』·『소아방』

외과: 『외과발휘』

의학사: 『의설』·『속의설』

양생서: 『양생주론』

허준은 「역대의방」에서 책 이름과 저작 시대, 지은이에 대해서 간략하게 표시했을 뿐, 선정 이유를 비롯한 다른 정보를 밝히지 않았다. 다만 본초 서적에 대해서만 「집례」에서 어떤 책을 중시했는지 잠깐 밝혔을 뿐이다. "의학을 공부하는 사람은 반드시 먼저 본초에 관한 책을 먼저 읽어 약성을 알아야 한다."는 옛 사람의 말에 동의하면서, 허준은 본초에 관해 의학자들의 견해가 일치하지 않고 알 수 없는 약재가 너무 많기 때문에, 구할 수 있고 믿을 만한 본초 책에 의지해야 한다고 말했다. 이런 원칙에 입각해 그가 받아들인 본초 책은 네 가지로서 『신농본초경(神農本草經)』과 일화자(日華子)의 주석, 이동원과 주단계의 요점이 있는 말 등이 그것이었다.[46] 실제 『동의보감』에 인용된 것을 보면, 『신농본초경』이란 당시 조선의 의과 교재로 썼으며 송대에 처음 나와 계속 증보된 『(경사증류대관)본초』의 기본을 이루는 「신농본초경」 원문을 뜻하며, 일화자 주석이라 한 것은 『본초』의 여러 주 가운데 들어 있는 『일화자본초』(송대 저작, 저자 미상)이다. 이동원과 주단계가 본초에 대한 요점을 말한 것은 이동원의 경우 『동원십서』 가운데 들어 있는 왕호고의 『탕액본초』, 주진형의 경우 그가 지은 『본초연의보주(本草衍義補注)』를 지칭한 것이다.[47] 이 4종으로 미루어 짐작할 때, 「역대의방」에서 14종이나 되는 본초와 약물학 책을 언급한 것은 역사적으로 중요하다고 보아서 실은 것이지, 실제로 완전히 다 믿고 쓸 책이어서 실은 것이 아님을 알 수 있다. 실제로 『동의보감』에서는 본초서 중 필요한 부분만 취사선택하여 싣는 모습을 보인다.

지금까지 살핀 「역대의방」의 면면을 보면 허준은 최소한 다음 네 가지 목표를 두고 있었음이 짐작이 간다. 첫째, 역대의 의학을 총정리하겠다는 생각이다. 「역대의방」에서 기존 의학의 전통을 시대 순으로 제시한 것과 같은 감각으로 허준은 자신의 책 『동의보감』을 엮었을 것이다. 둘째, 의학의 대상으로 신체에 대한 이해, 병의 진단, 예후 파악, 증상의 감별, 치료 원칙의 확립, 각종 잡병에 대한 파악, 부인과 소아과, 약물의 활용, 침구법 등을 넓게 포괄한다는 의식 또한 강하게 느껴진다. 셋째, 혼란의 가장 큰 요인인 이른바 금·원시대 유파의 의론과 처방 그리고 옛 의론과 처방 사이에 존재하는 커다란 차이, 각 유파 사이에 존재하는 모순을 절충하고, 취사하는 작업을 수행해야 함을 강하게 느꼈을 것이다. 넷째, 이렇게 의학을 정리하는 과정에서 앞서 나온 명대 의학자들의 작업이 도움이 되는 동시에 혼란을 부추기는 측면도 있었으므로, 거기서 옥석을 가려내는 것도 중요한 과제로 부각되었을 것이다. 결국 이 모든 것을 이루어내기 위해서는 그 어떤 질서가 요청되었는데, 『내경』으로부터 당대까지 이어진 의학의 도통을 파악하는 것이 그 일이었다. 「역대의방」이 그 결과물이다.

7장

의학 일통의 신형장부의학 기획

"도가는 청정한 마음으로 수양하는 것을 근본으로 삼고,
의문(醫門)은 약물과 음식, 침과 뜸으로 병을 다스리니,
이는 곧 도의 추구는 정미로움을 얻는 것이오,
의(醫) 행위는 거친 부분을 얻는 것입니다."
(허준, 『동의보감』 「집례」)

『동의보감(東醫寶鑑)』을 펴내면서 허준(許浚)이 가장 내세우고 싶었던 것이 무엇일까? 자랑스러운 새 책을 펴내면서 이에 대해 말을 하지 않았을 리 없다. 임금에 대한 상투적인 찬사가 아니라 혁혁한 의학의 긴 전통 속에서 자신의 작업이 지니는 의미를 스스로 짧게 드러냈다. 허준 자신의 책 전체에 대한 소감은 그리 길지 않은 「집례」에 표현되어 있으며, 책의 본문을 시작하기에 앞서 특별히 별도의 자리를 마련해둔 한 장의 그림인 「신형장부도」와 이에 대한 간략한 설명에 자신이 파악한 의학의 핵심을 응축해놓았다. 그것은 이어지는 5편 105문에 담긴 2만여 개 단락의 방대한 내용을 집약한 요점이다. 달리 말하면, 자신이 재료로 삼은 온갖 의학 이론과 처방에 동일한 혼을 넣어주는 통합의 구심체다. 이는 『동의보감』이라는 책을 편찬하게 된 동기, 즉 "위로는 창(倉)·월(越)로부터 아래로 유(劉)·장(張)·주(朱)·이(李)에 이르기까지 백가(百家)가 이어서 일어나 분분히 논설을 전

개하며 전대의 저술을 표절하여 다투어 문호를 세워 서적이 많아질수록 의술은 더욱 어두워져 훼손된 『영추(靈樞)』의 본지(本旨)"[1]의 회복이라는 과제에 대한 허준의 응답이다. 정확히 표현한다면, 그것은 양생론적 신형장부의학의 창안과 그를 통한 의학의 정리라는 생각이다. 이 장에서는 『동의보감』의 「신형장부도」라는 도상에 가시적으로 응축된 신형장부라는 개념을 시작으로 하여 그 내용을 뒷받침하는 「집례」의 내용을 중점 분석한다. 이어서 「집례」에 표현된 사상에 입각하여 내경, 외형, 잡병, 탕액, 침구 등 다섯 편으로 구축된 몸과 병, 양생과 치병, 진단과 치료 원칙, 본초와 침구 치료 운용 전체, 즉 신형장부의학으로 일통된 새 의학 체계의 기획에 대해 살펴보려고 한다.

1. 「신형장부도」에 표현된 신체관

허준은 『동의보감』 본문이 시작하는 첫머리에 한 장의 그림을 제시했다. 그 그림의 제목은 「신형장부도(身形藏府圖)」다.[2] 이 그림이 신형(身形)과 장부(臟腑)를 그린 그림이라는 말이다. 신형이란 글자 그대로 몸의 형태를 뜻하며, 장부란 몸속의 기관인 장부를 말한다. 즉, 「신형장부도」란 인간의 몸의 형태와 몸속의 기관을 함께 표현한 그림이라고 정의할 수 있다.

책의 맨 앞을 그림으로 시작한다는 점에서 주목을 끈다. 저자인 허준이 이 그림으로 책 전체의 핵심을 응축해 전달하려 했던 것은 틀림없는 사실일 것이다.

「신형장부도」의 의미를 제대로 읽기 위해서는 비슷하게 보이는 기존의 의서에 실린 도상을 같이 살펴야 한다. 흥미롭게도 『동의보감』이 많이 인

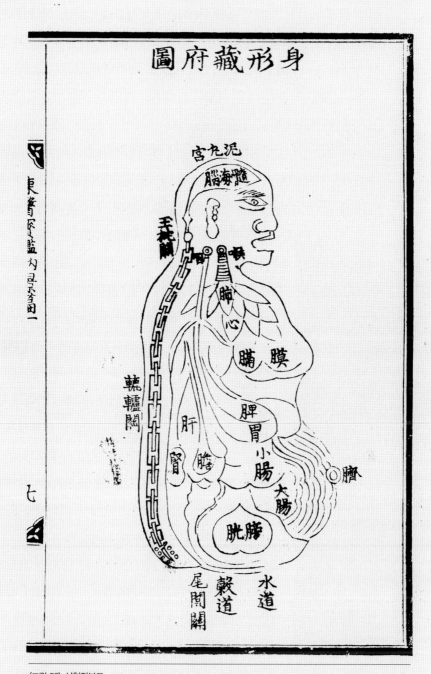

〈그림 58〉 신형장부도

용한 명대의 의서 『의학강목(醫學綱目)』, 『의학입문(醫學入門)』, 『만병회춘(萬病回春)』은 모두 신체 그림을 싣고 있다. 그 그림들과 허준의 그림이 많은 부분에서 유사하여 이 또한 이전의 전통을 계승하고 있음을 알 수 있다. 그럼에도 허준의 것은 다른 그림이 드러내지 않은 그 어떤 내용을 제시하고 있으며, '신형장부도'라는 명칭도 이전의 의서에서 쓰지 않던 것이다.

『동의보감』 이전의 명대 의서에 실린 신체도의 유래는 원대의 침구 교수인 홀공태(忽公泰)의 『금란순경(金蘭循經)』으로 거슬러 올라간다. 이 책에 실린 해부도는 송대에 이루어진 사형수의 해부도 두 개를 바탕으로 신체 내부 장기를 드러내는 신체도로 발전한 것으로 추정되는데, 이 책에 실린 해부도가 간략하게 축소되어 명초의 의서인 오곤(吳崑)의 『침구육집(鍼灸六集)』과 누영(樓英)의 『의학강목』(1565년)에 실렸다.[3]

위의 『의학강목』 신체도는 몸속 오장육부 등에 대한 측신명당도, 몸 앞면의 경락도, 몸 뒷면의 경락도 등 석 장으로 구성된 도상 중 첫 번째 것이다. 명당도란 침구에서 경락의 흐름을 시각적으로 이해시켜주기 위한 도상인데, 이 측면 명당도는 앞뒤 경락도에 나타난 몸 겉의 기 흐름이 입체적으로 속의 장부와 어떻게 연관되어 있는지를 보여주는 것이다. 이 측신명당도에서 특별히 중앙 부분에 크게 그려진 것은 심장과 나머지 4장(臟)의 관계다. 심장이 나머지 4장을 거느리는 존재로 그려져 있다. 도상에서는 심장 바깥의 심포락 위에 4개의 줄기가 있는데 그것이 바깥쪽부터 각기 신계, 간계, 폐계, 비계로 표현되어 있다. 심장이 간·비장·폐·신장 등 나머지 4장을 거느린 중심 기관임을

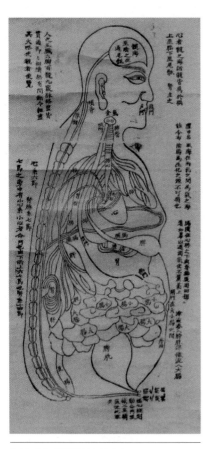

〈그림 59〉 『의학강목』의 측신명당도

말한다. 그리고 뇌에 대해 "뇌는 골수의 바다이다. 모든 골수는 뇌에 속하는데, 위로는 뇌에 이르고 아래로는 꽁무니뼈까지 이른다. 신장이 이를 주관한다. 따라서 신장은 척추에 붙어 있다."는 설명을 붙였다. 이어 뇌, 양 젖꼭지 사이 전중(膻中), 몸통 중간에 그려진 격막에 대한 설명을 붙였다.⁴ 다음에 육부, 곧 소화기관의 그림을 보여준다. 소장은 여러 겹 접힌 모습이고 유문으로 위와 연결되는 것으로, 소장과 대장 사이의 연결 통로로 천문을 그렸다. 이 부분에서 소장에서 나온 진액은 방광 쪽으로 스며들며, 찌꺼기는 대장으로 들어간다. 대장 아래쪽 몸의 후면 쪽에 직장이, 전면 쪽에 방광이 표시되어 있다. 방광에 대해서는 "오줌이 나가는 곳, 정액을 베푸는 곳"이라고 표시했다. 이와 함께 "함부로 마음을 쓰면 명문을 동하게 하여 삼초의 정기를 빨아들여서 이곳으로 배출한다."고 적었다.

이 측신명당도에서 말하고자 하는 메시지는 왼편 상단에 다음과 같이 적힌 총론에 담겨 있다. "사람의 경락, 장부, 온갖 뼈, 아홉 구멍이 모두 서로 통한다. 족태양경이 몸 뒤쪽을 흐르고, 족양명경이 몸 앞쪽을 흐르며, 족소양경이 몸의 옆쪽을 흐른다. 바깥쪽이 상함이 있으면 안으로 전변된다. 이제 그림으로 그려 쉽게 익숙해지도록 한다." 이 총론은 몸 안의 오장 육부, 뼈와 이목구비를 비롯한 몸의 다른 기관들, 신체의 겉을 흐르는 경락이 모두 네트워크로 연결되어 있으며, 병의 전변 또한 그 흐름을 타고 진행되는 것임을 밝힌 것이다. 2부 6장에서 언급했듯, 『의학강목』은 음양장부부, 간담부, 심소장부, 폐대장부, 신방광부 등 장부 계통을 위주로 하여 거기에 갖가지 병을 배속시키는 방식의, 이전 의서에 없었던 방식으로 책을 엮었는데, 이 측신명당도는 바로 그런 장부의학 체계를 신체 그림 안에 그려놓은 것이다.

이천(李梴)의 『의학입문』(1575년)에 실린 신체 도상은 『의학강목』의 그것과 거의 유사하며, 설명도 몇몇만 골라 실었다. 심장이 나머지 4장을 거느린다는 점이 강조되어 있다. 그렇지만 심장 바깥의 심포락 위에 3개의 줄기가 있는데 그것이 바깥쪽부터 각기 신계, 간계, 비계로 표현되어 있으며, 폐계라는 명칭이 따로 보이지 않는데, 그림이 단순화하면서 생략된 듯하다.[5] 이 신체 도상은 『의학강목』에서와 마찬가지로 신체의 앞, 뒷면 경락도와 함께 제시되었다. 다만 도상의 명칭이 『의학강목』에서는 측신명당도였는데, 여기서는 장부도라 바꿔 부르고 있다. 침구 경락을 강조하던 맥락에서 탈색하여 이 그림 하나에 알맞은 명칭을 취한 것이다. 몸속 기관에 대해서는 오장육부의 연결 관계에 대한 해부학적 토대를 마련하려는 시도가 엿보인다. 중국의 의학은 오행의 상생, 상극 관계에 따른 생리학의 성격 때문에 해부학적으로 오장육부의 '연결'을 입증해야 할 필요가 있었다. 따라서 「명당도」 또는 「장부도」는 심장을 중심으로 한 다른 네 장기 계통을 설정했고, 그것을 그림 안에 표현했다. 또한 심장을 중심으로 해서 나머지 4장이 연관되었음을 보인 데에는 "심장이 군주의 기관"(『소문(素問)』, 「영란비전론(靈蘭秘傳論)」 제8)이라는 관념을 정당화하는 것이기도 했다.

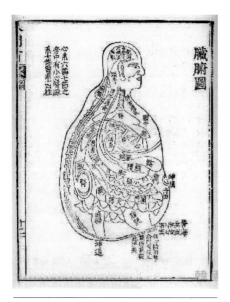

공신(龔信)의 『만병회춘』(1587년)의 신체도는 위의 두 그림과 계통을 달리한다. 이 책에는 위의 그림과 유사한 그림과 함께 신체 앞면과 뒷면 그림 두 장이 실려 있지만 앞, 뒷면 그림은 경락을 표시한 게 아니라 각각 인체의 바깥 부위와 장부의 위치가 그려져 있다.[6]

경락도가 아니라 신체 앞, 뒷면을 각각 그린 앙면인도, 배면인도와 함께 측신인도는 옆에서 본 모습을 그리고 있다. 『만병회춘』에서는 이 3종 그림을 세트로 하여 기존의 『의학강목』이나 『의학입문』과 사

〈그림 60〉 『의학입문』의 장부도

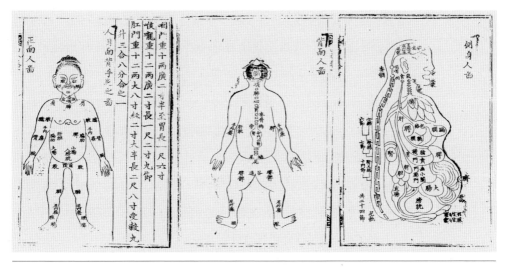

〈그림 61〉『만병회춘』의 정면인도, 배면인도, 측신인도

뭇 다른 인체관을 제시하며, 경락이 아닌 신형을 그렸다. 이 3종의 그림은
"인간의 신체가 정·기·신을 몸의 근본 요소로 하면서 오장과 육부의 작
용을 포괄하고 오장육부를 관통하는 12경락이 작동한다. 몸속의 장부는
몸 겉의 무리, 코, 눈, 입, 혀, 귀, 치아, 뼈, 수염, 눈썹, 털, 인과 후, 머리카락,
손톱, 힘줄, 손, 발 등의 외형적 요소와 연관되며, 혼·백이나 영혈과 위기,
맥 등과 연관된다."[7]는 공신·공정현(龔廷賢) 부자의 '만금일통설'의 생각을
담은 것이다.

　이제 『동의보감』의 「신형장부도」를 볼 차례다. 위에서 살펴 본 신체도와
비교할 때, 『동의보감』은 장부를 그린 부분이 훨씬 소략하다. 그려진 내부
기관의 수도 적으며, 표시된 글자도 적고, 그림 자체의 사실성도 떨어진다.
대신에 다른 신체도에 보이지 않는 도교적 양생술의 네 가지 용어가 표기
되어 있다. 뇌 부분의 니환궁(泥丸宮), 척추 부문의 옥침관(玉枕關)·녹로관(轆
轤關)·미려관(尾閭關) 등이 그것이다. 『의학강목』에서는 뇌를 수해(髓海)라 표
현하면서 "지극한 음으로 꽁무니뼈[미려]에 이른다."[8]고 했으나, 「신형장부

도」에서는 뇌수해란 말은 사용하면서 부가 설명 없이 머리 꼭대기 부분에 니환궁이라는 용어만 표시했다. 또한 척추에 세 가지 관문이 있다고 보아 그 각각에 대한 명칭을 적었다. 『의학강목』 등에서는 뇌에 대해 지극한 음이 시작되는 곳이라고만 했을 뿐, 『동의보감』처럼 도교적인 명칭을 사용하지는 않았다. 여기서 따로 설명이 없기 때문에 『동의보감』 본문의 해당 내용을 찾아보면, 뇌수해는 『선경(仙經)』에서 말하는 상단전으로 '기를 간직하는 창고[藏氣之府也]'로 표현된다.[9] 니환궁은 도교에서 말하는 뇌에 있는 9궁 가운데 하나로서, 달리 황정(黃庭), 곤륜(崑崙), 천곡(天谷) 등의 이름으로도 불리며 원신(元神)이 존재하는 곳이며, 또 혼백이 나드는 구멍이다.[10] 『선경』에 따르면, 몸 뒤쪽 3개의 관문이 있는데, 뇌의 뒤에 있는 것이 옥침관, 등 뒤에 있는 것이 녹로관, 꽁무니 쪽에 있는 것이 미려관이라고 했다. 이 셋은 정·기가 오르내리는 도로로 표시했다. "만약 [삼관이] 북두칠성의 기틀처럼 잘 돌게 되면 정기가 위아래로 도는 것이 마치 은하수가 흐르고 도는 것과 같다."고 했다.[11] 뇌와 척추 사이를 이렇게 파악한 까닭은 그곳을 순환하는 정·기·신의 활동을 드러내고, 정·기·신에 기초를 둔 청정수양법이 중요함을 말하기 위한 데 있었음이 분명하다. 이 책의 「집례」에서 도가는 정미로움을 얻고, 의가는 거친 것을 얻었다고 했는데, 그 정미로움을 신체도에 표시하지 않을 수 있었겠는가. 또 유사한 전작에 들어 있던 장부와 관련된 표현을 없앤 까닭도 양생을 의학에 앞세운 비슷한 맥락에서 헤아리고자 한다. 허준은 이 신체도의 명칭을 '신형장부도'라 붙였다. 이런 명칭으로부터 이 그림이 정·기·신을 본질로 삼고, 몸속 오장육부의 작용과 형태로 드러난 몸 겉 백체의 활동을 모두 포괄한다는 「집례」의 생각을 발현한 것임을 짐작할 수 있다.

이 그림에는 도상 주변에 두 가지 글이 실려 있다. 첫 번째 글은 "손진인(孫眞人) 왈……"로 시작하며, 둘째 부분은 "주단계(朱丹溪) 왈……"로 시작하는

데, 이 두 글로부터 허준이 신형장부도를 제시하면서 무슨 말을 하려고 했는지 의도를 짐작할 수 있다. 첫 번째 부분의 내용을 보면 다음과 같다.

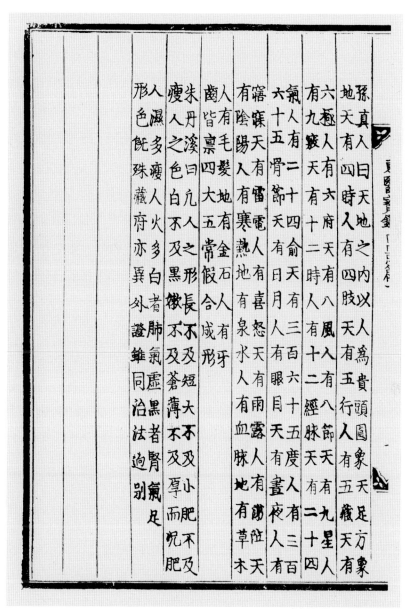

<그림 62> 신형장부도 설명

사람 머리가 둥근 것은 하늘의 둥긆을, 사람 발이 평편한 것은 땅의 평편함을 본받는다. 하늘에 네 계절이 있듯이 사람에게는 사지가 있다. 하늘에 오행이 있으니 사람에게 오장이 있으며, 하늘에 여섯 방위가 있으매 사람에게 육부가 있다.

하늘에 여덟 방위에서 부는 바람[八風]이 있으니 사람에게 여덟 군데 마디짐[八節]이 있고, 하늘에 아홉 별이 있어 사람에게 아홉 구멍[九穴]이 있다. 사람의 열두 경맥(經脈)은 하늘의 12시를 본받고, 사람의 스물네 혈(穴)자리는 하늘의 24절기를 본받는다. 또한 하늘에 365도가 있기 때문에 사람에게도 365관절이 있다.

하늘에 해와 달이 있듯이 사람에게 눈, 귀가 있다. 하늘에 낮과 밤이 있듯이 사람이 잠들고 깨어남이 있다. 하늘에 천둥과 번개가 있듯이 사람에게는 기쁨과 노함이 있다. 하늘에 비, 이슬이 있듯이 사람에게는 눈물, 콧물이 있다. 하늘에 음양이 있듯이 사람에게 추위와 신열(身熱)이 있다. 땅에 샘물이 있듯이 사람에게 혈맥이 있으며, 땅에 초목이 자라듯 사람은 털과 머리카락을 갖는다. 땅에 금석(金石)이 있듯이 사람은 치아를 갖는다. 모든 것이 사대(四大)와 오상(五常)을 품부 받아 형체를 이룬다.[12]

"손진인(孫眞人) 왈……"로 시작되는 위 인용문은 손사막(孫思邈)의 저작에서는 보이지 않고 비슷한 내용이 『천금방(千金方)』에 실려 있다. 이런 내용이다.

하늘에 사시와 오행이 있으니 생장수렴을 맡고 한·서·조·습·풍으로 나타난다. 사람에게는 오장이 있는데, 변화하여 다섯 기운이 되니 희·로·비·우·공이다. 그러므로 희로가 기를 상하게 하고, 한서가 형을 상하게 한다. 지나친 노여움이 음을 상하고 지나친 즐거움이 양을 상하게 한다. 그러므로 희로에 절제가 없거나 추위와 더위에 절도가 없으면 생

명이 굳건하지 못하게 된다. 사람이 때에 맞춰 섭양을 잘하지 못한다면 요찰을 면하기 힘들다.[13]

이 인용문은 사시 오행의 기운에 따라 생장과 수렴이 이루어지고 추위와 더위, 건조함과 축축함, 바람 등이 생겨나는 것처럼 인간에게도 오장에서 기쁨·노함·슬픔·걱정·무서움 등 다섯 기운이 생겨 각종 병의 원인이 되며 그렇기에 섭양을 잘하지 않는다면 일찍 죽는 것을 면할 수 없다는 내용을 말한다. 이런 내용은 『동의보감』의 「집례」에서 밝힌 수양청정 강조와 맥락을 같이하며, 신형장부도에 도가적 양생법 술어를 담은 것은 이런 취지의 양생법에 대한 암시다.

　"손진인(孫眞人) 왈……"의 내용은 정확히 『의방유취(醫方類聚)』에 실린 『오장론(五臟論)』의 '의인(醫人)'이다.[14] 이 『오장론』은 송대에 편찬된 『숭문총록(崇文總目)』에 이름이 보이는 『기파오장론(耆婆五臟論)』으로, 인도의 명의인 기파(耆婆)를 가탁한 책으로 간주된다.[15] 「신형장부도」의 인용문이 말하고자 하는 것은 신형 장부를 비롯한 백체가 다 우주 자연의 이치를 본받은 것이라는 삼재(三才)인 천지인(天地人) 합일의 신체관이다. 그것은 추상적인 차원에서 하늘, 땅, 인간이 한 이치에 있다는 게 아니라 신체 각각이 하늘과 땅의 유래를 지닌 소우주를 이루고 있다는 것을 보이고 있다. 둥근 머리, 네모진 발, 사지, 8절(八節: 좌우의 어깨, 팔뚝, 고관절, 무릎 등) 9규(九竅: 두 귀, 두 눈, 입, 두 콧구멍, 전음, 후음 등 몸에 난 구멍), 12경맥, 24수혈(腧穴), 365골절, 안목(眼目), 혈맥, 모발, 치아 등 외형적 요소와 오장과 육부의 몸속 장기와 몸으로 나타난 한열, 콧물과 눈물, 깨어 있음과 잠듦과 생리 현상, 기쁨과 노함 등 감정적 요인까지도 다 하늘 또는 땅의 현상을 본받은 것이다. 구체적인 대응은 아래 표와 같다.

우주와 자연 현상	신체 부위
둥근 하늘	둥근 머리
네모진 땅	네모진 발
네 계절	사지
오행	오장
육극(사방과 상하)	육부
팔풍	팔절(좌우의 어깨, 팔뚝, 고관절, 무릎 등)
구성(九星)	구규(九竅: 두 귀, 두 눈, 입, 두 콧구멍, 전음, 후음)
12시	12경맥
24절기	24수혈
365도	365골절
일월	안목
주야	깨어 있음과 잠듦
천둥과 벼락	기쁨과 노함
비와 이슬	콧물과 눈물
음양	한열
샘과 물	피와 맥
초목	모발
금석	아치

〈표 2〉 천지인 삼재의 합일에 따른 신체관

이런 말은 신형장부의 모든 부위가 우연히, 자기 멋대로 형성된 것이 아니라 거대한 우주 자연에 정확히 대응하는 성격의 것임을 밝힌 것이다. 허준은 이를 종합해서 "이 모든 것들이 [경전에서 말하는] 사대(四大)와 오상(五常)이 몸에 갖춰져 형체를 이룬 것"이라 했다. 사대는 불교에서 말하는 모든 생명체의 근원인 지·수·화·풍을 뜻하며, 오상은 인간의 성품인 인·의·예·지·신을 뜻하지만 넓게는 인체의 성품을 결정짓는 오행(五行)으로 이해되기도 한다. 이처럼 천·지·인 삼재관에 입각한 신형장부론은 오행의 상응 관계에 따른 신체 내·외부의 신체관을 전개해나가는 『만병회춘』의 그것과 인식의 차원이 크게 다르다.

「신형장부도」에 실린 두 번째 글은 인간이라는 존재에 대한 신형 일반론이 아니라, 사람에 따라 다르게 나타나는 개별적 신체의 차이에 대한 것이다.

주단계(朱丹溪)가 말하기를, "사람의 형상은 키가 큰 것이 작은 것에 미치지 못하고, 덩치가 큰 것이 작은 것만 못하고, 살찐 것이 마른 것만 같지 못하다. 사람의 색은 흰 것이 검은 것에 미치지 못하고, 매끈한 것이 무성한 것에 미치지 못하며, 엷은 것이 두터운 것에 미치지 못한다. 하물며 살찐 사람은 습한 기운이 많고, 여윈 사람은 화의 기운이 많고, 흰 사람은 폐의 기운이 허하고, 검은 사람은 신기의 기운이 족하다. 이처럼 형체와 색깔이 다르고 장부도 다르니, 바깥에 드러난 증상이 비슷해도 치료하는 법은 크게 다르다."고 했다.[16]

여기서는 사람의 형체가 사람에 따라 장단(長短), 비척(肥瘠), 피부의 상태에 차이가 있으며, 그 차이가 장부에 있는 기의 차이에 따라 비롯된 것임을 말했다. 위의 문장은 원나라의 주진형(朱震亨, 1281~1358)이 지은 『격치여론(格致餘論)』안에 나오는 "치병선관형색연후찰맥문증론(治病先觀形色然後察脈問證論)"이라는 제목의 글안에 포함된 내용이다.[17] 『격치여론』은 3천여 자로 쓰인 주진형의 대표작으로서 그의 의학 사상의 요점이 되는 것을 적어놓은 간명한 이론 중심의 의서다. 원래 위 인용문 앞에는 "내경에서는 진맥의 도는 사람이 용맹스러운지 겁이 많은지와 살과 피부 상태를 보아 그 정황을 알 수 있는 것이니 그것으로 진단법을 삼는다고 했다[經曰: 診脈之道, 觀人勇怯, 肌肉皮膚, 能知其情, 以爲診法也]."는 구절이 있어서 형색을 보는 것이 가장 좋은 진단법임을 말하는 맥락에 있다.

『동의보감』에서 "주단계 왈"이라는 문장을 "손진인 왈"로 시작되는 문

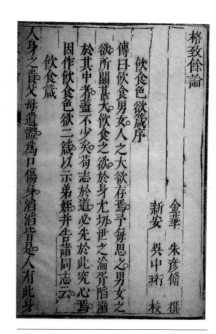

<그림 63> 『격치여론』(『중국의학통사』 문물권에서)

장 다음으로 두 번째에 놓은 데 큰 의미가 있다.[18] 손사막을 인용한 부분이 천지일 합일에 따른 신체관의 보편적인 특성을 말한 것이라면, 주단계를 인용한 부분은 사람에 따라 신체장부의 차이가 있음을 밝힌 것이다. 그 다름은 바깥에서는 키의 차이, 신체 체형의 차이, 신체 색깔의 차이로 나타나며 그것은 몸속 장부 기운의 차이를 반영한다. 달리 말하면, 자연의 영향에 따라 인간이 태어나서 삶을 영위한다는 점은 모든 인간들에게 공통적이지만 그 타고난(이것은 선천적, 후천적으로 품부 받은 것을 모두 포함함) 품부의 차이로 인하여 감별되어야 할 외형이 존재하게 된다. 아마도 허준은 신형장부도에 이 말을 부각시킴으로써 외형에 대한 이해가 올바른 진단과 치료법으로 이끄는 제대로 된 신형장부의학의 접근법이라고 말하고 싶었던 것 같다.

결론적으로 손사막의 인용은 천지인 합일에 따른 신형, 장부, 백체와 관련된 생리와 병리, 나쁜 상태로 빠지지 않기 위한 섭생의 길을 암시하고 있다. 다음 주단계의 인용은 외형, 장부에 대한 파악, 그에 대한 진단과 치료라는 의학의 길을 제시한다. 이 양자를 합쳐 하나로 표현한다면, 양생과 의학을 일통한 천지인 합일의 양생론적 신형장부의학이라 명명할 수 있을 것이다. 이는 「집례」에서 처음 표현되어 「신형장부도」에서 더욱 분명해진 것이며, 이어지는 본문 5편 105문의 내용으로 구체화한다.

2. 양생과 의학을 일통한 내·외·잡·말의 체제

"신(臣) [허준이] 삼가 헤아리건대[按]……"로 시작하는 『동의보감』「집례」의 첫 부분은 이 책에서 허준이 자신의 생각, 더 정확하게는 자기 연구의 결과를 통한 깨달음을 드러낸 유일한 대목이다. 오랫동안 의원 임상을 하면서, 또 십여 년 동안 새 의서 편찬을 위해 의학을 궁구하면서 얻은 자신의 생각이 이전의 그 어떤 것과도 다른 것임을 허준은 이 '안(按)'이라는 한 글자로 표현했다. 무엇을 깨달은 것인가? 「집례」의 첫머리는 다음과 같이 시작된다.

신이 삼가 헤아리건대, 사람의 몸 안에는 오장육부가 있고 겉에는 근골(筋骨)·기육(肌肉)·혈맥(血脈)·피부(皮膚) 등이 있어서 사람의 형태를 이루고, 정·기·신이 또한 [몸 안의] 장부와 [몸 겉] 온갖 형체의 주인이 됩니다.[19]

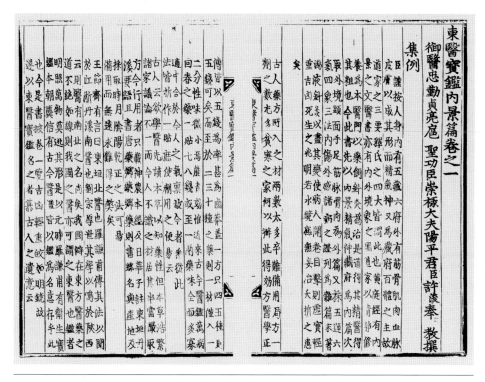

〈그림 64〉 『동의보감』의 「집례」

오늘날 한의학을 조금이라도 아는 사람에게 위의 인용문은 너무나 익숙한 것이기 때문에 이 말이 지니는 선언적 의미를 느끼기 힘들다. 이런 내용은 의학 경전인 『황제내경(黃帝內經)』의 기본을 이루는 것이기 때문이다. 그렇지만 『내경』 이후 어떤 의학자도 이와 같은 생각을 전면에 드러내면서 이에 바탕을 둔 의학 체계의 건설을 시도하지 않았다는 사실을 안다면, 허준이 책 첫머리에 제시한 이 말의 신선함 또는 혁명성에 대해 공감하지 않을 수 없을 것이다. 이정구(李廷龜)가 「동의보감서(東醫寶鑑序)」에서 말한 것처럼 창·월 이래 의학이 개개의 경험에 의존하거나 독단적인 의론의 제시로 밝아지기보다는 오히려 더 혼란에 빠진 상황을 타개하기 위한 출발점으로서, 허준은 누구나 인정할 수밖에 없는 신체관(身體觀)을 들고 나온 것이다.

위 인용문에 이어 "그러므로 도가의 세 가지 중요한 요소[三要]나 석가가 말하는 네 가지 요소[四大]가 모두 이것을 말한 것입니다[故道家之三要釋氏之四大皆謂此也]."는 문장이 나온다. 여기서 '이것'이란 것이 기본 요소가 몸을 구성한다는 것을 말하는 것인지, 신체의 내외 구별까지 같이 말한 것인지는 불분명하다. '이것'을 제대로 파악하려면 『동의보감』 본문으로 들어가 해당 내용을 살펴봐야 한다. 도가에서 말하는 삼요란 정·기·신이 분명하다. 본문에는 삼요라는 말이 따로 등장하지 않으며 정·기·신을 함께 논한 대목이 두 개 존재하는데, 이 중 하나가 지금의 논의와 관련이 있다. 『오진편주(悟眞篇註)』를 인용하면서 허준은 "사람의 몸이 천지의 빼어난 기운을 품부 받아 생겨나는데, 음양의 기운에 의탁하여 질그릇이나 주물(鑄物)처럼 형태를 이루게 된다. 그러므로 일신 가운데 정·기·신이 주인이 되는데, 신은 기에서 생기고, 기는 정에서 생긴다. 진기를 양생하는 선비가 자기 몸을 다스려 수양하는 데 그르침이 없도록 하려면 정·기·신 이 삼물(三物)을 연치(煉治)해야 한다."[20]는 것을 밝혔다. 이 인용문에는 삼요성형(三要成形) 이외에 「집례」에서 말하지 않은 두 부분을 더 말하고 있다. 하나는 사람의 몸이 천지의 기운을 받아 음양 두 기운의 작용에 따라 생겨난다는 점이며, 또 다른 하나는 정·기·신 수련의 중요성이다. 불가에서 말한 사대에 관한 내용은 '사대가 형체를 이룬다[四大成形].'는 세목에 실려 있다.

> 석씨가 논하여 말하기를 지·수·화·풍[의 기운]이 서로 작용하여 사람을 형성하는데, 근골과 기육은 모두 지에 속하며, 정혈과 진액은 모두 수에 속하며, 호흡과 [몸의] 온난은 모두 화에 속하며, 영명한 활동은 모두 풍에 속하므로 풍[의 기운]이 그치면 기가 끊어지고, 화[의 기운]가 없어지게 되면 몸이 차게 되며, 수[의 기운]가 마르게 되면 혈이 흩어지며, 토[의 기운]가 흩어지면 몸이 갈라집니다.[21]

이 인용문의 요지는 지·수·화·풍 등 우주적 요소가 근골 같은 인체의 외부나 정혈(精血)·진액 같은 신체 내부의 것을 다 생성시킨다는 것이다. 삼요의 경우도 『오진편주』에 따른다면 역시 천지, 음양의 우주적 요소가 신체로 발현된다는 것이므로, 허준은 도가와 불가가 비록 천지음양성형과 사대성형이라는 다른 사상 전통에 입각해 있지만 백체가 천지음양 또는 지·수·화·풍 등의 우주적 차원에서 기본 물질 또는 요소의 발현이라는 점에서 동일한 것을 말한 것으로 이해했다.[22]

도가의 삼요나 불가의 사대가 직접 신체 내외의 구분을 말하는 것이 아니기 때문에 허준이 다음에 신경을 쓴 부분은 당연히 이 구분의 유래를 밝히는 것이었다. 이에 대해 허준은 『황정경(黃庭經)』의 '내경에 관한 글[內景之文]'과 의서(醫書)의 몸 안팎의 모습을 구별해 그린 그림[內外境象之圖]을 제시하면서 자기의 깨달음을 정당화했다. 즉 도가의 논의에도, 의학의 전통상으로도 신체의 내외를 구별하여 파악하는 전통이 있었다는 것이다. 이에 대해서도 「집례」에서 더 말하고 있지 않으므로, 『동의보감』 본문을 탐색해야 한다. 『황정경』에 몸 안의 풍경을 읊은 글이 무엇인지 명확치는 않지만 『동의보감』의 '사람 몸 곳곳에 있는 신(神)의 이름[人身神名]'이라는 항목에 몸 안의 다섯 신에 대해 말한 대목이 보인다. 『황정경』에 따르면, 몸 안에는 오장의 신이 각각 '간장의 신', '심장의 신', '비장의 신', '폐장의 신', '신장의 신' 등으로 복장을 갖춘 신비한 존재로 의인화되어 있다.[23] 앞에서 언급된 『황정경』 '내경에 관한 글'은 『동의보감』에서는 발견되지 않지만, 『의방유취』에는 '황정내경오장육부도(黃庭內景五臟六腑圖)'라는 표현이 자주 등장한다. 아마도 허준은 내경이란 말을 여기서 얻은 것 같으며, 또 그것이 오장육부를 중심으로 한 몸 안의 풍경으로 이해한 듯하다. 내외경상지도(內外境象之圖)의 경우, 『동의보감』에서의 다른 어느 부분에서도 상고(相考)하기 힘들다. 다만 이전의 그림으로 송대 실제 해부를 그린 양개(楊介)의 진존도(眞存圖)의 내경도(內境圖), 외경도(外境圖)를 합쳐서 주굉(朱宏)의 『활인서(活人書)』가 내외이경도(內外二境圖)를 실었다는 한 기록이 있는데 이를 지칭한 것 같다.[24]

허준은 도가의 경전과 의가의 저술을 들면서 이 내외의 구분이 양쪽의 전통을 계승한 것임을 천명했다.[25] 허준은 『동의보감』의 「내경편」에 들어가기에 앞서 신형장부도를 그려 넣었는데, 이것이 사실상 외(신형)와 내(장부)를 결합해 하나로 합친 내외이경도의 성격을 띤다. 「집례」에서 쓴 외경(外境)이란 표현은 실제 편명에는 외형(外形)으로 바뀌었는데, 여기서는 단순히 안과 밖의 구별을 뜻하는 내경/외경 대신에 안의 요소가 바깥의 형체를 결정한다는 측면을 더 부각시키기 위해 내경/외형의 구분법을 사용한 것으로 추정된다.

「집례」의 다음 구절은 "도가는 청정한 마음으로 수양하는 것을 근본으로 삼고, 의문(醫門)은 약물과 음식, 침과 뜸으로 병을 다스리니, 이는 곧 도의 추구는 정미로움을 얻는 것이오, 의(醫) 행위는 거친 부분을 얻는 것입니다."로 이어진다. 이 부분이 의학이 주 대상으로 삼는 병 부분과 청정·수양의 대상이 되는 신형장부 부분이 나뉘는 갈림길로 보았기 때문에 이런 말을 한 것이다. 내경과 외형 부분은 의학의 대상이 되면서도 몸과 정신을 기르는 양생의 영역이다. 그렇지만 이어지는 「잡병편」은 오로지 병을 고치는 의학의 전문 영역이다. 양쪽 경계에 대한 허준의 입장은 국왕 선조가 처음에 제시했던 과제, 즉 양생을 의학보다 우선하라는 지침을 정확히 반영한 것이다. 일찍이 『황제내경』은 이런 원칙을 제시했지만, 이후의 의학 발전에서 양생의 원칙은 배제되거나 축소되는 경향이 지배적이었다. 양생 우선 원칙은 이런 실정의 전복을 필요로 했고, 전문가의 영역인 병보다는 인간 모두에 해당하는 영역인 몸이 내외로 나뉘어 앞에 위치토록 한 것이다.(今此書先以內景精氣神藏府爲內篇次取外境頭面手足筋脈骨肉爲外篇.) 내외가 수양을 기본으로 삼아 내린 정의라는 점에서 오늘날 흔히 말하듯 내경은 내과, 외형은 외과라고 말할 수 없음도 자명하다. 본질적인 요소이며 보이지 않는 곳에 위치하므로 '내', 그것의 발현체로서 형체인 '외'인 것이다.

「집례」에서 이어지는 부분은 청정수양의 방법을 쓰지 않는 병을 고치는 영역이고, 거친 부분이기 때문에 '잡편(雜編)'이다. 『동의보감』의 편명인 「잡병편」은 우리가 상식적으로 말하는 잡병이 아님이 분명하다. 신체를 수양하는 영역이 아니라 인위적 기술의 영역으로서 병 관련 부분이다. 정통 학문인 문과·무과에 대비해 기술 영역을 잡과라 불렀던 것처럼 수양 양생의 영역을 내외로 파악하고 기술 영역을 '잡'으로 파악한 것이다. 그렇기에 「잡병편」은 온갖 잡병이 아니라 '잡'의 영역인 '병' 부분을 뜻한다. 오랫동안 수많은 의학자들이 진지하게 추구하고 발전시켜온 의학 전통이란 것이, 허준의 눈으로 볼 때에는 생명을 기르는 진정한 방법이 아니라 그저 겨우 거친 것만 얻은 '잡(雜)'에 불과한 것이었다. 이는 기존 의학 전체를 '잡'으로 규정한 것으로서 가히 혁명적인 선언이다.

허준은 「집례」에서 잡병의 영역으로 오운육기(五運六氣)와 사상(四象), 삼법, 내상과 외감, 이 밖의 온갖 병증을 들었다.(又採五運六氣四象三法内傷外感諸病之證列爲雜篇.) 허준은 잡병의 가장 큰 범주로서 오운육기의 병리학, 진단학, 치료학을 들고서 대표적인 병으로서 몸 안에서 비롯하는 내상과 몸 바깥의 삿된 기운 때문에 생기는 외감병을 말한 다음, 온갖 병증을 언급하는 것으로서 자신이 설정한 「잡병편」의 대략을 제시했다. 오운육기에 대해 본문에서는 "오운육기란 천지, 음양, 운행, 승강의 상도"[26]라고 했는데, 우주에서 목·화·토·금·수의 운행이 정상 때보다 심하게 빠르거나 더딘 경우 그것이 대기의 풍·한·서·습·조·화 등 여러 기운의 변화를 초래하며, 이런 기운의 변화에 따라 몸 안에 병이 생기는 것을 뜻한다. 몸과 생명의 기운이 우주 대지로부터 비롯된 것처럼 병의 기운도 대기와 우주로부터 비롯함을 말한다. 『동의보감』에서는 특히 한 해에 동일한 병증을 여러 사람이 같이 앓는 경우 이로 설명한다.[27] 『동의보감』에서는 보통 운기(運氣)라고 알려진 병인 파악에 대해 문명(門名)에 천지(天地)를 덧붙여 '천지운기'라 하여 보통의 운기학보다 하늘과 땅 기운의 항상성과 변화에 대한 천문학적인 관심을 표명했다. 사상(四象)은 네 가지 상을 보는 진단법을 말한다. 네 가지 상이란 얼굴에 나타난 안색을 파악하는 망(望), 몸에서 나는 소리를 듣는 문(聞), 환자에게 증상을 묻는 문(問), 환자의 맥을 잡아 파악하는 절맥(切脈) 등을 가리킨다. 삼법(三法)은 토하게 하고, 땀 내게 하고, 배설시키는 세 가지 방법으로 상고의 뛰어난 의사가 사용한 신묘막측한 방법이다.[28] 내상(内傷)이란 바깥의 나쁜 기운 때문이 아닌, 음식과 피곤함으로 인해 비장과 위장의 기운이 해쳐져 생긴 병을 말하며, 외감(外感)이란 풍·한·서·습·조·화 등 몸 바깥의 삿된 기운이 몸에 침입해서 생긴 병을 뜻한다. 이 두 가지 외에 해수, 옹저, 학질, 온역 등 온갖 병증이 「잡병편」의 나머지를 이룬다.

마지막 부분은 「탕액편」과 「침구편」으로서 말(末)에 해당된다. 허준은 이 두 편의 설정에 대해 "끄트머리에 탕액과 침구를 두어 그 변용을 끝마친다[末著湯液鍼灸以盡其變]."[29]고 짧게 설명했다. 탕액과 침구를 마지막에 둔 것에 대해 『동의보감』 안에서는 그 이유를 찾을 수 없고, 『동의보감』에 많이 인용된 책인 『의학입문』에서 단서를 찾을 수 있다. 이에 따르면 "이 경전[내경]이 나온 이래 백성들이 앓을 때에는 폄침(砭針)으로 몸 겉을 고치고, 탕액으로 몸 안의 병을 돌본다[此經旣作 民之有疾 必假砭針以治其外 湯液以療其內]."고 되어 있다.[30] 여기서 내외가 내경과 외형의 대구를 이룬다는 점도 주목해야 한다. 그러니까 탕액은 몸 안에서 작용하고, 폄침은 몸 겉에 시술된다. 사실 이는 이천이 처음 말한 게 아니고, 14세기 원대 의사인 이탕경(李湯卿)의 『심인감주경(心印紺珠經)』에 나오는 말을 끌어온 것이다. 이 말처럼 의학에서 양대 치료법을 나타내는 말로 침구와 탕액이라는 표현은 오래전부터 정형화되어 있었다. 단, 허준은 순서를 바꿔서 탕액을 앞세우고, 폄침이란 말을 침구로 바꾸었다.

다시 「집례」 부분으로 논의를 돌리면, 맨 마지막에 있는 '변(變)'자가 주목을 끈다. 이 글자는 「내경편」 설정에 썼던 '선(先)', 「외형편」 설정 때 쓴 '차(次)', 「잡병편」 설정을 표현한 '우(又)'자와 연관된다. 이 말은 곧 허준이 자신이 세운 의학 체계를 하나의 일관된 계열을 이루어 변용되는 과정으로 파악했음을 뜻한다. 그 일련의 변용이란 내·외·잡·말의 과정이다. 이리하여 청정수양의 대상이 되는 몸과 관련된 「내경편」과 「외형편」, 병증의 원인 파악에서 진단, 치료, 갖가지 병증에 대한 개별적 이해를 담은 「잡병편」, 구체적인 치료 도구로서 탕액과 침구에 관한 내용이 모두 하나의 가지런한 논리 체계를 구성하게 된다.

3. 「내경」·「외형」·「잡병」·「탕액」·「침구」 5편 체제의 내용

『동의보감』의 「내경」·「외형」·「잡병」·「탕액」·「침구」 다섯 편은 가장 큰 범주로 각각 몸속, 몸 겉, 병리와 각종 병, 약리와 본초, 침구 이론과 시술법 등에 관한 내용을 거느린다.

「내경편」에는 다음 26개 문(門)이 담겨 있다.

「내경편」(26개 문): 신형(身形), 정(精), 기(氣), 신(神), 혈(血), 몽(夢), 성음(聲音), 언어(言語), 진액(津液), 담음(痰飮), 오장육부(五臟六腑), 간장, 심장, 비장, 폐장, 신장, 담, 위, 소장, 대장, 방광, 삼초, 포(胞), 충(蟲), 소변, 대변 등

이런 내용이 『내경』에 포함되어 있는 이유를 허준이 직접 집례에서 언급한 것은 신형[人身]·정·기·신과 오장육부뿐이고, 나머지는 연결 관계를 보아 추론하는 수밖에 없다. 신형은 신체의 총체이며, 정·기·신·혈은 생명 활동의 기본이다. 꿈·목소리·언어는 생명 활동의 작용이며, 진액과 담음은 생명 활동 중에 생겨난 것이다. 오장육부와 포는 실제로 생명 활동을 유지시키는 몸속의 중추기관이며, 충·소변·대변은 장부와 연관된 몸속 부속물이다. 다른 의서와 달리 여성의 신체 일부인 포(胞)를 부인에게 특정된 기관이 아니라 보편적인 신체기관으로 간주하여 「내경편」에 둔 점이 이채롭다.

「외형편」도 「내경편」처럼 26개 문으로 구성되어 있다.

「외형편」(26개 문): 두(頭), 면(面), 안(眼), 이(耳), 비(鼻), 구설(口舌, 입과 혀), 치아(齒牙), 인후(咽喉), 두항(頭項, 목), 배(背, 등), 흉(胸), 유(乳), 복(腹), 제(臍, 배꼽), 요(腰, 허리), 협(脇, 옆구리), 피(皮, 살갗), 육(肉, 살덩이), 맥(脈),

근(筋, 힘줄), 골(骨, 뼈), 수(手), 족(足), 모발(毛髮), 전음(前陰, 생식기), 후음(後陰, 항문) 등

「외형편」에서 병은 위치에 따라 머리와 얼굴 부위, 몸통 부위, 몸 겉과 안쪽 부위, 몸의 변방 부위 등 크게 네 범주로 나뉜다. 왜 이런 순서가 되었는지 불분명하나, 이에 대해서는 허준이 본 『의방유취』에 인용된 「오상대론(五常大論)」의 내용이 어느 정도 참조가 된다. 이글에 따르면, 인체는 천·지·인 삼재 중 사람의 몸을 하늘을 본받는 상부로서 가슴에서 머리까지, 인간을 본받는다는 중간 부분으로서 격막에서 배꼽까지, 땅을 본받는다는 하부로서 배꼽 이하 발까지 크게 세 부분으로 나뉜다. 이어서 각 부분은 뇌수, 머리, 얼굴, 눈, 코, 입, 혀, 귀 등의 오관, 목, 어깨, 가슴, 팔꿈치, 겨드랑이, 옆구리, 가슴(흉격), 배꼽, 허리, 항문과 생식기, 다리와 발 등 신체의 온갖 부위를 포함한다.[31] 여기서 뇌수, 어깨, 겨드랑이를 제외한 나머지 신체 부위들이 「외형편」의 한 문(門)씩을 형성한다. 『동의보감』은 여기에 포함되지 않은 힘줄·혈맥·살갗·피모·뼈 등 오체(五體)를 별도의 문으로 설정했다. 오체를 하나의 세트로 포함시킨 것은 대단히 이례적인데, 몸을 깊이를 드러내는 입체로 파악했기 때문이다. 그렇기에 뼈는 몸속에 있어도 내경이 아니라 외형의 대상으로 삼았다. 맥, 배꼽, 뼈[骨], 유방의 별도문 설정에는 신체 부위 단위로 분문(分門)한다는 『동의보감』의 원칙이 잘 드러나 있다. 다른 의서에서 맥은 늘 진맥의 일환으로서, 배꼽은 의학보다는 양생에서, 유방은 부인 질환의 하나로서 취급했다.

「잡병편」은 36개 문으로 구성되어 있으며, 크게 다섯 분야로 나뉜다.

총론(8개 문): 천지운기(天地運氣), 심병(審病, 병을 알아내는 법), 변증(辨證, 증상을 파악하는 법), 진맥(診脈), 용약(用藥, 약을 쓰는 원칙), 토법(吐法, 토하

게 해서 치료하는 법), 한법(汗法, 땀을 내서 치료하는 법), 하법(下法, 설사시켜 치료하는 법) 등

외감병(6개 문): 풍(風), 한(寒), 서(暑), 습(濕), 조(燥), 화(火)

내상병(10개 문): 내상(內傷), 허로(虛勞), 곽란(霍亂), 구토(嘔吐), 해수(咳嗽), 적취(積聚), 부종(浮腫), 창만(脹滿), 소갈(消渴), 황달(黃疸) 등

내상·외감이 아닌 병(10개 문): 해학(痎瘧), 온역(瘟疫), 사수(邪祟), 옹저(癰疽), 제창(諸瘡), 제상(諸傷), 해독(解毒), 구급(救急), 괴질(怪疾), 잡방(雜方) 등

부인과 소아(2개 문)

「잡병편」의 첫 부분에서는 천·인 관계의 그릇됨 때문에 병이 생긴다고 보는 오운육기, 망진·맥진·문진(聞診)·문진(問診)의 사상(四象), 토(吐)·한(汗)·하(下) 삼법(三法) 등이 포함된다. 즉 어떤 병이 있었을 때 우주적인 차원에서부터 그 원인을 캐내고, 병의 경중과 허실을 정확히 진단해내며, 파악된 병을 정확한 치료 원칙에 따라 접근해나가야 할 것을 밝혔다. 둘째 부분에서는 풍·한·서·습·조·화 등 육기 때문에 일어나는 외감병을 다뤘는데, 두 가지 측면에서 기존의 방식과 다른 특색을 보인다. 하나는 한의학의 대표적인 질병인 중풍과 상한병을 독립된 항목으로 설정하지 않고, 각기 '풍'과 '한'의 하위에 둔 점이다. 기존 한의학에 익숙한 사람에게 이런 방식은 '상식'을 벗어난 것인데, 허준이 이렇게 분류한 이유는 명백하다. 논리적으로 볼 때 중풍·상한보다 풍·한이 선행되는 것이기 때문이었다. 의학 내부 전통을 더 중시할 것인가, 자연철학 논리를 더 중시할 것인가 하는 선택의 지점에서 허준은 언제나 자연학을 중시했다.[32] 다른 하나는 여느 다른 의서와 달리 '조(燥)'를 하나의 독립된 범주로 삼았다는 점이다. 이는『동의보감』이 외감 육기의 존재를 모두 동등하게 엄밀한 독립적인 범주로 간주했기 때문이다. 셋째, 「잡병편」에서는 몸속이 잘못되어서 생긴 병이 외

감과 짝을 이룬다. 이미 잘 확립된 질병들인 내상, 허로(虛勞, 몸이 쇠약해진 병), 곽란(癨亂, 잡작스럽게 토하고 설사하는 병), 구토(嘔吐, 입에서 오물이 나오는 병), 해수(咳嗽, 기침병), 적취(積聚, 기가 맺혀 생긴 병), 부종(浮腫, 몸이 부어 오른 병), 창만(배가 부어 오른 병), 소갈(당뇨병과 비슷한 병), 황달(몸이 누렇게 뜬 병) 등 8가지 병이 이에 포함되어 있다. 넷째, 외감과 내상으로 뚜렷이 구별되지 않는 질병을 실었다. 이에는 해학(痎瘧, 학질), 온역(瘟疫, 계절성 전염병), 사수(邪祟, 귀신 씌운 병), 옹저(몸에 생긴 종기), 제창(諸瘡, 여러 가지 부스럼 병), 제상(諸傷, 여러 가지 외상), 중독과 해독, 구급, 괴질(원인을 알 수 없는 병), 잡방(雜方, 구황을 비롯하여 생활에 요긴한 여러 가지 방법) 등 10가지가 포함되었다. 다섯째는 질병의 양상과 치료가 판이하게 달라 일찍부터 전문 영역을 확보한 '부인'과 '소아' 2가지다. '부인' 항목에서는 임신과 해산에 관한 내용이 주를 이루며, '소아' 항목에서는 육아와 아이의 건강관리를 포괄한다.

「탕액편」은 이른바 본초(本草) 부분이다. 약물학 이론을 다룬 탕액서례에 이어 15개부에 1,400여 종의 약재를 담고 있다. 그 내용은 다음과 같다.

탕액서례(1개 문)

본초(15개 문): 수부(水部), 토부(土部), 곡부(穀部), 인부(人部), 금부(禽部), 수부(獸部), 어부(魚部), 충부(蟲部), 과부(果部), 채부(菜部), 초부(草部), 목부(木部), 옥부(玉部), 석부(石部), 금부(金部) 등

탕액서례(湯液序例) 문은 1문이지만 약물의 채취와 가공·약물의 처방 원리·약을 달이고 복용하는 법·여러 약리(藥理) 이론을 망라한다. 약리 이론 부분에서는 약의 성질과 맛[氣味]과 작용[昇降], 주요 약과 보조약[君臣佐使] 이론과 오장육부와 각 경락에 해당하는 약들에 대해 다룬다.

『동의보감』의 본초 범주는 기존 본초서의 전통을 크게 혁신한 것이다.

분류 범주도 15개로서 대표 본초서인『증류본초(證類本草)』보다 수(水), 토(土), 금(金) 등 두 개가 더 많다. 게다가 본초 배열의 순서도 크게 다르다.『동의보감』의 본초 배열은 다른 책과 달리 수부(水部)를 첫머리에 제시했다. 하늘이 처음에 물을 냈기 때문에 물을 최초의 문으로 삼은 것이다.[33] 이로부터 만물의 생성 순으로 본초의 순서를 삼았음이 짐작된다. "땅이 만물을 기르므로 토부(土部)가 그다음이 되며"[34], "땅에서 인간을 기르는 곡식이 나오므로" 곡부(穀部)가 그다음이 된다.[35] 인부(人部)가 그 다음을 차지한다. 나머지 부분에 대해서는 직접 근거를 말하지 않았지만, 순서를 보면 대충 그 논리를 짐작할 수 있다. 생명이 있는 것(우리가 생물이라고 하는 것)과 없는 것(우리가 무생물이라고 하는 것)이 한 가지 중요한 기준이다. 생명체 중 고등한 것(우리가 동물이라고 부르는 것)과 저등한 것(우리가 식물이라고 부르는 것)이 또 다른 기준이다. 따라서 고등한 것 중에는 사람[人]을 먼저 하고, 그 뒤로는 하늘에 사는 날짐승[禽], 땅에 사는 들짐승[獸], 물에 사는 물고기[魚], 그보다 저등한 미물[蟲]을 놓았다. 저등한 것 중에서는 인간이 상용하는 과실[果]과 채소[菜]를 먼저 놓았고 그렇지 않은 풀[草]과 나무[木]를 뒤에 놓았다. 생명이 없는 것들은 광물의 귀한 정도에 따라 옥(玉)·석(石)·금(金, 쇠붙이)으로 배열했다.[36] 옥은 불과 4종밖에 되지 않는데도 독립적인 범주를 두었는데, 이는『동의보감』이 물(物)의 독립성 위주 범주를 철저하게 지켰음을 뜻한다.『동의보감』의 이런 분류법은 기존에 보이지 않던 매우 대담한 시도다. 본초의 으뜸 경전인『신농본초경(神農本草經)』에 따르면, 옥석(玉石)이 맨 먼저 나오고 그 뒤를 초목(草木)·충수(蟲獸)·과(果)·채(菜)·미(米)·곡(穀) 등이 따른다. 여기서 옥석이 가장 먼저 나온 것은 그것에 상품약(上品藥, 곧 병을 고치는 수준을 넘어 목숨을 늘려주는 명약)이 많이 있다고 보았기 때문이다. 왕호고(王好古)의『탕액본초(湯液本草)』는 이 순서를 바꾸었는데, 처음에 초목을 두고 이어서 과·채·미곡·옥석·금(禽)·수(獸)·충

(蟲)을 배열했다. 이는 약학에서 중요하게 여기는 것 순으로 나열한 것이다. 이와 달리『동의보감』의 배열은 '인위적 기준'이 아니라 자연학에서 말하는 발생적 위계를 따른 것이다. 그렇기에 다른 의서와 달리 분량이 얼마 안 되는 옥부, 수부나 금부를 별도의 문으로 설정했다. 처음의 세 항목, 즉 수(水), 토(土), 곡(穀)의 순서를 제외한다면, 이런『동의보감』의 분류는 오늘날의 자연계 분류와 상당히 흡사한 모습을 띤다. 신체를 내경과 외형으로 나눠 본 것만큼이나 독창적이다. 어떻게 이런 일이 가능했을까? 허준이 좁은 의학의 전통을 그대로 답습하기보다는 좀 더 큰 원리에 따라 몸, 병, 약을 보고자 했기 때문이다. 생명의 탄생과 생명의 등급을 가르는 성리학적 자연관에 입각하여 약들을 분류한 결과, 이상과 같은 '체계적인' 모습을 띠게 된 것이다.

『동의보감』의 마지막 편은 「침구편」이다. 「침구편」은 다른 4편과 달리 오직 '침구' 항목 하나로만 이루어져 있다. 이 편은 연침법(鍊鍼法, 침을 만드는 방법), 화침법(火鍼法, 불로 달군 침을 놓는 법), 점혈법(點穴法), 제애법(製艾法, 뜸쑥을 만드는 법), 구법(灸法, 뜸 뜨는 법), 침보사법(鍼補瀉法, 침을 통해 기운을 불어넣거나 빼는 것) 등과 십이경맥(十二經脈)의 유(流), 주(注), 수혈(兪穴) 등을 다룬다. 분량은 1개 문 정도에 그치지만, 이를 하나의 편으로 할당한 것은 침구가 약재와 함께 의학의 양대 도구였기 때문이다. 그렇지만 이를 『동의보감』의 침구 내용 전부라고 오해해서는 안 된다. 침구 내용은 「침구편」 외에도 각 문에 흩어져 있어서 실제로『동의보감』이 다루는 침구 내용은 이보다 훨씬 많다.

중국 의학사나 조선 의학사의 전통에서 봤을 때, 내경·외형·잡병·탕액·침구 등 다섯 편의 구성은 매우 특이하다. 몸을 병과 구별하여 하나의 독립된 영역으로 떼어놓은 것은『동의보감』이전의 의서에서는 보이지 않는다. 또 몸을 내경과 외형으로 나누어 파악한 것도 『동의보감』이 처음이다. 병을 잡병으로 묶어 파악한 것도 새로운 시도다. 탕액과 침구 치료를 포함한 종합 의서가 없지는 않았지만, 『동의보감』같이 이를 본격적으로 한 의서에 포괄한 시도는 흔한 일이 아니었다. 아마도 2부의 6장에서 말한 바 있는 명대 의학자 공신·공정현 부자의 야심만만한 '만금일통설'의 구상이 그 단초를 제공했을 것이다. 그렇지만 허준은 공신·공정현 부자보다 도교적 양생을 크게 강조했다는 점에서 그들과 달랐다. 『동의보감』은 몸을 기르는 양생을 몸에 든 병을 고치는 의학보다 앞세운다는 더욱 명확한 원칙을 견지했다. 이에 그친 것이 아니다. 이런 원칙에 입각해 허준은 「내경편」 26개 문, 「외형편」 26개 문, 「잡병편」 36개 문, 「탕액편」 16개 문, 「침구편」 1개 문 등 105개 문으로 구성된, 몸과 병, 양생과 치병 영역 전체를 유기적으로 아우르는 원대한 신형장부의학을 구축하게 된다.

8장

동아시아 의학 전범의 확립

『동의보감(東醫寶鑑)』이 구축한 신형장부의학의 구체적인 짜임새와 속살은 어떠한가? 내경, 외형, 잡병, 탕액, 침구 다섯 편 105문이 큰 얼개를 이룬다면, 각각의 문에 뽑혀 배열된 수많은 세목들은 그 얼개를 이어주는 중간역 구실을 하며, 세목마다 딸린 여러 의학 이론과 처방은 말단 세포를 이룬다. 이 이론과 처방은 선현 각가(各家)의 책으로 비롯한 것인 동시에 편찬자인 허준(許浚)의 임상 경험이 묻어 있는 것이다. 신형장부의학의 특색은 105문으로 구성된 대범주, 그 아래 속한 2,807개 세목, 다시 그 아래 딸린 4,747개 처방을 통해 구현된다. 이 장에서는 이와 같은 『동의보감』의 짜임새에 대해 살핀다.

1. 대범주_ 105개 문 체제의 특색

『동의보감』은 107문으로 구성되어 있는데, 분량 때문에 상·하로 나뉜 한(寒)문과 초(草)문을 합치면 범주상으로는 105개 문이다. 이 글에서는 독립된 범주를 기준으로 105개 문으로 본다. 105개 문으로 이루어진『동의보감』체제의 특색을 제대로 알기 위해서는 비슷한 성격의 의서와 비교하는 것이 필요하다. 문의 구성에서 비교의 대상으로 삼을 만한 의서는 병증을 중심으로 분문 편찬한『의방유취(醫方類聚)』(92문)와『만병회춘(萬病回春)』(97문)이다. 각각의 병을 다룬 방식에 많은 곳에서 공통점이 보이며, 또한 적지 않은 곳에서 차이도 보인다. 그것을 표로 제시한다.『동의보감』에 많이 인용된『의학입문(醫學入門)』,『의학강목(醫學綱目)』,『득효방(得效方)』등은 편찬 방식이 다르기 때문에『동의보감』과의 평면 비교는 무의미하다. 그렇지만『의학입문』과『의학강목』,『증류본초(證類本草)』의 편제 중『동의보감』의 편제와 연관이 있는 것처럼 보이는 부분은 이 표에 포함시킨다.

동의보감	의방유취	만병회춘	의학입문	의학강목	증류본초
1-01 身形	양성		保養		
1-02 精	양성	遺精			
1-03 氣	諸氣·양성	諸氣			
1-04 神	경계·건망·전간·중악·허번·양성	癲狂·癎證·健忘·怔忡·驚悸·虛煩			
1-05 血	혈병	失血			
1-06 夢		不寐			
1-07 聲音	성음				
1-08 言語					
1-09 津液	제한	汗證			
1-10 痰飮		痰飮			
1-11 五臟六腑	오장		臟腑圖·臟腑	음양장부	
1-12 肝臟				간·담	
1-13 心臟		心痛		심·소장	
1-14 脾臟	비위			비·위	
1-15 肺臟		肺癰·肺痿		폐·대장	

1-16 腎臟				신 · 방광	
1-17 膽腑				간 · 담	
1-18 胃腑	비위			비 · 위	
1-19 小腸腑				심 · 소장	
1-20 大腸腑				폐 · 대장	
1-21 膀胱腑				신 · 방광	
1-22 三焦腑	삼초				
1-23 胞					
1-24 蟲	제충 · 벽충	諸蟲			
1-25 小便	대소변·제림· 적백탁	濁證·淋症· 遺溺·小便閉· 大便閉 · 大小便閉			
1-26 大便	대소변·제리· 설사·변독	痢疾 · 泄瀉· 大小便閉			
2-01 頭	두면 · 현휘	眩暈 · 頭痛			
2-02 面	두면	面病			
2-03 眼	안	眼目			
2-04 耳	이	耳病			
2-05 鼻	비	鼻病			
2-06 口舌	구설	口舌			
2-07 牙齒	치	牙齒			
2-08 咽喉	인후	咽喉 · 梅核氣			
2-09 頸項					
2-10 背		背痛			
2-11 胸	심복통				
2-12 乳					
2-13 腹	심복통 · 고랭	腹痛			
2-14 臍					
2-15 腰	요각	腰痛			
2-16 脇		脅痛			
2-17 皮					
2-18 肉					
2-19 脉					
2-20 筋		青筋			
2-21 骨					
2-22 手	사지	臂痛			
2-23 足	사지 · 각기	脚氣·痿躄			
2-24 毛髮	모발	鬚髮			
2-25 前陰	제산 · 음나	頹疝			
2-26 後陰	치루 · 제루	痔瘻 · 脫肛			
3-01 天地運氣	총론		運氣總論	내경운기유주· 음양	
3-02 審病	총론		觀形察色· 聽聲審音 · 問證	음양장부	

3-03 辨證	총론			음양장부	
3-04 診脉	총론		診脈	음양장부	
3-05 用藥	총론		用藥檢方	음양장부	
3-06 吐				음양장부	
3-07 汗				음양장부	
3-08 下				음양장부	
3-09 風	제풍·제비	中風·類中風· 預防中風·麻木· 厥症·痛風·痙病			
3-10 寒	제한·상한·고랭	傷寒·中寒· 癎冷·惡寒惡熱		상한	
3-11 暑	제서	中暑			
3-12 濕	제습	中濕			
3-13 燥	제갈				
3-14 火	화	火證·鬱證			
3-15 內傷	숙식·주병	內傷·飮食·			
3-16 虛勞	제허·노채	補益·虛勞			
3-17 霍亂	곽란	霍亂			
3-18 嘔吐	구토·번위·격열	嘔吐·翻胃· 呃逆·噯氣· 呑酸·嘈雜· 關格			
3-19 咳嗽	해수·해역	咳嗽·喘急·哮吼			
3-20 積聚	적취	積聚			
3-21 浮腫	수종	水腫			
3-22 脹滿	창만	痞滿·鼓脹			
3-23 消渴	소갈	消渴			
3-24 黃疸	황달	五疸			
3-25 痎瘧	제학	瘧疾			
3-26 瘟疫	사증	瘟疫			
3-27 邪崇	잡병?	邪崇			
3-28 癰疽	옹달·정창·나력	懸癰·肺癰			
3-29 諸瘡	제창·영류·은진· 개선·단독·칠창	斑疹·結核· 癭瘤·外科			
3-30 諸傷	충상·수상·금창· 제자·절상·탕화상	外科			
3-31 解毒	충독·해독				
3-32 救急	구급				
3-33 怪疾	괴질	奇病			
3-34 雜方	고약·제향				
3-35 婦人	부인	婦科		부인	
3-36 小兒	소아	小兒科		소아	
4-01 湯液序例				음양장부	서례
4-02 水部					
4-03 土部					

4-04 穀部					9.미 10.곡
4-05 人部					4.인
4-06 禽部					6.금
4-07 獸部					5.수
4-08 魚部					7.충·어
4-09 蟲部					7.충·어
4-10 果部					8.과
4-11 菜部					11.채
4-12 草部					2.초
4-13 木部					3.목
4-14 玉部					1.옥·석
4-15 石部					1.옥·석
4-16 金部					
5-1 鍼灸			經絡·鍼灸	음양장부	
기타	신체				
	積熱	發熱			
	제취				
		體氣			

〈표 3〉 『동의보감』을 비롯한 주요 의서의 편제 비교

위의 표를 보면, 다음 여덟 가지 특징이 나타난다.

①『동의보감』은 그 어떤 의서보다도 포괄하는 의학의 범위가 넓다. 이런 특징은 여기에 제시되지 않은 다른 의서까지 포함시켜도 마찬가지다. 왜냐하면, 주로 병증을 다룬 다른 의서와 달리『동의보감』은 이뿐만 아니라 본초와 침구까지도 주요 범주로 포함시켰기 때문이다.

② 본초·침구 관련 부분을 제외한『동의보감』의 88개 문 중 상당 부분의 병증 내용은『의방유취』와 비슷하다.『의방유취』의 22개 문명(門名)은『동의보감』과 완전히 똑같으며, 8개의 문명은 글자만 약간 다를 뿐 거의 같다. 곽란문, 괴질문, 구급문, 구설문, 구토문, 모발문, 부인문, 비문(鼻門), 삼초문, 성음문, 소갈문, 소아문, 안문, 이문, 적취문, 인후문, 제창문, 창만문, 해독문, 해수문, 화문, 황달문 등이 그것이다. 같은 내용이지만 이름만 약간 다른 것으로는 제풍문(풍문), 제충문(충문), 제습문(습문), 제한문(한

문), 제기문(기문), 제학문(학문), 제서문(서문), 치문(치아문) 등 8개가 있다.[1] 또한 33개 문은 유사한 병증을 다뤘으며, 『동의보감』에 보이지 않는 것은 25개 문에 불과하다.

③ 『만병회춘』과 비교한다면, 『의방유취』의 경우와 달리 문명이 똑같은 것으로 아치(牙齒), 온역(瘟疫), 사수(邪祟) 등이 보인다. 또한 『의방유취』에는 보이지 않는 가슴·등·배·허리·옆구리·근육 등 몸의 여러 부위의 통증에 관한 문이 『만병회춘』에는 보인다. 이와 함께 몸 안의 나쁜 액체인 담음이 하나의 문으로 구성되어 있고, 잠을 잘 못 자는 불매(不寐)도 하나의 문으로 구성되어 있다.

④ 『의방유취』와 『만병회춘』에서는 여러 개 문으로 나뉜 것이 『동의보감』에는 하나의 문으로 합쳐져 설정되어 있는 것이 있는가 하면, 거꾸로 이 두 책에 하나의 범주로 설정되는 것이 『동의보감』에서는 하위 범주에 속한 것이 있다. 전자의 예로는 『동의보감』의 신문에 해당하는 것이 이 두 책에서는 전광(癲狂)·간증(癇證)·건망(健忘)·정충(怔忡)·경계(驚悸)·허번(虛煩) 등으로 나뉘어 있고, 두 책에 보이는 제기문(諸氣門)이 기문, 『만병회춘』의 유정문(遺精門)이 정문(精門)의 하위 범주다.

⑤ 『의학입문』의 경우에는 『동의보감』의 천지운기·심병·진맥·용약·침구 등의 이름에 유사성이 보인다. 단 변증(辨證)이라는 문 이름은 보이지 않는다.

⑥ 『의학강목』에는 장부를 구별해서 오장육부, 간과 담, 심장과 소장, 비장과 위장, 폐와 대장, 신장과 방광 등을 하나의 부(部)로 설정했는데, 『동의보감』에서는 이를 각각 나누어 각기 하나의 문으로 설정했다.

⑦ 『증류본초』와 비교한다면, 『동의보감』은 거기에 실린 11종 분류를 수용했으나 옥과 석, 충과 어는 두 개의 문으로 나누었으며 순서를 바꾸었다.

⑧ 『동의보감』에는 비교의 대상으로 삼은 다른 의서에 보이지 않는 새

로운 문이 11종 보인다. 언어(言語), 체액[津液], 가슴[胸], 목[頸項], 젖[乳], 피부[皮], 살[肉], 혈관[脉], 뼈[骨], 물[水部], 흙[土部] 등이 그것이다. 다른 데서 비슷한 내용이 보이기는 하지만 완전히 독립적인 범주로 간주해야 할 내용도 있는데 신형(身形), 정(精), 기(氣), 신(神), 혈(血), 몽(夢), 근(筋), 변증(辨證) 등 8개 문이다.

이상 8가지 특징으로 나타난 바와 같이 『동의보감』 105문의 편제는 『의방유취』나 『증류본초』처럼 기존의 병증을 정리하는 전통을 충실히 계승하면서도 『만병회춘』 같은 신(新) 의서의 몇몇 범주를 받아들이는 한편, 옥과 석같이 기존 범주를 둘로 나누거나 제상, 제창의 경우처럼 기존의 범주를 통폐합하기도 했으며, 신형문, 신문, 변증문, 수부문, 토부문 등 새로운 범주를 만들어내기도 한 결과물이다.

이 105문은 개념적으로는 독립적인 범주이지만, 각 문의 분량은 가지각색이다. 한문(寒門)과 초부문(草部門)은 분량이 많아 2권으로 나눈 반면, 조문(燥門)과 옥부문(玉部門)은 고작 네 항목에 지나지 않는다. 아마도 이런 것 때문에 『증류본초』에서는 이를 따로 1문으로 치기보다는 옥석류에 포함시켰을 것이다. 그렇지만 허준은 분량에 아랑곳하지 않고 개념적 단위를 중시하여 독립적인 문을 신설했다. 그것은 자신이 파악한 의학의 개념에 대한 확고한 신념이 없으면 불가능한 일이었다.

2. 소분류_ 세밀한 2,807개 세목 설정

명대에 나온 동종 성격의 의서들과 비교할 때, 『동의보감』이 형식적으로 가장 크게 차이가 나는 부분은 세목을 많이 두었다는 점이다. 『동의보감』에서

가장 많이 인용한 이전의 종합 의서인 『의학입문』, 『단계심법(丹溪心法)』, 『득
효방』, 『의학강목』, 『의학정전(醫學正傳)』, 『만병회춘』, 『고금의감(古今醫鑑)』, 『직
지방(直指方)』과 비교할 때 이 특징이 두드러지게 나타난다. 한 예로 여기서
는 비교적 후대에 하나의 독립된 병으로 설정되기 시작한, 이동원(李東垣)
이 중시한 '내상(內傷)' 문을 들어 이 점을 살피도록 한다. 『동의보감』에서
는 내상문에 대해 식약요병(食藥療病) 등 53개의 세목을 두었으나, 『의학입
문』은 12개, 『의학강목』은 1개, 『의학정전』은 4개, 『고금의감』은 10개의 세
목에 지나지 않는다. 『의학정전』에는 논(論), 맥법, 방법, 의안 등으로 구성
되었으며, 『고금의감』에는 내상의 맥, 증, 치, 방, 식상의 맥, 증, 치, 방, 상주
(傷酒) 등으로 구성되어 있다. 『의학입문』의 경우 내외상변, 내상변신찬, 비
위허실전변론, 내상기포노권총방, 보익, 조리, 승산, 분소내습, 부인, 소아,
외과, 내상음식적체방으로 이루어져 있다. 이들과 달리 『동의보감』의 구성
은 한결 다양한데, 다음 표와 같이 53개 세목으로 구성되어 있다.

1. 食藥療病	2. 水穀爲養命之本	3. 水穀之精化陰陽行榮衛
4. 內傷有飮食傷勞倦傷二因	5. 脉法	6. 食傷證
7. 食傷治法	8. 食傷消導之劑	9. 食傷補益之劑
10. 酒傷	11. 飮酒禁忌	12. 酒毒變爲諸病
13. 酒病治法	14. 醒酒令不醉	15. 勞倦傷
16. 辨內外傷證	17. 辨惡寒	18. 辨惡風
19. 辨發熱	20. 辨身痛	21. 辨寒熱
22. 辨頭痛	23. 辨氣力	24. 辨手心
25. 辨煩渴	26. 辨口味	27. 辨鼻息
28. 辨言語	29. 辨脉候	30. 勞倦傷治法
31. 內傷病脾胃虛實	32. 內傷脾胃則不思食不嗜食	33. 食後昏困
34. 不嗜飮食由下元陽衰	35. 內傷病始爲熱中終爲寒中	36. 內傷變爲諸病
37. 呑酸吐酸	38. 嘈雜	39. 懊憹
40. 噫氣	41. 嘻膈反胃	42. 安養心神調治脾胃
43. 內傷將理法	44. 五味過傷爲病	45. 不伏水土病與內傷同
46. 內傷調補藥	47. 食厥	48. 食積類傷寒
49. 內傷飮食宜吐	50. 內傷飮食宜下	51. 禁忌法
52. 單方	53. 鍼灸法	

〈표 4〉 『동의보감』의 내상문 세목

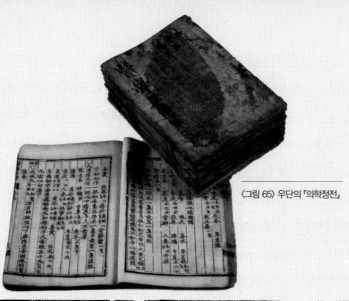

〈그림 65〉 우단의 『의학정전』

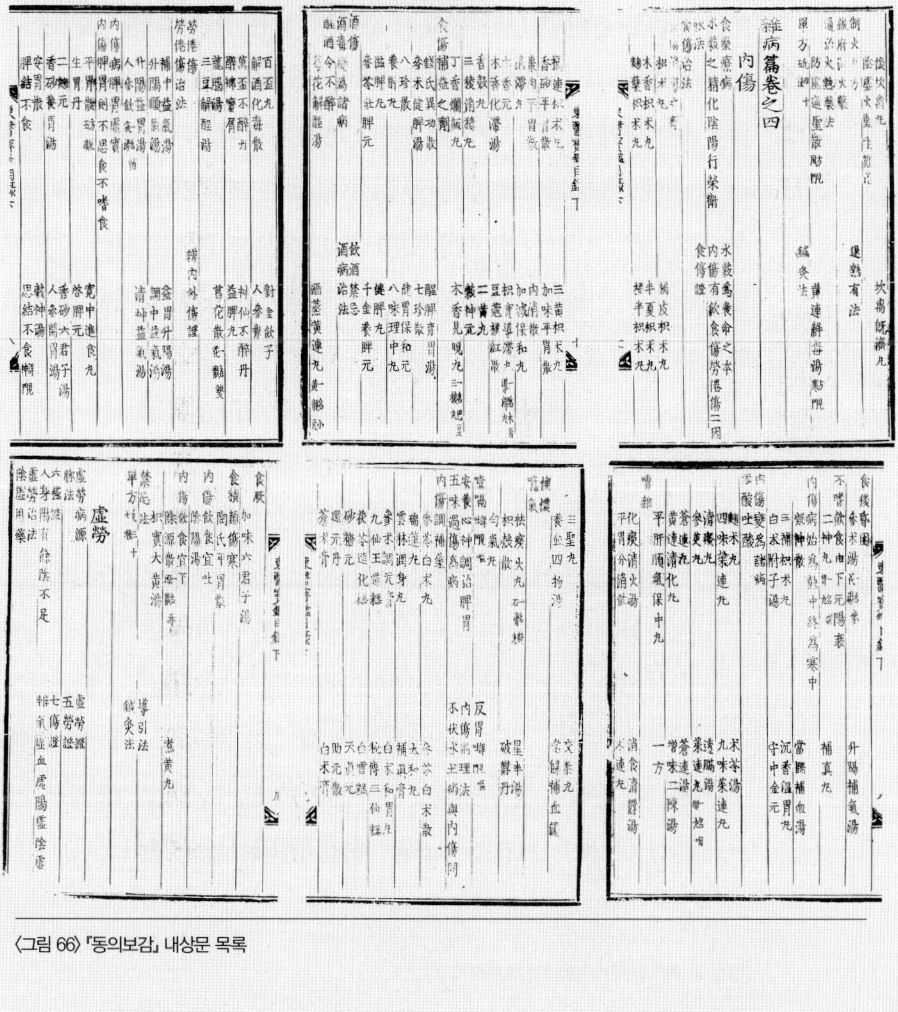

〈그림 66〉 『동의보감』 내상문 목록

여기서 병의 원인, 맥법, 병의 증상, 병의 치료법, 처방 등으로 구성된 점에서는 이전 의서와 크게 다르지 않으나 그것을 훨씬 세분해서 다룬 점은 기존의 의서와 다르다. 세목만 훑어보아도 관련 내용이 즉자적으로 파악된다. 그것을 조목별로 살피도록 한다.

① 내상을 치료하는 가장 큰 원칙: 음식과 약을 써 병을 고치는 것에 대해 말한 데 이어, 음식이 생명을 유지하는 근본으로서 그 정미로운 것이 음기와 양기가 되어 몸을 지키지만 음식에 상하거나 피로에 상하게 되면 내상이 됨을 말한다.

② 내상을 진단하는 법.

③ 내상의 하나인 식상의 증상과 두 가지 치료법(食傷消導之劑과 食傷補益之劑): 식상 중의 한 형태인 주상(酒傷)을 자세히 살피면서 음주 금기와 주독이 잘못되어 온갖 병을 일으키는 위험을 말하고, 술병을 고치는 방법과 술에 취하지 않도록 하는 처방을 밝힌다. 식상에 이어 노권상(勞倦傷)에 대해 말하는데, 그것이 내상으로 인해 병이 생긴 것인지 외감으로 인해 병이 생긴 것인지 구별해야 함을 특별히 강조한다. 이어서 오한, 오풍(惡風), 발열, 신통(身痛), 한열(寒熱), 기력, 수심(手心), 번갈(煩渴), 구미(口味), 비식(鼻息), 언어(言語), 맥후(脉候) 등을 구별해야 함을 말한다. 다음으로 노권상을 고치는 방법을 서술한다.

④ 내상과 비위(脾胃) 사이의 관련성: 내상은 비위(脾胃)와 관련이 있기 때문에 그것을 파악해야 한다(內傷病脾胃虛實, 內傷脾胃則不思食不嗜食).

⑤ 기타 내상의 여러 증상: 식후의 피곤한 증상, 음식을 먹지 않아서 원기가 손상되는 증상, 내상이 초기에는 열이 심하나 나중에는 추워하는 증상에 대해 말한다.

⑥ 내상이 심해져 생기는 병증: 탄산토산(呑酸吐酸), 조잡(嘈雜), 오뇌(懊憹), 트림[噫氣], 열격(噎膈)과 반위(反胃) 등의 증상 등이 있다.

⑦ 내상 치료법: 마음을 안정시키고 비위의 기운을 잘 조절해야 한다. 그것을 조리하는 각종 방법이 있다.

⑧ 내상과 함께 생각해야 할 병: '오미가 지나쳐서 병이 된 것[五味過傷爲病]', '기후와 풍토에 익숙하지 않아 생긴 증상[不伏水土病與內傷同]', 식궐(食厥), 식적류상한(食積類傷寒) 등이 있다.

⑨ 내상을 조리하는 각종 방법: 보약과 내상을 치료하기 위한 토(吐)법과 하(下)법 등이 있고, 각종 금기와 한 가지 약으로 고치는 방법[單方]과 침구법도 있다.

세목 설정의 관건은 증상과 치료법 등을 세밀하게 파악하여 핵심을 잡아내는 것이다. 그렇게 세분화해서 파악한 것은 적절한 구절로 표현되어 즉각적으로 그 내용 파악이 가능해진다. 이를테면 내상병에 대해 쓴 표현을 보면, '음식과 약으로 병을 고친다[食藥療病]', '음식이 목숨을 기르는 근본이 된다[水穀爲養命之本]', '음식의 정미로운 부분이 음의 영혈과 양의 위기가 된다[水穀之精化陰陽行榮衛]', '내상병의 비위가 허하고 실한 것[內傷病脾胃虛實]', '식적 증상이 상한병과 비슷한 경우[食積類傷寒]', '음식으로 내상이 생겼을 때 설사를 시켜야 하는 경우[內傷飮食宜下]' 등 소제목만 봐도 내용 파악이 어느 정도 가능하다. 그러므로 총 53개로 된 세목이 각각의 뜻이 무엇인지를 알게 해준다. 그것을 연결해서 보면 내상문의 핵심 내용이 무엇인지 이해할 수 있다.

이렇듯 세밀한 세목 표현 방식은 어디서 유래한 것일까? 일단 『의방유취』에 주목할 필요가 있다. 120종 문헌을 모은 『의방유취』의 세목은 2,781개다. 제풍문(諸風門)을 예로 들면, 『의방유취』에서는 총 12권에 걸쳐 풍병에 관한 내용을 실었는데, 중복을 제외한 세목은 246개 항목으로서 『동의보감』의 59개보다 네 배 많은 내용이다. 그렇지만 『동의보감』이 『의방유취』의 표제를 빌려 온 것이라는 생각이 전혀 들지 않을 정도로 둘 사이에 차이가 크다.『의방유취』의 경우, 세목이 따로 정리되어 있지 않으며, 분문유취의 대상이 되는 책의 목차 수를 단순히 합한 것에 지나지 않는다.『동의보감』의 방식은 거꾸로다. 세목으로 항목을 세분화한 후 거기에 인용 대상이 되는 문헌의 해당 내용을 찾아 모아놓았다. 물론『동의보감』이『의방유취』의 방식을 그대로 따른 부분도 있다. 도인법, 침구법, 식치(食治)라는 세목이 그러하다.『의방유취』처럼『동의보감』도 이 세 표제를 채택하여 많은 문(門)에서 일관되게 적용하고 있다. 이와 함께『의방유취』로부터 죽을 증상과 살 증상, 난치와 불치에 대한 세목도 받아들여 쓰고 있다. 단, 제풍문 진맥법의 경우는『의방유취』에 없던 기준인데,『의학강목』등의 명대 의서에서 제시한 방법을『동의보감』에서도 채택한 것이다.

『동의보감』에는 이런 방식으로 세목 2,807개가 105개 문에 나뉘어 배열되어 있다. 각 세목을 이루는 내용 배치는 다음과 같은 일관된 원칙을 보인다.[2] 1) 해당 문이 다루는 병의 원인에 대한 논의를 제시한다. 2) 각종 증상과 원인을 말한다. 3) 맥의 특성을 밝힌다. 4) 각 증상에 따른 구체적인 치료법과 처방을 제시한다. 5) 또 재발을 막기 위한 방법과 환자의 식이를 제시한다. 6) 해당 병 전부를 통치할 수 있는 것을 제시한다. 7) 고칠 수 있는 증상과 그렇지 않은 것을 가린다. 8) 후유증을 밝힌다. 9) 해당 병증에 대한 단방과 도인법, 침구법, 기양법, 금기 등을 제시한다. 모든 세목이 위 사항을 다 담은 것은 아니고, 병증의 성격에 따라 출입이 약간씩 다르다. 이렇듯 일관된 계통성에 따라 상세한 세목이 설정되어 있기 때문에 독자는 어느 한 문에 속한 세목을 훑는 것으로 그 문의 내용을 대강 파악할 수 있다. 그것이 한데 모인 서목(書目)을 일람하면『동의보감』이 다루는 내용 전반에 대해 일목요연한 파악이 가능하다. 거꾸로 환자는 자신이 앓는 병증에 가장 가깝게 해당하는 내용을 세목을 검토하면서 쉽게 찾아낼 수 있다. 이런 점은『동의보감』이 이전까지 나온 의서와 뚜렷하게 구별되는 특징이다. 실제로 『동의보감』은 목차를 2권씩이나 두어 이 점이 잘 드러나게 편집되어 세상에 나왔다.

3. 처방_ 4,747개 처방의 선택

『동의보감』에는 4,747개의 처방이 실려 있다. 아마도 임상가들은 의서를 평가할 때 거창한 사상적 기반보다도 효험 있는 처방이 얼마나 담겨 있는가를 더 중시할 것이다. 그렇지만 어떤 처방이 좋은 것인가 그렇지 않은가를 판단하는 것은 역사학자의 몫이 아니다. 『동의보감』의 처방이 다른 책의 처방보다 얼마나 더 효과적인 것인가의 여부는 많은 사람들이 궁금해하는 질문이겠지만 이 책이 그것을 답할 처지는 아니다. 의학사는 신약이나 처방의 효과 부분에 대해서는 괄호를 치고 논의를 전개하며, 이 책 또한 예외가 아니다. 그럼에도 의학적 문제에 대해 허준이 고심한 흔적, 적합한 처방을 찾아내기 위한 끈질긴 노력, 그렇게 얻어낸 결실에 대한 당대인의 반응 따위는 역사의 대상으로 삼을 수 있을 것이다. 다행스럽게도 허준의 경우에는 한 가지 훌륭한 사례가 있기 때문에, 그것을 더듬어 단지 문자의 집합체인 텍스트 『동의보감』이 아니라 행위의 결과물인 『동의보감』의 모습을 어렴풋이 제시하는 것이 가능하다. 사실 이런 모습은 허준 같은 위인에게서만 나타나는 게 아니라 모든 의서를 짓는 의학자에게 공통적으로 나타나는 현상일 것이다. 그렇지 않다면, 왜 비싼 돈이 드는 종이와 먹을 낭비하겠는가. 또 나라에서 국(局)을 세워 많은 의인과 공인을 투입해서 이런 일을 했겠는가.

　허준이 처방을 선택하는 과정은 『언해두창집요(諺解痘瘡集要)』(1601년 저술, 1608년 발간)의 발문에 잘 드러나 있다. 여기에는 1590년 허준이 왕세자의 두창을 고치기 위해 처방을 찾아내는 생생한 모습이 실려 있다.

경인년(1590년) 겨울에 왕자가 또다시 이 병에 걸렸는데, 성상께서는 지난 일을 기억하시고 신(臣)에게 특명을 내려 약을 써서 치료하라고 하셨습니다. 이때 추위가 맹위를 떨쳤고 병의 독열(毒熱)이 심해서 험악한 증상이 잇달아 발생했으나, 중외(中外)의 그 어느 누구도 약을 써서 허물을 짓지 않으려 했습니다. 왕자의 병세가 점점 위급해지자 사람들이 어쩔 줄 몰라 하는데 성상께서는 틀림없이 고칠 수 있다는 용단을 내려 재빨리 조치할 것을 부탁하셨습니다. 신이 성지를 받아 영단 몇 종을 찾아서 문득 세 번을 투약하니 세 번 왕자를 일어나게 했습니다. 잠깐 사이에 험악한 증상이 사라지고 정신이 맑게 돌아와서 여러 날 지나 완전히 회복됐습니다. ……신의 재주가 보잘것없지만 정성스럽게 고금의 의서를 섭렵하여 정수만을 골라 엮어서 두(痘) 빛깔의 좋고 나쁨을 가리고 증후의 경중을 나누었습니다. 책을 펼쳐 해당 내용을 보면 모든 것이 드러나기가 물거울 같아서 병 앓는 집에서 이 책 하나를 얻는다면 자잘한 것까지도 다 구급하는 도움이 될 것입니다. 그 가운데 저미고와 용뇌고자는 백발백중의 약이니 기사회생하는 것이 빛과 그림자처럼 빨라서 비록 목숨을 관장하는 신이라도 그만큼은 못 할 것입니다.[3]

허준은 왕세자의 두창이 심해지자, 빨리 약을 찾아내라는 왕 선조의 명을 받들어 처방을 모색했다. 이를 위해 허준은 고금의 의서를 섭렵하면서 정수만을 골라서 영단 몇 종을 찾아냈는데, 그 가운데 저미고(猪尾膏)와 용뇌고자(龍腦膏子)는 특별한 효능을 가진 영약이었다. 허준은 이 약을 써서 왕세자의 위급한 두창을 고쳤다. 이후 허준은 『언해두창집요』를 편찬했는데,

여기에 이 저미고와 용뇌자환이 실려 있다. 저미고 처방은 '두(痘)가 돋은 지 사흘[出痘三日]'이라는 세목 안에 있다. 『의학입문』에서 말하기를…… 솟은 두가 치성하여 안팎이 꽉 막힌 듯하고 답답하고 갈증이 심해 미친 것 같은 증상에 저미고를 쓰라."고 되어 있다. 용뇌고자 처방은 '두창의 모든 증상'이라는 세목 안에 실려 있는데, 『의학정전』에서 말하기를…… 만일 두가 솟은 것이 조밀하여 독열이 안에 치성하거나 흑함(黑陷, 검게 푹 파인 증상)을 보일 때에는 저심(猪心)과 용뇌고자(龍腦膏子)를 쓰라."고 되어 있다. 『언해두창집요』에는 이 두 증상에 대해 여러 처방을 싣고 있는데, 그것들은 그가 열람한 책에서 특별히 선택된 것이며, 그 가운데에서도 이 두 처방은 특별한 의미를 부여받은 것이다. 이 둘의 인용문헌은 우단(虞搏)의 『의학정전』과 이천(李梴)의 『의학입문』으로 되어 있다. 그렇지만 이 두 처방은 이보다 앞선 송대의 저작인 주굉(朱宏)의 『활인서(活人書)』의 소아 두창 항목에 실려 있으며 『의방유취』에도 이 내용이 보인다. 여기서는 무비산(無比散)과 함께 "흑창도염(黑瘡倒黶)에 쓰며 효험을 보지 않는 경우가 없다[猪尾膏·無比散·龍腦膏子, 無不驗也]."고 적혀 있다.[4] 또한 진자명(陳自明)의 『관견대전양방(管見大全良方)』에도, 『태평성혜방(太平聖惠方)』에도 이 처방이 보이므로[5], 이 처방이 송대 이후 흑함 증상에 널리 쓰여왔음을 알 수 있다. 『동의보감』에도 저미고는 『언해두창집요』의 내용과 거의 똑같은 『의학입문』의 말이 「출두삼조(出痘三朝)」 항에 실려 있으며, "두창 고름 이후 딱지가 질 때에도 저미고와 용뇌고 이 둘이 좋다."는 왕호고(王好古)의 언급도 같이 실었다.[6] 『의방유취』에는 「출두삼조」 증상과 관련해서 여러 책들에 수많은 처방이 산재되어 있는데, 『동의보감』에서는 이 세목 아래 15개 처방을 가려 뽑았고, 『언해두창집요』에서는 이 가운데 흑함 증상 처방으로 저미고와 용뇌고자 두 처방의 효과를 특기했다. 허준과 동시대의 인물인 이수광(李睟光)은 『지봉유설(芝峯類說)』에 허준이 쓴 두창 약인 저미고에 대

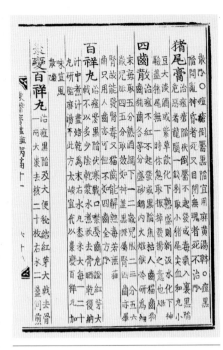

〈그림 67〉 『동의보감』 두창 저미고

한 역사적 사실을 기록했다. 거기에는 "저미고는 기사회생시킬 수 있으며 두창의 흑함 증상에 잘 듣는 성약(聖藥)이다. ……선왕조 때 허준이 처음 이 약을 쓰기 시작했는데 수많은 인명을 구했으며 이 사건 이래로 여항 사람들이 요찰을 면하는 자가 많게 되었다."[7]고 적었다.

운 좋게도 이 두 처방의 선택 과정과 치료 결과만이 기록으로 남겨져 있지만, 나머지 처방의 경우도 비슷한 과정을 거쳤을 것으로 추정할 수 있을 것이다. 『동의보감』에는 저미고·용뇌고자와 같은 처방이 모두 4,747개가 있으며, 그것은 「내경편」 952개, 「외형편」에 987개, 「잡병편」 2,806개, 「침구편」 2개 등과 같다.[8] 일일이 확인하기는 불가능하지만 허준이 뽑기 이전에 이미 각 처방 하나하나는 나름대로 효험을 보았다는 오랜 검증의 역사를 가지고 있을 것이다. 의학의 발달이라는 측면에서 볼 때 처방을 확장하는 작업과 함께 그중에서 우수한 것을 골라내는 일이 벌어지는 것은 당연하다. 송대 『보제방(普濟方)』은 수만 개 처방을 모았다고 하며, 『의방유취』에 실린 처방 역시 중복을 제하고도 수만 건에 달할 것이다. 그 선택 과정은 오랜 실제 임상 경험의 효험 여부를 통해서 이루어졌을 것이다. 또 허준을 비롯한 모든 의학자는 처방의 창안과 변용, 전수 과정에서 자신의 경험과 함께 선택된 처방에 들어간 약재의 성미(性味)를 헤아리고 판단하는 자신의 의학적 식견을 충분히 발동시켰을 것이다. 잘못된 지식이 사람을 죽이는 의학 분야는 늘 책을 짓는 사람에게 지식의 선별 과정에서 엄격한 잣대를 요구했다.

허준은 『의방유취』에 등장하는 금·원대 이전의 처방과 명대 이후 새로 등장한 각종 처방 중에서 4,747개의 처방만을 골라서 『동의보감』에 담았다. 『의학입문』이 가장 많아 858개이며, 『득효』가 468개, 『단계심법』이 440개, 『고금의감』이 372개, 『만병회춘』이 287개, 『의학정전』이 211개, 『동원십서(東垣十書)』 등 이동원의 이름을 내건 저작이 188개, 『의학강목』이 180개, 『직지방』이 163개, 『화제국방(和劑局方)』이 107개, 『상한론(傷寒論)』·『금궤요략(金匱要略)』이 71개, 『활인서』 42개 등이며 『천금방(千金方)』 같은 저작은 12개에 지나지 않는다. 『의방유취』 이후의 수집 의서 인용이 절대적으로 많다. 이를 선별해낸 허준의 의학적 안목을 평가함에 인색해서는 안 된다. 그렇지만 저미고·용뇌고자 사례에서 본 바 있듯이 시기를 거치면서 우수한 처방이 후대까지 선택되고 수정되어 더 낳은 형태로 진화해온 의학적 전통이 거기에 녹아 있다는 사실을 간과해서도 안 될 것이다.

『동의보감』에는 이런 복합 처방만 치료법으로 제시된 것이 아니다. 한 가지 약재에 중점을 두는 치료법인 단방(單方)을 중요한 치료법으로 제시했으며, 침구법, 양생법, 금기와 기양법, 주법(呪法)도 포함시켰다. 단방은 2,458개, 양생법 112개, 침구법 520개 처방이 실려 있다. 이와 함께 금기가 159개, 기양법 26개, 주법 1개가 실려 있다. 단방의 경우 전체 중 『증류본초』가 1,546개로 절대 다수를 차지하며, 『단계심법』 113개, 『의학강목』 102개, 『의학입문』 83개 등이다. 침구법의 경우는 『의학강목』 183회, 『득효방』 53회, 『자생경(資生經)』 49회, 『영추(靈樞)』 33회 등이다. 여기서도 명대에 편찬된 『의학강목』이 가장 많이 인용되었다. 고대 처방 중 큰 비중을 차지했던 기양법과 주법이 남아 있기는 하지만 그다지 많지 않다는 사실도 주목할 만하다.

4. 일목요연한 책의 형식

『동의보감』은 책의 형식적인 체제도 매우 신경을 써서 만들었다. 편, 문, 세목, 의학 이론과 처방 등으로 구성된 내용이 효과적으로 읽히기 위해서는 책의 면 구성과 목차 제시를 신중하게 처리해야만 했다. 『동의보감』의 면 구성을 서지학적 전문 용어로 표현한다면, 판식(板式)은 네 테두리가 2줄로 되어 있으며[사주쌍변], 테두리 반쪽[반곽]의 길이가 세로 26.5cm, 가로 16.6cm이다. 본문과 본문 사이에는 선이 그려져 있으며[유계], 한 페이지는 10개의 칸[항]으로 구성되며 각 행은 두 단으로 이루어져 있으며, 각 단에는 최대 21자가 들어갈 수 있도록 되어 있다. 책 가운데 위아래에는 세 개의 잎사귀 무늬를 가진 어미[내향삼엽화문어미]가 있고, 어미 상단

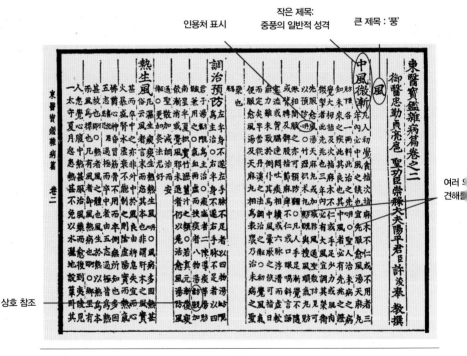

〈그림 68〉 『동의보감』의 편집 방식 (사진 출처: 『조선사람 허준』)

에는 책제목인『동의보감』과「편명」과 권수가 적혀 있으며, 어미 하단 쪽에는 장(張)수가 적혀 있다. 이처럼『동의보감』은 글자를 많이 넣을 수 있도록 책자를 크게 만들었다. 1면에 최대 글자 수는 360자만큼 들어간다. 초간본『향약집성방(鄕藥集成方)』은 최대 270자이며 조선판『증보만병회춘(增補萬病回春)』은 최대 242자,『의학입문』은 최대 360자다.[9] 1칸에 조그만 활자 2행을 배치할 때에는 활자를 작게 만들어야 하기 때문에 판을 짤 때 어려움이 발생한다. 대신에 종이를 크게 절약한다는 장점이 있다.

이 밖에『동의보감』책자 형식은 가독성을 높이기 위해 다음 네 가지 편집 방식을 구사했다.

첫째, 대·중·소 3종의 활자를 써서 표제, 의학 이론과 처방, 인용서를 구별했다. 대활자는 편명, 저자, 문명(門名), 세목 표시에, 대활자의 1/2 크기의 중활자는 본문 서술에, 중활자의 1/2 크기의 소활자는 인용문헌 표

〈그림 69〉『동의보감』의 판형과 면 구성

시에 사용했다. 둘째, 글자 들여쓰기 방식을 통해서 편명, 저자, 문명, 세목, 부분 표제, 처방, 본문 등을 구별했다. 편명, 저자는 들여쓰기 없이, 문명과 세목은 두 글자, 세목에 속한 부분 표제와 처방은 한 글자, 본문 설명은 두 글자를 들여 썼다. 이렇게 함으로써 세목, 처방명, 의학 이론과 처방 구성물, 인용문헌 등을 일목요연하게 파악하는 것이 가능하다. 조선 인쇄술의 뛰어난 편집 기술을 발휘한 것이다.

셋째, 목차 부분에서도 들여쓰기 방식을 통해 편명, 문명, 세목, 부분표제, 처방을 일목요연하게 구별토록 했다. 편명과 문명은 대활자로 썼지만, 세목과 처방은 중활자를 쓰면서 상·하단 양쪽에 배치하면서 부분 표제와 처방은 두 글자를 내려 썼다.

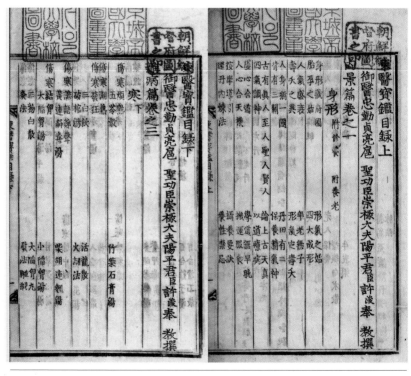

〈그림 70〉 『동의보감』 목록 상, 하

넷째, 향약은 한글 활자를 써서 구별했다. 「탕액편」의 경우에는 본초의 부분인 경우에는 한 글자만 내려 써서 표시했으며, 향약재인 경우 본문 활자와 같은 크기의 한글 활자를 써서 약 이름을 표기하여 민간에서 부르는 이름을 쉽게 알 수 있도록 했다. 한글로 본초명을 표시한 책은 『동의보감』이 최초다. 반면에 당약의 경우에는 테두리 밖 위쪽에 '당(唐)'이라고 새겨 해당 약재가 중국 수입품임을 분명히 했다.

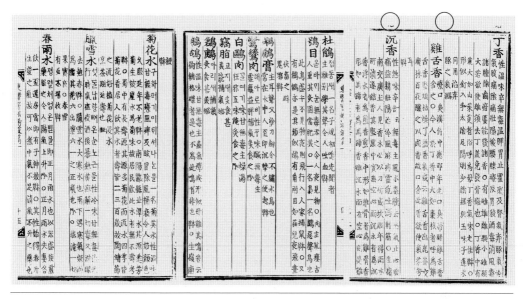

〈그림 71〉 『동의보감』 「탕액편」 한글 표기 사례(좌, 중). 『동의보감』 「탕액편」 중국 수입 약재 표기(우).
책 범위 밖 위쪽에 '唐'자가 있으나 이 사진에서는 일부만 보인다.

5. 중요한 의학 내용의 시각화

『동의보감』은 시각적인 도움이 꼭 필요한 곳에 도판을 실었다. 「신형장부도」를 비롯한 19개의 도상이 그것이다. 「내경편」의 신형장부도(身形藏府圖), 간장도(肝臟圖), 심장도(心臟圖), 비장도(脾臟圖), 폐장도(肺臟圖), 신장도(腎臟圖), 「외형편」의 명당부위도(明堂部位圖), 오륜지도(五輪之圖), 팔곽지도(八廓之圖), 육부맥도(六府脈圖), 「잡병편」의 오행성쇠도(五行盛衰圖), 십간기운도(十干氣運圖), 십이지사천결(十二支司天訣), 안산방위도(安産方位圖), 최생부(催生符), 삼관도(三關圖), 관형찰색도(觀形察色圖), 「침구편」의 구궁도(九宮圖), 구궁니신도(九宮尻神圖) 등이 그것이다.

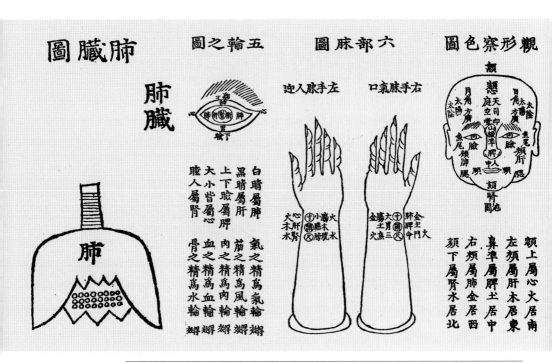

〈그림 72〉 『동의보감』에 실린 그림들. 좌로부터 폐장도, 오륜지도, 육부맥도, 관형찰색도

도상을 포함시키는 방식은 목판으로 만들어서 목활자 활판에 앉히는 것인데 편집의 난점이 뒤따른다. 이를 감수하고 포함시킨 도상은 편찬자인 허준이 하나같이 꼭 필요하다고 본 것들이다. 「내경편」에 실린 신형장부도와 오장 각각의 도상은 허준의 독창적인 그림들로 그가 생각한 의학의 정

신을 표현한 것이다. 이전 장에서 봤듯 신형장부도는 정·기·신 위주의 도교적 신체관에 오장육부를 중심으로 한 의학적 신체관을 포섭한 신형장부의학 전체를 응축한 관념도. 다섯 개 오장 각각의 그림은 실제 자신이 해부한 모습을 담은 것이 아니라, 『영추』나 『난경(難經)』같이 옛 경전에 묘사된 내용을 도상화한 것으로 『영추』의 정신을 본받겠다는 의지를 드러낸 것이다.[10] 「외형편」의 명당부위도는 오장의 기운이 얼굴에 드러나는 장상(臟象)을 헤아리는 망진법과 관련되어 있으며, 오륜지도도 눈에 표현된 장상 파악과 관련된다. 팔곽지도는 눈의 여덟 부위가 주역 팔괘의 배속과 관련되어 있으며 정확한 위치 비정이 병인과 병증 파악에 중요하기 때문에 실었다. 육부맥도는 오른손과 왼손의 맥을 짚는 부위를 정확하게 알려주기 위함이었다. 「잡병편」의 오행성쇠도, 십간기운도, 십이지사천도는 난해한 운기학의 이해를 돕기 위해 실었다. 안산방위도와 최생부는 난산과 사산이 매우 큰 문제였기 때문에 각기 산실에 드는 삿된 기운이 드는 정확한 방위를 보여주기 위해, 순산을 기원하기 위한 정확한 부적의 형식을 보여주기 위해 실었다. 병 파악이 어려운 소아병의 파악을 위해 손가락 부위로 병을 진단하는 삼관도와 특별한 소아 망진법인 관형찰색도를 실었다. 「침구편」의 구궁도, 구궁니신도는 침구하는 날과 그렇지 않은 날을 정확히 알려주기 위해 실었다.

　이상이 허준이 생각한 가장 중요한 도상이었으며, 흔히 상식적으로 의원들이 배우는 본초나 경락에 대한 그림은 전혀 싣지 않았다.

제대로 된 의서를 만들라는 왕명을 받들어 편찬된 『동의보감』이 내세운 틀은 이전에 보지 못했던 독창적이고 정교한 것이었다. 수십 년간 의학에 종사하면서 허준은 남이 보지 못했던 '세계'를 보았다. 그 세계란 단지 병을 잘 고치는 방법을 찾는 것이 아니라 우주와 자연, 인간의 몸과 질병, 병과 치료술을 꿰뚫는 그러한 세계였다. 허준은 자신이 본 세계를 『동의보감』을 짜는 데 적용했다. 비록 담기는 내용은 모두 이전부터 있었던 재료지만, 담는 그릇은 완전히 새로운 것이었다. 위에서 살펴본 바와 같이 그는 몸의 기본을 다룬 몸 안의 세계, 몸의 겉을 다룬 '외형'의 세계, 병의 근원과 종류를 다룬 '잡병'의 세계, 약을 제공하는 자연 세계의 질서를 새로 그렸다. 그리고 경락과 혈과 관련된 침구법을 덧붙였다. 또 각각의 편에는 왜 그 문이 거기에 있는지 파악이 가능할 정도의 논리에 따른 105문이 설정되었다. 또 105문 안에는 2,781의 세목을 두었고, 그 아래 4,747개의 처방을 실었다. 이 세목들은 2만여 개의 단락으로 증상이면 증상, 진단이면 진단, 치료법이면 치료법 등의 모든 측면을 일목요연하게 망라했다. 이것이 신형장부의학의 진정한 속살로, 세심하게 배려된 면 구성으로 가독성 높게 구현되었다. 허준도 자신의 작업이 만족스러웠는지 『동의보감』 「집례」에서 "이제 이 책을 펼쳐보기만 하면 길흉과 경중이 거울에 하얗게 드러날 것이므로 『동의보감』이라고 이름을 붙인다."고 했다.[11] 동아시아 의학 역사의 유장한 흐름에서 볼 때, 『동의보감』은 일찍이 그 어떤 의서에도 보이지 않던 통일된 의학의 모습을 갖췄다. 후대의 일본과 중국의 의학계에서도 이 점을 높이 칭송했듯, 새로운 의학의 전범을 제시한 것이다.

이런 의학 체계는 의학의 임상 능력만으로는 성취될 수 없는 성격의 것이다. 의학을 메타적인 시각에서 다시 볼 수 있는 고도의 자연관과 생명관이 뒷받침되어 있어야만 가능한 것이다. 허준은 비단 의학 내용뿐만 아니라 도가와 유가의 저작을 섭렵함으로써 이러한 혜안을 얻었고, 그것을 토대로 『동의보감』이라는 책을 엮어냈다. 『동의보감』이 다른 의서와 달리 사상서의 느낌을 풍기는 것은 바로 이 때문이다. 그는 새로운 의학을 말하려는 의도를 갖고 있었으며, 그 새로움은 한 차원 높은 데서 거시적으로 의학을 정리할 수 있는 사상적 능력에서 비롯된 것이다.

9장

동아시아 의학의 종합의 종합

"이 책은 고금의 서적을 포괄하고 제가(諸家)의 의술을 절충하여 본원(本源)을 깊
이 궁구(窮究)하고 요긴한 강령을 제시하여, 그 내용이 상세하되 지만(支蔓)한 데
이르지 않고 간약(簡約)하되 포함하지 않은 것이 없습니다."
(이정구, 「동의보감서(東醫寶鑑序)」)

동아시아 의학사의 눈으로 봤을 때 『동의보감(東醫寶鑑)』의 의학사적 성격
은 무엇인가? 지금까지 금·원시대 이후 수많은 의학 이론과 처방의 등장으
로 의학계가 큰 혼란 상황에 처하게 되었으며, 그것을 극복하기 위해 당대
의 여러 학자들처럼 허준도 도통론을 세우고, 양생과 의학을 일통한 신형
장부의학 체계라는 의학 전범을 제시했음을 보았다. 이 장에서는 그 의학
전범이 당대까지 동아시아 의학사가 이룩한 여러 전통의 종합과 절충으로
이루어진 것임을 보이고자 한다. 『동의보감』의 인용문헌과 허준 자신의 목
소리를 담은 부분을 분석하는 방식을 택한다. 이로부터 이 책이 원천으로
삼고 있는 의학 지식의 유래와 그 성격을 어느 정도 파악할 수 있다.

1. 『동의보감』의 두 인용 방식

허준(許浚)은 『동의보감』을 저(著)가 아닌 편저로 자리매김했다. 허준은 「역대의방(歷代醫方)」에서 기존 의서를 저(著)와 찬(撰)으로 구별했다. 저는 이전 사람이 말하지 않은 독창적인 내용을 담은 것이며, 찬은 이전의 자료를 엮어서 만든 것이다. 『동의보감』보다 약간 앞서 출현한 두 명대의 의서 중 공신(龔信)의 『만병회춘(萬病回春)』은 저로 표시되어 있으며, 이천(李梴)의 『의학입문(醫學入門)』은 찬으로 표시되어 있다. 허준은 자신의 『동의보감』을 찬으로 규정했다. 독창적인 새 내용을 제시한 저서와 달리, 편찬된 책은 이전의 자료를 활용하되 그것을 새로운 형식으로 제시하는 것이다. 『논어(論語)』의 "술이부작(述而不作)", 즉 "[이전 성현의 말씀을] 서술하기는 하되 새로운 내용을 지어 첨가하지는 않았다."는 유명한 구절이 이런 편찬의 정신과 상통한다고 하겠다.

실제 『동의보감』을 들여다보면, 허준은 자신이 재료로 활용한 기존의 의학 지식에 대해 일일이 출처 표시를 해놓았다. 현대의 인용 방식과 다르기는 하지만, 『동의보감』의 인용 방식으로도 이 책이 참고한 부분 대다수가 분명한 출처를 지닌 것임을 알 수 있다. 『동의보감』의 가장 큰 단위는 「내경편」, 「외형편」, 「잡병편」, 「탕액편」, 「침구편」 등 다섯 편이며, 각 편은 문(門)으로 나뉘며, 문 안의 내용은 소제목으로 나뉘며, 각 소제목은 여러 관련 내용으로 채워지며, 여러 관련 내용은 동그라미(○)로 내용이 구분된다. 예를 들어 「내경편」 신형(身形)문의 첫 부분은 다음과 같이 적혀 있다.

形氣之始

乾鑿度云天形出乎乾有太易太初太始太素夫太易者未見氣也太初者氣之始也太始者形之始也太素者質之始也形氣已具而痾瘵痾瘵者療瘵者病病由是萌生焉人生從乎太易

病從乎太素○參同契註曰形氣未具曰鴻濛具而未離曰
混論易曰易有太極是生兩儀易猶鴻濛也太極猶混淪也
乾坤者太極之變也合之爲太極分之爲乾坤故合乾坤而
言之謂之混淪分乾坤而言之謂之天地列子曰太初氣之
始也太始形之始也亦類此

이 소제목은 『건착도(乾鑿度)』에서 말한 내용과 『참동계주(參同契註)』에서 말한 두 부분이 ○로 구분되어 있다. 모든 내용이 이런 체계를 따르고 있기 때문에 『동의보감』의 가장 기본적인 단위는 ○가 거느리는 부분이다. 첫 부분은 나뉘는 부분이 아니기 때문에 ○를 사용하지 않았다. 이 부분을 엑셀로 통계 작업을 해본 결과 모두 22,706 항목이었다.

대체로 『동의보감』의 각각의 항목에는 출처가 표시되어 있다. 위 인용문에서는 첫머리에 '건착도운' 또는 '참동계주왈'이라 하여 이어지는 내용이 이런 책에서 따온 것임을 알게 해준다. 이를 서두 인용 방식이라 하자. 『동의보감』에는 이런 인용 방식이 526항목이다. 이와 달리 대부분의 경우는 출처가 각 항목의 마지막에 나온다. 이는 말미 인용 방식으로 17,182항목이다. 여기에 문장 앞에 나오기는 하지만, '~왈', '~운' 등이 없이 단지 서명이나 인명만 등장하는 10여 개의 항목도 여기에 포함시켰다.

예를 들어 신형문에 나오는 처방인 창포라는 약에 대해서는 다음과 같이 적혀 있다.

[菖蒲]輕身延年不老取根泔浸一宿曝乾搗末以糯米粥入煉蜜和丸梧子大酒飲任下

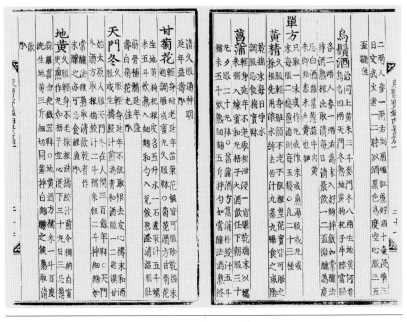

〈그림 74〉『동의보감』약 창포 사례

朝服三十丸夕服二十丸本草○菖蒲酒方菖蒲根絞汁五斗糯米五斗炊熟細麯五斤拌匀

如常釀法酒熟澄淸久服通神明延年益壽入門

이처럼 말미에 본문의 절반 크기의 글씨로 '입문', '본초' 이런 식으로 출처
가 표시되어 있다. 이렇게 표시되어 있는 부분은 모두 17,708항목으로 전
체의 76퍼센트 정도다. 그러니까 인용 출처가 밝혀져 있는 부분은 위의 세
경우를 합쳐서 대략 78퍼센트가량이다.

　『동의보감』에서 서두 인용 방식과 말미 인용 방식을 구별해 쓴 이유는
무엇일까? 서두 인용 방식은『의학정전(醫學正傳)』,『의학입문』,『만병회춘』
등 기존 의서에서 일반적으로 쓰던 방식이다. 주로 의학 관련 논의를 펼칠
때 쓴 것으로 나타난다. 말미 인용 방식을 쓰는 의서는 흔치 않은데, 이와
비슷한 방식을 쓴 것은 누영(樓英)의『의학강목(醫學綱目)』이다. 인용 서명을

끝에 두는 대신에 이 책은 인용문 앞에 둔 차이가 있다. 앞에 표시되어 있지만, '왈', '운', '위' 등의 표현을 쓰지 않았으며 인용서의 약자(略字) 한 글자만을 썼다. 이를테면 『소문(素問)』에 대해 '소(素)'라고 표기했다. 이런 인용 방식은 관련 내용 전체를 표시된 의서에서 가져온 인상을 풍긴다. 조선 의서인 『향약집성방(鄕藥集成方)』의 경우도 약자를 사용하지는 않았지만, 논(論) 부분에는 '~왈'의 형식을 취했으며, 단순 인용인 경우에는 책이름 전체를 인용 문구 앞에 위치 지었다. 『동의보감』은 『향약집성방』의 인용 방식을 따르면서도 『의학강목』같이 약자를 사용했으며, 그것도 주로 한 글자가 아닌 두 글자를 사용했고, 또 인용문 말미에 적었다. 허준은 『동의보감』에 앞서 자신이 편찬한 『언해두창집요(諺解痘瘡集要)』, 『언해태산집요(諺解胎産集要)』, 『언해구급방(諺解救急方)』 등에서도 이런 두 인용 방식을 썼다. 이에 앞서 『향약집성방』에서는 의론을 말하는 부분은 '~왈' 인용 방식을 택했고, 각각의 처방을 제시할 때에는 의서명(醫書名) 제시 인용 방식을 택했다.

『동의보감』의 항목에서 ○의 앞이나 뒤에 출처가 표시되어 있지 않은 경우는 4,997개로서 대략 22퍼센트다. 출처가 표시되지 않은 부분은 모두 허준이 말한 부분일까? 그렇지 않다. 『동의보감』에서는 특정 출처의 내용이 서로 이어지는 부분인 경우에는 ○ 부분 말미에 일일이 인용문헌을 표시하지 않고, 관련 내용의 마지막 부분에만 출처 표시를 했다. 일일이 그것을 다 검토하지는 못했지만, 문맥을 살펴서 이런 경우로 판단되는 경우가 최소한 1,872항목 정도가 되며, 「탕액편」 본초 부분의 미표시 965건 중 거의 대부분이 동일한 인용문헌의 병렬 내용으로 확인된다. 그렇다면 4,975건 중 최대 2,138건이 비인용 부분이 되며, 다시 정밀한 검토를 한다면 이 숫자는 더 축소될지 모른다. 따라서 대략 최대 10퍼센트 정도의 항목이 기존 문헌을 인용하지 않은 내용이 된다. 이 말은 『동의보감』의 90퍼센트 이상이 기존의 문헌을 자료로 하여 정리한 결과물임을 뜻한다. 이는『동의보감』이 기존 의서를 종합해 만든 책이라는 기존의 관념과 거의 일치한다. 다른 사람의 저서와 비교할 때,『동의보감』의 인용문헌 표기 부분 비율은 다른 의서의 경우보다 월등히 높다. 10퍼센트나 되는 인용 미표시 부분이 거의 느껴지지 않을 정도다. 이런 사실은 다음 두 가지 인상을 주게 된다. 하나는 이 책이 독창적이지 않은 짜깁기한 책이라는 인상이다. 이는 자신의 독자적인 견해나 그 독창성에 의미를 부여하는 데 익숙한 현대인에게는 매우 부정적인 인식을 심어준다. 극단적으로는 짜깁기 정도가 아니라 표절이 아니냐는 공격의 빌미를 제공할지도 모르겠다. 다른 하나는 이 책의 거의 모든 부분이 확실한 출처 근거에 기반을 둔 책이라는 인상이다. 장황한 저자 자신의 견해나 기존의 지식을 출처를 밝히지 않고 자기 것처럼 활용하는 부분을 철저하게 배제함으로써 독자들이 이 책에 더욱 신뢰감을 느끼도록 한다.

○ 항목에서 출처가 표시되지 않은 부분에 대해서도『동의보감』 편찬의 성격을 좀 더 잘 이해하기 위해서 깊은 관심을 가질 필요가 있다. 현재까지 어떤 연구도 이에 관심을 보인 적이 없는데, 이에 대해서는 마지막 절에서 논하겠다.

『동의보감』에서 ○으로 구분되어 인용 출처가 표시된 부분은 모두 17,708항목이다. 이로부터 어떤 책이 인용되었으며, 또 얼마나 많이 인용되었는지 대체적인 파악이 가능하다. 그렇지만 이 작업이 녹록치 않다.『동의보감』에서는 인용 출처를 엄밀히 밝히지 않았기 때문이다.『상한론(傷寒論)』이나『내경(內經)』,『영추(靈樞)』처럼 책이름을 전혀 혼동하지 않을 경우도 있고, 약자를 썼다 해도『입문』(『의학입문』)이나『의감』(『고금의감』)처럼 별로 혼동이 되지 않을 경우도 있지만, 중경(仲景, 張機), 동원(東垣, 李杲), 편작(扁鵲)이나 화타(華佗)처럼 인물의 호를 사용해서 인용한 구절이 어떤 서적에서 유래하는지 혼동하기 쉬운 부분이 적지 않다. 이로(易老)[1]나 결고 (潔古) 같은 호는 인물이 누구인지도 파악이 쉽지 않다. 또한 서명 약자의 경우 『경험』이나 『비방』 등의 책은 그것이 구체적으로 어떤 것을 가리키는 지 알기 힘들다. 그렇기 때문에 『동의보감』의 인용문헌을 파악하기 위해서 는 일단 이런 출처가 정확히 어디서 유래하는 것인지 가려내는 일부터 필 요하다.

2. 인용 서적으로 본 『동의보감』의 특징

『동의보감』에서 서로 다르게 표기된 인용 출처는 총 289종으로 나타나며, 이 가운데 분명하게 동일한 서적이 27종이 있으므로 이를 제거하면 263 종이다.[2] 어떤 때는 서명을 쓰고, 어떤 때는 인명을 쓰는 등 일관성이 떨어 지기 때문에 정확한 서목 통계를 내기는 힘들며, 동일하거나 비슷한 책을 합쳐서 계산해본다면 인용 서목 종수가 223종으로 줄어든다. 인용한 책 의 구절을 찾아 대조해봐도 내용이 없는 경우도 적지 않기 때문에 『동의 보감』 인용서를 실제로 확정짓는 것은 사실상 불가능하다. 따라서 서로 다 르게 표시된 289종이라 하면 중복의 문제가 걸리고, 그것을 제한 263종 이라고 해도 그 안에 잘못 파악된 오류의 존재성이 크기 때문에 대략 200 여 종이라 말하는 것이 가장 현명한 방법일지도 모르겠다. 이런 점을 감안 하고 인용 서목 통계를 잠깐 들여다보면, 900회 이상 인용된 것이 『본초(本 草)』, 『의학입문』, 『단계심법(丹溪心法)』, 『득효방(得效方)』, 『의학강목』 등 5종으 로 전체 인용의 55퍼센트를 차지한다. 1회 인용이 최소한 83종, 10회 미만 의 인용서가 최소한 161종이므로 그것은 전체의 39퍼센트에 불과하다. 따라서 나머지 인용문헌이 내용의 6퍼센트를 차지한다. 400~600회 인용서가 9종, 100~599회 인용서가 13종, 50~100회 인용서가 10종, 10~49회 인용서가 25종과 같다. 이런 부정확성이라는 문제점을 안고 있기 때문에 인용문헌 각각을 따지는 게 힘들뿐더러 그렇게 해서 얻은 결과로 도출 가능한 해석의 의미 또한 잘못될 가능성이 있다. 따라서 인용문헌을 단순 나열하기보다는 이 자료의 전반적인 성격에 대한 의미를 캐내는 것이 더 중요하다고 본다.[3]

1) 명대 출현 의서의 절대 다수 인용

인용 서적의 가장 큰 특징은 명대, 그것도 16세기에 출간된 의서가 절대 다수를 이룬다는 점이다. 본초서인 『증류본초(證類本草)』(3,520회)를 제외하고, 『동의보감』의 5대 인용문헌 중 셋, 즉 이천의 『의학입문』(2,808회), 주진형(朱震亨)의 『단계심법』(1,296회), 누영의 『의학강목』(958회)이 여기에 속한다. 여기에 「역대의방」에 공신의 저작으로 표시된 『고금의감』(663회), 『만병회춘』(517회), 『종행선방(種杏仙方)』(54회)을 합친다면 1,234회에 이른다. 이밖에 우단(虞摶)의 저작인 『의학정전』(544회)도 많이 인용되어 있다. 이 의서들을 모두 합쳤을 경우(6,840회) 그것은 전체 인용 횟수(17,690)의 39퍼센트에 해당한다. 이를 보면 허준이 『동의보감』을 편찬할 때 위 다섯 인물의 7종 의서를 매우 적극적으로 활용했음을 알 수 있다. 1부 1장에서 살폈듯, 이 의서들은 15세기 이후 중국에서 출현한 것으로 얼마 안 지나 조선에 수입된 것들이다.

1481년 명에서는 주진형의 『단계심법』(5권)이 출간되었다. 이 책은 명대의 정충(程充)이 교정을 본 것이다. 주진형의 또 다른 중요한 저서인 『단계선생의서찬요(丹溪先生醫書纂要)』(2권)도 같은 해에 노화(盧和)의 편주로 인간되어 나왔다. 주진형(1281~1358)은 훨씬 오래전 인물로서『의방유취(醫方類聚)』에서도 그의 이름이 등장하기는 하지만, 그의 주저인『단계심법』은 그의 사후 120여 년 후에 공식 출간되었으며 그것이 조선에 알려진 것은 이미『의방유취』가 완간되어 나온 이후의 일이었다.『단계심법』은 맨 먼저 12경 견증(見證) 등 6편의 의론(醫論)이 있고, 이어서 각 과 병증을 100편으로 나누었으며, 내과 잡증을 위주로 하고, 겸하여 기타 각 과를 열기했다.[4] 이 밖에도 1536년에 명나라 방광(方廣)이『단계심법』을 분류 증편한『단계심법부여(丹溪心法附餘)』를 펴냈다. 주단계의『단계심법』도「내경편」,「외형편」,「잡병편」,「탕액편」,「침구편」에 골고루 인용되어 있다.[5] 5권 분량임에도『동의보감』에서 1,300여 회 이상 각 편에 걸쳐 고루 인용되었다는 사실은『동의보감』이 주진형의 의학을 매우 중시했음을 뜻한다.

『의학강목』(40권)은 명대의 의학자 누영(1320~1389)이 지은 책으로 저술 시기와 달리 1565년에 출판이 되었으니, 허준이나 조선 의학계로서는『단계심법』과 마찬가지로 신서적의 계열에 포함된다.『동의보감』에서는 다섯 번째로 많이 인용된 책이나, 허준은 이 책의 저자가 누구인지 정확하게 파악하지 못했던 듯하다.「역대의방」에는 단지 "명나라 인물이 지은 것[本朝人所撰]"이라고만 적어놓았다. 책 제목에 강목이란 이름이 붙어 있듯, 이 책은 음양장부로서 강(綱)을 삼고 구체적인 병증 등을 목(目)으로 삼은 특징을 보인다. 1~9권은 음양장부에 속하며 의학 총론을 다뤘는데, 음양, 장부, 찰병(察病), 진법(診法), 용약, 침구, 조섭(調攝), 금기 등의 내용이다. 10~29권까지는 오장육부와 관련된 병증을 다뤘으며, 온갖 내과·외과·부인과·오관과 관련 증상을 장부로 귀납하는 독특함을 보인다. 30~33권은 상한을 위주로 하면서 온병, 서병, 온역 등을 다뤘고, 34~35권은 부인에 관한 내용을, 36~39권은 소아에 관한 내용을, 50권은 운기를 다뤘다. 양생 분야를 제외하고『의학강목』은『동의보감』이 대상으로 삼는 상당 부분의 주제를 다룬 40권 분량 거질의 책이었다.

명대의 의학자 우단(1438~1517)의 저작인『의학정전』(8권)은 1515년에 편찬된 것이며, 중국에서는 1531년 인쇄되어 나왔고 1577년, 1578년 중간되었다. 조선본은 1531~1544년 사이에 출현한 것으로 추정된다.[6] 이 책은 임상 각 과에서 흔하게 보이는 병증을 나누어 서술했는데, 우선 증별로 분문하고 각 문은 먼저 증을 논하고 다음에 맥법과 방치를 논했다. 제반 증상을 서술함에 총론은『내경』의 요지를 제강(提綱)으로 하고, 증치는 주단계의 학술 경험을 본으로 했다. 맥법은『맥경(脈經)』에서 취택했으며, 상한·내상·소아병의 분별은 장중경, 이고(李杲), 전을(錢乙)을 따랐다. 우단은 널리 제가의 학설을 참고하고 가전해온 것, 자신의 학술 경험을 종합하여 논술했다. 우단은 주금(呪禁), 무술(巫術)과 운기로 병기, 병증 및 치법을 추산하는 것 등에 대하여 비판적인 태도를 보였다.[7] 이와 같은『의학정전』의 체제는『의방유취』의 그것과 함께『동의보감』체제 구성에 적지 않게 기여했다.

1575년에는 이천의『의학입문』(19권)이 인쇄되어 나왔다. 이 책은 주단계의 제자인 유순(劉純)이 1388년에 펴낸『의경소학(醫經小學)』을 원본으로 삼아서 역대 중국 의학 제가의 학설을 분류하여 편찬한 책으로서 의학약론, 의가전략(醫家傳略, 역대의학성씨), 경혈도설, 경락, 장부, 진법, 침구, 본초, 외감병, 내상병, 내과잡병, 부인병, 소아병, 외과병, 각 과 용약 및 구급방을 포함하여 보완한 종합 의서다.[8] 이 책은『동의보감』인용문헌 가운데『동의보감』과 가장 성격이 비슷한 책으로,『동의보감』에서 가장 많이 인용된 까닭은 이런 책의 특징에서 비롯되는 것이기도 하다.[9] 구태여 구체적인 내용 분석을 하지 않는다 해도 이 책이 의학 이론, 병증, 진단법, 치료법, 침구법 등 제반 측면에서『동의보감』편찬에 가장 크게 기여했으리라 쉽게 짐작이 간다.

공신의 저작으로 「역대의방」에 기록되어 있는 3종의 의서 『고금의감』, 『만병회춘』, 『종행선방』은 가장 최신의 의서였다. 『고금의감』(8권)은 1576년에 출간되었다. 이 책은 『동의보감』과 성격이 비슷한 종합 의서였다. 먼저 맥결, 병기, 약성, 운기의 네 편을 논하여 임증의 이론 기초를 학습케 하고, 다음에 각 과 병증의 증치를 나누어 기술했다. 내과는 제중, 제상, 허손, 학질, 이질, 제통, 제기 등의 문으로 나뉘고, 부과(婦科) 경폐(經閉), 붕루, 대하, 산육, 산후 등 문으로 나뉜다. 아과는 경풍, 제감 등 문으로 나눈다. 이·비·구·아·안 병 등이 실렸다. 문헌은 위로 『내경』, 『난경(難經)』에서 아래로 금·원 시기의 유완소(劉完素), 장종정(張從正), 이고의 제가 학설까지 수집하여 이미 논술한 병증과 결합시켰다. 치료방제는 매우 광범히 수집 망라했는데, 그중에는 적지 않은 민간 경험방과 외치, 침구요법도 기재된 것이었다.[10] 『만병회춘』(8권)은 『고금의감』보다 10년 늦은 1587년에 출간된 종합 의서다. 아버지 공신이 지은 것을 아들 공정현(龔廷賢)이 수정, 증보했다. 이 책 또한 『고금의감』처럼 『내경』을 종조로 하고 창·월을 종지로 삼고, 유·장·주·이 및 역대 각가(各家)의 핵심을 추리며, 효과 본 것을 가려 정밀하게 집성한 것으로서,[11] 『고금의감』보다 한결 더 정리된 모습을 띤다. 『만병회춘』의 권1은 「만금일통술」, 약성가, 제병주약, 형체, 장부, 경맥 등의 총론 내용으로 되어 있고, 권2~8은 각 과 병증의 증치를 분술했으며, 말미에 「운림가필」 등을 수록했다. 『종행선방』은 1581년에 간행된 책으로, 대부분 일상에서 쉽게 구할 수 있는 한두 가지 약재로 구성된 간편한 경험방을 수록한 것이다.

이렇듯 명대 종합 의서가 『동의보감』에 다수 인용되어 있지만, 그 의미는 신중하게 살펴볼 필요가 있다. 각각의 책 전체 분량에서 『동의보감』에 뽑혀 인용된 부분의 비중은 그다지 크지 않다. 진주표가 번역한 『의학강목』,『의학입문』,『만병회춘』에는 각 책 중『동의보감』에서 인용된 부분을 일일이 표시했는데, 그 내용은 각 책의 수십 분의 일도 되지 않는 것이다.[12] 또 뽑힌 부분도 일정한 부분을 통째로 옮긴 것이 아니라 곳곳에 분산되어 있다. 이런 점을 볼 때, 이 책 역시 다른 의서와 마찬가지로 주로 재료의 풀 (pool)로 활용된 것임을 알 수 있다. 게다가『동의보감』에 인용된 종합 의서도 이전의 고방을 포함하여 최근의 처방을 다수 수집하여 정리한 것이 므로 인용 표시가 이들 의서로 되어 있다고 해도 그것을 다 편찬자의 원방 또는 그 시대의 것으로 간주하면 오류를 범하게 된다. 앞에서 살핀 바와 같이 두창 특효약 저미고는『의학입문』의 처방으로 표시되어 있지만, 그것 은 훨씬 앞선 송대 주굉(朱宏)의『활인서(活人書)』에 담겨 있었던 것이다.

위에서 살핀 의서가 모두 명대에 간행된 것이기 때문에 조선 의학사를 쓴 미키 사카에가 "『동의보감』이 명대 의학의 자국화를 위해 쓰인 것"이라 고 해석했는데, 일리가 있는 해석이다. 그렇지만 같은 명대에 나온 저작이 라 해도 각 저작들이 스스로 '명대 의학'이라 범주 지어 인식했던 부분이 존재하는 것 같지 않기 때문에 "명 의학의 조선화"라는 해석은 정확한 것 같지 않다. 모든 책들이 자신의 의학관을 세우고 그에 따라 기존의 의학과 자신의 학술 경험을 나름대로 정리하려는 '경쟁적인' 시도를 보였던 것이 다. '명대 의학의 자주화'라는 개념 안에는 중심과 주변이라는 지역적 경 계를 미리 상정하고 있는데, 이런 명제는 '의학의 정리'라는 한결 상위 차 원의 논의를 흐리게 만든다.

허준의 경우도 이전 종합 의서의 저자처럼 새로 등장한 의학에 대한 이 해를 바탕으로 하여 자신의 의학관을 정립하고, 그것에 입각해 기존의 의 서를 정리한 것이다. 다만 기존 의서와 허준의 것에서 결정적 차이가 보이 는 부분이 있는데, 그것은 허준의 작업이 바로 얼마 전에 이루어진 비슷한 성격을 띤 종합성 의서 전체를 다 정리의 대상으로 삼았다는 점이다. 종합 의서의 종합이다. 사실 15세기 후반 이후 16세기 후반 100여 년 동안 중국 의학계에서는 오장변증론, 비위론, 자음론 등 각각의 개성이 뚜렷한 논의를 담은 쟁쟁한 종합 의서가 5~8종 출현하여 조선에 전래되었으며, 선조를 비롯한 조선의 의학계에서는 이런 신방의 출현을 "의학적 혼란"으로 인식하면서 정리의 대상으로 삼았다. 그것을 다 정리한다는 시도는 단지 조선 의학계의 사건에 그치지 않고, 17세기 이후 중국 의학사 전체에서도 찾아보기 힘든 기획이었다. 그것은 기존의 모든 종합 의서까지 다 망라한 종합이라는 말이 어울린다. 위에서 언급된 다섯 인물보다 뒤에 나왔기에 후발 주자로서의 장점을 최대한 누린 것이다.

2) 『의방유취』를 통한 수많은 고방의 인용

한국 의학사를 공부하는 학자들 사이에서 『동의보감』을 제대로 이해하기 위해서는 그것과 『의방유취』 사이의 관계를 잘 아는 것이 중요하다는 점은 누누이 지적되어왔으나 실제로 그 관계를 살피는 연구는 아직까지 없었다. 두 저작 모두 방대하기 때문에 하나라도 제대로 보기에는 아직껏 역량이 되지 않았던 데 그 까닭이 있지 않나 생각한다. 허준은 『동의보감』의 「집례」에서 조선이 동방 구석진 곳에 있기는 하지만 실처럼 이어온 본국 의학의 전통을 지녔다고 했으며, 「역대의방」에서 그 근거로 『의방유취』, 『향약집성방』, 『의림촬요(醫林撮要)』 3종의 의서를 적어놓았다. 그것은 단지 선행 의서가 있었다는 데 그치지 않고, 체계 구성과 1문(門)의 구성 방식에서도 여러 측면에서 『의방유취』의 체제를 본받고 있다. 여기서는 명초(明初) 이전 문헌의 가장 중요한 출처로서 『의방유취』를 살필 것이다.

『동의보감』에서 『의방유취』를 인용했다고 표현한 부분은 166건으로, 이

보다 많이 인용된 것이 16종이나 더 있기 때문에 후대의 학자들이 이 둘 사이의 연관성에 큰 관심을 기울이지 않게 되었는지 모르겠다. 아마도 원 출처를 표시하는 게 더 낫다는 판단에서 직접 참고한 책인『의방유취』를 드러내지 않았기 때문이리라.『의방유취』를 인용한 부분도 검토해보면, 원 출처가 다 밝혀져 있는데 왜 이 166건은『의방유취』를 출처라고 밝혔는지 그 이유는 파악되지 않는다.『동의보감』과『의방유취』를 검색을 통해 비교 검토하면 무려 90여 종에서 거의 동일한 인용이 확인된다. 이 가운데에는『천금방(千金方)』,『상한론』,『득효방』,『직지방(直指方)』,『유문사친(儒門事親)』, 이동원의 저작같이 잘 알려진 서적도 있지만,『금단대성(金丹大成)』,『간이방(簡易方)』,『이간방(易簡方)』 등『동의보감』 편찬 때 결코 곁에 있었을 것 같지 않은 다수의 의서가 포함되어 있다.

정유재란이 끝난 후 어느 해 선조는 허준에게 의서 편찬을 재개하라는 명령을 내리면서 의서 5백 권을 내주었다. 이 가운데『의방유취』가 포함되어 있었는데,『의방유취』가 총 266권이므로 내준 의서의 절반 정도의 양을『의방유취』가 차지한 것이다.『의방유취』는 세종 때인 1437년에 시작되어 1445년에 365권으로 정리되었고, 이후 세조를 거쳐 성종 때인 1477년에 266권으로 최종 완간을 보았다. 내가 검토한 결과 이 책은 편찬 때까지 나온 의서 153종을 수집한 후 그중 120종의 의서 내용[13]을 중복 제거하여 52개의 문으로 분류 정리하고 나머지 책들을 교열 등에 활용한 것이다.[14] 단적으로 말해『의방유취』는 이전 시기부터 세종~성종 때까지 고려나 조선에서 수집한 의서 중 가치 있다고 판단한 모든 의방(醫方)을 중복 없이 모아놓은 것이다. 여기에는 한·당 이후 송·금·원, 명초의 의서, 또『어의촬요(御醫撮要)』나『비예백요방(備預百要方)』 등 중요한 고려 의서가 포함되어 있다.

『의방유취』에 담긴 의방서로서(본초서는 별도의 항으로 다루겠다)『동의보감』에서 400회 이상 다뤄진 책으로는 원대의 『득효방』(1,074회), 『동원시효방(東垣試效方)』·『동원내외상변(東垣內外傷辨)』·『난실비장(蘭室秘藏)』·『비위론(脾胃論)』 등 이동원의 저작(517회), 『직지방』(447회), 『상한론』, 『금궤요략(金匱要略)』 등 장중경의 저작(415회) 등이다. 100회 이상 인용된 것으로는 『소문현기원병식(素問玄機原病式)』·『상한직격(傷寒直格)』·『선명론(宣明論)』 등 유완소의 여러 저작(231회), 『화제국방(和劑局方)』(166회), 『삼인방(三因方)』(136회), 왕호고(王好古)의 『의루원융(醫壘元戎)』 같은 저작(130회), 주굉의 『활인서』(128회), 허숙미(許叔微)의 『본사방(本事方)』(111), 진자명(陳自明)의 『부인대전양방(婦人大全良方)』(108회) 등이 있다. 진자명의 『부인대전양방』을 제외하고 이 저작들은 모두 『동의보감』의 「역대의방」에 올라 있다. 특히 『득효방』(19권, 1345), 『세의득효방(世醫得效方)』은 원대 위역림(危亦林)의 저작으로 『동의보감』의 세 번째 다수 인용 의서다. 이 책은 다섯 세대에 걸친 가전(家傳) 의방에 근거해서 편찬한 것으로 원대 의학의 13과, 즉 내·외·부(婦)·아(兒)·오관 및 상과(傷科) 등 각종 질병의 맥병증치를 분별하여 기술한 책이다.[15] 이 책은 16세기에 이르도록 『화제국방』과 함께 조선에서 가장 널리 애용되어오던 의서다.

시기별로 보면, 장중경의 저작은 한대의 저작이고, 『직지방』과 『삼인방』, 『활인서』, 『본사방』, 『부인대전양방』은 송대의 저작이며, 이동원과 유완소의 저작은 금대, 『득효방』과 왕호고의 저작은 원대의 것이다.[16] 『의방유취』에 정리된 책으로서 『동의보감』에도 다수 나오는 서적은 이처럼 장중경의 작업[17]을 제외하고는 모두 송·금·원대의 것이다. 그런데 장중경의 작업도 송대의 의학 정리의 결과물로 다시 각광을 받았음을 기억할 필요가 있다. 이와 달리, 수·당대의 대표적인 저작인 손사막(孫思邈)의 저작(93회)이나 왕도(王燾)의 『외대비요(外臺秘要)』(5회)는 그 방대한 볼륨에 비해 인용 횟수가 크게 떨어진다. 또 다른 송대 이전의 의방서인 갈홍(葛洪)의 『주후방(肘

後方)』(3회), 『해상방(海上方)』(1회) 등도 인용 횟수가 적다.(물론 『소문』이나 『영추』, 『침경』 등 의경(醫經)으로 일컬어지는 의서는 훨씬 많이 인용되어 있는데 그것은 별도의 항으로 다루겠다). 이 밖에도 『유문사친』으로 대표되는 금대 장자화(張子和)의 저작(69회), 원대 제덕지(齊德之)의 『외과정의(外科精義)』(59회), 나천익(羅天益)의 『위생보감(衛生寶鑑)』(57회)도 금·원 시기의 저작이다.

그렇지만 『의방유취』에는 송대 이전의 의방이 매우 많이 실려 있는데, 『동의보감』의 정리에서는 이 대부분의 내용을 많이 선택하지 않았고, 『의방유취』에 실린 의서라 해도 송·금·원대에 편찬된 내용을 주로 선택해 실었다고 말할 수 있다. 주목할 사항 하나는 금·원대의 중요한 의학자 중 일인인 주진형(주단계)의 저작이 『의방유취』의 자료로 활용되고 있지 않다는 점이다. 『의방유취』에는 다른 의서에 등장하는 주단계(朱丹溪)의 의론과 처방이 안 보이는 것은 아니지만, 장종정(장자화)·유완소·이동원의 경우와 달리 그의 저작이 『의방유취』 분문에 편입되지는 않았다.

40년에 걸쳐 완성된 『의방유취』는 조선의 역량을 총결집해 이전의 의학을 정리한 것으로, 120여 년 후 다시 의학을 정리하는 과제를 떠맡은 허준에게 가장 큰 도움이 되었을 것이다. 그는 이 책을 통해 1477년 이전의 중국 의학과 조선 의학의 계통을 파악하는 한편, 그것을 풍부한 처방의 풀(pool)로 삼았음에 틀림없다. 어떤 측면에서 허준은 너무 방대해서 참고서밖에 구실을 하지 못하는 이 책의 방대한 내용을 추려 담아 실용적인 책으로 탈바꿈하는 과제를 맡았다고 해도 그다지 지나친 말은 아니다. 이런 작업은 전통의 계승과 함께 새로운 혁신을 동시에 필요로 하는 일이었다. 거칠게 말한다면, 『동의보감』은 『의방유취』가 모아놓은 자료에다 거기에 담기지 않은 이후 수집본을 자료로 해서 성립된 것이다. 『의방유취』에 담긴 것을 고방(古方)이라 친다면, 그 후에 출현한 의방서를 신방(新方)이라 할 수 있다. 이런 점에서 『동의보감』은 고방과 신방의 새로운 종합인 셈이다.

3) 의학 경전의 중시

『동의보감』에는 의학 경전 『황제내경』이 많이 인용되어 있다. 『내경』, 즉 『소문』이 549회, 『영추』가 450회 인용되어 있는데, 이는 각각 7번째, 12번째로 많이 인용된 횟수다. 이 밖에도 왕빙(王冰)의 『내경주(內經註)』도 20회 인용되어 있으며, 『난경』이 85회, 『난경』의 저자로 알려진 편작이 25회, 『난경』의 주(注) 또는 소(疎)가 각기 1회씩 인용되었다.

『소문』은 『동의보감』의 「내경편」에서 255회, 「외형편」에서 178회, 「잡병편」에서 178회 집중 인용되어 있으며, 「탕액편」 13회, 「침구편」 11회 인용되어 있다. 「침구편」의 경우에는 전체 인용 건수가 적기 때문에 그렇게 나타난 것이고 「탕액편」은 이 부분이 절대적으로 부족한 『소문』의 성격을 반영하는 것이다. 『영추』의 경우에는 「내경편」 148회, 「외형편」 134회, 「잡병편」 79회, 「침구편」 89회로 나타난다. 「탕액편」의 경우에는 한 건도 없지만, 「내경」, 「외형」, 「잡병」에는 골고루 분포되어 있으며, 세간에서 이 책이 『침경』으로 불렸듯이 「침구편」에는 총 89회로 다수 인용되어 있다.

일반적으로 한의학의 기본을 이루고 있는 의학 경전이 다수 인용된 것은 새삼스러운 일이 아니다. 그렇지만 조선 의서의 전통에서 봤을 때 『소문』이나 『영추』를 재인용이 아닌, 직접적으로 다수 인용한 것은 이전에 보이지 않던 현상이다. 『의방유취』와 『향약집성방』에서는 『내경』과 『난경』을 분문(分門)의 대상으로 삼지 않았다. 『의림촬요』에서도 이 책들이 인용되고 있기는 하지만, 각각 10회를 넘지 않는다. 위에서 언급한 중국 의서인 『단계심법』, 『의학입문』, 『의학정전』, 『의학강목』, 『고금의감』 등에는 이 경전들이 다수 인용되어 있다. 이런 사실은 『동의보감』이 조선 의서로서는 최초로 의학 저술에 『소문』과 『영추』 등의 의학 경전을 본격적으로 활용했다는 의학사적 의의가 있다. 더 중요한 사실은 경쟁 성격의 중국 의서처럼

『동의보감』도 의학 경전을 자기 의학관의 정립과 의학적 판단의 근거로 난숙하게 응용했다는 점이다. 의학 경전의 중시는 "서적이 많아질수록 의술은 더욱 어두워져 『영추』의 본지(本旨)와 크게 어긋나지 않은 것이 드물게 되었다."는 『동의보감』 서문의 표현과 궤를 같이한다. 『동의보감』의 편찬 방식은 역사 계통적인 성격을 띤다. 인용한 내용의 적절성 여부를 결정짓는 주요 잣대가 역사적 정통성이며, 많은 경우 각각의 병증에 딸린 이론과 처방의 의학적 타당성은 이른바 의학 경전의 전통을 얼마나 충실히 따르고 있는가의 여부로 결정된다. 『동의보감』은 먼저 의학 경전이라 할 수 있는 『내경』과 『영추』의 의론(醫論)을 싣고, 다음에 역사적으로 중요했던 인물 또는 저작의 논의를 싣는 방식을 취한다. 이런 '역사계통적' 방식을 택함으로써 『동의보감』은 기존 의학계의 분분한 의설(醫說)과 혼란스러울 정도로 많은 처방을 일목요연하게 정리해냈다는 인상을 얻어내는 데 성공했다. 이런 경전의 정신을 『동의보감』은 "창(倉)·월(越)로부터 아래로 유(劉)·장(張)·주(朱)·이(李)에 이르기까지 백가(百家)가 이어서 일어나 분분히 논설을 전개하며 전대의 저술을 표절하여 다투어" 세워진 문호를 평가하는 눈으로 삼은 것이다. 의학 경전은 『동의보감』에서 모든 의학 내용의 잘잘못을 판단하는 심급으로 구실했다.

4) 여러 의학 전문 분야의 인용

『동의보감』은 종합 서적으로서 당시 의학이 다루는 모든 과목을 다뤘으므로, 진맥, 외과, 부인과, 소아과, 침구과 등 당시 전문화가 뚜렷한 분야의 중요 서적이 대거 인용되었다.

『동의보감』은 또한 맥법의 경우도 따로 진맥문을 두었고, 맥법의 항목을 각 문의 중요한 세션으로 배당했기 때문에『의방유취』에 보이지 않던 진맥서의 직접 인용이 두드러지게 나타난다. 왕숙화(王叔和)의『맥경』이 103회, 『맥결(脈訣)』이 68회[18], 금나라 장벽(張璧)의 진맥서 21회 등이 인용되었다.

외과 서적 인용은 다음과 같다.

표기명	의서명	저자	시기	인용횟수
〈精義〉	외과정의	제덕지	원	59
〈精要〉	외과정요	진자명	송	29
〈劉涓子〉	유연자귀유방	공경선	남제	7
〈治疱方〉	치포방	?	?	3
〈樞要〉	외과추요	설기	명	1
〈外科〉	외과발휘	설기	명	1
〈絛然子〉*	의방유취 재인용 확인	장계선	북송	1

〈표 5〉 외과 서적 (* 표시는 의방유취로부터 재인용한 것으로 추정됨)

원대의『외과정의』와 송대의『외과정요(外科精要)』가 다수를 차지하며, 고려 때 의과 과목이었던『유연자방(劉涓子方)』도 7회 인용되어 있다.

부인과 전문 서적으로는 송대 진자명의『부인대전양방』이 압도적으로 많이 인용되었으며(108회) 나머지는 모두 4회 이하였다.

표기명	의서명	저자	시기	인용횟수
〈産書〉	왕악산서(王岳産書) 의방유취 인용방	?	?	2
〈濟陰〉	선전제음방	무명씨	명	3
〈廣嗣〉*	광사기요	만전	명	3
〈産寶〉	산보	구은	당	4
〈良方〉	부인대전양방	진자명	송	108

〈표 6〉 부인과 전문 서적

아래 표와 같이 소아과 전문 저작으로는 송대 전을의『소아직결(小兒直訣)』이 가장 많이 인용되었다.

표기명	의서명	저자	시기	인용횟수
〈錢乙〉〈錢仲陽〉 〈錢氏〉〈錢氏方〉	소아직결	전을	송	100
〈新書〉	활유신서? 유유신서?	진문중? 유방?	송	10
〈省翁〉	활유구의	증세영(성옹)	원	4
〈全嬰方〉	전영방론	곽단우	송	1
〈田氏方〉	전씨보영집	무명씨	원	1

〈표 7〉 소아과 전문 서적

『의방유취』에도 여러 치료법 중 하나로 침구법이 포함되어 있지만, 침구서를 직접 인용한 것이 아니라 다른 의방서에 실린 것을 재인용한 것이다. 이와 달리 『동의보감』에서는 직접 인용 방식을 택했다. 위에서 말한 『영추』가 다수 등장하는 것도 그 때문이며, 『동인경(銅人經)』(474회), 『갑을경(甲乙經)』(26회), 『신응경(神應經)』(11회) 등의 잦은 인용이 이와 관련이 있다.

「역대의방」에서도 드러났듯이 종합 의서를 지향하는 『동의보감』은 각 분과 영역에서 축적해온 핵심적인 의학 전통을 담아냈다. 한 가지 유념해야 할 사항은 『동의보감』의 여러 의학 분과 내용이 여기에서 말한 것만으로 채워지지 않았다는 점이다. 앞에서 언급한 명대 출현 종합 의서와 조선의 대규모 종합 의서 『의방유취』에서도 수많은 분과 내용을 추출해서 활용했다.

5) 『본초』의 최다수 인용

앞에서 잠깐 밝혔듯 『동의보감』의 최대 인용 문헌은 『본초(本草)』라고 표시되어 있는 『증류본초』(3,520회)다. 『증류본초』(31권)는 『동의보감』의 「역대의방」에서 송대 당신미(唐愼微)의 저작으로 『비용본초(備用本草)』와 『경사증류(經史證類)』를 언급한 그 책이다. 이 책은 1108년 첫 출현 이후 계속 증보되어왔으며, 조선에서도 일찍이 인간되었고, 『경국대전(經國大典)』에서 과거 시험의 교재로 규정했으며, 1577년에도 또 한 차례 찍혀 나왔다. 이 책은 『가우보주신농본초(嘉祐補註神農本草)』를 기초로 하여, 북송 이전의 약물학 성과를 총결한 것이다. 그 내용은, 권1~2는 서례, 권3 이후는 약물을 옥석·초·목·인·수·금·충어·과·미·곡·채(이상을 또 상, 중, 하의 삼품으로 나누었음)·이름은 있으나 사용하지 않는 것·도경(圖經)에 실리지 않은 초류·도경에 실리지 않은 나무나 덩굴류 등 13류로 나누어 모두 1,746종을 실었다.(각종 간행본에 따라 수자에 약간의 차이가 있음.) 본서의 수재는 광박하며, 순서에 따라 정리번호를 달았는데, 체제가 근엄하며, 약의 별명, 약성, 주치, 산지, 채취, 포제, 변석, 부방 등에 대하여 모두 상세하게 기재했고, 수록된 약도도 비교적 정세하다.[19]

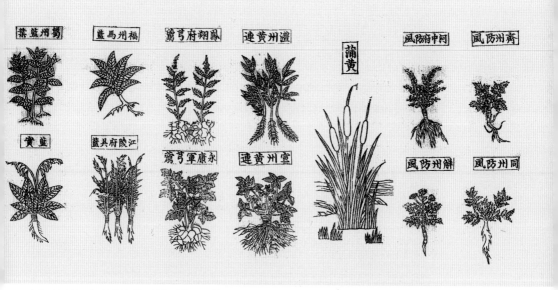

〈그림 75〉 『동의보감』이 가장 많이 인용한 『증류본초』 조선판에 실린 여러 그림들.

이 책이 『동의보감』에서 가장 많이 인용된 까닭은 자명하다. 당시 한의학 약물학의 주종을 이룬 저서이기 때문이다. 특히 「탕액편」의 경우에는 인용 기사 중 60퍼센트 이상이 이 『증류본초』에 의존하고 있다. 이 책은 「내경편」에도 536회, 「외형편」에도 523회, 「잡병편」에는 923회로 매우 많이 등장한다.[20] 이렇게 「탕액편」 이외에도 『증류본초』가 많이 인용된 것은 『동의보감』이 모든 문(門) 안에 단출하게 약 하나 또는 몇 가지로 병을 다스리도록 단방(單方) 세션을 두었기 때문이다.

『동의보감』이 『증류본초』를 많이 인용한 사실보다 더 중요한 것은 허준이 방대한 『증류본초』 내용 중 어떤 내용을 추려서 자신의 책 안에 담았냐는 점이다. 마치 『의방유취』에서 그 이전까지의 의방 내용 중 어떤 것을 선택해 실을 것인가 하던 문제가 본초서에서도 마찬가지로 나타난 것이다. 『증류본초』는 31권 규모이며 『동의보감』은 「탕액편」 5권에 지나지 않지만 『증류본초』의 수많은 내용은 『동의보감』의 「내경편」, 「외형편」, 「잡병편」 등에 흩어져 인용되었다. 사정이 이러하기 때문에 허준은 「집례」에서 『증류본초』의 수많은 주석 가운데 오로지 「신농본초경(神農本草經)」 본문과 「일화자본초(日華子本草)」를 믿고 의지할 만하다고 밝힌 바 있다. 이 밖의 책으로는 이동원의 본초와 주단계의 본초 요점이 믿을 만하다 했는데 그것이 무엇인지는 분명치 않다.[21]

6) 많은 양생 서적의 인용

『동의보감』에는 10회 미만의 인용 서목이 161종으로 전체 220여 종의 절반을 넘는다. 이 가운데 57종(몇몇 중복 포함)이 양생 서적이다. 다른 곳보다 양생 부분은 논의 위주의 '~왈' 인용 방식이 유독 많아서 인용 서적의 원

출전이 무엇인지 알기 힘들다. 『의방유취』의 「양성문(養性門)」와 비교했을 때 내용을 비교하여 동일하거나 유사한 내용을 보이는 출전도 적지 않았다. 그것은 다음 표에서 (*)로 표시했다.

표기명	의서명	저자	시기	인용 횟수
〈活人心〉〈臞仙〉〈胎息論〉*	활인심법	주권(구선)	명	44
〈養性書〉〈養性〉*	의방유취 양성문 확인	조선 문관·의관찬	조선	23
〈正理〉	금단정리대전주역참동계해 (金丹正理大全周易參同契解)	진현	송	22
〈延壽〉〈延壽書〉〈洞神眞經〉 〈仙書〉*	삼원연수서(三元延壽書)	이붕비(李鵬飛)	원	11
〈養生書〉〈養生〉*	천금방(千金方)	손사막	당	9
〈簡易〉〈葛仙翁淸靜經曰〉*	간이방(簡易方)	여민수	송(남송)	6
〈孫眞人〉〈(孫)眞人養生銘〉 〈孫眞人枕上記〉, 〈彭祖〉〈嵇康〉	천금방	손사막	당	5
〈彙篇歌〉〈還丹論〉, 〈金丹問答〉〈贈諶高士歌〉*	金丹大成(의방유취)	?	?	5
〈養老〉〈養老書〉〈七禁文〉	수친양로서	진직	송	5
〈黃庭〉	황정경	위화존	서진	5
〈上陽子〉	상양자	진치허	원	4
〈眞詮〉	진전	원황[22]	명	4
〈辨疑〉	양생변의결	시견오	당	4
〈參同契註〉	참동계주	?	?	3
〈淮南子〉	회남자	고유	한	3
〈抱朴〉	포박자	갈홍	진	3
〈王隱君〉	양생주론	왕규	원	2
〈虞世〉	준생요결	초우세	송	2
〈悟眞篇註曰〉	오진편주	옹보광	송	2
〈衛生歌〉	위생가	손사막	당	2
〈養老〉〈養老書〉 등	수친양로서(壽親養老書)	태을진인		2
〈釋氏〉*	수진비결(修眞祕訣)	왕채전(王蔡傳)	명	2
〈仙經〉*	수진비결	왕채전(王蔡傳)	명	2
〈葛仙翁淸靜經曰〉	청정경	갈홍	진	2
〈參同〉	참동계	위백양	한	2
〈仙經註〉*	구선신은(臞仙神隱)	주권	명	2
〈類纂〉	양생유찬	주수충	송	2
〈高供奉〉	본초채약시일가	고공봉	당	1
〈易眞論〉	역진론	?	?	1
〈五行相類〉*	참동계?	위백양	한	1
〈莊周〉	장자	장주	한이전	1

〈列子〉	열자	열자	한이전	1
〈象川翁〉	상천옹	?	?	1
〈雲笈七籤〉	운급칠첨	장군방	송	1
〈乾鑿度〉	건착도	정현	후한	1
〈悟眞〉	오진편	장백단	송 – 북송	1
〈西山記〉	서산독서기	진덕수	송	1
〈蕭氏〉	제왕양생요방	소고	남북조	1
〈仙方〉	종행선방	공신	명	1
〈無名子曰〉	무명자	?	?	1
〈白玉蟾〉	해량집?	백옥섬	남송	1
〈常眞子養生文〉	상진자	?	?	1
〈元和子〉	원화자	?	?	1
〈黃庭經註〉	황정경주	?	?	1
〈翠虛篇〉	취허편	?	?	1
〈眞誥〉	진고	도홍경	양	1
〈衛生篇〉	위생편	?	?	1

〈표 8〉 『동의보감』 양생서 인용 (* 표시된 부분은 『의방유취』로부터 재인용된 것으로 추정된다)

왜 이렇게 양생 서적 인용 종수가 많을까? 그것은 인용 횟수는 적지만 이런 양생 문헌이 양생론적인 신체관의 확립에 크게 기여하기 때문이다. 이 중 어떤 것들은 인용된 부분이 『의방유취』와 동일 또는 유사한 것이 많은 것을 볼 때 『의방유취』로부터 재인용한 것으로 추정된다. 확인된 것만 해도 〈양성서(養性書)〉 또는 〈양성(養性)〉, 〈탁약가(橐籥歌)〉, 〈환단론(還丹論)〉, 〈금단문답(金丹問答)〉, 〈증심고사가(贈諶高士歌)〉, 〈양로(養老)〉 또는 〈양로서(養老書)〉, 〈석씨(釋氏)〉, 〈선경(仙經)〉, 〈선경주(仙經註)〉, 〈오행상류(五行相類)〉 등의 내용이 『의방유취』로부터 재인용된 것으로 추정된다.

양생서 중 주목할 책은 명초 황족인 주권(朱權, 臞仙)의 『활인심방(活人心方)』 인용(44회)이다. 이 책은 『의방유취』에도 실려 있지만, 『동의보감』에서도 단일 양생 서적으로는 가장 많이 인용되었다. 이황(李滉)이 이 책을 손수 베꼈으며, 16세기의 많은 선비들이 이 책에 의거해 양생술을 실천했다. 『활인심방』 다음으로 많이 인용된 것은 『주역참동계(周易參同契)』의 주석

책인 송대 진현의 『금단정리대전주역참동계해(金丹正理大全周易參同契解)』이다. 『동의보감』에서는 우주론과 신체론의 핵심 부분에 이 책이 자주 인용되어 있다. 이러한 제반 양생 서적과 함께 『동의보감』의 경사서 인용도 비슷한 맥락에 있다. 『동의보감』에서는 주자(朱子), 정자(程子), 소옹(邵雍, 邵康節) 등 몇몇 구절을 인용한다. 이렇듯 다수의 양생서가 인용된 것은 『동의보감』이 『단계심법』 이후 등장한 중국의 여러 의서들과 명백하게 구별되는 특징이다. 이는 양생과 의학을 일통한다는 『동의보감』의 생명학 기획과 부합된다.

7) 적게 인용되었지만 중요한 조선 의서 인용

『동의보감』에는 조선 의학의 전통이 강하게 녹아 있다. 주진형의 저작을 제외한 명대 이전 의학 내용의 상당 부분이 『의방유취』로부터 재인용된 것임은 이미 말한 바 있기에 여기서 따로 언급하지 않는다. 이 밖에도 여러 조선(고려)의 의서가 『동의보감』에 실려 있다. 『의방유취』를 제외한 나머지 내용은 다음과 같다.

표기명	의서명	저자	인용횟수
〈俗方〉	속방	민간방	177
〈醫林〉	의림촬요	정경선	33
〈鄕藥〉〈鄕集〉	향약집성방	노중례 등	3
〈中朝〉〈中朝傳習〉	중조전습방2 또는 1, 중조질문방	양예수	2
〈北窓〉	북창방	정렴	1
〈百要〉	비예백요방	김변	1

〈표 9〉 『동의보감』에 인용된 조선(고려) 의서

이 표에서 가장 많이 등장하는 것은 이른바 속방으로 표시된 것으로 조선의 민간에서 쓰는 처방을 가리킨다. 정경선(鄭敬先) 저작인 『의림촬요』와 허준과 동시대 인물인 정렴(鄭磏)의 처방에서 인용한 것을 따로 『북창방(北窓方)』이라 한 것을 보면, 이 속방은 본뜻 그대로 정식 의서에 실린 것이 아닌 민간에서 쓰는 것을 제시한 것 같다. 속방에는 솔잎을 술에 담가 복용하거나 죽을 만들어 먹는 법, 담을 없애기 위해 모과를 다려 먹는 법, 대변이 막힌 것을 치료하기 위해 복숭아씨, 잣씨, 자두씨 등을 섞어 죽을 만들어 먹는 법 따위의 민간 전승방이 포함되어 있다.

정경선의 『의림촬요』가 33회 인용되어 있는데, 그것은 『동의보감』 전체 인용문헌 중 42위에 해당한다. 이 밖에 『향약집성방』이 3차례 인용되었으며, 선배인 양예수(楊禮壽)가 중국 사신 수행원으로 따라갔을 때 중국 의관에게 물어 공부해 온 내용이 두 차례 인용되었으며, 『동의보감』의 공동편찬자로 선정되었던 유의 정작(鄭碏)의 형인 정렴이 지은 『북창방』이 한 차례 인용되었다. 고려 의서로는 유일하게 『비예백요방』이 한 차례 『동의보감』에 자취를 남겼다. 『비요백요방』은 『어의촬요』와 함께 고려 양대 의서로 『의방유취』에서는 다른 의서와 같은 대접을 받았지만, 『동의보감』에서 『어의촬요』는 단 한 차례도 인용되지 않았으며, 『비요백요방』도 겨우 한 곳만 인용되었을 뿐이다. 결론적으로 『의방유취』 재인용을 고려하지 않는다면, 『동의보감』에서 조선 의서의 구실은 중국 의서를 정리한 나머지 차원에서 처방의 확장 정도의 성격을 지닌다. 이 점은 서명에 들어간 동의(東醫)라는 명칭이 조선적 지역성을 뜻하지 않음을 반증한다. 『동의보감』에서 실제 인용 출처 여부와 상관없이 『의방유취』를 단지 169곳에만 출처로 표시한 것도 이와 같은 맥락일 것이다.

3회 인용에 그친 『향약집성방』의 경우에는 재고할 부분이 있다. 의학 이론과 처방에 관한 『향약집성방』의 내용은 『의방유취』에 다 실려 있는 것이기 때문에 별도로 인용할 부분이 적어서였을 것이다. 그렇지만 『동의보감』은 자국산 약재의 향명과 산지, 법제법 등의 출처에 대해서 따로 근거를 밝히지 않았다는 점을 놓쳐서는 안 될 것이다. 허준에게 익숙한 향약에 관한 많은 정보가 이『향약집성방』에 밑바탕을 두고 있기 때문이다. '향약의 장려'는 선조가 허준에게 주문한 세 가지 사항 중 하나였을 정도로 실제 약재의 사용이라는 차원에서 조선인에게는 매우 중요한 사항이었다. 『동의보감』은『향약집성방』에 표현된 향약에 대한 정보를 기본으로 하여 허준 당대까지 확장된 지식을『동의보감』에 담았던 것이다. 이런 차원에서 본다면,『동의보감』은 중국과 조선 약학 지식의 종합판이라 할 수 있다.

3. 편찬자 허준의 목소리와 글쓰기 방식

『동의보감』은 단지 기존의 재료를 취사선택해서 엮은 결과물에 그친 것일까? 허준은 스스로 그런 성격의 책을 원했던 것 같다. 그렇기에 「서문」이나 「집례」에서도 자신의 작업이 어떠한 것이라는 것을 일부러 밝히지 않았다. 따라서『동의보감』을 열독해도 일부러 그런 요소를 짚어내야 한다는 확고한 생각이 없다면, 수많은 인용 출처에 묻혀 무심코 흘려버릴 수밖에 없다. 아마도 여태까지 연구자가 이에 대해 거의 아무런 관심을 표명하지 않은 사실은 이와 관련이 있을 것이다. 전체 인용 출처를 분석하다 보니 두 가지 사실이 드러났다. 하나는 인용 횟수가 거의 100회가 되는 문헌이 출처를 확인하기 힘든 게 있다는 점이었고, 다른 하나는 분명히 인용 출처가 있을 자리인데 출처가 표시되어 있지 않은 곳이 적지 않다는 점이었다.

　『동의보감』에서 〈제방(諸方)〉이라 표현된 경우는 전자에 해당한다. '제방'이란 이름이 들어간 의서를 찾아내 최수한은 아마도 송나라 때 나온

『산보제방(産寶諸方)』이 아닐까 추정했지만[23], 제방은 부인과에 국한되지 않고 전편에 걸쳐 골고루 나오므로 이는 단지 이름만으로 추정한 오류다. 『의방유취』에서는 제방이라는 이름이 들어간 의서는 보이지 않지만, 『태평성혜방(太平聖惠方)』은 처방의 모든 곳에 '간허를 치료하고 간을 보하는 여러 처방[治肝虛補肝諸方]'과 같이 '~제방'이라는 이름이 붙어 있다. 이 형식이 『동의보감』의 제방 부분과 동일하다. 이를테면 『동의보감』에서 제방이란 이름이 가장 먼저 등장하는 「내경편」 신문(神門)의 '경계(驚悸)'조 말미에 이렇게 적혀 있다. "경계에는 혈을 보하고 신을 안정시켜야 하므로 정신단, 영지원, 양혈안신탕, 주사고를 쓴다. 만약 기가 뭉쳐서 경계가 되면 교감단(처방은 기문에 있다.), 가미사칠탕을 쓴다."[24] 그렇다면 『동의보감』의 제방은 『태평성혜방』의 제방일까? 『의방유취』에 인용된 『태평성혜방』의 관련 부분을 보면 '치심장풍허경계제방(治心藏風虛驚悸諸方, 심장의 풍허로 놀라고 가슴이 두근거리는 증상을 치료하는 제방)'이라 되어 있는데,[25] 처방을 제시하는 방식은 비슷하지만 그 내용은 크게 다르다. 아마도 허준이 이런 『태평성혜방』의 방식을 본떠 자신이 여러 문헌에서 가려 뽑아낸 처방을 모아 제시한 것 같다. 다시 '간허를 치료하고 간을 보하는 여러 처방'으로 돌아가 보면, 허준은 이 항목 아래 주사안신환(朱砂安神丸)〈입문〉, 진심단(鎭心丹)〈삼인〉, 가미온담탕(加味溫膽湯)〈경험방〉, 가미정지환(加味定志丸)〈심법〉, 청심보혈탕(淸心補血湯)〈의감, 필용방〉, 진사묘향산(辰砂妙香散)〈득효〉, 양심탕(養心湯)〈의감〉, 정신단(靜神丹)〈정전〉, 영지원(寧志元)〈직지〉, 양혈안신탕(養血安神湯)〈회춘〉, 주사고(朱砂膏)〈득효〉, 가미사칠탕(加味四七湯)〈득효〉, 상법치경(常法治驚)〈장자화(張子和)〉 등 13가지 처방을 제시했다. 이 중 몇몇이 뽑혀 〈제방〉에 특기되었음이 확인된다. 그러니까 허준은 여러 문헌에서 '경계(驚悸)'를 치료하는 처방을 골라내 싣는 한편, 자신이 판단할 때 그 처방 중 특기할 만한 내용을 〈제방〉 항에서 미리 설명한 것이다. 이런 특징은 다른 〈제방〉 항에서도 똑

같이 드러난다. 보통은 이런 경우 '안(按)'이라고 하여 자신을 드러내는데, 허준은 〈제방〉이라는 출처를 대신 드러내고 자신은 그 안에 숨어버렸다. 이런 〈제방〉은 『동의보감』 107문 가운데 「내경편」 일부와 「잡병편」, 「침구편」 등 99개 문에서 드러난다.

『동의보감』에는 〈제방〉이 있는 곳과 동일한 부분인데 아예 인용 표시가 되지 않은 곳이 다수 존재한다. 다른 편에서도 보이지만, 주로 「내경편」에서 많이 보이며 「외형편」의 경우도 모든 문에서 이 같은 현상이 보인다. 이런 형식에서는 〈제방〉의 경우와 달리 처방만 제시했을 뿐 적극적인 의견 개진이 보이지는 않는다. 예컨대 이 점은 '정의비밀(精宜秘密)'의 사례에서 확인된다. 인용 표시가 없는 부분에 자신이 가려 뽑은 처방을 나열하고, 그 아래에는 딱 제시된 처방 다섯만이 적혀 있다. 『동의보감』에서는 관련 처방을 모은 경우라도, 다른 의서의 것을 그대로 채용한 경우에는 그것을 밝혔다. 이를테면, 「내경편」의 '습담삼위유정(濕痰滲爲遺精, 습담이 스며 유정이 된다)'의 경우에는 "의복가미이진탕급저근백피환(宜服加味二陳湯及樗根白皮丸, 마땅히 가미이진탕과 저근백피환을 복용해야 한다)〈의감〉"라 하여 아래에 제시한 두 처방이 『고금의감』에 따른 것임을 밝혔다.

미묘한 차이이기는 하지만, 허준은 통째로 인용해 온 것, 자신이 가려 뽑아 모은 것, 그 가운데 자신의 판단을 더욱 적극적으로 개진한 것 등을 구별하여 『동의보감』을 엮고 있다. 『동의보감』의 미인용 부분은 이상에서 든 것보다 더욱 폭넓게 나타난다. 처방을 가려내는 데 그치지 않고, 증상을 모아 새로운 범주를 만들 때에도 나타난다. 이 점을 이해하지 못한다면, 『동의보감』이 독창적이지 않은 짜깁기 책이라는 인상을 갖게 된다. 허준은 독창성을 일부러 드러내는 것을 경계해 숨길 정도였지만, 의학의 독자성에 의미를 부여하는 현대의 독자는 그것이 표절이 아니냐는 의심을 품게 된다. 이미 수많은 의학 정보 속에서 일부분을 선택하는 행위가 쉽지 않은 일이며, 그렇게 선택한 것을 담아내는 효과적인 틀을 고안하는 것은 또 다른 차원의 작업이다. 게다가 선택한 원 자료마저도 축약과 삭감, 수정과 증보의 모습을 보인다면, 그것은 또 다른 고도의 지적 작업이다. 여기서는 〈제방〉과 미인용 부분 일부에 관한 논의를 통해 감춰져 있는 편찬자의 편찬 기준의 일단을 알아볼 수 있다.

사실 자신을 드러내지 않는 방침을 세웠지만, 실제 『동의보감』의 내용을 검토해보면 인용 표시가 되어 있는 내용이 원 인용문과 크게 다른 부분이 매우 많다. 나는 『동의보감』의 내용을 원 인용 의서로 검색하고자 할 때 큰 어려움을 겪었는데, 동일한 표현으로 기술되지 않은 부분이 너무나도 많았기 때문이다. 어렵게 검색을 해본 결과, 어떤 경우에는 인용이 되어 있으나 원 출처에는 보이지 않는 것이 있고, 어떤 경우에는 문장의 출입이 매우 심해 관련 내용을 뺀 부분, 새로운 내용을 추가한 부분, 다른 부분을 가지고 와 이은 부분 등 매우 다양한 형태의 '창작에 가까운 손질'이 보였다. 『동의보감』 「잡병편」 옹저론(上)의 인용문헌을 검토한 연구 결과에 따르면, 『동의보감』은 "원문을 그대로 인용한 것이 아니라 원문의 의미가 훼손되지 않는 범위에서 문구나 글자를 생략하거나 혹은 의미를 명확하게 하기 위해 문구나 글자를 첨가한 곳이 많았"으며, "인용한 의서명의 오류도 7곳"이나 있었다.[26] 의서명의 오류는 허준이 실수를 저지른 것인지, 다른 판본을 본 것인지, 재인용에 따른 것인지, 판가름하기 힘들다. 그렇지만 변화를 준 부분에는 허준의 특별한 의도가 담겨 있으며, 때로는 그것이 자신의 의학관을 반영하는 부분이기도 할 것이다. 허준은 자신이 파악한 경전 『소문』과 『영추』의 정신'에 입각해서 경우에 따라서는 선학의 잘못을 바로잡는다는 인식에 따른 변형도 적지 않을 것으로 여겨진다. 이 부분에 대해서는 한의학 전문가의 본격적인 후속 작업을 기다린다.

다만 문장이라는 측면에서 봤을 때 허준은 과감하게 축약 정리하는 모습을 보임으로써 책이 간결하면서도 명확하게 서술되는 특징을 보인다는 점을 지적하고자 한다. 『동의보감』 「서문」에서 이정구(李廷龜)가 "이 책은 고금의 서적을 포괄하고 제가(諸家)의 의술을 절충하여 본원(本源)을 깊이 궁구(窮究)하고 요긴한 강령을 제시하여, 그 내용이 상세하되 지만(支蔓)한 데 이르지 않고 간약(簡約)하되 포함하지 않은 것이 없습니다."[27]라고 칭찬한 구절이 이를 나타낸 것이다. 원 인용처의 글과 비교할 때, 적어도 읽는 맛으로 볼 때에는 『동의보감』이 더 뛰어나다는 느낌을 받는다. 한형조 교수에 따르면, 『동의보감』에 보이는 이런 과감한 취사선택의 방식은 유학 분야에서 이황이 주자학을 절요(切要)한 방식과 매우 흡사한 측면이 있다고 한다.[28] 따라서 이런 방식이 당시 조선 학자들의 유력한 치학(治學) 방법이었으며, 허준도 이를 공유했던 것으로 추정해본다.

고미숙은 『동의보감』의 글쓰기에 대해서 다음과 같이 말했는데, 나는 이 견해에 전적으로 동감한다. "『동의보감』은 그 무시무시한 두께에도 불구하고 예상 외로 재미있다. 태극이나 음양, 육십갑자 등 아주 생소한 용어들이 난무하지만 전혀 낯설지가 않다. 이유는 특유의 글쓰기 방식에 있다. 물론 『동의보감』 전체가 인용으로 이루어져 있기 때문에 이 글들이 허준 자신의 창작물인 건 아니다. 하지만 그것들을 취재하고 배열하는 방식은 분명 허준만의 독특한 스타일이다. 그중에는 구수한 이야기도 있고 감칠맛 넘치는 운문도 있다. 미적인 차원에서 보아도 발랄 유쾌한 유머가 있는가 하면, 소름끼치는 호러물도 있다. 의서에 이렇게 다채로운 글쓰기가 공존하다니, 어찌 보면 『동의보감』의 진정한 독창성은 여기에 있는지도 모르겠다."[29] 나도 『동의보감』이 후대에 널리 읽힌 큰 요인 중 하나가 간략하면서도 함축적이며 인문학적인 문장의 구사에 있다고 보는데, 이에 대해서도 문장과 수사학에 밝은 연구자의 참여를 기다린다.

지금까지 살핀 바와 같이 『동의보감』의 인용 문헌 검토만으로도 이 책이 고방과 신방의 종합, 여러 종합 의서들의 새로운 차원의 종합, 의학 경전에 실린 이론과 처방의 종합, 여러 전문 치료 영역의 종합, 양생 지식과 의학 지식의 종합, 중국 의학과 조선 의학의 종합 등 여섯 가지 형태의 종합으로 짜인 것임을 알 수 있다. 이 가운데 의학 이론과 처방의 종합, 여러 전문 치료 영역의 종합은 『동의보감』 이외에 다른 중국의 종합 의서에서도 나타나는 특징이다. 중국 의학과 조선 의학의 종합은 『향약집성방』이나 『의방유취』같이 국내의 종합 의서에서도 나타나는 것이기 때문에 그다지 특별한 것은 아니다. 그렇지만 전면적인 차원에서 고방과 신방을 종합한 점, 종합을 표방한 의서를 다시 종합한 점은 『동의보감』만의 큰 특징이다. 게다가 무엇보다도 양생 지식과 의학 지식을 종합한 것은 『동의보감』만의 독특한 특징이다. 이런 의미에서 기존 의서의 종합 방식을 뛰어넘은 『동의보감』의 종합은 '종합의 종합'이라 이름해도 무방할 것 같다.

『동의보감』은 허준 스스로 표방했듯 기존의 방대한 문헌을 잘 정리한 책이다. 술이부작(述而不作)의 원칙에 입각해서 자신의 독자적인 생각을 함부로 말하지 않았다. 허준은 의학같이 생명을 다루는 일은 엄밀해야 하며, 그 엄밀성이 의학 경전의 전통을 충실하게 계승하는 데서 확보되는 것이라 생각했다. 그렇기 때문에 그가 선택한 모든 구절은 다른 곳에서 따온 것이다. 하나하나의 구절을 아무리 깊이 들여다보아도 거기서 허준 자신의 생각을 읽어낼 수는 없다. 이 점은 이황이나 이이(李珥) 같은 당대 조선의 사상가들의 경우와 다르다. 비록 사서를 비롯한 경전과 주자를 인용하더라도 그들은 이를 바탕으로 해서 자신의 '독자적인' 생각을 깊이 있게 펼쳐나갔다. 그들의 생각은 유학 경전에 대한 주석이나 서신을 통한 논쟁 등을 통해서 분명하게 드러났다. 허준의 독자적인 사상은 그런 방식으로 표현되지 않았다. 경우에 따라서 자신이 뽑고자 하는 구절을 요약하거나 여러 곳의 구절을 한데 잇기도 했지만, 대부분의 표현은 구절을 뽑아 배치하는 형식으로 이뤄졌다. 이런 제약 속에서도 허준은 선택한 원 자료를 축약과 삭감, 수정과 증보, 절충과 삽입 등의 방식으로 자신의 생각을 구현했다. 그렇기에 『동의보감』의 종합은 단순한 가위 자르기와 붙이기가 아니라 거시적으로는 그 내용을 담는 틀 짜기를 미시적으로는 세세한 의학적 특징을 고려한 것이다. 게다가 그것은 간결하고 함축적인 문장으로 표현되어 있다. 바로 이런 점이 『동의보감』이 단순한 의학 실용서의 범위를 넘어 중국과 조선의 수많은 독자를 거느려온, 또 오늘날에도 대표적인 동아시아 의서로 읽히고 있는 경쟁력의 원천이다.

■ 부표:『동의보감』 인용 출처

서명, 인명 등이 약자로 되어 있으며 여러 가지 방식의 표기가 섞여 있기 때문에 서명을 정확하게 아는 데에는 어려움이 있다. 여기서는 원래 쓰인 출처만을 표기한다. 다만 『의방유취』에서 확인되는 것은 옆에 따로 표시했다.

可久	簡易 簡易方	葛仙翁淸靜經 簡易方
紺珠	甲乙經	綱目
居家必用 居家必用	乾鑿度云	潔古
謙甫	經驗 袖珍經驗方	經驗方 經驗祕方
高供奉 高供奉采苹歌	古方	古庵
廣嗣	鉤玄 金匱鉤玄	臞仙 臞仙活人心
臞仙有歌 臞仙活人心	局方 和劑局方	機要 病機機要?
沂洄	奇效	箕璜
金匱 金匱方	金丹問答 金丹問答	羅謙甫 衛生寶鑑
難經	難經疎	南史
內經	內經註	雷公
丹溪	丹溪附餘	丹溪色慾箴
丹溪心法	丹溪飮食箴	澹寮 澹寮方
唐方	唐人秘傳	大成
戴氏	大全良方	洞神眞經 修眞祕訣
東垣	東垣省言箴	東垣湯液
銅人	杜註	得效方 得效方
脈訣	脈經	脈法
脈贊	明堂	明論 傷寒明理論
明理 傷寒明理論	名醫	明醫
無名子	拔粹 濟生拔粹	方廣
方氏	白玉蟾	百要 備預百要方
百一方	辨疑	別方
病源 巢氏病源	寶鑑 衛生寶鑑	保命
本事方	本草	北窓
秘方 經驗祕方	飛霞	史記
四要, 山居 山居四要	産寶 産寶	産書 胎産救急方
三因方 三因方	上陽子	常眞子養生文
象川翁	傷寒賦 傷寒指掌圖	傷寒論
序例	瑞竹堂方	釋氏論 釋氏修鍊正經
仙經 修眞祕訣	仙經註 神隱	宣明 宣明論
仙方	仙書 延壽書	省翁 省翁活幼口議

聖濟 聖濟總錄	聖惠方	聖效 煙霞聖效方
邵康節	素問	蕭氏
翛然子 急救仙方	邵子	俗方
孫兆	孫眞人養生銘 孫眞人養生銘	孫眞人 千金方
孫眞人枕上記 眞人枕上記	瑣言	壽域 壽域神方
袖珍 袖珍方	叔和	食療
食物	神巧 神巧萬全方	新方
新書	心法	十三方
野語	養老書 壽親養老書	良方
養生 千金方	養生書 千金方	養性 養性門
養性書 養性門	御藥, 御院 御藥院方	延壽書 延壽書
衍義	涓子	列子
永類 永類鈐方	靈樞	靈樞經
禮記	悟眞	悟眞篇註
五行相類	玉機 玉機微義	王氷
王隱君 玉機微義	王注	外科 外科精要
外臺 外臺秘要	要略	虞搏
虞世	雲笈七籤	運氣
雲岐	原病	元素
元戎	元和子	衛生 衛生寶鑑
衛生歌 活人心	衛生方 鐵甕先生神仙秘法瓊玉膏	衛生篇
儒門事親 儒門事親	劉涓子	翛然子 翛然子
劉宗厚	類纂	類聚
遺篇	飲膳	醫鑑
醫林	醫脈	醫說
易簡 易簡方	夷堅	易老
易眞論	日用	入門
入式	資生經	子和 十形三療(儒門事親)
子和方 十形三療(儒門事親)	雜方	雜書
張子和	莊周	錢氏
田氏方	全嬰方	錢乙 小兒藥證直訣
錢仲陽 小兒藥證直訣	節齊	正理
精要	精義	程子
正傳	諸方	濟生 嚴氏濟生方
濟陰 仙傳濟陰方	種杏	左傳
朱丹溪	肘後 肘後方	仲景 傷寒論注解
中朝	中朝傳習	茆奄 此事難知
贈諶高士歌 贈諶高士辭往武夷歌	祗和 韓氏微指	直格書 傷寒直格
直指方 直指方	直指小兒 直指小兒方	眞誥
眞詮	集略	集成

集要	集驗 吳氏集驗方	此事 玉機微義(此事難知?)
纂要 四時纂要?	參同契	參同契註
千金方 千金方	總錄 聖濟總錄	樞要
翠虛篇	治疱方	鍼灸書
橐籥歌 金丹大成	湯氏	湯液 醫方大成
太素	胎息論 臞仙活人心	太乙眞人七禁文 壽親養老書
彭祖 千金方	扁鵲 治病百法	抱朴子 肘後方
必用	必用方	必用全書 必用全書
河間 宣明論 등	漢史	海上 海上仙方
海藏	鄕藥	鄕集
玄珠	嵇康 千金方	華佗 扁鵲華佗察聲色定死生訣要
還丹論 金丹大成	活人書 無求子活人書	活人心方 臞仙活人心
皇甫謐	皇甫士安	黃庭經
淮南子	回春	彙言
瑣言		

3부

출현 이후

10장

『동의보감』과 조선 동의 전통의 전개

"사람이 품부 받은 것이 시대에 따라 다르고 풍기(風氣)는 동서 지역에 따라 다르다. 고금의 의서를 통틀어 진실로 우리나라의 쓰임새에 적절한 것으로는 양평군 허준의 『동의보감』 한 책에 견줄 것은 없다."

(18세기 말, 조선의 正祖)

그간 외국 학자들로부터 끊임없이 받았던 질문 중 하나가 "한국 의학이 중국 의학과 어떻게 다른가?"라는 질문이었다. 질문하는 사람은 참 쉽지만 대답하는 사람은 참 곤란한 질문이며, 그럼에도 무식한 질문을 하지 말라고 무시해버리기도 힘든 난처한 질문이다. 오늘날 "한국 과학과 미국 과학이 어떻게 다른가?"라는 질문을 한다면, 어떻게 답을 할까? 배경으로 삼고 있는 과학 이론의 차이, 제도의 차이, 과학 문화의 차이, 인식의 차이, 역사의 차이 등등 수없이 많은 측면을 고려하여 답을 해야만 할 것이다. 이른바 '의학'이라는 것도 마찬가지 속성을 띤다. 서양 중세 의학과 동아시아 중세 의학을 비교하라는 질문을 한다면, 두 의학 사이에는 이질적인 요소가 매우 많기 때문에 여러 가지 측면에서 비교적 쉽게 답을 하는 게 가능하다. 그렇지만 같은 '의학'이라는 우산을 쓰고 있는, 다른 지역 사이의 비교는 한결 어렵다. 오늘날 국적이 다르지만 중국 의학과 한국 의학을 비교하는 것은 상해 의학과 북경 의학의 차이를 말하는 것과 비슷하면서도 다르다. 같은 중국이라 해도 북경의 의학과 시골 운남의 의학의 차이가 국적이 다른 북경과 한양 의학의 차이보다 더 클지도 모르기 때문이다. 한국 의학사 전공자로서 필자는 늘 이런 문제의식에 사로잡혀 있었으며, 그것을 따져보는 것이 더 넓은 의미에서 이 장을 두게 된 동기다. 실제로 존재하는 의학을 비교하는 건 매우 어려운 일일지 모르지만, "역사적으로 자국의 의학을 어떻게 인식했는가?"를 파악해내는 건 그보다는 쉬운 작업이다. 논의할 대상이 명확히 한정되기 때문이다. 더 나아가 이런 논의 과정을 통해, 실제적인 상황에서의 공통점과 차이점을 일정 정도 밝혀내는 수확이 기대되기도 한다. 게다가 왜 이런 일이 벌어졌는가를 파악해낸다면 금상첨화일 것이다. 조선 의학의 전통은 『동의보감』을 분기점으로 해서 앞과 뒤로 나뉜다.

1. '동의' 전통의 개막

동의(東醫)라는 말을 처음 쓴 것은 허준(許浚)이다. 그는 1613년 왕명을 받들어 편찬한 의학 서적의 제목을 『동의보감(東醫寶鑑)』이라 하여 동의(東醫)라는 말을 넣었다. 동의라는 말을 쓴 이유를 스스로 이렇게 밝혔다.

왕절재(王節齋)가 "이동원(李東垣)은 북쪽 지방의 의사이다. 나겸보(羅謙甫)가 그 법통을 전수받아 강소성(江蘇省)과 절강성(浙江省)에서 이름을 떨쳤다. 주단계(朱丹溪)는 남쪽 지방의 의사이다. 유종후(劉宗厚)가 그 학문을 이어서 섬서성(陝西省)에서 이름을 떨쳤다."라고 말했으니, 의학에 남북의 명칭이 있게 된 것이 오래되었다. 우리나라는 후미지게 동방에 위치하고 있지만 의약의 도가 실처럼 이어져왔기 때문에 우리나라의 의학도 가히 동의(東醫)라고 할 만하다.[1]

허준이 언급한 이동원(본명 李杲), 나겸보(본명 羅天益), 주단계(본명 朱震亨), 유종후(본명 劉純)들은 중국 의학사의 한 획을 그었던 인물이다. 특히 이동원과 주단계는 금·원시대를 대표하는 의학자들이다.

이고(李杲, 1180~1251)는 금대를 대표하는 의학자로서 지금의 하북(河北) 지방인 진정(眞定) 사람으로서 명의 장원소(長元素)를 스승으로 모셨다. 그는 오랫동안의 임상 경험에서 자신이 거주하는 북쪽 지방의 잦은 전란 중 기아와 한랭 등으로 생긴 많은 질환의 원인이 비위(脾胃)의 내상에서 비롯된다고 파악하여 위기(胃氣)를 자양하는 것을 치료법의 기본으로 삼아 이른바 보토파(補土派, 위장은 오행 가운데 토에 배속된다)라는 거대 유파를 탄생시켰다. 그의 제자로는 『동의보감』의 「집례」에서 언급한 왕절재(본명 王好古), 나겸보 등이 있다.[2] 주진형(朱震亨)은 원대의 저명한 의학자로 중국 남쪽 지방인 절강성의 의오(義烏) 지방에서 태어났으며, 강소, 절강, 안휘 각 지역으로 명의를 탐방하면서 의학을 공부했는데 특히 나지제(羅知悌)로부터 많이 배웠다. 학술적으로는 유완소(劉完素)와 이고의 영향을 받았으며, 몸속의 감정이 쓸데없이 일어나 생기는 상화(相火)의 망동을 병의 주요 원인으로 파악하여 식욕, 색욕 등의 절제와 함께 욕망의 발현으로 늘 부족해지기 쉬운 몸속 음(陰)의 기운을 자양하라는 자음강화(滋陰降火)를 치료법의 기본으로 삼았다.[3] 허준이 언급한 명대 의가인 유순(劉純)처럼 그의 이론을 추종하는 유파를 일컬어 자음파(滋陰派)라 했다.

이른바 훗날 몸속의 열을 몰아내는 것을 기본으로 삼은 한량파(寒凉派)를 대표하는 유완소, 토·한·하 등의 방법으로 몸속에 깃든 삿된 기운을 배설시키는 것을 기본으로 삼은 공하파(攻下派)를 대표하는 장종정(張從正) 2 인과 함께 금원사대가로 평가되는 이고와 주진형은 허준과 가장 가까운 시대에 중국에서 최고의 의학 전통을 세운 이들이다. 남의(南醫)와 북의(北醫)를 언급한 왕호고(王好古)의 말을 딴 후, 허준은 이 두 전통에 필적하는 것으로 "후미지게 동방에 위치하고 있지만 의약의 도가 실처럼 이어져온" 자국의 전통을 동의(東醫)로 내세웠다.

이전의 향약론과 비교할 때 이 동의론(東醫論)은 자국 의약을 규정하는 성격이 판이하게 다르다. 『향약집성방(鄕藥集成方)』은 국산약(향약)만으로 이루어지는 처방을 모으고, 그에 대한 의학 이론을 덧붙인 책이다. 비록 약물과 처방에서는 기후, 풍토 등 국내의 상황을 고려하고 이전의 경험을 충분히 계승했다고 해도, 이 책의 의학 이론은 『태평성혜방(太平聖惠方)』, 『득효방(得效方)』, 『성제총록(聖濟總錄)』 등 몇몇 중국 의서의 내용을 그대로 전재한 것이다. 즉 약에 대한 정리는 이루어졌지만, 의학 이론에 대한 독자적인 정리는 없었던 것이다. 그렇기 때문에 오직 국산 약으로 이루어진 처방 모음집이라는 뜻의 『향약집성방』이라는 이름이 부여된 것이다. 그러나 『동의보감』은 차원이 다르다. 약의 측면에서 국산약(향약)을 정리했지만, 거기서 그친 것이 아니다. 의학 이론 측면에서도 기존의 중국 의서에서 단순 전재한 데 그친 것이 아니라 중국 의학 이론 전반을 체계적으로 재정리했다. 그것은 단지 조선인이 했다는 데 의의를 둔 것이 아니라 매우 높은 의학적 수준을 가진 조선 의학계의 허준이 이룩한 것으로 자부한 것이다. 그리하여 이전까지 경(京) 또는 중(中)-중국 의학 / 향(鄕)-조선 의학이라는 중심과 주변의 수준 차이를 인정하는 의약에 대한 인식을 지양하는 대신에 남의와 북의-중국 의학 / 동의-조선 의학이라는 대등한 관계에 대한 인식을 천명한 것이다.

『향약집성방』(1433)에서 『동의보감』(1613)에 이르는 180년 동안 어떤 일이 있었기에 이런 인식의 변화가 생겼을까? "우리나라는 후미지게 동방에 위치하고 있지만 의약의 도가 실처럼 이어져왔기 때문에 우리나라의 의학도 가히 동의(東醫)라고 할 만하다."는 허준의 말을 곱씹어보면, 조선 의약의 도가 독자적 전통의 가치를 가진 것이라고 생각한 것이다. 『동의보감』의 「역대의방(歷代醫方)」에는 이 "이어진 의약의 도"의 내용이 적혀 있다. 허준은 고대 전설의 시대에서부터 한, 위진 남북조, 당, 송, 금, 원, 명대에 이르기까지 중국의 의학 전통을 일군 80종의 의학 서적을 제시한 말미에 조선의 책자로 『향약집성방』, 『의방유취(醫方類聚)』, 『의림촬요(醫林撮要)』 셋을 제시했다.

앞서 말했듯, 1433년 『향약집성방』과 1477년 『의방유취』의 편찬으로 조선의 의학은 획기적인 전기를 마련했다. 『향약집성방』에서는 고유 의학 전통을 망라하는 한편, 향약 처방만으로 가능한 중국 처방의 향약화 확충의 길을 열었다. 『의방유취』에서는 고대~명 초반까지 나온 150종의 중국의서와 『제중입효방(濟衆立效方)』, 『어의촬요방(御醫撮要方)』, 『비예백요방(備預百要方)』 등 고려 의서에 나타난 의약을 망라하여 분문(分門), 정리했다.

『의방유취』의 호한(浩瀚)함을 덜어 실제 처방에 가능토록 한 작업 결과물이 정경선(鄭敬先)이 짓고 양예수(楊禮壽)가 교정을 본 『의림촬요』다.[4] 이에 그치지 않고 이 의서는 이천(李梴)의 『의학입문(醫學入門)』(1571년), 공정현(龔廷賢)의 『고금의감(古今醫鑑)』, 『만병회춘(萬病回春)』(1587년) 등 『의방유취』가 담지 않은 명대 이후의 의약까지 소화하여 수록한 특징을 보인다.[5] 『의림촬요』는 서(序)와 발(跋)이 남아 있지 않기 때문에 편찬 동기를 직접적으로 알기 힘들며, 특별히 자국의 의약을 강조하는 대신에 일반적인 의림(醫林)이라는 표현을 선택했음을 기억토록 하자.

의학 영역 이외에도 조선의 자국에 대한 자의식은 『동문선(東文選)』(1478년, 성종 9), 『동국통감(東國通鑑)』(1485년, 성종 16), 『속동문선(續東文選)』(1518

년, 중종 13), 『신증동국여지승람(新增東國輿地勝覽)』(1530년, 중종 25) 등의 편찬에서도 읽을 수 있다. 지리와 역사는 기본적으로 일국적 특성을 띠므로 특별히 자의식이 드러날 수밖에 없다. 문학의 경우에는 중국과 동일한 문자와 동일한 형식미를 추구한다는 점에서, 동일한 의학 이론과 동일한 약재를 사용하는 의약의 경우와 비슷한 측면이 있다. 조선의 문학 전통에 대한 자부심은 『속동문선』을 편찬해 올리는 글에서 확인한 바 있다.[6]

『동의보감』에서는 짤막하게 동쪽에 치우쳐 있기는 하지만 의약의 도가 계속되었다는 점만 말했지만, 『속동문선』에서는 조선의 문학 전통이 고려 이후 이미 높은 경지에 올랐으며, 현재도 진행 중임을 밝혔다. 반면에 『속동문선』에서는 언급되어 있지 않지만, 『동의보감』에서는 이 책이 담은 동쪽의 의학이 중국을 양분하는 두 전통인 북의와 남의에 필적하는 수준임을 주장했다. 이처럼 15세기 후반~16세기에 역사면 역사, 지리면 지리, 문학이면 문학 등에서 오랜 역사를 통해 일구어온 자부심이 '동국(東國)', '동문(東文)'이라는 이름으로 표현되었으며, 의약 분야에서도 그것을 이룩했다는 자부심이 동국과 동문의 연장에서 '동의(東醫)'로 표현되어 나온 것이다.

그런데 이 동(東)은 중국(中國)과 완전히 일치하지는 않지만 무관하지 않다. 이에 관련된 가장 중요한 연관어가 '성(聖)'이다. 『향약제생집성방(鄕藥濟生集成方)』의 서문에서 밝힌 것처럼 권근(權近)은 고대 의약의 성현이 택한 가장 진실된 방식으로서 "한 가지 병에 한 가지 약재 사용"이라는 원칙에 대한 믿음을 가지고 있었다. 아울러 그는 당대 이후 중국에서 벌어진 한 가지 병에 여러 약을 섞어 쓰는 복합 처방이 이런 성현의 가르침에 위배되는 것이라는 생각을 지니고 있었다. 비슷한 점이 『동의보감』의 서문에서도 발견된다. 이정구(李廷龜)는 『동의보감』 서문에서 다음과 같은 인식을 내비쳤다.

의술에 종사하는 이들은 늘 헌원씨(軒轅氏)와
기백(岐伯)을 말하곤 한다. 헌원씨와 기백은 위
로 하늘의 이치와 아래로는 인간의 이치를 샅
샅이 궁구했으니, 자신의 의술을 기록으로 남
기는 것을 탐탁지 않게 여겼을 것이 뻔하다. 그
런데도 문답을 가설하여 후세에 의술을 남겼
으니, 의술의 서적이 있은 지는 매우 오래이다.
위로는 창(倉)·월(越)로부터 아래로 유(劉)·장
(張)·주(朱)·이(李)에 이르기까지 백가(百家)가

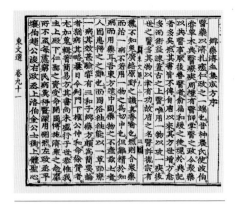

〈그림 76〉 『동문선』에 실린 권근의 『향약제생집성방』 「서」

이어서 일어나 분분히 논설을 전개하며 전대의 저술을 표절하여 다투
어 문호를 세웠다. 그리하여 서적이 많아질수록 의술은 더욱 어두워져
『영추(靈樞)』의 본지(本旨)와 크게 어긋나지 않은 것이 드물게 되었다. 세
상의 범용(凡庸)한 의원은 의술의 이치를 깊이 알지도 못하여 혹 의경(醫
經)의 뜻을 위배하면서 자신의 견해만 고집하기도 하고, 혹 기존의 방법
에만 얽매여 변통할 줄 모르기도 한다. 그래서 어느 약, 어떤 방법을 써
야 할지 재량할 줄 모르고 병세에 맞는 의술의 관건을 알지 못하여, 사
람을 살리려 하다가 도리어 사람을 죽이는 경우도 허다하다.[7]

이런 생각은 허준과 선조도 공유했던 것이었으며, 선조는 태의 허준을 불
러 새 의서 편찬을 지시하면서 "근자에 중국의 방서(方書)를 보니 모두 초집
(抄集)한 것들이라 자질구레하여 볼 만한 것이 없었다. 그대가 제가(諸家)의
의술을 두루 모아 하나의 책을 편집하도록 하라."는 말을 했다. 『실록』에는
더욱 노골적인 선조의 비판이 실려 있다.

중국 사람들이 많이 책을 지었으니, 이를테면 『평림(評林)』·『의학입문』

같은 것들이다. 모든 것들이 양생의 도를 말하지만 사람을 속이는 것들이다. 우리나라 사람들이 만일 이것을 믿어 배운다면 반드시 줄초상을 치를 것이다. 후인이 신농(神農)에 미치지 못하면서 많은 사람들이 자신의 삿된 견해로 의학책을 지으니 반드시 도리어 해가 있을 것이다.[8]

선조는 이미 『평림』, 즉 『사기평림(史記評林)』, 『한서평림(漢書評林)』, 『사한평림(史漢評林)』 등의 책이 거질(巨帙)이기는 하지만 긴요한 곳도 있고 맹랑한 곳도 있는 책이기 때문에 정리가 필요하다는 입장을 보인 바 있다.[9] 의학의 경우에도 마찬가지여서 당대 중국의 의약이 너무 그릇된 것들이 섞여 넘쳐나서 참된 것을 골라내야만 하는 사정이라는 생각을 가지고 있었다. 이런 태도는 조선에서 줄곧 유지되었던 것으로, 왜 조선에서 의서가 이웃 중국이나 일본의 경우처럼 많이 생산되지 않았는가라는 질문에 대한 하나의 답이 될 것이다. 오늘날과 달리 새로운 것, 독창적인 시도를 장려하는 분위기가 아니었고, 진실로 병을 잘 고치는 방법을 찾아내고 고수하는 방식의 의약 경향을 강하게 보였다.

이러한 인식에 입각해 새 의서가 추구해야 할 강한 강령이 정해졌다. 이미 말한 바 있듯이 그것은 첫째, "사람의 질병이 조섭(調攝)을 잘 못해 생기므로 수양(修養)을 우선으로 하고 약물 치료를 다음으로 하라." 둘째, "처방들이 너무 많고 번잡하므로 그 요점을 추리는 데 힘써라.", 셋째, "벽촌과 누항의 사람들이 의원과 약이 없어 요절하는 자가 많은데도 국내에서 생산되는 향약에 대해 사람들이 잘 몰라 약으로 쓰지 못하니, 책에 국산 약명[鄕藥名]을 적어 백성들이 쉽게 알 수 있도록 하라."는 것이었다.[10] 『동의보감』은 이런 강령을 철저히 지켰으며, 그렇기 때문에 이 세 가지 특징이 곧 새로 규정된 동의(東醫)의 특징이 되었다. 여기서 세 번째 사항은 이전의 향약론을 계승한 것이며, 조선 초 한 가지 약물 치료라는 단약(單藥)

활용 지침은 『동의보감』에서도 그대로 수용되어 각 문(門)마다 별도의 절을 두어 잘 지켜졌다. 이 중 첫째 지침은 『동의보감』에서 누구나 쉽게 알 수 있도록 명확히 드러난다. 수양을 중심으로 삼는 것은 고대 성현 황제(黃帝)의 가르침을 담은 『소문(素問)』의 정신을 따른 것이며, 이를 책 전면에 내세워 원칙으로 삼은 사례는 『소문』 이후의 의학 서적에(중국과 조선을 막론하고) 보이지 않던 특징이다.

이정구가 말한 또 다른 황제의 가르침인 『영추(靈樞)』의 정신 계승이 실제적으로 『동의보감』에서 잘 실행되었는가 하는 점은 분석이 필요한 대목이다. 나는 『동의보감』에 나타난 신형장부도와 오장도 등의 그림 분석을 통해서 『동의보감』이 당·송 이후의 해부학적 전통에 따르지 않고, 『황제내경(黃帝內經)』과 『난경(難經)』(편작의 작으로 알려져 있음) 등의 내용에 입각한 해부도를 제시했음을 밝힌 적이 있다. 이는 『동의보감』이 의약의 기본을 이루는 해부, 생리적 측면에서 얼마나 성현의 말을 따르려고 했는지 보여주는 하나의 사례다. 실제로 『동의보감』의 모든 내용은 『소문』과 『영추』로부터 논의를 시작하여 후대의 의학 이론과 처방을 역사 순으로 제시하며 모든 내용을 시기별, 계통별로 이해할 수 있도록 제시되어 있다. 이런 방식을 통해 허준은 의약의 내용 중 어떤 것이 근본이고, 어떤 내용이 추가된 것인지 확실히 보여준다. 각각 분야의 항목에 대한 역사적인 계통 서술이 바로 이정구가 말한 『영추』의 정신에 입각해, 선조가 주문한 번잡한 처방을 가려 요점을 추리는 방식이었다. 이런 계통성에 대해서는 18세기 전후의 인물인 이익(李瀷)이 그 특징을 지적한 바 있다. "근세에 의관(醫官) 허준(許浚)이 『의감(醫鑑)』을 지었는데, 먼저 『내경』·『영추』 따위를 드러내서 『소학(小學)』의 첫머리 두 편과 같이 하고, 다음은 단계(丹溪, 주진형)·하간(河間, 유완소)의 설을 드러내어 『소학』의 가언편(嘉言篇)과 같이 하고, 맨 뒤에는 병을 다스린 실적 및 여러 방문을 기재하여 『소학』의 계고편(稽古篇)·선행편(善行篇)과 같이 했다."[11]는 것이다.

성현의 정신으로 되돌아가자는 인식은 17세기 전후 '동의' 인식의 핵심으로서, 16세기에 조선 사상계가 일군 성리학적 성취와도 무관하지 않은 것 같다. 퇴계(退溪) 이황(李滉)은 주자학 학습을 10개의 그림으로 압축하는 작업을 완결 지으면서 책 제목을 『성학십도(聖學十圖)』(1568년)라 붙였고, 율곡(栗谷) 이이(李珥) 또한 주자학의 요점을 추려 『성학집요(聖學輯要)』(1575년)라는 책에 담았다. 성학(聖學)은 요(堯)임금과 순(舜)임금, 주공(周公), 공자(孔子), 맹자(孟子), 주자(朱子)로 이어지는 학문인데, 이황과 이이를 비롯한 16세기 조선 사상계는 옛

〈그림 77〉 『성호사설』에 실린 동의보감 평가

정신의 계통을 '정리'라는 방식을 통해 하나의 학문 체계로 세웠다. 이 시기에 비슷한 작업이 의학적 성학의 확립이라는 방식으로 진행되었고, 그 결과물이 동의인 셈이다.

2. 전통이 된 『동의보감』

『동의보감』은 출현 이후 수십 년 안에 조선에서 가장 중요한 의학서가 되었다. 1603년부터 1842년까지 강릉 지역 약계가 참고한 의서에서 단적으로 알아볼 수 있다. 『동의보감』(1613년) 출현 이전 강릉 약계에서 참고한 책은 『경국대전(經國大典)』에서 의과(醫科)와 취재(取才) 과목으로 들어 있는 중국 송대~명대 의서인 『본초(本草)』(大觀經史證類備急本草, 송대~명초 증보), 『화

제국방(和劑局方)』(송대 혜민국 편찬), 『의학정전(醫學正傳)』(명초인 1515년 우단이 지음) 등이었다. 그런데 1648년 강릉 약계의 운영 조항을 기록한 「범례」중 22조는 『동의보감』 대출을 금지시킨 내용이다. 위반할 때에는 유사(有司)가 엄중하게 처벌토록 했다.[12] 이런 조치는 『동의보감』이 옛 의서들을 완전히 대체하여 지방의 임상 참고서적으로 거의 절대적인 지위를 누렸음을 방증한다.

그렇지만 "규모는 잘 되었으나, 다만 늘어놓기만 많이 하고 뜻은 소략하므로 사람들이 또한 만족하게 여기지 않는다. 듣건대, 중국 사신[北使]이 와서 이 책을 많이 싸 가지고 간다 한다."[13]는 이익의 언급을 보면, 18세기 전후 조선에서 이 책에 대해 부정적인 견해 또한 존재했음을 알 수 있다.

18세기 말에는 이런 인식이 바뀌어 있었다. 정조(1777~1800년 재위)는 "고금의 의서(醫書) 중에서 진실로 우리나라에서 쓰기에 알맞은 책을 찾자면 양평군(陽平君) 허준(許浚)이 지은 『동의보감』만 한 것이 없다."[14]고 극찬했다. 그가 이 책이 "병리(病理)를 논한 것과 처방(處方)을 논한 것이 서로 뒤섞여서 체례가 정연하지 못한 것이 흠"이라는 단서를 달기는 했지만, 정조의 인식은 당시의 식자층이 공유하던 인식이었다. 연경사의 일원으로 중국을 다녀온 홍대용(洪大容, 1731~1783), 박지원(朴趾源, 1737~1805) 등도 중국에서 『동의보감』이 받는 대접을 기행문에 실었다. 1765년 사신 일행에 낀 홍대용은 "중국에서 의업을 하는 사람이 『동의보감』을 매우 귀하게 여긴다. 이미 간행한 지 오래되었다."고 적었으며, 1780년에 다녀온 박지원은 "우리나라 서적으로서 중국에서 간행된 것이 드물었고, 다만 『동의보감』 25권이 성행(盛行)했을 뿐이었는데 판본이 정묘하기 짝이 없었다." "내 집에는 좋은 의서가 없어서 매양 병이 나면 사방 이웃에 돌아다니며 빌려 보았더니, 이제 이 책을 보고서 몹시 사 갖고자 했으나, 은 닷 냥을 낼 길이 없어서" 할 수 없이 그냥 돌아왔다는 섭섭함을 적었다.[15] 홍석주(洪奭

周, 1774~1842)는 자신의 독서록 의학 분야의 책 가운데에서 25종의 중국 의서[16]와 함께 조선의 의서로는 유일하게 허준의 『동의보감』을 꼽았다. 선정 이유로는 "문(門)과 류(類)를 이미 갖추고, 조목으로 나열함이 자못 상세하여 우리나라 사람이 모두 집에 한 부씩 두고 사서삼경과 함께 아울러 소중하게 소장할 만하다. 중국의 선비도 또한 왕왕 이를 전습하고 있다."[17]고 하여, 이 책의 소장 가치를 사서삼경과 나란히 평가했다. 이덕무(李德懋, 1741~1793)는 한 술 더 떠서 조선에서 가장 좋은 세 가지 책 가운데 하나로 이이의 『성학집요』, 유형원(柳馨遠, 1622~1673)의 『반계수록(磻溪隨錄)』과 함께 『동의보감』을 꼽았다.[18]

『동의보감』이 조선에서 명성을 굳히게 된 결정적 계기는 이 책이 의학의 본 고장인 중국에서 대단한 인기를 끈 사실이었다. 이미 박지원이 조선 책으로 중국에서 찍힌 책의 모범으로서 『동의보감』을 들고 있는데, 당시 중국에서 출판 상황을 보면, 1747년, 1763년 2종, 1766년 1종 등 4종의 판본이 찍혀 나왔다. 게다가 1724년 일본에서 찍은 판본까지 중국에 널리 퍼졌고, 사신들이 품어간 조선판본 2종(1613년, 1634년본)까지 소중하게 취급되었다.[19] 중국에서 판을 거듭할수록 국내에서도 『동의보감』에 대한 자긍

〈그림 78〉 조선후기 『동의보감』 목판(사진 출처: 『조선왕실의 생로병사』 전시회 도록)

심은 더욱 커졌다.

국내에서 조선후기에『동의보감』은 대여섯 차례 공식적으로 인쇄, 발간되었음이 확인된다. 1613년 초판이 나온 이후 53년이 지난 후인 1659년 충청감영에서 다시 발간되었고, 이후 1754년에 경상감영에서, 1814년에 경상감영과 전라감영에서 거듭 발간되었다.[20] 수다한 필사본의 존재까지 고려해볼 때 실제로『동의보감』이 읽힌 범위가 더욱 넓었다고 할 수 있다.

조선 의학계에서『동의보감』이 후대에 끼친 업적은 이 책이 널리 읽혔다는 데 그치지 않았다.『동의보감』의 내용은 홍만선(洪萬選, 1643~1715)의『산림경제(山林經濟)』나 유중림(柳重臨, 1705~1771)의『증보산림경제(增補山林經濟)』(1766년 간행), 빙허각(憑虛閣) 이씨의『규합총서(閨閤叢書)』(1809년 저술) 등과 같은 일상생활에 긴요한 지식을 담은 유서(類書)의 의학 내용의 주된 근거로 활용되어 민간에 널리 확산되었다.『산림경제』는『동의보감』을 대폭 간추리고 여러 속방(俗方)을 덧붙여 엮은 책으로 의원과 약이 부족한 시골에서 의약을 활용할 수 있는 지침서로 널리 활용되어 의학의 대중화에 크게 기여했다.『규합총서』는 한글로 되어 있기 때문에『동의보감』에 담긴 지식에 대한 수요가 부녀자에까지 미쳤음을 보여준다. 한국학중앙연구원 소장인 언해본『동의보감』을 보면, 19세기에는 아예 부녀자를 위한 한글본『동의보감』이 편찬되어 나왔다.

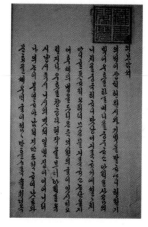

〈그림 79〉 언해본『동의보감』
(한국학중앙연구원 소장)

이보다 전문적으로는,『동의보감』의 정신과 내용을 계승한 후학들의 의서를 통해 그 영향이 배가되었다고 볼 수 있다.[21] 조선후기를 대표하는 책으로 꼽히는 정조의『수민묘전(壽民妙詮)』(1775년), 강명길(康命吉, 1737~1801)의『제중신편(濟衆新編)』(1799년)과 황도연(黃度淵, 1808~1884)의『의종손익(醫宗

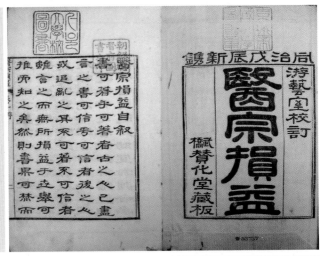

損益)』(1868년)은 모두 『동의보감』의 체제를 충실히 따르면서 일부 내용을 빼거나 덧보태는 형식을 취하고 있다. 이 세 책은 『동의보감』보다 분량이 훨씬 적어서 의원들이 참고하기에 훨씬 쉽게 되어 있다.

　『동의보감』을 기본 텍스트로 한 책들의 발간 이유가 『동의보감』의 불완전성에 있다는 사실은 매우 흥미롭다. 정조는 자신이 『수민묘전』을 짓고, 어의 강명길에게 『제중신편』을 편찬하게 한 동기를 다음과 같이 말하고 있다.

　『제중신편(濟衆新編)』이 완성되었다. ……본조(本朝)의 의학 서적으로는 오직 허준(許浚)의 『동의보감(東醫寶鑑)』이 가장 상세하다고 일컬어져왔으나 글이 번거롭고 내용이 중복되는가 하면 소홀히 다루거나 빠뜨린 부분이 또한 많았다. 이에 상이 여기에 교정을 가하고 범례(凡例)를 붙여 『수민묘전(壽民妙詮)』 9권(卷)을 만들어낸 다음 다시 내의원에 명하여 여러 처방들을 채집해서 번잡스러운 것은 삭제하고 요점만 취한 뒤 경

험방(經驗方)을 그 사이에 첨부해서 세상에 유행시킬 수 있는 책 1부(部)를 따로 편집하게 했다.[22]

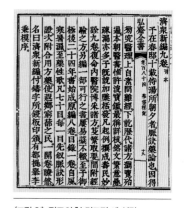

<그림 81> 정조의 『수민묘전』에 실린 『제중신편』 소개

앞에서 말했듯 『수민묘전』 서문에서는 "우리나라의 의서 중 양평군 허준의 『동의보감』만 한 책이 없다."[23]고 하여 『동의보감』이 당시 조선의 최고 의서임을 좀 더 분명히 하고 있지만, 정조가 보기에 『동의보감』은 쓸모없는 부분도 포함하고 있는 책이었다. 이런 점은 이미 성호 이익이 지적한 바 있으며, 또 19세기의 황도연도 언급한 것이다. 그들은 공통적으로 『동의 보감』이 어떤 부분은 쓸데없을 정도로 자세하며, 어떤 부분은 다소 부족하다고 보았다. 게다가 시대가 흐르면서 더 축적된 의학적 경험이 반영되어야 했다. 이런 이유 때문에 『동의보감』의 '단점'을 보완하고자 하는 여러 편의 새로운 작업이 있게 된 것이다. 새 책은 훨씬 간결하면서도 꼭 필요한 내용만을 담고 있다. 이러한 시도들은 『동의보감』을 전면적으로 비판한 건 아니고, 방대함과 중복을 덜고 일부 새로운 내용을 보충했을 뿐이다.

조선 시대 의학사를 통틀어 『동의보감』만큼 큰 영향을 남긴 책은 없다. 위에서 살핀 것처럼 『동의보감』은 그 자체로서도 많이 읽혔지만, 그 못지 않게 그것을 계승한 흐름이 또한 뚜렷한 전통을 만들어냈다. 일찍이 『향약집성방』이 고려 시대 이후의 향약 전통을 집대성한 거대한 족적을 남겼지만, 이것도 후일의 『동의보감』 전통에 비한다면 약소한 것이었다. 오히려 그런 향약의 전통조차도 『동의보감』이 연 동의(東醫) 전통의 한 갈래로 흡수되었다고 말할 수 있을 정도다.

『동의보감』의 의학사적 가치는 '동아시아 의학의 조선적 진화'라는 개념으로 요약될 수 있다. 이 말은 『동의보감』 이전까지는 국내 의서로서 국내 의학계 전반을 이끈 책이 없었지만 『동의보감』의 출현으로 비로소 그런 일이 이루어졌음을 뜻한다. 고려~조선을 잇는 향약의 전통은 어디까지나 국산 약재의 활용에 국한된 것이었지, 의학 이론, 약물 처방, 침구법 등을 망라하는 새로운 의학적 전통을 만들어낸 것은 아니었다. 그러나『동의보감』은 통합적 의약 체계의 하나를 세웠으며, 후대의 조선 의사와 의학자들이 그것을 모범으로 삼아 의약을 발전시켜나간 것은 조선만의 독특한 현상이라 볼 수 있다. 우리는 이런 현상을 중국, 일본 지역의 전통과 뚜렷이 구별되는 조선의 의학적 진화라 이름할 수 있을 것이다.『동의보감』이 그 중심에 서 있다.

『동의보감』을 의종(醫宗)으로 삼은 동의 전통의 확립은 긍정적이지 않은 측면도 함께 내재한 것이었다.『동의보감』의 절대적인 신봉자인 유만주(俞晚柱, 1755~1788)는 "허준의『동의보감』이 나오고부터는 동국에서 양의(良醫)가 없다."는 평을 자신의 일기에 적었다.[24] 이 말은 의원의 임상 측면을 지적한 것이지만, 일반 의학으로 확대해서 본다면 17세기 허준이 행했던 것 같은 대담한 시도가 이후 조선에서 한 번도 시도되지 않은 측면을 지적할 수 있다. 토마스 쿤(Thomas S. Kuhn)의 패러다임 이론을 적용한다면, 금원 이후 명대에 이르는 의학의 혼란이라는 위기 상황이 있었고, 그것을 해결하기 위한 여러 시도 중 하나로『동의보감』이 출현한 것인데, 이후에는 그것이 하나의 규범이 되어 정상 과학적 활동만이 만연하게 된 것으로 해석할 수 있다. 조선후기의 용어를 빌린다면, 의학을 내린 성인(聖人)의 뜻을 허준의『동의보감』이 잘 읽어냈기 때문에 이를 깨우쳐 충실하게 적용하는 것이 좋은 의사의 임무가 된다. 조선의 의학이 일본과 중국의 실증적인 의학과 분명하게 다른 흐름을 타는 것은 이런 생각과 무관하지 않다.

3. 조선후기 동의 전통의 확립

이제 『동의보감』을 넘어 조선후기 '동의(東醫)' 인식을 살피기로 한다. 조정준(趙廷俊)은 17세기 후반 '동의'의 필요성을 정식으로 제기한 최초의 인물이다.[25] 소아의학 전문 저서인 『급유방(及幼方)』(1689년)에 실은 「동방육기론(東方六氣論)」에서 그는 기후와 풍토가 다르다면 의학이 달라질 수밖에 없다는 논리를 다음과 같이 펼쳤다.

> 대체로 자연에 음양과 오행의 기운이 없는 데가 없으며 구비되지 않은 것이 없다. 그런데 춘하추동 사시절의 주되는 기운은 그 지방에 따라 다를 수 있는 것이다. ……그러므로 사람들의 체질과 병이 발생하는 원인도 또한 기후, 풍토에 따라 다르니 병을 고치는 방법도 반드시 각각 그 지방에 특유한 기후, 풍토를 연구하여 잘 알아야만 원만한 치료 효과를 거둘 수 있는 것이다. ……우리나라는 대륙의 한 모퉁이에 치우쳐 있으므로 그 기후, 풍토가 중국과는 다르다. 동원(東垣), 단계(丹溪) 같은 사람들이 우리나라에 있었다면 필연코 주되는 경(經)과 고유한 기후에 적응하는 저작이 있었을 것이고 약을 쓰는 표준을 만들었을 것이다. 지금 이런 문헌이 없어서 현대 의원들은 중국에서의 병 치료법을 우리나라에 함부로 도입하고 있으니 이것이 어찌 남으로 가는 사람이 북으로 가는 수레를 타는 것과 다르겠는가.[26]

비록 조정준이 "옛 전통에 자신의 견해를 섞어" 『급유방』을 편찬했다고 하지만, 이 「동방육기론」에 따른다면 조선의 의학과 중국의 의학이 필연적으로 다를 수밖에 없는 것이었다. 여기서 중국의 의학이란 '거대한 전통'을 뜻하며 조선에서 일구는 의학은 그것을 일방적으로 따르지 않는 것을 뜻한다. 이러한 논의의 연장선상에서 그는 우리나라의 경우라 하더라도 동과 서, 남과 북의 의학적 접근이 같을 수 없다고 봤으며, 지역 풍토에 따라 더욱 구체적인, 더 특수한 의학 처방이 필요하다고 주장했다.[27] 기후, 풍토의 차이에 따른 의학의 필요성을 역설하는 조정준의 주장은 오히려 조선 초 『향약집성방』의 인식과 비슷하며, 『동의보감』에서 말한 동의와는 완전히 다른 차원의 논의다.

『수민묘전』(1775년, 영조 51)은 『동의보감』을 존숭하여 나온 책으로서 조정준의 견해와 『동의보감』을 연결시켜 보고 있다. 왕세손 이산(李祘, 정조)은 "사람이 타고난 체질은 고금의 차이가 있고, 동서(東西)의 풍기(風氣)도 한결같지 않다."는 생각을 밝혔는데, 이런 생각에 입각해서 그는 고금의 의서 중에서 진실로 "우리나라에서 쓰기에" 가장 알맞은 책으로 허준의 『동의보감』을 꼽고, 그것을 보완하는 작업의 결과물로 『수민묘전』을 지었다고 했다.[28] 왕이 된 후 정조는 자신이 쓴 『수민묘전』에 완결을 가할 목적으로 어의 강명길을 시켜서 다시 "여러 비방(祕方)을 널리 채집하여 번잡한 것은 삭제하고 요점을 취하게 했으며 사이에 경험방(經驗方)을 첨부하여 별도의 실행할 수 있는 책을 만들게" 했으니, 그렇게 해서 나온 것이 『제중신편』이다.[29]

이런 정조의 동의(東醫)에 대한 자의식의 표현보다도 더 주목할 사항은 그가 조선후기 『동의보감』에 절대적인 무게감을 실어준 사실이다. 의학에 밝은 왕이 직접 『동의보감』을 조선 최고의 의서라 평가하고, 그에 바탕을 둔 『수민묘전』이라는 의서를 짓고, 더 나아가 왕의 지침을 받들어 어의 강명길이 그 내용을 다시 보완하는 작업이 이루어졌다. 놓치지 말아야 할 점은 정조나 강명길이 비록 『동의보감』의 내용을 덜고 보완한 점은 있으나 책을 구성하는 범주가(비록 순서에 약간의 변동이 있기는 하나) 거의 대부분 『동의보감』의 체제를 따르고 있다는 점이다. 후대 『동의보감』의 뜻을 보완하려는 모든 의서가 이 범주를 채택하고 있으니, 이 범주는 가히 '동의 패러다임'의 정착이라고 해도 무방할 정도다.

정조 이후에 동의의 인식에서 중요한 인물은 이제마(李濟馬, 1837~1900)와 함께 19세기 조선 의학사의 쌍벽을 이루는 황도연이다. 그는 『의종손익』에서 기후, 풍토에 따라 의약이 달라야 한다는 조정준이나 정조와 같은 생각을 가지고 있었다. "옛날이나 지금이나 그 원리는 같지만 사람의 병은 사람마다 모두 다르고, 약도 역시 사람의 병에 따라 그 쓰는 법이 한 가지가 아니다. 그것은 지대의 풍토와 남쪽과 북쪽 지방의 생활 조건이 서로 다름에 따라 또 사람의 타고난 체질에 따라 약 성질이 따뜻한[溫] 약과 서늘한[凉] 약을 알맞게 써야 하는 것이다. 더욱이 옛날과 지금은 크게 변했다."[30]는 언급에 이런 사실이 잘 드러난다. 그가 말하는 풍토는 이른바 중국과 조선의 차이를 뜻하며, 고금이란 고대 성현의 시대에서 당대에 이르기까지의 과정으로 거기에는 허준의 시대와 자기 시대의 차이도 포함된다. 그리하여 후세 학자들이 기존의 처방에 "두세 가지씩 새로운 방법들을 첨부한다면 가감 변통할 줄 아는 것이며 그것이 바로 옛 뜻에 부합되고 또 시기에도 적합하게 될 것"[31]이라고 자신이 새 의서를 짓게 된 동기를 표방했다. 황도연은 조선후기의 본격적인 의학 서적 내에서 최초로 '동의(東醫)'라는 말을 썼다. 황도연의 의서 제목에 들어 있는 의종(醫宗)이란 바로 『동의보감』을 뜻하며, 손익(損益)이란 이에서 덜고 더했음을 말하는데, 여기까지는 지금까지 줄곧 살펴온 동의가 아닌 『동의보감』에 관한 내용이다. 그렇지만 그는 책의 「범례」에서 동의라는 표현을 두 차례 썼다. "『동의보감』은 동의(東醫)가 익혀 난숙해지는 것으로 삼는 것이며 명목(名目)이 매우 자세하므로 여기서 이로써 임상의 지남(指南)으로 삼는다."는 것, "내 의원에서 진상하는 약재는 모두 동의(東醫)가 알아야 할 일이므로 『제중신편』의 예에 따라서 내국(內局)이라는 글자로 구별한다."는 내용이 그것이다.[32] 「범례」에서는 동의(東醫)를 썼지만, 책 제목에서는 구태여 지역성을 나타내는 '동(東)' 자를 쓰지 않고 곧바로 의종(醫宗), 곧 '의학의 으뜸'이라는 표현을 사용했다. 허준의 경우에는 남의, 북의에 견주어 동의라고 했지만, 황도연은 동의(東醫)가 섬기는 의학이 곧 의종(醫宗)임을 분명히 드러낸 것이다.

4. 이제마의 『동의보감』 평가

조선후기에 나온 의서로서 제목에 동의라는 명칭을 사용한 것은 이제마의 『동의수세보원(東醫壽世保元)』(1899년)이 유일하다.[33] 어떤 의미에서 그는 동의라는 말을 자신의 책 제목에 썼을까? 그 자신이 이 부분에 대해서 직접 말하지 않았지만, 이 책의 「의원론(醫源論)」을 통해 그 일단을 파악하는 게 가능하다.[34] 이제마는 의학의 전통을 다음과 같이 파악했다.

> 주나라 말엽부터 진·한 이래로 편작(扁鵲)이 유명했고, 장중경(張仲景)이 이를 습득하여 훌륭한 학자가 되어 저서를 내놓음으로써 의학이 비로소 발전되었다. 장중경 이후에 남북조와 수·당의 의학자들이 이것을 계승하여 저술했고, 송나라에 이르러 주굉(朱宏)이 이것을 상세히 습득하여 『활인서(活人書)』를 저술하니 의학이 더 발전되었다. 주굉 이후에는 원나라의 의학자 이고·왕호고·주진형·위역림(危亦林) 등이 이것을 계승하여 저술했다. 명나라에 와서는 이천과 공신(龔信)이 자세히 이것을 습득했고 허준이 이것을 자세히 전수하여 『동의보감』을 저술하니 의학이 다시 발전하게 되었다. 대체로 말한다면 신농·황제 이후 진나

라 및 한나라 이전의 병증과 약리는 장중경이 전했고, 위나라 및 진나라 이후 수나라 및 당나라 이전의 병증과 약리는 주굉이 전했고, 송나라 및 원나라 이후 명나라 이전의 병증과 약리는 이천, 공신, 허준 등이 전했다. 만약 의학자들의 근로한 공적을 두고 말한다면 장중경, 주굉, 허준 등을 으뜸이라 하여야 할 것이며 이천과 공신을 그다음이라고 하여야 할 것이다.[35]

여기서 이제마는 허준을 한의학 3대 인물 중 하나로, 그의 저작인 『동의보감』을 장중경의 『상한론(傷寒論)』, 주굉의 『활인서』와 함께 고금 의학을 통틀어 3대 저작 중 하나로 꼽고 있다. 그렇다면 이제마는 어떤 근거로 허준이 장중경, 주굉을 잇는 적통으로 보았던 것일까? '가재는 게 편'이란 말처럼, 민족적 편견이 작동한 것일까? 적어도 그가 청대에 진행된 의학적 성과에 대해서 전혀 언급하지 않은 것은 공평하지 않은 듯하다. 이에 대해서는 청대 의학에 '무지'해서 그랬을 수도 있고, 별것 아니라고 평가했기 때문이라고도 볼 수 있다. 아마도 둘 다일 것이다. 명말~청대 의학의 최대 성과물인 온역론(溫疫論)이 국내에서 별 관심을 못 끈 데서 드러나듯이, '이상하게도' 조선의 의자(醫者)들은 청대의 의학에 그다지 깊은 관심을 보이지 않았다. 이제마도 예외가 아니었다. 이런 태도는 조선중화론을 떠올리게 한다. 명대까지 중국에서 진행되던 의학적 '도통(道統)'이 명의 멸망 이후 조선에 넘어왔다는 인식이 그것이다. 『동의보감』이 그 성취를 이뤘으며, 이에 따라 대체로 청대 학술에 대한 무시와 폄하로 이어진 것으로 추정된다.

17세기까지는 대략 비슷한 물결을 타던 중국과 조선의 의학계가 17세기 이후에는 분명히 갈라져나갔다. 지금까지 살핀 대로 조선은 허준이 종합한 의학을 중심으로 전통을 만들어나간 반면, 중국은 명대 자음학파와 온

〈그림 82〉 이제마의 초상

보학파 간 논쟁, 청대의 상한 온병 논쟁과 존경복고 의학의 대두, 중서참작 논쟁 등 여러 논쟁이 혼재된 전통을 만들어나갔다. 이렇듯 전반적인 경향이 뚜렷이 분화됨에 따라서 서로의 평가 기준이 달라졌으며, 그렇기 때문에 조선 전통에 충실한 이제마는 허준을 동아시아 의학 '3대 학자 중 1인으로 꼽는' 평가를 내린 것이다. 이제마가 자신의 책에 동의라는 말을 쓴 데에는 이런 자긍심이 묻어 있다. 그것은 또한 장중경-주굉-허준을 잇는 계보에서 미처 성취하지 못한 부분을, 자신이 사상인(四象人)을 감별함으로써 그 계보를 잇고 또 한 단계 업그레이드했다는 자부심의 표출이기도 하다.

이제마의 과감한 해석에서 우리가 배워야 할 점이 있다. '우리의 눈'으로 동아시아 의학 전통을 평가했다는 점이 그것이다. 이런 그의 태도는 중국의 한의학을 늘 '중심'에 두고 우리의 한의학을 '주변부'로 두는 우리 한의학계의 일반적인 태도와 크게 다른 것이다. 이제마는 주변부임을 인정하고 그 안에서 우열을 논하는 식의 자세를 보이지 않았다. 당당히 우리도 중심부에 있음을 천명했다. 그가 내린 평가의 정당성은 추후 계속 논의되어야 할 성격의 것이지만, 중국·한국·일본 등을 아우르는 통합적인 동아시아 의학사의 서술은 그가 보인 태도로부터 시작하게 될 것이다. 중국이 중심이고 나머지가 주변이 아니라 모두 중심에 서 있는 그러한 의학사의 서술이다. 한국은 허준과 『동의보감』이 있음으로 해서 강력한 동의의 전통이라는 또 하나의 동아시아 의학의 중심을 세웠다는 말을 할 발언권을 획득하게 되었다.

11장

중국과 일본에서의 『동의보감』

"동의보감 25권은 조선국의 의자인 허준이 편집한 것이다.
내경, 외형, 탕액, 침구, 잡병 등으로 나누었는데,
고금의 중설(衆說)을 손바닥에 잡히도록 살폈으니
가히 의업의 가르침과 바로잡음에 도움이 되지 않겠는가?"
(1723년, 일본의 후지하라 노부아스[藤原信篤])

"동의보감은 즉 명나라 시대 조선의 양평군 허준의 저작이다.
……이 책은 이미 황제께 올려서 국수(國手)임이 인정되었으나,
다만 여태까지 비각(秘閣)에 간직되어 세상 사람이 엿보기 어려웠다.
……천하의 보배는 마땅히 천하가 함께 가져야 할 것이다."
(1766년, 청의 능어[凌魚])

국가적인 사업으로 수행된 『동의보감(東醫寶監)』의 완성은 조선 의학의 높은 수준을 내외에 과시한 성과였다. 『동의보감』 출간 소식은 이웃나라인 일본과 중국에도 전해졌다. 『동의보감』의 명성을 전해 들은 이들 나라에서는 외교 사절을 통해 『동의보감』을 요구하기에 이르렀다. 이 책의 우수성을 확인한 양국에서는 때로는 정부가, 때로는 개인이 주도하여 『동의보감』을 찍어 널리 유포시켰다. 이러한 사실은 『동의보감』이 동아시아에서 국제적으로 통용될 수 있는 내용과 가치를 갖고 있었다는 사실을 말해준다. 그런데 일본과 중국은 자국 내의 정치적·의학적 관심사에 따라 『동의보감』을 받아들이고 활용하는 방식에서 차이점을 보였다. 그 내용을 각국의 『동의보감』 수용 경과를 살펴보면서 보다 자세하게 확인하고자 한다.

1. 일본의『동의보감』

조선의 국가적 사업이었던『동의보감』이 간행된 소식이 일본에 전해진 정확한 경로는 알 수 없지만 조선과 일본의 연락 창구였던 쓰시마 번(對馬藩)이나 조선통신사를 통해 전해졌을 가능성이 크다. 실제로 1636년 파견된 제4차 조선통신사절의 일원이었던 의원 백토립(白士立)은 일본인 의원 노마 산치쿠(野間三竹)와 본초에 관한 이야기를 나누던 중에 우리나라, 즉 조선에서 20여 년 전에 허준(許浚)이『동의보감』이란 책을 만들었다는 사실을 말하고 있다.[1] 물론 이것이『동의보감』에 대한 최초의 언급이라고 단정하기는 어렵지만 어쨌든 그런 식으로『동의보감』간행의 소식이 일본에 전해졌을 것을 짐작할 수 있다.

『동의보감』초간본이 나오고 약 50년이 지난 후에 일본은 조선 정부에『동의보감』과『의림촬요(醫林撮要)』그리고 우황(牛黃)과 같은 약재를 요청했고, 이를 조선 정부가 허락했다는 기록이『접대사목록초(接待事目錄抄)』에 나온다. 이로 미루어보아 대략 1663년경에는『동의보감』이 일본에 전해졌음을 알 수 있다.[2] 이렇게 건너간 한 질의『동의보감』은 쓰시마 번에 보관되어 있었기 때문에 극히 제한된 사람들만이 볼 수 있었다. 그렇지만 그 명성이 이미 알려졌으므로 이를 보고자 하는 사람들이 많아 일본 각지로부터『동의보감』을 구해달라는 요청이 쓰시마 번으로 쇄도했다. 그래서 쓰시마 번은 1660년대부터 1690년대까지 다섯 차례나 조선 정부에『동의보감』을 요청했지만, 조선 정부는 쉽사리『동의보감』을 보내주지 않았다.

그렇다면 일본인들은 왜 이처럼『동의보감』을 구하고 싶어 했을까? 단순히『동의보감』이 훌륭한 의서라는 소문을 들었기 때문이었을까? 물론『동의보감』의 우수성에 대한 평판이 일본인들로 하여금『동의보감』을 구하게 만들었을 것이다. 그렇지만『동의보감』에 대한 이러한 열망 뒤에는 보다 구체적이고 실용적인 이유가 숨겨져 있었다. 『동의보감』에 대한 요구는 개인적인 호기심만이 아니라 당시 일본의 국가적 필요성에서도 나온 것이었다.

1) 도쿠가와 요시무네와 『동의보감』

17세기 후반부터 일본에는 조선인삼 붐이 일어나 조선인삼에 대한 수요가 급격히 증가했다. 인삼 무역의 대금은 은으로 결제되었는데 특히 인삼 수입대금 결제를 위해 별도의 은전 '인삼대왕고은(人蔘代往古銀)'을 주조할 정도였다.[3] 조선인삼은 고가의 약재였지만 수요가 많아 시장에서는 부족했고 투기의 대상이 되기까지 했다. 이처럼 조선인삼에 대한 수요가 많아지자 이의 수입을 위해 일본으로부터 막대한 은의 유출이 이루어져 국가 재정을 위태롭게 만드는 주요 원인의 하나가 되었다.

이러한 가운데 도쿠가와 요시무네(德川吉宗, 1684~1751)가 1716년 8대 쇼군이 되었다. 쇼군이 된 요시무네는 파산 지경에 이른 막부 재정의 재건을 골자로 하는 일련의 개혁 정책을 펴는데 이를 교호(享保) 개혁이라 한다. 그런데 이 개혁을 위한 정책들 가운데 중요한 의의를 지니는 것이 약재의 국산화 정책이었다. 그리고 이 정책의 핵심 과제 중 하나가 일본 국부의 막대한 유출을 초래한 조선인삼의 국내 재배였다.[4] 또 그는 인삼뿐 아니라 다른 국산 약재의 재배를 장려하여 전국 각지에 약원(藥園)을 개설하고 운영하는 데도 힘을 기울였다.[5] 이러한 요시무네의 노력은 이 시기 일본의 본초학이 발전하는 데 중요한 계기를 제공했다. 그런데 이러한 일련의 과정에서 중요한 역할을 한 것이 『동의보감』이었다.

요시무네는 조선의 의약에 일찍부터 많은 관심을 갖고 있었다. 특히 그는 『동의보감』의 존재와 그 명성을 알고 있었다. 그는 쇼군에 취임한 직후 조선과의 무역을 담당하고 있던 쓰시마 번에 『동의보감』을 보내달라고 요청했다. 일반적인 경우라면 쓰시마 번에서 조선에 요청하여 이를 보내었을 것이다. 그런데 그럴 경우 언제 조선 정부에서 책을 보내줄지 알 수 없는 문제가 있었다. 신임 쇼군이 조선 의약에 깊은 관심을 갖고 있는 것이 조선과의 무역을 독점하고 있는 쓰시마 번으로서는 환영할 만한 일이었으므로 쓰시마 번은 즉시 서고에 보관되어 있던 『동의보감』 한 질을 요시무네에게 보냈다.[6]

요시무네는 의학에 관심이 많아 의서들을 곁에 두고 보았는데 『성혜방(聖惠方)』, 『화제국방(和劑局方)』, 『외대비요(外臺秘要)』 등과 함께 『동의보감』도 그가 늘 참고로 하는 의서의 하나였다.[7] 그렇다면 요시무네는 왜 『동의보감』에 이렇게 깊은 관심을 보인 것일까? 그것은 아마도 약재의 국산화에 깊은 관심을 갖고 있던 요시무네가 일본에 이식하여 재배할 수 있는 약재를 『동의보감』에서 구하기 위해서일 것이라고 추측된다.[8] 조선인삼의 우수성에 대한 일본 내의 평가는 조선에서 생산되는 약재 전반에 대해 긍정적인 태도를 가지게 했을 것이다. 그런 이유에서 요시무네는 특별히 『동의보감』 가운데에서도 중국 약재의 조선화에 성공한 정보가 실려 있는 「탕액편」에 깊은 관심을 가졌던 것에 틀림이 없다.

그렇지만 「탕액편」을 이해하는 데에는 한 가지 장애물이 있었다. 그것은 「탕액편」에 한글로 표기된 향약재 이름들이었다. 이들 향약재들이 한글로, 다시 말해 고유어로 표기된 이상 그것은 조선에 있는 것들인데 그와 동일한 것들이 일본에 있는지 없는지를 확인하는 것이 새로운 문제로 대두되었다. 그것은 조선에서 중국의 약재명을 토대로 그에 상응하는 조선의 향약재를 찾아내는 과정에서 봉착한 문제와 같은 것이었다. 물론 「탕액편」에는 한글 표기와 함께 한문으로 약재명이 기재되어 있어 참고가 되지만, 일본의 입장에서 본다면 한문으로 표기된 약재명 역시 일본에 있는 약재들과 같은 것인지 확인하는 과제를 안고 있으므로 한문 약재명을 매개로 다시 조선의 약재를 이해하는 것은 오해의 소지를 더욱 크게 할 위험성이 있었다. 요시무네의 입장에서는 조선에 자생하는 약재, 특히 『동의보감』 「탕액편」에 기재된 약재에 관심이 있었으므로 한글로 표기된 약재들을 정확하게 확인하는 것이 무엇보다 중요한 일이었다. 이러한 어려운 과제를 요시무네로부터 부여받은 사람이 하야시 료키(林良喜)였다. 사실 하야시 료키는 이 일뿐만 아니라 요시무네가 구상했던 일련의 약재 관련 정책을 수행하는 과정에서 핵심적인 역할을 맡았던 사람이었다.

1719년 요시무네의 쇼군 취임을 축하하기 위해 조선에서 통신사를 파견했다. 이때 수행한 조선 측 의관들과 의학에 관한 필담을 나누었는데, 여기에 일본 측 대표의 한 사람으로 참석한 사람이 하야시 료키였다. 그 필담의 내용이 상세하게 남아 있지는 않지만 대략적으로 어떤 내용의 문답들이 오고갔는가는 알려져 있다.[9] 일본 측은 요시무네의 명을 받들어 주로 조선에 존재하는 약재들에 관해 구체적인 질문을 던졌다. 즉 특정 약재가 조선에 자생하느냐 하지 않느냐와 같은 것이었다. 그런데 조선 측 의관들은 중국 의학 경전을 달통해 의관이 된 사람이므로 의학 이론에 관해서는 잘 알고 있지만 정작 일본인들이 알고 싶어 했던 조선 약재에 관한 구체적인 정보는 알고 있지 못했다. 그래서 조선 측 인사들은 조선에는 약을 채취하는 사람들이 따로 있어 자신들은 그러한 구체적인 내용은 잘 모른다고 답변했다. 이러한 일들은 이후 통신사 파견에서 이루어진 의사문답(醫事問答)에서도 마찬가지 양상으로 나타나, 일본 의사들로부터 조선의 의사들은 의학 이론만 알고 구체적인 물산이나 약재에 대해서는 모른다는 비판을 받기도 했다.[10]

하여튼 통신사들로부터 조선의 약재에 관해 원했던 정보를 얻지 못하자 일본은 보다 직접적으로 조선의 약재 조사 사업에 착수한다. 먼저 요시

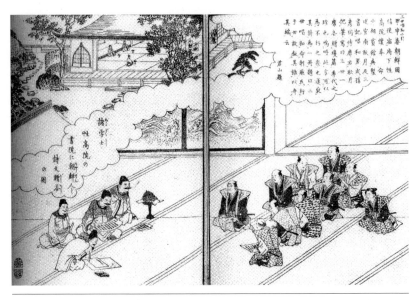

〈그림 83〉 조선통신사. 조선 학자와 일본 학자의 만남(그림 출처: 辛基秀, 『朝鮮通信使往來』, 明石書店)

무네는 1720년 하야시 료키에게 『동의보감』의 고증 작업을 맡기는데 그 구체적인 과제는 「탕액편」에 한글로 기재된 향약재들이 일본에 존재하는 어떤 약재들에 해당하는가를 확인하는 것이었다. 같은 해에는 쓰시마 번에 명하여 조선으로부터 살아 있는 인삼 뿌리를 구해 보내라고 했는데 이는 조선의 인삼을 일본에 이식하기 위해서였다. 또 이듬해인 1721년에는 쓰시마 번에 조선의 물산 조사를 명하는데 그 내용은 조선의 '조수초목약초지류(鳥獸草木藥草之類)'의 색, 형상, 명칭과 그것이 일본에 있는 것과 같은지 다른지의 여부, 다시 말해 조선에는 있지만 일본에는 없는 것, 또 그 반대의 경우 등을 조사토록 명령을 내렸다. 그런데 그 내용을 보면 약재에 국한되지 않고 조선에 자생하는 다양한 생물종에까지 관심이 미치고 있어 이들의 관심이 본초학적 관심에서 박물학적 관심으로 이행하고 있음을 짐작케 한다.

사실 에도시대의 본초학은 단순히 의학적 효능에 기초한 본초학에 머무

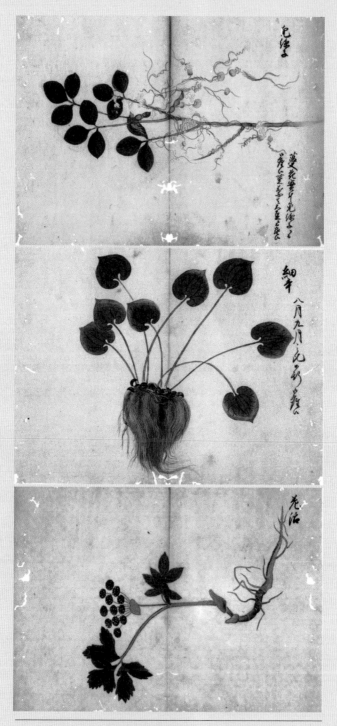

〈그림 84〉 에도 시기 일본 학자의 조선 본초에 대한 관심.
위로부터 한국산 토사자, 세신, 오미자)
(출전: 田代和生, 『江戸時代朝鮮藥材調査の研究』, 慶應大學出版會, 1999)

르지 않고 자연 자체에 대한 관심사에 초점을 맞춘 박물학으로 이행하고 발전하게 된다. 특히 네덜란드를 통한 서양의 박물학을 접하면서 에도시대의 박물학은 더욱 풍성한 내용을 가지게 된다. 에도시대 본초학이 본초학으로서뿐만 아니라 박물학으로 발전하게 된 여러 계기가 존재하지만 위에서 본 바와 같이 그 가운데에서 『동의보감』이 중요한 계기의 하나를 제공했음을 알 수 있다.

2) 『동의보감』의 일본 간행

요시무네는 이처럼 약재 국산화에 많은 관심을 갖고 있었지만 그의 관심이 거기에만 국한되었던 것은 아니었다. 일본의 실질적인 통치자로서 그는 의료 문제 전반에 걸쳐 큰 관심을 갖고 있었다. 아마도 17세기 말부터 18세기에 걸쳐 일본에서 역병이 크게 창궐하여 사회 불안의 요인이 된 것도 통치자로서 그가 보건 문제에 많은 관심을 가지도록 이끈 계기가 되었을 것이다. 사실 그가 쇼군에 오른 1716년에도 큰 역병이 유행했다. 그는 약초원을 새로 만들거나 기존의 약초원을 크게 확장하여 약재의 공급이 원활하게 이루어질 수 있도록 했다. 그뿐 아니라 1722년 고이시가와(小石川) 약초원에 서민을 위한 무료 진료소인 양병소(養病所)를 신설하기도 했다.

양병소를 신설한 같은 해에 요시무네는 백성을 구제하고 의학 발전을 위해 막부의 공식적 간행물로서 『동의보감』의 일본판 간행을 결정했다. 이 결정에 따라 2년 후인 1724년 『동의보감』의 일본판이 『관각정정동의보감(官刻訂正東醫寶鑑)』이란 제목으로 교토쇼린(京都書林)에서 발간되었다. 제목에 나타나 있는 바와 같이 이는 막부에서 공식적으로 간행한 책이었다. 이 사실만으로도 『동의보감』이 일본에서 어떠한 위상으로 받아들여졌는가를 잘 알 수 있다. 그리고 이 책이 요시무네의 치세 중인 교호(亨保) 연간에 발간되었으므로 '교호판'이라고 부르기도 한다. 이 책의 간행 경위는 막부의 수태학두(守太學頭) 후지하라 노부아스(藤原信篤)가 쓴 서문에 다음과 같이 나타나 있다.

> 동의보감 25권은 조선의 국의 허준이 편찬한 것으로…… 고금의 모든 학설을 손바닥 들여다보듯이 정리했으니 의업에 종사하는 사람에게 큰 도움이 될 것이다. 그러나 이 책을 가져오는 자가 적어서 세상에서 이를 아는 사람이 거의 없으므로 막부 의관으로 호겐(法眼)[11]의 지위에 있는 미나모토 모토토루(源元通)에게 명하여 훈정(訓正)을 가하도록 했고 이를 인쇄토록 했다.

결국 막부에서 『동의보감』의 가치를 먼저 인정하여 이를 일본의 의자(醫者)들에게 널리 보급하기 위해 펴내었다는 사실을 서문을 통해 알 수 있다. 여기에 나타난 '훈정(訓正)'이란 말은 제목에 나타난 '정정(訂正)'이란 말의 다른 표현으로, 사실은 이 판본의 특징을 구체적으로 말해주고 있다. 원래 '정정'이란 말은 내용을 개정하거나 잘못된 것을 바로잡았다는 의미인데 실제로 그 비중은 크지 않은 것 같고, 오히려 오자가 이 정정본에서 다수 발견된다.[12] 그것보다 교호판본의 가장 큰 특징은 『동의보감』의 한문 원문에 일본인들이 일본어 어순에 따라 읽을 수 있도록 훈독점을 찍은 것이다. 훈독점은 막부의 의사였던 미나모토 모토토루가 찍었다. 이 작업을 그는 1722년 봄에 시작하여 겨울에 마칠 수 있었다. 미나모토 모토토루는 교호판의 발문에서 『동의보감』의 일본판이 나오게 된 배경과 의미를 다음과 같이 보다 상세히 말해주고 있다.

대군께서…… 정치하시는 여가로 의사(醫事)와 약물(藥物)에 큰 생각을 내시는 것을 가장 간절히 하셨으니, 일찍이 조선의 허준이 편술한『동의보감』이 그 책이다. 내경, 외형, 잡병, 탕액, 침구로 나누고 각각의 아래에『영추(靈樞)』,『소문(素問)』으로부터 역대 제현들에 이르기까지의 책들을 끌어다 붙이고 치료 사례를 찾아 모아놓고 방제를 수집하여 모두 25권으로 만들었으니, 진실로 백성을 보호해주는 신선의 경전이오, 의사들의 비법을 담고 있는 문서이다. 지금 대군께서 이 책을 인쇄하여 백성들에게 내리어 썩지 않도록 하셨으니, 이것은 의가 가운데 장서(藏書)가 그다지 없는 자들이 얻어서 참고하기 편하도록 하기 위함이며, 일반 백성들 가운데 질병의 고통에 싸인 자들이 얻어서 삶을 온전하도록 하기 위함이다. 의학을 업으로 삼는 자가 이 책을 품속에 끼고 치료하면 효과를 보는 것이 북이 북채에 응하여 소리가 나는 것 같으리라. 그리하면 백성들의 수명과 이 책이 모두 장수함을 얻게 되어서 생명을 아끼고 백성을 사랑하는 뜻을 저버리지 않는 데 가깝게 되었다고 할 것이니, 백성들도 또한 크게 다행스러움을 얻게 되었다고 할 만하다 하겠다. 오호라. 두터운 은혜가 온 나라에 널리 퍼지게 되었으니, 은택을 어찌 우러러 기뻐하지 않을 수 있겠는가.[13]

이 발문을 통해 우리는『동의보감』의 가치를 알아본 것은 요시무네 자신이었고, 많은 사람들이『동의보감』을 통해 질병을 고침 받고 건강해지기를 바라는 마음에서 이를 간행하게 되었다는 사실을 알 수 있다.[14] 이 교호판본이 몇 부나 발간되었고, 어떻게 보급되고 활용되었는지 그 자세한 전모는 알려져 있지 않다. 그렇지만 막부의 간행물이었던 만큼 공식적인 경로를 통해 배포되었을 것임은 짐작할 수 있다. 최근에『동의보감』구입에 관한 기록이 발굴되어 소개되었는데, 1730년 팔좌아문(八左衛門, 일본

관직명)의 일기에 따르면, "그가『동의보감』을 구입하여 법교(法橋, 일본 승려의 세 번째 높은 계급)에게 빌려주었다."고 한다. 고액의 의서가 법교로부터 다시 지역 사회의 의사들에게 대출됨으로써 조선 의학의 보급이 이루어지는 현장을 목격하게 된다.[15] 이 무렵 찍은『동의보감』은 가격이 매우 비싸서, 한 차례 인하했는데도 상품은 78냥, 그다음의 것이 60냥으로 통상적인 의서보다 고가였다.[16]

실제로 오와리 번(尾張藩)의 장서목록 중에『동의보감』이 들어 있는 것으로 보아 각 번으로 보내어졌을 가능성도 있다. 고소토 히로시(小曾戶洋)의 일본판『동의보감』소장처 정보에 따르면, 1724년간『정정동의보감』의 현 소장처는 12곳인데, 이는『본초강목(本草綱目)』1715년판의 22곳,『보제본사방(普濟本事方)』1736년판의 18곳,『유문사친(儒門事親)』1711년판의 17곳,『외대비요』의 1746년판의 16곳보다는 적지만, 소장처가 10곳 미만인 대부분의 의학 서적보다는 많은 것이다.[17]

『동의보감』은 1799년 일본에서 재간행되었다. 이번에는 교토에서 인쇄할 때 사용된 목판을 사용하여 오사카에서 간행한 것이었다. 이를 통해서도『동의보감』에 대한 일본 내의 수요가 꾸준히 존재했음을 알 수 있다. 그 밖에도 일본은 19세기 중반까지도 조선에 사신을 보낼 때마다 조선의 다른 특산물과 함께 여러 질의『동의보감』을 요청했다.

일본인들이『동의보감』을 높이 평가하고 많은 관심을 가진 이유는 후지하라 노부아스가 쓴 서문에 나타난 바와 같이 고금의 다양한 학설들을 명료하게 잘 정리한 종합 의서로서의 체계성에 있을 것이다. 그렇지만 그에 못지않게, 어쩌면 그 이상으로 일본인들이 특별한 관심을 가진 것은『동의보감』의 「탕액편」이었다. 그것은 인삼으로 대표되는 조선의 약재에 대한 관심 때문이기도 했고, 또 한편으로는 보다 넓은 의미에서 본초학이나 박물학에 대한 관심의 표현이기도 했다.『동의보감』「탕액편」에 대한 특별한 관심은 「탕액편」만을 별도로 분리한 책들이 여러 종류 나온 것을 통해서도 알 수 있다. 그런 종류의 책들로는 나와 겐키(丹羽元機) 찬『동의보감탕액류화명(東醫寶鑑湯液類和名)』2권, 박방관(朴方貫) 찬『조선약명해(朝鮮藥名解)』1권,『동의보감탕액편약명한칭(東醫寶鑑湯液篇藥名韓稱)』1권, 오다 이쿠고로(小田幾五郎) 역『동의보감탕액편언자화해(東醫寶鑑湯液篇諺字和解)』1권 등이 있다. 이들은 모두『동의보감』「탕액편」에 한글로 표기된 조선 고유 약재 명칭들이 일본어의 어떤 약재명에 해당하는가를 밝히기 위해 저술된 것들이다.

여기서『동의보감탕액류화명』의 편찬 과정을 좀 더 자세히 살펴보자. 사실 교호판『동의보감』의 발간을 결정하기 이전에 요시무네는 이미 하야시 료키에게 「탕액편」에 나오는 약재들의 일본 명칭을 확정하는 작업을 맡겼으나 그의 요절로 이 사업은 제대로 진행되지 못했다. 이후 교호판『동의보감』이 1724년 발간되었지만 「탕액편」의 약재명은 제대로 일본어로 옮겨지지 못하고 약재 명칭의 한글 표기를 그대로 번각한 상태였다. 그리고 여기에는 하야시 료키가 왜관을 통해 수행했던 조선의 약재 조사 사업의 성과도 제대로 반영되지 못했다. 료키가 수행했던 사업은 비록 완성을 보지는 못했으나 상당한 성과를 내었다. 이 사업은 전담 관리인 '약재질정관(藥材質正官)' 고시 쓰네에몽(越常右衛門)이 함께 수행했다.[18] 하야시 료키로부터 조사할 약재의 항목(주로 「탕액편」에 나오는 것)들을 전해 받은 그는 조선인들의 도움을 받아 전국 각지에서 약재로 사용되는 각종 초목뿐 아니라 동물들의 현물까지도 확보했다. 고시 쓰네에몽은 1년 반 정도 왜관에 머물며 약재 조사 작업을 진행했다. 그는 하야시 료키로부터 지시받은 178개 항목의 약재 조사를 진행하고, 그 결과를 12회에 걸쳐 보고서로 제출했다. 보고서에는 판명된 약재의 일본명과 한자명이 함께 적혀 있다. 현물이 확보된 경우는 세밀하게 그린 그림까지 첨부되어 현물과 함께 일본으

로 보내졌다.[19]

하야시 료키의 사망 이후 그가 진행하던 사업을 떠맡은 사람은 고노 쇼잉(河野松庵)이었다. 그는 조선인삼을 비롯한 약초들을 일본에 이식하는 데 많은 관심을 가지고 이러저러한 약초들의 현물을 보내라는 요구를 쓰시마 번에 했지만 정작 전임자 하야시 료키가 큰 관심을 가진 일이었던 약재 질정(藥材質正), 즉『동의보감』「탕액편」의 약재명을 일본어 약재명으로 바꾸는 작업에는 별로 관심이 없었다.[20] 이 작업은 본초학자인 니와 세이하쿠(丹羽正伯)에 의해 계승되었다. 그는 1720년 막부의 명령에 의해 일본 각지에서 채약사(採藥使)로 활동하기 시작하면서 교호 개혁기의 의약 행정에 깊이 관여하게 되었다. 이후 하야시 료키가 완성하지 못한『동의보감』「탕액편」의 일본명을 확정하는 작업을 맡게 된다. 드디어 1726년『동의보감』「탕액편」의 '수부(水部)' 이하 모든 약재명을 일본어로 번역한『동의보감탕액류화명』이 완성되어 요시무네에게 바쳐졌다. 세이하쿠는 이 책의 상권 첫머리에서 총 1,387종의 약재 중에서 확인하지 못한 것은 132종이라고 적고 있다. 90퍼센트 정도는 확인했던 것이다. 이렇게 할 수 있었던 것은 약재 조사 사업 시 고시 쓰네에몽이 작성한 보고서들을 활용할 수 있었기 때문이었다.[21] 약재 조사 작업은『동의보감탕액류화명』을 제대로 만들기 위한 기초 작업이었다고 할 수 있다. 그렇다고 세이하쿠가 고시 쓰네에몽의 보고서를 무비판적으로 수용하여 책을 만든 것은 아니었다. 그는 보고서를 참고하면서도 조금이라도 의심이 가면 최종적 판단을 보류하고 자신의 의견을 별도로 적어두어 후에 다른 사람이 참고하여 종합적 판단을 내릴 수 있도록 했다.

이후 세이하쿠는『동국여지승람(東國輿地勝覽)』을 입수하여 요시무네에게 바쳤다. 조선의 각 지역별 특산물이 상세히 기재된 이 책을 받아 든 요시무네는 무척 기뻐했다고 한다. 세이하쿠는 또 1732년 고시 쓰네에몽을 다시 기용하여 왜관 조사를 지휘한다. 그리고 1748년에는『동국여지승람』에 기초하여 조선의 물산을 조사하도록 왜관에 의뢰했다. 그는 조선의 약재 조사 경험을 바탕으로 그의 대표적인 업적인『서물류찬(庶物類纂)』을 펴냈다. 이는 3,500여 종의 물명(物名)을 망라한 일본의 대표적인 박물학 저작으로 손꼽힌다.『서물류찬』에는 그 내용과 방법에서『동의보감탕액류화명』의 편찬 과정에서 얻어진 성과들이 적지 않게 활용되었다.[22]

일본의『동의보감』활용이 주로 일본인의 약물에 대한 관심으로 「탕액편」에 집중된 것으로 해석한 다시로 가즈이(田代和生)의 연구가 지금까지 학계에서 지배적이었지만, 교토대학도서관 후지카와(富士川) 문고에 소장된『동의보감발서(東醫寶鑑拔書)』라는 의서는 이 점을 재고하게 한다.[23] 이 책은 편찬자가 위생선생(衛生先生)이라 되어 있는 편찬 연대 미상의 필사본이다.[24] 아직까지 위생선생이 누구인지도 확인이 안 된다. 이 책은 두 권 분량으로『동의보감』의 「내경편」을 요약 정리한 것이다. 2권으로 끝낸 것

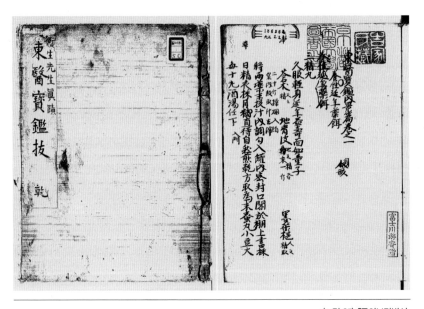

〈그림 85〉『동의보감발서』

인지, 2권만 남아 있는 것인지도 파악이 안 된다. 책 내용을 검토해보면, 신형·정·기·신·혈 등과 관련된 내용 중 의학 이론 관련 부분은 발췌하지 않았으며, 대부분이 각 문(門)에 실린 처방을 가려 뽑아 정리한 것이다.[25] 처방을 뽑은 데에는 「탕액편」의 경우처럼 실용적 측면이 엿보이나, 이 책은 「탕액편」이 아니라 보양을 다룬 「내경편」의 내용을 발췌했다는 점에서 약물학 중심으로만 『동의보감』의 일본 수용을 해석하는 것이 타당치 않음을 시사한다.

3) 일본 의학계의 『동의보감』 인식과 활용

『동의보감』이 에도시대, 특히 막부에서 직접 『동의보감』을 간행한 18, 19세기 이후 일본 의학계에 미친 영향의 전모를 구체적으로 파악하기는 쉽지 않다. 막부의 의관들뿐 아니라 각 지역에서 활동하는 일반 의사들이 실제 임상에서 『동의보감』을 얼마나 활용하고 있었는지도 파악해야 하기 때문이다. 따라서 현재로서는 주어진 제한된 자료를 통해 그 일면을 살펴볼 수밖에 없다.

우선 막부의 의관들이 『동의보감』을 어떻게 인식하고 있었는지에 대해 살펴보자. 막부 의관들의 『동의보감』 인식은 그들이 조선통신사를 수행한 조선의 의관들과 나눈 자료들을 통해 알 수 있다. 그들이 대화를 나눈 의학 관련 주제는 다양하지만 그 가운데 『동의보감』과 관련된 대화도 드물지 않다. 그 내용을 살펴보면 한 가지 특징을 알 수 있는데 그것은 『동의보감』 「탕액편」에 실린 약들에 일본 의관들의 질문이 집중된다는 점이다. 이러한 양상은 초기의 의사문답(醫事問答)에서부터 나타난다. 사실 초기의 의사문답은 「탕액편」에 실린 조선의 약재들이 어떤 것인지, 그것들이 일본에 있는 것인지와 같은 것들을 조선의 의관들을 통해 알아내기 위한 목적으로 진행되었다. 그리고 그것은 요시무네의 지시에 의한 것이었다. 그렇지만 조선의 의관들로부터 원하는 내용을 알아내지 못하자 직접 조선의 약재 조사 사업을 시작하게 된 것이다.

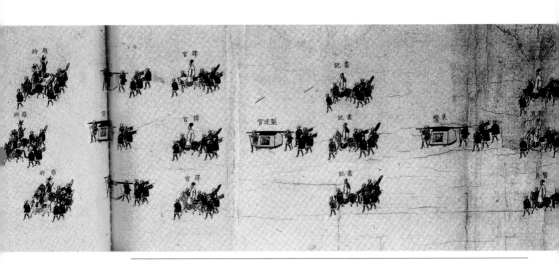

〈그림 86〉 조선통신사를 수행한 의관들—인조14년통신사입강호성도(1636, 국립중앙박물관 소장)

조선의 의관들로부터 조선의 약재와 물산에 대해 만족할 만한 대답을 얻지 못했음에도 불구하고, 이후의 의사문답에도 이와 관련된 질문은 이어진다. 예를 들어 니와 세이하쿠는 『동의보감』과 『동국여지승람』에서 이해하지 못한 약재와 물명 62종의 목차인 '조선국물산목차(朝鮮國物産目次)'를 작성해 통신사 일행을 방문했다. 그는 이 목록을 쓰시마 관리에게 기록하게 했고, 조선에 파견된 약재질정관에게도 자문을 구했으나 알 수 없자 통신사의 일행이었던 조선 의관 조숭수(趙崇壽)를 방문하여 자문을 구한 것이었다.[26]

그밖에도 몇 가지 예를 더 든다. 1748년 무진 통신사 때 일본 의학원 의관(醫官) 간 도하쿠(菅道伯)는 조선통신사를 수행한 양의(良醫) 조숭수에게

"『동의보감』에는 관동(款冬)이 조선에서 생산되지 않는다고 되어 있는데 이것은 사실 산이나 들에 많이 있는 것 아니냐, 조선 사람들이 그 형상을 잘 몰라 조선에 나지 않는다고 쓴 것이 아니냐"고 공격적인 질문을 던진다. 조숭수는 (조선에서는) 중국에서 온 것을 사용한다고만 간단하게 답변했다.[27] 또 같은 해 도호토(東都)의 의관인 노로 지쓰오(野呂實夫)가 조선 양의 조숭수, 의원 조덕조(趙德祚), 김덕륜(金德崙)과 나눈 대화를 기록한 『조선필담(朝鮮筆談)』에는 『동의보감』에 나오는 길경(桔梗), 제니(薺苨), 사삼(沙參), 비파(枇杷) 등의 조선 재배 여부에 대한 노로 지쓰오의 질문과 조숭수의 답변이 실려 있다.[28] 이 밖에도 무진 통신사 일행을 방문하여 이루어진 의사문답의 또 다른 기록인 『한객필담(韓客筆談)』에는 일본 의관 다치바나 겐쿤(橘元勳)이 『동의보감』 소재 대구어[夻魚]의 정체에 대해 질문하고 조숭수가 답변한 내용이 실려 있다.[29]

이처럼 일본의 의관들은 『동의보감』에 실린 약재에 대해 관심이 많기는 했지만 그것이 그들이 『동의보감』에 대해 가진 관심의 전부는 아니었다. 개별 약재뿐 아니라 처방에 대한 관심을 표한 경우도 있다. 앞서 여러 차례 언급한 니와 세이하쿠는 『동의보감』에 나오는 옥추단(玉樞丹)과 청심환(淸心丸)의 주치(主治)에 대한 자세한 설명을 부탁하기도 했고,[30] 『동의보감』에 실린 달생산(達生散) 등 약의 조제와 처방에 대한 설명을 부탁한 기록도 있다.[31] 그밖에도 『동의보감』 소재 도규(刀圭) 등 약기(藥器)의 도량형에 관한 질문과 답변을 실은 기록도 있는데,[32] 이는 약재의 정확한 동정(同定)에 대한 관심과 함께 『동의보감』에 대한 일본인들의 실증적 태도를 보여주는 또 다른 증거이기도 하다.

또 한편 일본의 의관들이 『동의보감』의 내용에 대한 궁금증과 함께 그 저자인 허준에 대해 관심을 보이거나 『동의보감』의 역사적, 학문적 가치를 평가한 경우도 있어 흥미롭다. 앞서 언급한 간 도하쿠는 허준의 출신지

〈그림 87〉 전전도백(前田道伯),
『대려필화(對麗筆語)』(국립도서관 소장본)

를 질문했고,[33] 『동의보감』이 편작(扁鵲)과 창공(倉公)을 잇는 한의학의 정통을 계승한 의학이라고 평가했다.[34]

일본에서 『동의보감』의 인식과 활용은 두 방향으로 이루어진 것으로 볼 수 있다. 하나는 「탕액편」에 실린 약재의 동정과 확인 작업인데, 이는 인삼으로 대표되는 약재의 국산화 시도 및 박물학의 발전과 연결되어 있다. 이러한 흐름은 요시무네 쇼군에 의해 정책적으로 추동되었으며 엄밀하게 말하면 의학적 맥락보다는 산업적 맥락에서 이루어졌다고 볼 수 있다. 다른 하나는 순수하게 의학적 맥락에서 이루어진 것인데, 이는 개별 의사들의 평가나 처방들 중에 산견(散見)되므로 그 전체상을 보기가 쉽지 않다. 그렇지만 간 도하쿠의 평가처럼 『동의보감』이 한의학의 정통적인 흐름 속에 위치하고 있다는 점에서는 일치된 견해를 보인다고 볼 수 있다. 물론 18세기에 한의학의 정통적인 흐름에 반기를 들고 등장한 일본의 새로운 복고주의 유파인 고방파의 입장에서 본다면 『동의보감』은 그들이 비판하는 후세방(後世方)의 입장에 가까울 수도 있다. 실제로 질병의 원인과 처방에 대해 전통적 한의학 이론에 충실한 조선의 의관과 고방파 의사 사이의 의견 대립이 표출된 경우도 있었다.[35]

그럼에도 대체로 『동의보감』이 고방파가 중시하는 『상한론(傷寒論)』의 내용까지도 포괄하는 한의학 전반에 걸친 종합적 의서라는 점과 「탕액편」의 가치 때문에 높은 평가를 받았다. 앞에서 본 바와 같이 일본인들은 「탕액편」만을 따로 분리해 별도의 책으로 펴낼 만큼 그 가치를 높이 평가했다. 특히 「탕액편」에서 많은 약재들의 이름을 한글로 표기한 것은 이에 대한 동정 작업이 조선에서는 이미 완료되었음을 의미하는 것이었다. 따라서 이제 그러한 작업을 시작하려는 일본의 입장에서 「탕액편」의 가치는 지극히 큰 것이었다. 더구나 이러한 동정 작업에서 나타난 실증적 태도는 약물의 사용과 그 효과의 실증성을 중시하는 고방파의 입장에서도 높이 평가하지 않을 수 없었을 것이다. 그런 이유로 고방파 의사였던 가메이 난메이(龜井南冥)도 『동의보감』의 내용을 인용하고 있다.[36] 어쨌든 「탕액편」에 대한 적극적인 관심은 일본에서 이루어진 『동의보감』 수용의 큰 특징이라고 할 수 있을 것이다.

그렇지만 실제 임상가에게서는 "이 책이 발간되면 백성의 고통이 없게 될 것"[37]이라는 호평이 있었지만, 일본 문화의 자긍심이 고조되었던 에도 후기에는 이 책에 대한 부정적인 여론도 있었다.[38] 일본의 『의학원학범(醫學院學範)』 중 「조선의서」의 조항을 보면, "동의보감 25권은 숭록대부 허준에게 명하여 편찬케 했는데 유형을 나누어 편집한 것으로 대체 후세 말류(末流)의 의방들이다. 공신(龔信)을 숭상하여 많은 설과 처방을 『고금의감(古今醫鑑)』과 『만병회춘(萬病回春)』 등에서 취했다."[39]는 내용이 보인다. "후세 말류"라는 표현에서 보이듯, 이 책이 『동의보감』을 그다지 높이 평가하지 않았음을 알 수 있다. 이 책은 전반적으로 조선을 깎아내리고 일본의 우월성을 강조하는 기조를 보이고 있다. 당시 일본에서는 상한과 경험을 중시하는 상한파가 득세했으며, 그들의 관점에서 볼 때에는 보양을 중시하는 공신의 저작이나 『동의보감』의 내용이 특히 불만스러웠을 것이다. 이런 분위기는 『정정동의보감』이 관찬으로 나오던 에도 전기와 확실히 다른 것이었다.

2. 중국에서의 높은 평가

중국이나 일본에서 『동의보감』에 대한 반응은 조선에서와 달랐다.[40] 조선에서는 중국·일본의 의학과 구별되는 새로운 전통을 여는 것으로 『동의보감』을 받아들여 열렬히 따랐지만, 중국·일본에서는 그 정도는 아니었다. 매우 쓸모 있는 의학 서적의 하나로 받아들였다. 『동의보감』 판본은 매우 많은데 비해 의학 학술적인 인용이 상대적으로 적다는 점이 이를 잘 말해준다.

중국에서 『동의보감』은 조선에서보다도 더 많이 발간되었다. 1747년 초록판이 나온 이래 현재까지 중국에서 25차례, 대만에서 3회(재판까지 치면 6회)나 된다. 우리나라의 경우보다도 무려 십여 차례가 더 많다. 중국의 『동의보감』 판본을 상세하게 추적하여 정리한 연변 민족의학연구소의 장문선(張文善)은 다음과 같이 말하고 있다.

〈그림 88〉 동의보감의 중국 판본 중 하나인 『개량동의보감』

『동의보감』이 18세기 초엽에 중국에 전입된 후, 1763년부터 정부 당국이나 개인이 출간하기 시작했다. 그 출판 횟수는 지금에 이르기까지 무려 25회나 된다. 그 가운데 청조와 민국 시기에 출간한 출판 횟수는 19회나 되어, 평균 10년에 한 번씩 연속적으로 출간한 셈이 된다. 현대(1949년 이후)에 와서 그 출판 횟수는 비록 2회밖에 되지 않지만 그 인쇄 부수는 13,750부나 된다. 대만에서도 그 지역은 작지만 30여 년 동안에 3개 출판 부분에서 6회나 출간했다. 이런 놀라운 『동의보감』 출간 횟수는 중국이 『동의보감』에 대하여 어느 정도의 관심을 가졌으며, 『동의보감』이 중국 의학에 미친 영향이 얼마나 큰가를 잘 설명해주고 있다.[41]

『동의보감』처럼 외국에서 이만큼 자주 발간된 조선의 서적은 따로 없다.[42] 중국 의서 중에도 이렇게 자주 발간된 책이 별로 없다. 상해 중의학원출판사에서 옌스윈(嚴世芸)이 주편하여 펴낸 『중국의적통고(中國醫籍通考)』(1996년)에는 중국 고대 의서의 판본을 철저히 조사해놓았는데, 『동의보감』과 성격이 같은 의방서 수천여 종 중 『동의보감』보다 자주 찍힌 것은 불과 대여섯 종에 불과하며, 20차례 넘게 발간된 것은 통틀어 아래의 17종에 불과하다. ( )안은 인쇄 횟수다.

손사막(孫思邈)의 『천금방(千金方)』(26)

소식(蘇軾)과 심괄(沈括)의 처방을 모은 『소심양방(蘇沈良方)』(28)

이천(李梴)의 『의학입문(醫學入門)』(21)

공정현(龔廷賢)의 『만병회춘』(26), 『수세보원(壽世保元)』(44)

조헌가(趙獻可)의 『의관(醫貫)』(20)

이중재(李中梓)의 『의종필독(醫宗必讀)』(36)

왕앙(汪昂)의 『의방집해(醫方集解)』(43)와 『탕두가결(湯頭歌訣)』(28)

진사탁(陳士鐸)의 『석실비록(石室秘錄)』(24)

정국팽(程國彭)의 『의학심오(醫學心悟)』(20)

서대춘(徐大椿)의 『신질추언(愼疾芻言)』(25)

진걸(陳杰)의 『회생집(回生集)』·『속회생집(續回生集)』(23)

진념조(陳念祖)의 『의학삼자경(醫學三字經)』(25)

강함돈(江涵暾)의 『필화의경(筆花醫鏡)』(26)

왕청임(王清任)의 『의림개착(醫林改錯)』(38)

포상오(鮑相璈)의 『험방신편(驗方新編)』 16권본(27), 8권본(11)

발간 횟수가 바로 의학적 중요성의 척도는 아니지만, 비교는 『동의보감』이

다른 어떤 책들과 비슷한 위상을 누렸는지 일러주는 좋은 척도라 할 수 있다. 20번이 넘게 발간된 책들의 면모를 보면 한결같이 중국 의학사에서 매우 중시되는 것임을 알 수 있다. 적어도 인기도 면에서는 바로 그런 책들과 『동의보감』이 어깨를 나란히 하고 있었던 것이다.

중국 사람이 『동의보감』을 좋아했다는 것은 우리 측의 기록으로도 쉽게 확인된다. 시디롬 『조선왕조실록』에 검색어로 『동의보감』은 6곳이 나오며, 이 중 2곳이 중국 사신이 와서 『동의보감』을 얻어 갔다는 것이다. 첫 기록은 경종 1년(1720)이고 다음 기록은 영조 14년(1737)이다. 이것은 『실록』에 적힌 내용일 뿐, "중국 사신이 『동의보감』을 좋아한다."는 이익(李瀷)의 『성호사설(星湖僿說)』 내용으로도 그들의 선호가 훨씬 광범위했음을 짐작할 수 있다.

이상의 사실을 보건대, 『동의보감』 소문이 17~18세기를 통해 중국에 널리 퍼져나갔으며 자신들이 찍어내기 이전에는 조선에 와서 그 책을 구했으나, 자신들이 찍기 시작한 1766년 이후에는 구태여 조선에서 그것을 구해 갈 필요가 없게 되었음을 짐작할 수 있다. 그들이 직접 찍게 되었다고 함은 바로 그 책에 대한 수요가 크게 증가했음을 뜻하는 것이며, 첫 출간 이후 평균 10년에 걸쳐 1차례씩 찍었다 함은 그 수요가 매우 컸음을 뜻한다. 중국에서 『동의보감』이 인기가 있다는 사실은 19세기 말 조선 서적을 체계적으로 정리한 프랑스 서지학자 모리스 꾸랑(Maurice Courant)의 『한국서지』에도 보인다. 꾸랑은 『동의보감』에 대해 짤막한 평을 붙였다. "이 책은 중국에서 좋은 평을 얻어 그곳에서 재인쇄되었다."[43]

도대체 어떤 이유로 『동의보감』이 중국인에게 그토록 인기가 있었던 것일까? 그것은 우리가 『동의보감』을 높이 평가하는 이유와 동일하다. 중국에서 『동의보감』 필사초본(1747년)을 처음으로 만든 왕여존(王如尊)은 다음과 같이 말했다.

나는 글을 배우기 시작하여서부터 의학 서적을 즐겨 읽었다. ……의학
을 학습하기 시작한 이래 열심히는 했지만 아직 의학 전서를 구하지 못
해 근심하고 있었다. 지난해 가을 옛 송[舊宋]의 어의 허준 선생이 편집
한 『동의보감』을 얻었다. 약물의 성미를 분별해놓지 않은 것이 없었고,
병증과 병세가 자세하지 않음이 없었다. 병을 살피고 처방을 확정하며
때에 부합하고 이치를 논하는 것이 그야말로 의서의 대작이다.[44]

위의 내용처럼 이 기사에서는 약미의 성미에 대한 분별, 병증과 병세에 대
한 상세한 설명, 병증과 처방에 대한 이치의 부합 등을 『동의보감』의 장점으
로 꼽았다. 옛 송대 어의가 쓴 대전(大全)이 완전히 잊힌 채 있는 것이 안타
까워서 발간하려고 했던 것이 이 책을 초집하게 된 동기였다. 발간을 위해
그는 산시성(山西道) 감찰어사(監察御使)로 천거된 바 있는 시조생(柴潮生)의
서문까지 받았으나 재정 부족으로 실제로 발간하지는 못했다.[45] 왕여존은
중국 항주 지방의 의사였던 것으로 추측된다. 그렇지만 왕여존은 이 책의
저자를 조선 사람이 아닌 중국 송대의 어의라고 보았다. 당시 중국에서는
극소수인만이 『동의보감』을 소장했으며 왕여존이 이정구(李廷龜)의 서문
을 보지 못했을 가능성도 없지는 않다. 그렇지만 책 안에는 「집례」, 「역대
의방」, 탕액 부분의 향약명까지 중국책이 아님이 명확히 드러나 있기 때문
에,[46] 『동의보감』에 나타난 조선적 성격을 고의로 무시한 것이 맞을 것 같
다. 어찌 되었든 간에 그는 『동의보감』과 저자 허준을 중국 인물로 간주하
면서 중국 의학을 제대로 이해하기 위한 대전으로 이 책을 세간에 알리려
고 했음이 틀림없다.

　1763년 중국판 『동의보감』을 최초로 펴낸 청의 능어(凌魚)는 이 책의 높
은 가치는 그대로 인정하면서도, 책의 출현 시기와 저자의 국적에 대해 정
확히 밝혔다. 그의 말을 직접 듣도록 하자.

"『동의보감』은 즉 명나라 시대 조선의 양평군 허준의 저작이다. 조선의 풍속을 본다면 본디부터 문자를 알고 독서를 좋아한다. ……이제 양평군은 외딴 외국에 있으면서 책을 지어 중국에서 행세를 하게 되었으니 학리(學理)란 전하기 마련이지 땅이 멀다고 국한됨은 아니다. ……이 책은 이미 황제께 올려서 국수(國手)임이 인정되었으나, 다만 여태까지 비각(秘閣)에 간직되어 세상 사람이 엿보기 어려웠다. ……이 가운데 인용한 것은 『천원옥책(天元玉冊)』으로부터 『의방집략(醫方集略)』에 이르기까지 80여 종에 이른다. 대체로 우리 중국의 책들이고 조선의 책은 3종뿐이었다. ……순덕 사는 명경(明經) 좌한문(左翰文)은 내가 총각 때부터 사귄 친구이다. 그는 선뜻 이 책을 판각하여 세상에 전하기로 생각하고 비용으로 약 3백여 민(緡)을 조금도 아낌없이 내놓았다. 대체 그의 마음인즉 사람을 구제하고 물건을 이롭게 하자는 마음이요, 그 일인즉 음양을 조화시키자는 것이었다. 천하의 보배는 마땅히 천하가 함께 가져야 할 것이라 좌군의 어진 행실이야말로 크다고 할 수 있을 것이다."[47]

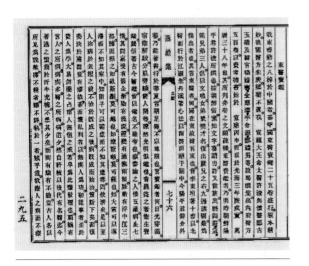

〈그림 89〉『열하일기』 중의 능어의 서문 대목(한국문집총간본)

좌한문은 왕여준의 작업을 전혀 모르고서 별도의 사업으로 진행했다. 왕여준 간본이 나오게 된 경위를 살펴보면, 그의 고장인 광동(廣東) 지방의 장관이 사람을 북경에 보내어 황실 비각(秘閣)에 소장된 『동의보감』을 베껴 오도록 한 것을 좌한문이 돈을 내어 펴낸 것이다.[48] 이 책은 1763년에 판각이 완료되었으며, 그것은 벽어당옥근원(璧魚堂沃根園) 각본과 동문당(同文堂) 각본으로 인쇄되어 나왔고, 3년 후인 1766년에 광동본이 나왔다. 중국 최초의 『동의보감』 판각본이다.[49] 1613년 조선에서 첫 판이 간행된 지 꼭 160년 후의 일이다. 1724년 출간된 일본보다는 39년이 늦었다. 황제의 비각에 소장되었다느니, "천하의 보배는 마땅히 천하가 함께 가져야 할 것"이라는 책의 서문은 『동의보감』의 드높은 가치를 드러낸다. 또 인용된 조선 의서는 3종에 불과하며 나머지 책 80여 종이 모두 중국 책으로 본 것[50]은, 저자가 조선인이지만 내용은 중국적 성격을 띤 것임을 강조한 것이다. 아무리 지리적으로 멀리 떨어진 곳이라도 빛나는 성과라면 천하인이 공유해야 한다는 생각은 지식의 보편성을 말한 것이다.

중국에서 『동의보감』을 펴내면서 모든 부분에 대해 극찬만이 있었던 것은 아니다. 1890년 판본을 찍어내면서 민췌상(閔萃祥)은 『동의보감』이 노자(老子)의 사상에 치우친 것을 비난하면서 "도가가 정미로움을 얻었고 의가가 거친 것만을 얻었다."는 『동의보감』에 대해 비판적인 입장을 보였다. 그럼에도 그는 "『동의보감』이 아주 잘되어 있으며 진실로 의서 중에서도 내용이 아주 충실한 책"으로서 "많은 옛 서적을 수집해서 이를 잘 이용할 수 있도록 설명하였는데 그 조리가 분명하고 그 증거가 충분하여 의학자에게 도움을 주는 바가 크다."는 점을 인정했다.[51] 즉 도가적 색채에 대해 비판하면서, 조리 있는 의학 체계와 의론과 처방 내용의 신빙성에 대해서는 극찬을 아끼지 않은 것이다.

이런 견해들이 『동의보감』을 중국에서 발간한 측의 입장이었다면, 중국 의학계의 전반적인 견해는 1931년 우진세(武進謝) 등이 편찬한 노작 『중국의학대사전(中國醫學大辭典)』에서도 확인할 수 있다. 이 책에서는 『동의보감』에 대해 "25권으로서 조선 허준이 왕명을 받고 편찬했다. 내용이 풍부하고 조리가 정연한바 의림(醫林)의 거작이다."[52]라고 평가했다. 내가 중국 의서를 검토한 한도 내에서는, 풍부한 내용과 체계의 조리, 처방의 엄선이라는 측면에서 『동의보감』에 필적할 만한 책이 그리 많지 않다. 조선에서도 많이 읽힌 이천의 『의학입문』, 공정현의 『수세보원』, 명말 왕긍당(王肯堂)의 『증치준승(證治準繩)』, 청 황제의 명을 받아 편찬한 오겸(吳謙)의 『의종금감(醫宗金鑑)』 등을 꼽을 정도다.

『동의보감』 자체의 발간에 비해 그 학술적 인용은 적은 편이다. 『동의보감』 이후에 발간된 중요 중국 의서 중 『동의보감』을 인용한 것은 그다지 많은 편이 아니다. 내가 현재까지 본 것으로는 요윤홍(廖潤鴻)의 『침구집성(鍼灸集成)』이 『동의보감』의 「침구편」을 거의 그대로 옮긴 것이라는 점[53], 청대 육이첨(陸以湉)의 『냉려의화(冷廬醫話)』 중에 한 차례, 청 옹정 4년(1726) 진몽뢰(陳夢雷)가 편찬한 『고금도서집성의부전록(古今圖書集成醫部全錄)』 소아부에 십여 차례 인용된 것, 역시 이 책에 『동의보감』만의 고유 처방 35개가 인용된 것이 전부다. 대부분 단편적인 인용에 그쳤고, 『동의보감』이 조선 후대에 끼친 영향처럼 일가의 전통을 이루지 않았음은 분명하다.

하지만 『고금도서집성의부전록』에 끼친 영향은 뚜렷하다. 가장 많이 인용되었다는 점에서만 그런 것이 아니라 그 목차 구성에도 영향을 끼쳤다. 이 책은 당시의 모든 지식을 총망라하는 작업의 일환으로 기존의 의학 지식을 깡그리 모아 정리한 것이다. 15세기까지의 의학 지식이 우리나라의 『의방유취(醫方類聚)』에 고스란히 담긴 것처럼 18세기까지의 의학 지식을 모두 담은 것이 이 『의부전록』이었다. 이 책 편찬의 최대 관건은 "그 방대한 지식을 어떻게 분류할 것인가" 하는 점이었을 것이다. 그런데 그 목차 구성이 『동의보감』과 상당히 흡사하다. 특히 『동의보감』의 「외형편」에 해당하는 부분의 문(門) 구성과 배열은 『동의보감』과 거의 똑같다. 『의부전록』의 머리, 얼굴, 귀, 눈, 코, 입, 치아, 혀, 인후, 털과 머리카락, 목, 겨드랑이, 어깨, 등과 척추, 가슴과 배, 허리, 사지, 생식기, 항문, 피부, 살, 근육, 뼈 등의 구성 중 『동의보감』에서 제외된 부분은 '맥' 문 하나에 불과하다. 나머지 부분은 약간 순서가 바뀌기는 했어도 대체로 구성 항목과 순서 배열이 비슷하다. 엄밀하게 신체 겉 부위를 중심으로 문(門)을 설정하는 전통은 『동의보감』이 최초이며, 『고금도서집성』도 그런 배열의 체계성 때문에 이를 받아들인 것이다. 「외형편」 이외의 부분에서도 『동의보감』에서 처음으로 문을 개설한 신형 문이 『의부전록』에 들어 있으며, 『동의보감』의 「잡병편」 배열에서도 「외형편」만큼은 아니지만 일정 정도의 유사성을 발견할 수 있다.

조선에서와 달리 『동의보감』이 중국 의학 학술에 영향이 적게 나타난 것은 어떻게 설명할 수 있을까? 나는 그 요인을 명·청 이후 중국 의학 학술이 여전히 핵심 논쟁 중심으로 발전되었다는 사실에서 찾고 싶다. 명·청 이후의 논쟁 중 대표적인 것이 상한병학과 온병학의 논쟁이며, 자음학파와 온보학파 간 논쟁, 중서참작 논쟁 등이 있다.[54] 그런데 『동의보감』은 이런 논쟁에 활용될 만한 그 자신만의 독특한 견해를 제시하지 않았다. 오히려 여러 의학 이론의 절충과 교통정리에 초점을 둔 의서다. 바로 그러한 성격 때문에 중국에서 벌어진 각종 논쟁에 끼어들 여지가 없었던 것이다. 따라서 『동의보감』은 중국 의학 학술상의 전개에 크게 기여하지 못했다. 반면에 그 자체 완결된 내용으로 임상가에게 널리 읽혔던 것이다.

동아시아 전통 의학에서 중심과 주변이라는 개념이 적용되는가? 적용된다면 중심은 무엇이고, 주변은 무엇인가? 동아시아 3국에 유통된 『동의보감』의 주변성은 우리가 흔히 생각하는 중심/주변의 개념과 크게 달라 보인다. 한·중·일 사이 의학의 중심/주변에 관한 논의에서 지역적, 문화적 수압이라는 잣대를 일방적으로 들이대는 방식은 적절치 않다. 『동의보감』의 경우, 중심인 중국에 대한 지역적 후진성 또는 지역적 특이성이 주변성을 규정하지 않기 때문이다. 『동의보감』과 후대 조선 의학의 지역적 전통은 『소문』과 『영추』에 근본하고 주자학적 신체관과 부합하는 의학적 성격'이다. 그렇기에 중국과 조선의 중심/주변의 관계는 단순한 지역 구분으로서 중국/조선이 아니라 새 중화(당대의 중국 문화)/옛 중화(이념적 측면의 고대 중국 문화)의 대립이라는 성격을 띤다. '『동의보감』을 의학의 표준으로 삼으라.'는 일본 도쿠가와 막부의 입장은, 중국을 제쳐두고 마치 조선이 중심이고 일본이 주변이라는 인식을 보여준다.[55] 이런 일본이나 중국의 반응은 자신의 견해 또는 필요성에 따라 『동의보감』을 받아들였음을 뜻한다.

오늘날 중국에서 『동의보감』에 크게 관심을 가지는 이유가 내용 출처가 중국 것이라는 점에 있다는 사실은 시사점이 크다. 현대의 한 연구에 따르면, "동의보감의 90퍼센트 이상의 내용이 모두 중국 중의 서적에서 발췌한 것으로, 독창적이지 않다." "『동의보감』을 현대어로 말하면, 대략 동양의학의 보배를 취합하여 의료 활동에 의지할 수 있는 거울이라는 뜻이다."라 하여 이 책을 중국 의학의 연장으로 받아들이고 있다고 한다.[56] 이는 달리 말해 『동의보감』의 지역성이 강했다면 이질적으로 여겨 그만큼 널리 읽히지 않았을 것임을 암시한다. 대부분의 출처가 중국 것이고 틀을 짠 형식도 자신들이 볼 때 '중국 사상의 문법 체제', 즉 동아시아의 보편적인 의학 체제 안에서 이루어졌기 때문에 중국인들이 부담 없이 이를 계속 선택하고 있는 것이다.

결론

1613년 조선에서 발간한 허준(許浚)의 『동의보감(東醫寶鑑)』은 조선 의서로서는 유일하게 한·중·일 세 나라에서 널리 읽힌 일종의 동아시아적 현상을 보인 책이다. 그렇기에 여기서 세 가지 의문이 생겨났다. 첫째는 그 동아시아적 현상의 실체가 무엇이며, 한·중·일의 의가들이 이 책에 큰 관심을 갖게 된 이유가 무엇인가 하는 점이었다. 둘째는 첫 질문의 연장으로서 『동의보감』의 구성과 내용이 동아시아 의학 전통 속에서 어떤 위상을 지니는가 하는 점이었다. 셋째는 이런 의서가 17세기 조선에서 출현하게 된 사회적, 지적, 의학적 배경과 저술 능력에 관한 점이었다.

『동의보감』의 출현은 임진왜란의 피해 극복이라는 정치적 동기에 따른 것이었다. 의주로 몽진했다 돌아온 직후 선조 임금과 조정은 정치적 재이관(災異觀)에 따라 전란으로 인한 인명 피해, 역병의 유행, 전쟁 수행을 위한 성 쌓기 같은 요역, 과도한 세금 부과, 적절치 못한 형옥 등이 화기(和氣)를 해치는 요인으로 간주하여 그것을 회복하는 각종 정치적 대책을 내놓는 한편 인명을 구제하는 의서의 편찬을 기획했다. 어려운 경제 형편 속에서 다른 학술 서적이 아닌 방대한 새 의서의 편찬 시도는 이런 정치적 판단이 아니고서는 설명이 불가능하다.

새로 출간될 의서는 반드시 '제대로' 된 의서여야만 했다. 평소 존심양성(存心養性)을 실천하고 의학에 밝았던 선조는 그가 읽은 당대의 중국 의서에 대해 독단과 단견이 가득 찬 형편없는 것으로 생각하여 조선에서 이런 의서에 따른다면 병을 고치기보다는 거꾸로 생명을 앗는 일이 일어날 것이라고 부정적으로 인식했다. 따라서 선조는 병이 생기기 전에 몸과 마음을 관리하는 양생을 우선에 두고, 병 고치는 의학을 다음에 두는 의서를 편찬하라고 했다.

의학의 경우에는 그릇된 것을 제외하고 제대로 된 것만을 가려 뽑도록 했다. 또 새 책은 민간에서 쉽게 이용하도록 해야 했으므로, 국산 약재의 경우 향명을 표시하도록 했다. 당대 중국 의학을 문제시하고 그것을 바로잡기 위해서는 이 일을 수행할 수 있는 능력이 있어야만 했다. 선조는 허준이 이런 능력을 갖춘 것으로 평가하여 그에게 이 일을 맡겼다.

조선은 건국 이후 경학, 역사, 예법, 천문학, 지리학, 수학, 문학, 음악 등 제 분야와 함께 의학 능력의 배양에 힘썼다. 세종 때 『향약집성방(鄉藥集成方)』과 『의방유취(醫方類聚)』의 편찬으로 15세기까지 중국과 한국의 의학을 총정리해낸 경험을 축적했으며, 그 과정에서 본격적으로 중국의 선진적인 의학을 이해하게 되었으며, 구급 의학, 태산(胎産) 의학, 두창에 관한 의학, 역병에 관한 간편 의학을 추려 민간에 널리 보급했다. 같은 시기에 조선의 사대부는 주자학을 깊이 탐구하여 높은 수준에 도달했는데, 거기에는 자연관과 신체관, 양생술과 의학에 대한 연구가 포함되어 있었다. 선조와 허준은 이런 의학적, 지적 전통 속에서 성장했다. 그것은 이들에게 중국 의학의 문제점을 거시적인 수준에서 파악토록 하는 안목을 갖게 했으며, 더 나아가 실제로 이런 안목에 입각한 의학 체계의 건설을 가능토록 하는 능력을 제공했다.

고대 중국에서 『황제내경(黄帝内經)』이 양생의 정신을 강조하면서 신체와 병증에 대한 이해를 폭넓게 시도하고 침과 뜸을 이용한 치료법을 제시했지만, 그것이 일목요연한 체제를 이뤘던 것은 아니다. 후대의 의학자들은 『황제내경』이 제시한 체제를 밀고 나가는 대신에 병인(病因), 진단법, 병증 파악, 방제학, 본초, 침구, 부인과와 소아과 등 다양한 분야에 대해 의론(醫論)을 확충하고 의술 경험을 축적해나갔다. 특히 금·원대 이후 여러 학자들이 병의 원인을 특정 의학 이론에 입각하여 병증을 해석하고 치료법을 제시하는 경향이 심해졌고 이는 의학상의 큰 혼란 요인이 되었다.

우단(虞摶), 이천(李梴), 공신(龔信)·공정현(龔廷賢) 부자 등 명대의 여러 의학자들도 이런 문제점을 잘 인식하고 있었으며, 나름대로 통일된 의학 체계의 마련과 처방의 취사선택을 통해 그것을 극복하기 위한 결과물을 내놓았다. 우단의 『의학정전(醫學正傳)』(1515년), 이천의 『의학입문(醫學入門)』(1575년), 공신·공정현 부자의 『고금의감(古今醫鑑)』(1576년)과 『만병회춘(萬病回春)』(1587년) 등의 종합성 의서가 나왔다. 그럼에도 선조 임금은 이런 결과물로 의학의 혼란이 극복되기보다는 혼란이 가중된 것으로 인식하여 제대로 된 새 의서 편찬 명령을 내렸다. 양생학과 의학을 결합한 제대로 된 의서의 편찬을 위해서 허준은 우선 기존 의서의 틀을 뛰어넘는 통일된 신형장부의학 체계를 고안했다.

허준은 우선 신체를 내외로 나누어 양생학과 의학 중 몸 안의 장부에 작용하는 것을 「내경편」, 몸 겉 외형에 작용하는 것을 「외형편」, 이어서 신체 내외에 특정하지 않은 병에 관한 내용을 「잡병편」에 두었다. 이어서 몸 안에 작용하는 약물요법을 「탕액편」, 몸 겉에 작용하는 침과 뜸 치료법을 「침구편」에 넣었다. 「내경편」·「외형편」·「잡병편」에 속한 양생과 병증 관련 내용은 다시 88개문(門)으로 나뉘어 정해진 양식에 따라 배치되었다. 각 문마다 의학 이론과 처방은 양생의 원칙, 병의 원인, 병증의 종류, 맥의 특성, 구체적인 치료법, 식이요법, 단방, 도인법, 침구법, 기양법, 금기 등의 순서로 배열되었다. 또 각 문의 내용을 그 뜻하는 바를 드러내는 수많은 세목 아래 묶었다. 이런 편집 방식은 명대의 다른 종합 의서와 다른 『동의보감』만의 두드러진 특징이다. 그렇게 함으로써 독자는 편 아래 1문(門)에 속한 세목을 훑는 것으로 그 문의 내용을 대강 파악할 수 있고, 그것을 한데 모아놓은 목차를 일람하면 이 새 의서가 다루는 내용 전반의 일목요연한 파악이 가능하게 되었다.

이런 편제는 의서로서 『동의보감』이 지니는 경쟁력의 원천이다. 독자가 꼭 의학 학술적인 측면을 잘 알아 의서를 선택하는 것만은 아니기 때문이다. 임상적 편리성 또한 독자에게 중요하다. 『동의보감』은 신체의 겉과 안의 질병들, 이에 속하지 않은 병들의 증상을 2천여 가지로 분류한 다음, 각각에 대해 진단, 치료법, 관련 약물을 체계적으로 제시했다. 물론 많은 다른 의서도 이런 편집을 지향한다. 또 모든 인용문헌의 출처를 일일이 밝혀 책의 신뢰성을 높인 부분도 『동의보감』만의 유일한 장점은 아니다. 하지만 『동의보감』에서 서로 연관된 내용에 상호 참조 표시를 달아놓은 점, 특히 세세한 병증에 대응해 수천 가지 처방의 목록을 목차로 제시한 점은 임상에 대단한 편리를 제공한다. 즉, 몸에 나타난 병증에 해당하는 증상을 책에서 찾고, 그 병증에 쓰는 처방을 골라내고, 거기에 들어가는 각종 약물이나 침구법을 서로 연관해서 파악할 수 있다. 이는 『동의보감』의 큰 장점이다. 저자 허준은 이런 말을 했다. "이 책을 펼치면 마치 투명한 물거울에 비춘 듯 병의 허실, 생과 사의 예후가 확연히 드러나게 된다."

『동의보감』은 "옛것을 기술하되 새로이 짓지는 않는다."는 '술이부작'의 서술 방침에 따라, 거의 전체 내용을 기존의 의서에서 취사선택했다. 이렇게 취사선택한 것은 다섯 가지 주요 전통을 종합, 절충한 용광로라고 부를 만하다.

첫째, 양생과 의학 내용을 종합했다. 『황제내경』 이후 양생학과 의학은 별개의 전통으로 나뉘어 진전되었는데, 양생학의 일부 내용만을 취한 기존의 의서와 달리 신체와 질병, 약물학과 침구학 등 전면적인 차원에서 양자를 종합했다.

둘째, 고금의 의학 내용을 종합했다. 고대로부터 중국 송대 사이의 고방과 금·원시대 이후 신방의 종합이 그것이다. 특히 허준은 1477년 시점까지 나온 중국 의서 120여 종의 중복을 제외한 전체 내용을 하나로 정리한 성과인 『의방유취』의 열람과 참고가 가능했기에 고방과 금·원대 신방을 일목요연하게 조망하는 것이 가능했다.

셋째, 기존 의학의 혼란상 극복과 의학의 통일을 주장하고 나선 여러 명대 종합 의서의 내용을 다시 일통하여 거대 종합을 이끌어냈다.

넷째, 의학의 영역을 이루는 내과, 외과, 부인과, 소아과, 본초학, 침구학 등 전문 영역의 내용을 종합했다.

다섯째, 조선 의학 전통의 종합이다. 여기에는 고려 중엽부터 성장해온 국산 약재를 위주로 병을 치료하는 향약 의학의 전통을 수렴한 것 외에도 15~16세기 민간에 널리 보급한 대민 의학, 즉 아이를 낳고 신생아를 돌보는 태산학(胎産學), 구급 의학, 두창의 예방과 치료에 관한 의학, 역병에 대응하는 의학, 기근을 이겨내기 위한 구황(救荒) 의학을 종합했다. 이런 제반 종합은 "종합의 종합"이라 이름 붙일 만하다.

이러한 『동의보감』의 성취는 동아시아 의학사상 칭찬받을 만한 점이 여럿 있다. 사실 『황제내경』에서 강조한 양생(養生)을 앞세우고 치료술을 그에 종속시킨 의학 체계를 제시한 것은 『동의보감』이 최초다. 이런 생각에 입각해서 질병의 치료보다도 몸을 앞에 내세워 질병을 하위로 종속시킨 의학 체계도 『동의보감』이 최초다. 이후 청대 『고금도서집성(古今圖書集成)』에서 이 비슷한 체제를 채택했다. 오늘날 한의학을 이해하는 데 첫머리로 제시되는 정(精)·기(氣)·신(神)의 개념을 본격적으로 내세워 의학 책을 시작하는 서술 방식도 『동의보감』이 최초다. 이런 시도는 진단, 치료, 본초, 침구 등 의학의 모든 영역에서 다 나타나는 특징이다. 그것은 기존 의학을 정리하는 후대인의 특권을 철저히 잘 활용한 결과다. 또 바로 앞서서 비슷한 길을 잘 닦아준 이천이나 공정현 같은 의학자를 둔 행운도 크게 누렸다.

1613년 『동의보감』의 출현 이후 이 책은 후대 조선과 일본, 중국에서 후한 평가를 받았다. 조선에서는 경전이 되었고, 일본에서도 적지 않은 인기를 누렸고, 중국에서는 매우 경쟁력 있는 의서로 자리 잡았다. 조선의 학자와 의가들은 『동의보감』을 극히 존숭했다. 1766년 중국판 서문에서 능어(凌魚, 링위)는 "천하의 보배는 온 천하의 사람이 같이 나눌 일"이라면서 "아무리 조선이 먼 구석에 있어도 그것이 천하에 결코 감춰지지 않는 것"이라고 높이 평가했으며, 18세기 초반 일본의 쇼군 도쿠가와 요시무네(德川吉宗)는 정부 주도로 『동의보감』을 찍었다. 1724년 일본판 서문에서 미나모토 모토토루(源元通)는 "의학이 난립하여 질서를 잃었기 때문에 의학의 표준화가 필요하다."는 것을 그 이유로 꼽았다. 이와 같은 동아시아 3국에서 의서 『동의보감』의 경쟁력 요인은 그 책이 의학의 범위와 계통을 밝힌 '의학의 표준화'로 받아들여졌기 때문이다. 이는 미국 과학, 영국 과학, 일본 과학을 특별히 따로 구별하지 않고 전체로서 '과학'을 먼저 논의하는 오늘날의 보편 과학 체제와 성격이 비슷하다. 허준의 시대에도 중국 의학, 조선 의학, 일본 의학이라는 '지역적' 특성보다 우선시하는 '의학'이 기본으로 존재했다. 그것 전체와 씨름하여 이뤄낸 성취물이기 때문에 『동의보감』의 시간적, 지역적, 분야별 독자층이 그만큼 넓었던 것이다. 의학 서적 최초로 유네스코의 세계기록유산에 『동의보감』에 등재된 이유도 여기서 찾을 수 있다.

『동의보감』의 동아시아적 현상은 궁극적으로 의학 분야에서 이른바 동아시아적 전통이 무엇인지 통찰할 계기를 제공한다. 중국 의학사와 한국 의학사 학계를 지배한 설명은 중국 의학의 전파와 확산(중국) 및 자기화(한국)였다.『동의보감』의 출현과 역류 현상은 이런 해석의 빈틈을 드러낸다.
『동의보감』의 경우, 중심인 중국에 대한 지역적 후진성 또는 지역적 특이
성이 주변성을 규정하지 않는다.『동의보감』을 비롯한 후대 조선 의학 전
통은『소문(素問)』과『영추(靈樞)』에 근본하고 주자학적 신체관을 내세워
당대 중국 의학에 대한 불만을 반영하는 방식으로 고금의 의학 전통을 재
구성한 것을 조선적 지역성의 특징으로 삼았다. 이것은 대단한 역설이다.
그렇기에 의학 분야에서 중국과 조선의 중심/주변의 관계는 바로 현실적
중국과의 세력 관계에 따른 중심/주변이 아니라, 옛 중화 정신의 혼란과
극복을 기준으로 하여 주변/중심의 역전 현상이 벌어진 특징을 보인다.

『동의보감』이후 조선의 의가들은 이 책이 의학의 핵심을 다 잡아낸 것
처럼 받아들여 맹종했다. 중국의 의가들은『동의보감』의 모든 출처가 중
국 의서이며, 그 내용을 훌륭하게 정리함을 칭송하면서 이 책을 널리 읽었
다. 일본의 경우에는 금원사대가 근세파의 추종에 불과하다는 고방파 의
사들의 불만이 없지는 않았지만, 도쿠가와 막부가 직접 나서 어지러운 의
학을 바로잡을 전범으로『동의보감』을 찍어 보급했다. 이렇듯 조선·중국·
일본에서 맥락은 약간씩 달랐지만,『동의보감』이 이전 의서들이 성취하지
못한 의학의 종합과 전범의 확립이라는 측면을 높이 평가했음은 분명한
사실이다. 세계 의학사에서 비슷한 사례를 찾는다면, 아비첸나의『의학정
전(Canon)』을 들 수 있다. 그가 그리스의 히포크라테스와 로마의 갈렌 의
학을 종합한 체계를 다른 지역에서 세웠듯, 허준의『동의보감』도『황제내
경』,『상한론(傷寒論)』등의 전통으로부터 비롯한 고금의 의학 전통을 종합
한 체계를 다른 지역에서 제시한 것이다.

『동의보감』, 동아시아 의학, 세계 의학

『동의보감(東醫寶鑑)』은 자타가 인정하는 조선 최고의 의서다. 그리고 이웃 나라인 중국과 일본에서도 높은 평가를 받았다는 사실을 우리는 앞에서 보았다. 그렇다면 『동의보감』이 세계 의학사의 관점에서는 어떤 위치를 차지하는 것일까? 물론 각 문화권마다 의학사 흐름의 양상이 다르고, 의학의 내용과 그 평가의 기준도 다를 수 있으므로 정확한 판단을 내리기는 쉽지 않다. 또 비교의 대상으로 삼기에는 양자 사이의 차이가 크기 때문에 논의의 수준이 거칠어질 수밖에 없다. 그렇지만 동서양 의학사의 흐름을 함께 비교해 살펴보면서 『동의보감』이 서양 의학사에서 어떤 의학서에 해당하는가를 자리매김해본다면 『동의보감』의 세계 의학사적 위상이 더욱 분명하게 드러나지 않을까 한다. 그런 의미에서 이 장에서는 먼저 동서양의 대표적인 의서들을 비교해보고, 『동의보감』에 비견될 수 있는 의미를 가진 서양 의학서가 무엇인가를 찾아보는 방식의 시론(試論)을 펼치고자 한다.

동서양의 의학사를 통해 각 시대마다 의학의 새로운 기원을 여는 의서들이 출현하는 모습을 볼 수 있다. 그리고 때로는 흥미롭게도 각 의학의 전통에서 유사한 의의를 가지는 의서들이 비슷한 시기에, 혹은 시대를 달리하여 출현하는 모습도 발견할 수 있다. 이 장에서는 동서를 대표하는 의서로 비슷한 시기에 나왔거나 유사한 의의를 지니는 짝들을 서로 비교해보고자 한다. ⑴ 서양의 『히포크라테스 전집(Corpus Hippocraticum)』과 동양의 『황제내경(黃帝內經)』, (2) 동양의 『상한론(傷寒論)』과 갈레노스의 저작, 다음으로 (3) 『신농본초경(神農本草經)』과 디오스코리데스의 『약물론(De Materia Medica)』을 비교해볼 것이다. 그리고 마지막으로 (4) 『동의보감』과 그에 해당된다고 생각되는 아비첸나의 『의학정전(Canon)』을 그 내용과 체제 그리고 후대에 미친 영향의 관점에서 비교하여 평가해봄으로써 『동의보감』의 세계 의학사적 의미를 찾아보고자 한다.

1. 고대 서양과 중국의 의학 경전 비교

1) 『히포크라테스 전집』과 『황제내경』

『히포크라테스 전집』은 기원전 5세기에서 2세기에 걸쳐 여러 저자들에 의해 저술된 약 60여 편의 의학 관련 글들을 모은 것이다. 『히포크라테스 전집』이라는 명칭이 붙었지만 실제로 히포크라테스가 썼는지의 여부는 알 수 없다. 어떤 글이 히포크라테스가 직접 쓴 글인가에 대해서는 고대로부터 많은 논란이 있었지만 현재로서는 알 수 없다는 잠정적인 결론이 내려진 상태다. 하여튼 고대로부터 전해오던 여러 편의 의학 관련 글들이 후대(헬레니즘 시대)에 히포크라테스의 이름 아래 묶여져서 지금까지 전해오고 있는 상황이다. 『히포크라테스 전집』은 오랜 기간에 걸쳐 여러 저자들이 쓴 글들을 모아놓은 것인 만큼 내용도 다양하고 때로 서로 간에 상충되는 내용이 존재하는 경우도 있다. 그럼에도 불구하고 『히포크라테스 전집』이 서양의학의 토대를 처음으로 놓은 역사적 저작물이라는 점에 이견이 없다. 그 내용의 다양성에도 불구하고 인간과 환경의 관계, 질병의 원인에 대한 합리적 견해, 증상에 대한 정확한 관찰과 기술, 그리고 체액설과 같이 이후 서양 의학의 중요한 특징을 이루는 내용들이 거기에 들어 있기 때문이다.[1]

서양의 『히포크라테스 전집』에 해당하는 동양의 의서는 『황제내경』이다. 제목에 등장하는 '황제(黃帝)'는 신농(神農)과 함께 동양에서 의술의 기초를 놓은 전설상의 인물이다. 서양에서 이런 전설상의 인물에 해당하는 이는 의술의 신 아스클레피오스일 것이다. 서양에서는 동양에서와 같이 전설상의 인물을 내세우지 않고 역사적 실존 인물이었던 히포크라테스를 내세웠다는 점이 차이라면 차이일 것이다. 그러나 특정 기술이나 지식의 기원을 문화적 영웅에서 찾는다는 점에서는 유사한 점이 있다. 또한 『히포크라테스 전집』이 여러 저자들의 글 모음집인 것과 마찬가지로 『황제내경』도 이름을 알 수 없는 여러 저자들의 글을 모아놓은 것이다. 저술 시기도 비슷해 대략 기원전 4세기 전국시대로부터 전한(前漢)에 이르는 수세기에 걸쳐 저술된 것들이다. 『황제내경』이란 책의 명칭이 처음 등장한 것은 기원전 1세기경으로 『한서(漢書)』 「예문지(藝文志)」에 처음으로 그 모습을 나타낸다. 『황제내경』은 다시 의학 이론을 주로 다루는 『소문(素問)』과 경락과 침술을 다루는 『영추(靈樞)』로 나누어진다. 물론 『황제내경』의 경우 전승이 되고 출판되는 과정에서 후대에 저술된 글들이 덧붙여지기도 했으나 이 책이 동아시아 전통 의학의 토대를 놓은 의서라는 점에는 이견이 없다. 이후 동아시아 전통 의학의 특징을 이루는 이론적 내용(음양오행설)과 치료술(침구)이 『황제내경』에서 처음으로 체계화되기 때문이다.[2]

2) 『상한론』과 갈레노스의 저작

『황제내경』과 함께 동아시아 전통 의학의 중요한 근거가 되는 또 다른 의서는 『상한론』이다. 원리적인 성격이 강한 『황제내경』과는 달리 임상에 즈음한 약물요법을 주로 기록한 『상한론』은 철저한 임상 의서로서 지금까지도 그 처방이 다양하게 활용되고 있다. 『상한론』에 대응하는 의서를 서양에서는 찾기 힘들다. 시기적으로 보자면 『상한론』의 저자 장중경(張仲景, 150~219)이 활동한 2세기는 서양 고대 의학의 집대성자 갈레노스(Galenos, 130~200?)가 활동한 시기이기도 하다. 장중경은 의학 이론가라기보다는 임상가였고, 『상한론』은 임상 경험을 정리한 것이었다. 반면 갈레노스는 임상가이기도 했지만 무엇보다도 서양 고대 의학을 집대성한 의학자이자 체계를 만든 시스템 빌더이기도 했다. 이 두 의학자는 그 기본적인 특징에서 달리하는 부분이 크지만, 공통점을 찾는다면 후대 의학에 미친 지속적이고 실질적인 영향력일 것이다. 장중경의 『상한론』은 지금까지도 그 임상적 가치를 잃지 않고 연구, 활용되고 있다. 특히 현대 일본의 전통 의학은 『상한론』을 기초로 하고 있을 정도로 『상한론』이 후대 의학에 미친 영향은 크다.[3] 갈레노스는 장중경과는 달리 방대한 저작을 남겼으므로 한두 권의 대표작으로 그의 의학적 성취나 경향을 단정해 말하기는 어렵다. 그렇지만 갈레노스의 의학은 이후 천 년 이상 서양의학의 내용을 실질적으로 지배했다는 점에서 의미가 크다.

흔히 히포크라테스를 서양의학의 아버지라고 부른다. 다소 상투적인 표현이기는 하지만 히포크라테스가 서양의학사에서 차지하는 위상을 잘 보여주는 말이기도 하다. 그렇다면 히포크라테스의 의학과 갈레노스의 의학은 어떠한 관계에 있으며, 이들이 가지는 역사적 의미는 어떻게 다를까? 히포크라테스 의학이 후대의 의학에 미치는 영향력은 의학의 내용이라기보다는 '의학의 정신'이라는 측면에 있다. '히포크라테스 선서'에 보이는 윤리적 태도나 '유행병'에서 나타나는 엄밀한 관찰 정신 등이 그러하다.

『히포크라테스 전집』은 여러 저자들의 글 모음집이므로 서로 일치하지 않는 내용이 적지 않다. 예를 들어 고대 그리스 의학의 대표적 생리 이론이라 할 수 있는 사체액설의 경우만 하더라도 『전집』의 모든 저자들이 네가지 체액의 존재와 역할에 동의하는 것이 아니었다. 네 가지 체액을 말하는 경우도 있지만 두 가지, 세 가지 체액만을 말하는 경우도 있다. 또 의학에 자연철학적 관점을 적극적으로 도입한 저자가 있는가 하면, 그러한 경향을 거부하고 비판하는 저자도 있다. 이러한 사정으로 히포크라테스 의학이 내용적으로 후대 의학에 일관된 영향을 미치기는 어려웠다.

히포크라테스 의학이 의학의 정신을 대표한다면 갈레노스 의학은 의학의 내용을 지배했다. 당대까지의 다양한 의학 이론들을 집대성하고 이를 보다 일관된 형태로 후대에 전한 것은 갈레노스였다. 그리고 그의 방대한 저작이 말해주듯 그는 의학의 각 분야에 대해 체계적인 저술을 남겼고, 중세 아랍의 의학자들에 의해 그 내용이 체계화되고 정리되어 이후 서양의학의 전개 과정에 절대적인 영향을 주었다.

3) 『신농본초경』과 『약물론』

동서양의 의학은 인간과 질병을 바라보는 다양하고 독특한 관점을 발전시켰다. 예를 들어 동아시아에서 발전된 경혈 이론이나 이에 근거한 침구술은 서양에서 찾아볼 수 없는 이론이다. 반면 사체액설은 동아시아 전통 의학에서는 볼 수 없는 이론이다. 각 문화권의 의학이 가지는 이러한 차이에도 불구하고 모든 의학에서 약물은 치료 수단으로서 중요한 위치를 점한다. 그런 점에서 동서양을 대표하는 약물학서를 비교해보는 것에 특별한 의미가 있다.

신농은 황제와 함께 동아시아에서 의학의 비조로 여겨지는 신화적 인물이다. 신농은 그 이름에서 나타나듯이 농사와도 관련이 있는 인물이다. 그는 농사술을 처음으로 가르쳐주었고 모든 식물을 스스로 맛을 보고 먹을 수 있는 것과 먹을 수 없는 것을 구별해 세상 사람들에게 도움을 주었다고 한다. 따라서 오늘날 동아시아에서 전하는 가장 오랜 약물학서인 『신농본초경』에 그의 이름이 붙게 된 것이다. 여기서 '본초(本草)'는 풀, 즉 식물에 근원을 둔다는 의미로, 사용하는 대부분의 약물이 식물성 약재였음을 말해준다. 약재의 주를 이루는 것이 식물성 약재이기는 했으나 동물 약재와 광물 약재도 함께 사용되었다. 지금 전하는 『신농본초경』은 6세기인 양대(梁代, 502~557)에 활동했던 도홍경(陶弘景, 456~534)이 편집하고 주석을 가한 『신농본초경집주(神農本草經集註)』에 실린 것이지만, 그 원형이 되는 본초경은 대략 서력기원을 전후한 시기에 나타난 것으로 생각된다. 『신농본초경』의 큰 특징은 모든 약물들을 상품(上品)·중품(中品)·하품(下品)으로 나누어 분류한 점이다. 여기서 상품에 속하는 약, 즉 상약은 장생하게 해주는 약이다. 상약을 먹으면 몸이 가볍고 건강해지며, 늙지도 않고 오래 살 수 있게 된다고 한다. 상약은 독이 없으므로 장기간 복용해도 몸에 해로움을 주지 않는 약이다. 중약은 상약만큼은 아니지만 양생에 효과가 있고, 허약한 사람을 건강하게 만들 수 있는 약이다. 중약은 독이 있는 것도 있고 없는 것도 있으므로 조심해서 사용해야 한다. 끝으로 하약은 병을 치료하는 약이다. 병을 공격하는 약인만큼 독이 있으므로 장기간 복용을 피해야 하는 약이다.[4]

서양에서 약초를 포함한 식물의 체계적 탐구를 처음으로 시도한 사람은 아리스토텔레스의 제자인 테오프라스토스(BCE 372~285)였다. 그 후 1세기에 활동한 디오스코리데스는 서양에서 처음으로 본격적인 약초서를 저술했다. 그는 지중해 연안 지역을 두루 다니며 각종 약초와 약물에 대한 방대한 정보를 모았고, 이것을 토대로 서양 최초의 약초서 『약물론』을 저술했다. 다섯 권으로 이루어진 이 책에는 다음의 내용이 실려 있다. 1권에는 방향 식물, 기름, 연고, 나무가, 2권에는 동물, 우유, 곡물, 자극적인 약초가, 3권에는 뿌리, 즙, 약초가, 4권에는 약초와 뿌리가, 5권에는 포도나무와 포도주, 광물약이 다뤄져 있다. 그는 특히 약재를 채취하고 거기에서 필요한 부분을 추출해내는 방법, 그리고 그것을 보존하는 방법을 자세하게 서술했다. 예를 들자면 채취한 약초를 유리병에 보관하는 것이 좋은지, 아니면 도기나 나무상자가 좋은지에 대해서 구체적으로 언급했다.[5]

위에서 본 바와 같이 서력기원을 전후로 동서양의 약물학 지식은 다른 형태이기는 하지만 각각 정리된다. 그리고 로마시대에는 동서의 교역이 활발하게 이루어진다. 큰 위험과 어려움을 감수해야 했던 당시 무역에서는 운반하기 쉽고 값이 비싼 상품이 선호되었는데 약재가 이에 적합한 품목이었다. 이들 약재는 흔히 향료로 불리기도 하지만 단순히 좋은 냄새를 목적으로 하는 것이 아니라 여러 의학적 용도를 염두에 둔 것이었다.

서로마의 멸망으로 국제적인 약재 교역은 한동안 상당히 침체되지만 아랍 상인들이 활동을 개시하며 동양과 서양의 약재들이 다시 활발히 교역된다. 그뿐 아니라 아랍 세계는 동서 약재의 집산지가 되어 약물학이 크게 발전한다. 약물학의 발전과 더불어 각종 약재를 다양한 방식으로 추출하고 처리하는 기술이 발달하고, 이는 또 화학의 발전으로도 이어진다. 화학을 의미하는 'chemistry'나 연금술을 의미하는 'alchemy' 모두 아랍어에서 기원한 사실이 이러한 사정을 말해준다.[6] 이러한 풍부한 약물들을 바탕으로 아랍 의학은 급속히 발전한다.

2. 아비첸나의 『의학정전』과 허준의 『동의보감』

1) 『동의보감』 출현의 학술사적 배경

위에서는 동서양의 의학사에서 중요한 이정표가 되는 의서들 가운데 서로 맞상대가 될 수 있는, 혹은 서로에 상응하는 대표적인 책들을 살펴보았다. 그렇다면 『동의보감』에 대응하는 서양의학의 고전은 무엇일까? 물론 의학의 흐름이 다른 까닭에 정확하게 『동의보감』에 대응하는 서양의 의서를 찾기는 쉽지 않다. 이를 찾기 위해서 먼저 의서로서 『동의보감』의 특징을 추출해보고, 이를 토대로 그러한 특징을 가진 서양의 의서에 어떤 것이 있는가를 찾아본다면 가장 그에 근접한 것을 찾을 수 있을 것이다.

의서로서 『동의보감』이 가진 특징은 무엇인가? 우선 그것은 체계적이다. 『동의보감』의 목차를 보면 의학의 전모가 한눈에 들어온다. 『동의보감』은 의학의 원리에서 시작하여 인체를 구성하는 근본적 요소, 몸의 안과 밖, 각종 질병, 그리고 이들 질병에 대한 진단과 치료법들이 논리적이고 체계적으로 기술되어 있다. 다음으로 『동의보감』은 종합적이다. 보통 의서는 이론을 주로 다루거나, 혹은 치료를 주로 다룬 것, 혹은 특정 질환을 다룬 것 등으로 나누어지며, 이들 모두를 포괄하는 종합적 의서는 드물다. 이 모두를 통합적으로 포괄하기는 쉽지 않기 때문이다. 『동의보감』은 의학의 모든 내용을 체계적이고도 종합적으로 서술한 드문 의서다.

앞서 본 바와 같이 『동의보감』에는 몸의 근본을 이루는 요소들에 대한 설명부터 각종 질병, 그리고 각 질병의 진단과 치료에 대한 설명이 모두 망라되어 있다. 아울러 각 질병의 진단과 치료에 대한 서술에서도 이론적 부분과 실제적 부분이 결합되어 있다. 사실 「탕액편」과 「침구편」은 별도의 책으로 분리해도 좋을 정도로 각각의 완결성을 지닌 편들이다. 당대까지 축적된 의학 지식의 모든 내용이 『동의보감』 안에 체계적이고 종합적으로 집적되어 있다고 할 수 있다.

『동의보감』과 같은 종합적 의서의 출현에는 물론 이를 실제로 저술한 허준(許浚)이라는 뛰어난 의학자의 존재도 필요하지만, 그것을 가능하게 만드는 역사적 조건도 또한 필요하다. 여기서 말하는 역사적 조건은 일반적인 조건이라기보다 의학사의 내적 조건을 말한다. 일단 의학의 전 분야를 종합할 수 있기 위해서는 이미 그 이전에 의학의 각 분야에서 충분히 축적된 지식이 있어야 한다. 따라서 『동의보감』과 같은 종합 의서는 고대에는 출현하기 힘들었다. 『황제내경』이나 『히포크라테스 전집』은 한 문명의 의학적 토대를 놓은 중요한 저작이지만 『동의보감』과 같은 체계성이나 종합성을 가지기는 어렵다. 동서양을 막론하고 고대에 처음 출현한 의술은 그것이 앞으로 나아갈 방향성을 제시하고 각 분야의 단초를 제공하는 역할로 충분하기 때문이다.

동아시아 의학의 이론적 토대를 놓고 그 방향성을 제시한 『소문』, 동아시아 의학의 가장 큰 특징인 경락 이론과 침구의 토대를 놓은 『영추』, 그리고 약물학의 토대를 놓은 본초서 『신농본초경』, 뛰어난 임상서인 『상한론』 등은 동아시아 전통 의학의 각 분야에서 그 토대를 놓았다. 이후의 의학은 이러한 토대 위에서 누적적으로 발전해나간다. 예를 들어 『신농본초경』에서 시작된 본초학은 후대로 가면서 새로운 약물을 더하는 방식으로 본초학 지식이 발전해가다가 『본초강목(本草綱目)』에서 절정에 이른다. 또한 동아시아의 임상 의학 지식은 처방의 형태로 축적되면서 『태평성혜방(太平聖惠方)』과 같은 방대한 처방서를 이루게 된다. 한편 의학 이론의 발전은 논리적 근거와 설득력을 부여할 보다 세련되고 정교한 철학 이론을 필요로 한다. 송대에 인간과 자연에 대한 총체적 설명을 시도한 철학적 유학 성리학이 화려하게 꽃을 피우고 난 직후인 금원대에 와서 소위 금원사대가의 의학 이론이 등장한 것은 우연이 아니다.

이처럼 의학 개별 분야들의 발전과 지식의 축적이 어느 정도 진행된 이후에는 필연적으로 체계화와 종합화의 요청이 제기된다. 이러한 학문 내적인 요구에 의해서 나타난 것이 바로 조선 세종 때 편찬된 『의방유취(醫方類聚)』(1433년)였다. 이전까지 이루어진 동아시아 전통 의학의 모든 내용을 총망라하여 정리한 방대한 책이다. 지금은 실전된 의서들의 내용도 싣고 있어, 이를 토대로 실전 의서의 복원을 시도할 정도로 당대까지의 의학 지식을 집대성한 종합적 의서다. 실제 활용이 아니라 지식의 보존과 정리를 목적으로 하는 의서다. 책의 성격으로 치자면 의학백과사전에 가까운 책이다. 따라서 종합적이기는 하지만 체계적이지는 않다. 물론 이 방대한 책을 어떤 기준이 없이 분류하거나 편찬한 것은 아니지만 체계적 구성에서는 『동의보감』에 못 미친다.

이 단계를 지나면 드디어 체계적이고도 종합적인, 단순히 지식의 정리만을 위한 책이 아니라 실제로 활용도 될 수 있는 문자 그대로의 종합 의서가 나타난다. 『동의보감』(1613년)과 그 조금 전에 나온 『의학입문(醫學入門)』(1575년)이 그것이다. 『의학입문』과 『동의보감』은 이론적 입장이나 구성에 차이가 있지만 비슷한 시기에 두 가지 종합 의서가 나란히 출현한 것을 보면 종합을 위한 학문 내적인 필요성과 그것을 가능하게 하는 토대가 쌓인 것으로 생각된다.

2) 『의학정전』 출현의 학술사적 배경

그렇다면 서양에서 『동의보감』에 상응하는 체계적이고도 종합적인 의서는 언제 출현하며 그것은 무엇인가? 서양에서 이러한 종합 의서가 출현하

는 것은 동아시아에서 『의학입문』과 『동의보감』이 출현한 16~17세기보다
는 좀 이른 11세기 아랍 세계에서였다. 아비첸나(Avicenna, 980~1037)의 『의
학정전(醫學正典, The Canon of Medicine)』이다. 여기서 『의학정전』과 같은 종합
의서가 출현하게 된 역사적 배경을 살펴보자.

　서양의 의학은 중세와 르네상스에 이르는 약 1,000년 이상의 기간을 2
세기에 활동했던 갈레노스의 의학이 지배하게 된다. 그런데 서구 유럽이
받아들인 갈레노스 의학은 사실 아랍 의학을 경유한 것이었다. 서유럽의
학문이 침체에 빠져 있을 때, 그리스와 로마의 문화적 유산을 활발히 계승
한 것은 아랍 세계였다. 의학에 한정시키더라도 아랍 세계는 방대한 갈레
노스의 저서를 거의 모두 아랍어로 번역하여 갖고 있었다. 아랍 의학은 그
내용을 갈레노스에게 크게 의존하고 있었다. 여기에 동서 무역을 통해 확
보한 다양한 약재들이 더해지게 된 것이다.

　갈레노스의 의학은 절충적인 성격을 갖고 있었다. 여기서 말하는 절충
적이란 의미는 부정적인 뉘앙스는 아니다. 갈레노스는 그의 당대까지 건재
하던 다양한 헬레니즘 시대 의학파들의 이론을 나름의 방식으로 취사선
택을 통해 받아들였다. 갈레노스는 방대한 의학 저술을 남겼지만 이를 체
계화시키지는 않았다. 다만 후일 자신의 저서들을 이런 순서로 공부하라
는 지침을 남겼을 뿐이다. 사실 갈레노스 당시에는 입장을 달리하는 많은
의학파들이 난립해 있었다. 이들은 서로 자신의 이론이 옳다고 주장했다.
모두가 자신의 이론이 진리라고 주장하는 상황에서 누구의 이론이 진리인
지 판별하기는 쉽지 않다. 만약 진리가 존재한다면 누구에게나 명약관화
하게 드러나야 할 텐데 이처럼 의견이 분분한 것을 보며 진리가 존재하지
않거나, 아니면 존재하더라도 우리는 알 수 없다는 회의주의적 입장을 가
진 이들도 나타났다.[7] 이들은 이론을 신뢰하지 않고 경험으로 입증된 치료
법만을 받아들였다. 갈레노스는 의학을 공부하는 사람이 가장 먼저 공부

해야 할 것은 이들 각 학파들 간의 차이를 정확히 아는 것이라고 생각했다. 그것은 아마도 의학에 입문하는 초심자가 상충되는 여러 이론들 앞에서 혼란에 빠질 것을 우려해서인지도 모른다. 그러나 갈레노스 자신이 나서서 이러한 혼란 상황을 적극적으로 수습하고자 하지는 않았던 것 같다. 이처럼 난립하던 많은 학설들은 갈레노스 사후에 힘을 잃고, 또 일부는 갈레노스의 학설 안에 통합되어 명맥을 유지하게 되었다. 결과적으로 말하면 갈레노스의 학설만이 살아남아 후대에 절대적인 영향력을 미치게 됨에 따라 학설의 난립 문제가 자연스럽게 정리되었던 것이다.

흔히 갈레노스의 의학 체계라는 말을 쓰지만 다양한 주제에 대해 방대한 저술을 남긴 갈레노스의 의학이 어떤 일관된 체계의 모습을 가진 것은 아니었다. 갈레노스 의학이 체계적인 모습을 가지도록 만든 것은 아랍 의학자들, 특히 아비첸나의 공헌이었다. 갈레노스 사후에 갈레노스 의학의 방대한 내용이 바로 체계화된 것은 아니었다. 『동의보감』이 나오기 위해서는 『의방유취』가 필요했던 것처럼 아비첸나의 체계적인 『의학정전』이 나오기 위해서는 『의방유취』와 같이 당대까지 의학 지식을 어느 정도 정리해두는 작업이 필요했다. 정확하게 대응시키기는 어렵지만 서양에서 『의방유취』와 같은 역할을 수행한 것은 4세기에 활동한 의학자 오리바시우스(Oribasius, 325~403)의 저작이었다. 오리바시우스는 독창적인 저술가였다기보다는 당대까지 전해진 의학 지식의 정리자로 이름을 남겼다. 주로 동로마, 다시 말해 비잔틴 제국에서 활동한 그는 갈레노스를 비롯한 고대 의학자들의 저작을 백과사전적 형태로 정리했다. 그가 정리한 『의술집성(Collectanea artis medicae)』은 총 72권으로 구성되었으나 그중 22권만이 현재까지 전해지고 있다.[8] 이 책은 그 내용의 많은 부분을 갈레노스의 의학에서 취했으므로 저자인 오리바시우스는 '갈레노스의 원숭이'라는 그다지 명예롭지 못한 별명으로 불리기도 했다. 이 같은 백과사전서의 편찬은 독창적이기보다는 정리와 조직에 강했던 로마 학문의 특징을 보여주는 것이기도 했다. 그래서 의학사에서는 보통 그를 '집성자(compiler)'라고 표현한다. 오리바시우스의 저작 또한 아랍어로 번역되어 아랍 의학을 풍부하게 만드는 역할을 했으며, 아비첸나에 의해 갈레노스의 의학이 체계화되는 데 중요한 밑거름이 되었다.

중세 아랍 세계 최고의 학자였던 아비첸나는 의학뿐 아니라 철학에서도 뛰어난 업적을 남겼다. 그의 의학적 성취는 대표작 『의학정전』에 담겨 있다. 의학을 비롯한 아랍의 과학은 그리스의 학문을 충실히 계승한 것이었다.[9] 그리스의 학문은 그 언어적인 연속성으로 인해 서로마가 아니라 동로마, 즉 비잔틴 세계에서 보존되었고, 그것은 시리아어를 쓰는 학자들에 의해 처음에 시리아어로 옮겨졌고, 거기에서 다시 아랍어로 옮겨지는 과정을 거쳤다. 갈레노스의 저술을 아랍어로 옮기는 데 결정적인 공헌을 한 학자는 후나인 이븐 이스하크(Hunayn ibn Ishaq, 808~873)였다. 808년 네스토리우스파 기독교 가정에서 태어난 후나인에게 시리아어는 모국어였고, 그가 태어난 도시에서는 아랍어가 통용되었다. 그는 바그다드에서 의학 공부를 한 다음, 바그다드를 떠나 그리스어를 배우고 다시 바그다드로 돌아왔다. 바그다드로 돌아온 그는 873년 죽을 때까지 아홉 명의 칼리프 아래 의서를 번역하고 의학생들을 가르치는 한편 의사로서도 활동하며 바그다드에서 살았다. 그는 갈레노스의 글 100여 편을 번역했다. 그가 먼저 시리아어로 번역을 하면 그것을 다시 제자들이 아랍어로 번역하는 과정을 통해 갈레노스의 저술이 대부분 아랍어로 번역되었다. 그밖에 갈레노스 저서의 축약본들도 아랍어로 번역되었다. 그리고 약물

〈그림 90〉 아비첸나 초상
(은제화병, 이란의 부알리 시나 박물관 소장)

학에 관한 디오스코리데스의 저서도 후나인에 의해 아랍어로 번역되었다. 이처럼 아비첸나가 『의학정전』을 저술하기 전에 그 내용을 이룰 갈레노스의 저서들과 다른 그리스 의학의 저서들이 충분히 준비되어 있었던 것이다.[10]

물론 아비첸나가 갈레노스의 의학을 무비판적으로 수용하기만 한 것은 아니었다. 아랍 의학은 기본적으로 갈레노스 의학의 내용을 토대로 하면서도 부분적으로는 그와 견해를 달리하는 부분들이 있었다. 그것은 대부분 갈레노스의 의학 중 아리스토텔레스의 학문에 부합하지 않는 것들이었다. 아리스토텔레스는 모든 학문을 통틀어 아랍 세계에서 가장 존경받은 학자였다. 따라서 설사 의학계의 지존인 갈레노스라 하더라도 그 내용이 아리스토텔레스와 부합하지 않는다면 받아들이지 않고, 아리스토텔레스 식으로 변형시켜 수용했던 것이다.[11] 이러한 경향은 아비첸나도 예외가 아니었다. 철학자이기도 했던 아비첸나에게 아리스토텔레스는 최고의 권위였다. 그의 학문관이나 자연관 역시 아리스토텔레스에 기초한 것이었다.[12] 그런 의미에서 아비첸나에 의한 갈레노스 의학 체계화의 틀을 제공한 것은 아리스토텔레스 철학이라고 할 수 있다.

3) 『동의보감』과 『의학정전』의 비교

아비첸나는 무엇보다도 『의학정전』을 체계적이고 종합적인, 그러면서도 간결한 책으로 만들고자 했다. 그러한 뜻은 『의학정전』의 서문에 다음과 같이 표현되어 있다.

　아주 가까운 친구 한 사람이 도움을 청했으므로, 나는 의학에 관한 책을 한 권 저술하는 것이 좋겠다고 생각했다. 그 책은 [의학의] 일반적 규칙과 특수한 규칙을 포괄하며, 간결하면서도 동시에 완전하고 명료한 책이 될 것이었다. 나는 이 계획을 끝까지 성공적으로 수행했다. 나는 먼저 의학의 일반적 측면을 다루었다. 거기에는 이론적인 부분과 실제적인 부분이 모두 포함된다. 다음으로는 단일 약재의 효능과 관련된 일반 원칙을 다루었고, 마지막으로 각 장기에 생기는 질병들을 다루었다. ……의술을 습득하여 그로부터 이득을 얻고자 하는 자는 이 책의 내용을 숙지하고 간직해야 한다. 왜냐하면 이 책에는 의사에게 필수적인 지식이 들어 있기 때문이다.[13]

간결함, 체계성 그리고 포괄성은 아비첸나가 『의학정전』에서 추구한 바였다. 간결함은 서술 방식의 간결함을 말하는데, 이는 달리 말하면 갈레노스식으로 중복적인 만연체의 글을 쓰지 않겠다는 의지로 볼 수 있다. 그러나 간결하게 글을 쓴다고 해서 분량이 적은 것은 결코 아니었다. 의학의 원리, 질병, 약물학을 모두 포괄하기 위해서는 상당한 분량의 책이 되지 않으면 안 되었다. 아비첸나가 『의학정전』에 부여하려 했던 책의 성격은 『동의보감』의 성격과도 적지 않게 통하는 부분이 있다. 6장에서 살폈듯, 중국에서는 고대에 의술이 처음 등장한 이후 소위 금원사대가에 이르기까지 많은 학설들이 나왔고, 이들이 서로 난립하는 어지러운 상황이 정리되지 못하고 있는 현실이었다. 이를 개탄한 국왕 선조는 양생을 우선으로 하여 혼란스러운 의학을 정리한 제대로 된 의서의 편찬을 허준에게 명령했다. 『동의보감』의 편찬 의도는 『의

〈그림 91〉 아비첸나의 『의학정전』(1544년 라틴어판).
(사진 출처: 영문 위키피디아)

학정전』의 그것과 대동소이한 것이었다. 물론 각 책에 담긴 내용에는 차이가 있지만 책 편찬의 방향과 원칙은 유사했다고 볼 수 있다.

다음으로는 『의학정전』과 『동의보감』에 담긴 내용을 간략히 비교하며 살펴보고자 한다. 우연히도 『의학정전』과 『동의보감』은 모두 다섯 부분으로 나누어져 있다. 『의학정전』의 제1권은 이론적인 부분으로 의학의 일반론을 다루고 있다. 여기서는 의학의 기본적인 내용들이 광범위하고 포괄적으로 다루어지고 있다. 제1권은 의학의 정의와 대상의 규정으로 시작된다. 이어서 인체를 구성하는 원소들과 이 원소들의 조합으로 인해 생겨나는 인체의 다양한 상태[temperaments], 그리고 인체에 존재하는 체액들에 대해 기술한다. 이는 『동의보감』의 첫 부분인 「내경편」이 인체를 구성하는 기본적 요소들로서 정(精)·기(氣)·신(神)·혈(血)에 대한 설명으로 시작되는 것에 상응한다. 다만 『의학정전』에 나타나는 의학의 정의나 대상의 범위에 대한 규정 등은 전형적으로 서양적인, 더 정확히 말하자면 아리스토텔레스에 기초를 둔 논리적 접근이다. 다음으로는 인체의 해부학적 구조가 기술되고, 이어서 소화, 호흡, 혈액순환, 배설 등 인체의 기능을 다룬 생리학적 설명이 이루어진다. 이 부분은 『동의보감』 「내경편」의 오장육부에 대한 설명과 「외형편」에 나오는 인체 각 부분에 대한 설명에 상응한다고 볼 수 있다. 다음으로 『의학정전』에서는 질병의 일반적인 특징과 그 원인들, 그리고 이들을 파악하는 방법들을 설명한다. 각종 증상에 대한 진단 방법으로 청진, 촉진, 맥진[14], 뇨진(尿診) 등이 자세히 설명되어 있다. 이 역시 『동의보감』 「잡병편」이 질병에 대한 논의를 본격적으로 시작하기 전에 진단학의 기초를 설명하고 있는 것에 상응한다. 『의학정전』 제1권은 각종 치료법들에 대한 논의로 마무리된다. 치료법들 가운데서도 먼저 섭생을 통한 치료법이 기술되고, 다음으로는 치료법의 원칙과 좀 더 공격적인 치료 방법들(구토, 설사, 사혈, 외과적 처치)이 설명된다.

『의학정전』제2권은 약물 치료의 원리와 760개에 이르는 단일 약재들의 성질과 용도를 설명하고 있다. 제3권과 제4권은 질병들에 대한 서술이고 마지막 5권은 복합 제제들에 대한 서술이다. 책의 후반부가 질병과 약물에 대한 것인 점은『동의보감』의 후반부인「잡병편」이 질병에 대한 서술이고「탕액편」과「침구편」이 치료에 대한 서술인 점과도 일치한다.『의학정전』과『동의보감』은 구체적인 내용에서 일치하는 것은 아니지만 크게 보아 의학의 원리, 몸의 근본, 인체의 각 부위, 진단의 원리, 질병에 대한 기술, 그리고 마지막으로 약물학이 주가 되는 치료법의 순으로 구성되어 있다는 점에서 서로 상응하는 점이 있다. 물론 의학의 내용이 다름에도 불구하고 의학의 전모를 체계적이고 종합적으로 정리하여 제시한다는 동일한 목표를 공유했기 때문에 이처럼 유사한 구성을 가지게 된 것으로 보아도 좋을 것이다.

『의학정전』과『동의보감』은 후대의 의학에 큰 영향을 미쳤다. 특히『의학정전』은 서양의 중세 의학을 대표하는 한 권의 책으로 꼽을 수 있을 정도다. 11세기 초에 저술된『의학정전』은 12세기부터 라틴어로 번역되기 시작했고, 13세기에는 히브리어 번역본도 나왔다. 라틴어 번역본이 나온 이래 17세기까지 유럽의 의과대학에서 부동의 의학 교과서로 사용되었다.[15] 이 책이 교과서로 오래 사용될 수 있었던 이유는 앞서 살펴본 바와 같이 무엇보다도 구성이 체계적이라는 점에 있다. 이 책은 갈레노스의 의학 이론을 기본으로 하면서도 아랍의 풍부한 약물학 전통을 덧붙이고 있어 의학의 총체적 모습을 파악하는 데 더 없이 적합한 책이었다. 물론 갈레노스나 히포크라테스의 글을 교재로 사용하는 경우도 있었지만 의학의 종합적인 내용을 파악할 수 있게 해준다는 점에서는『의학정전』에 미칠 수 없었다.

『의학정전』이 중세 대학의 의학 교과서로 입지를 굳힌 점은『동의보감』의 경우와는 조금 다르다고 볼 수 있다. 사실『동의보감』은 그 체계성이나 포괄성에서 『의학정전』에 뒤지지 않지만 의학 교과서로 사용되지는 않았다. 그 이유로는 대략 다음과 같은 것들을 생각해볼 수 있을 것이다. 첫째, 『의학정전』이 번역된 12세기는 유럽에서 대학들이 막 생겨나기 시작하던 시점이었다. 따라서 『의학정전』과 같이 의학의 내용을 포괄적으로 잘 정리한 책이 교과서로 사용되기에 좋은 역사적·사회적 환경에 있었다고 볼 수 있다. 이에 비해 『동의보감』이 출간된 것은 17세기 초로, 시기적으로 상당히 후대에 속한다. 동아시아에는 일찍부터 의학 교육기관이 존재했다. 물론 이들 교육기관이 서양 중세의 의과대학처럼 광범위하게 존재한 것은 아니지만 『황제내경』을 위시하여 쟁쟁한 고대 의학의 경전들이 이미 교과서로 사용되고 있는 상황이었고, 그 권위는 후대에 와서도 조금도 약해지지 않았다. 여기에 기존의 권위, 특히 경전에 대한 존중이라는 동아시아 지식사회의 전통이 더해져 『동의보감』이 아무리 교과서로서 좋은 내용과 체제를 갖추었더라도 이미 확고한 권위를 가진 기존의 경전을 대체할 수는 없었을 것이다. 둘째, 학문적 상황의 차이도 그 원인의 하나로 생각된다. 『의학정전』은 갈레노스 의학의 권위를 다른 방식으로 공고히 한 것이었고, 부분적인 의견의 차이는 존재하더라도 중세 의학은 전체적으로 보아 갈레노스의 틀에서 벗어나지 않는 것이었다. 다시 말해 중세 의학 자체가 이미 교과서적 틀 속에 고정된 상태였고, 갈레노스에 기초한 중세 의학의 교조화에 『의학정전』이 도와주는 역할을 했던 것이다. 이러한 교조화된 의학에서 벗어나려는 시도는 근대에 와서야 이루어진다. 그에 비해 『동의보감』이 당대까지의 의학을 정리하고 집대성했다고 하지만 동아시아의 의학은 그 속에 고정되지 않았다. 동아시아 전체로 볼 때 『동의보감』의 편찬 당대는 물론이고 그 이후에도 새로운 의학의 이론과 사조들이 계속해서 일어났으므로 『동의보감』이 『의학정전』과 같은 화석화된 교과서가 될 수는 없었다. 그런 측면에서 『동의보감』은 서양 중세의 의학과는 다른 동아시아 의학계의 역동성을 보여주는 것이기도 하다. 셋째, 『동의보감』이 기존 지식의 체계화와 정리에 그치는 것이 아니라 진료에 실질적인 도움이 될 수 있는 실용성을 겸비했다는 점에서도 교과서 체제로 의학 지식의 교조화에 기여한 『의학정전』과는 성격이 다른 영향을 후대에 미쳤다고 할 수 있다.

『동의보감』은 세계 보건에 기여했다는 공로를 인정받아 유네스코 세계기록유산으로 등재되었다. 그것은 과거의 유물에 그치지 않고 오늘날에도 중요한 지침서로 활용되고 있다.

프롤로그_ 왜 『동의보감』인가

1. 허준, 『동의보감』 권3, 「내경편」 권1, 「집례」, 1613, 1b. 국내에서 일반 연구자가 활용 가능한 『동의보감』으로는 한국의약대계에 포함된 초간본을 영인한 여강출판사 영인본 (1994)이 대표적이며, 국역본으로는 북한 번역본인 『동의보감』(여강출판사, 2005), 그 것을 CD로 담은 『CD동의보감』(여강출판사, 1994), 동의과학연구소 『동의보감』(내경 편-2002, 외형편-2008, 휴머니스트)이 대표적이다.

2. 郭靄春이 注釋한 『东医宝鉴』(中国中医药出版社 출판, 2013)이 중국의 가장 최신판 『동의보감』이다.

3. 梁永宣·黃英華, "中國對『東醫寶鑑』的認識和硏究", 『동의보감』을 중심으로 살펴본 동아시아 의과학 문명 전개에 대한 비교 연구 컨퍼런스 발표집, 2012.11, 103쪽. 이후 20세기 이전까지 10여 판본이 더 나왔고, 현재까지 30여 종의 『동의보감』이 중국에서 찍혀 나왔다. 위의 자료집 103-104쪽을 볼 것. 단, 타이완의 경우에는 허준의 『동의보 감』과 함께 신재용의 『동의보감』 등 현대 저작 다수가 포함된 것이다.

4. 자세한 내용은 10장의 2절 '전통이 된 『동의보감』' 부분을 참조할 것.

5. 이덕무, 『국역청장관전서』 4, 민족문화추진회, 1997, 192쪽.

6. 梁永宣·黃英華, "中國對『東醫寶鑑』的認識和硏究", 『동의보감』을 중심으로 살펴본 동아시아 의과학 문명 전개에 대한 비교 연구 컨퍼런스 발표집, 2012.11, 103쪽.

7. 허정, "『동의보감』의 보건사적 연구", 『한국보건사학회지』 2-1, 1991, 13-40쪽.

8. 신동원·김남일·여인석, 『한권으로 읽는 동의보감』, 들녘, 1999.

9. 김호, 『허준의 동의보감 연구』, 일조각, 2000.

10. 신동원, 『조선사람 허준』, 한겨레신문사, 2001.

11. 성호준, 「『동의보감』의 철학적 연구: 유학과 도교사상을 중심으로」, 성균관대학교 박 사논문, 2001.

12. 김성수, 「조선시대 의료체계와 『동의보감』」, 경희대학교 박사논문, 2006.

13. 김호, "조선중기 사회와 허준의 『동의보감』", 『역사비평』27, 1994, 193-207쪽; 신동원, "『東醫寶鑑』의 「歷代醫方」은 과연 인용문헌을 적은 것인가?", 『한국보건사학회지』 3, 1995, 11-16쪽; 정우열·전병훈·이진홍, "동의보감의 신형장부도와 허준의 의학사상", 『동의병리학회지』10-2, 1996, 1-11쪽; 김남일, "『동의보감』을 통해 살펴본 허준의 醫易思想", 『한국의사학회지』12-2, 1999, 359-372쪽; 안상우, "『동의보감』의 '유취' 인용문에 대한 고찰", 『한국의사학회지』13-1, 2000, 59-72쪽; 정우열, "『동의보감』의 질병분류에 대한 연구", 『동의병리학』13-1, 1999, 1-10쪽; 14-1, 2000, 51-56쪽; 15-1, 2001, 1-5쪽; 16-2, 2002, 209-214쪽; 차웅석, "중국의 『의학입문』이 한국의 『동의보감』에 미친 영향", 『한국의사학회지』13-1, 2000, 111-127쪽; 안상우, "『의방유취』가 『동의보감』편찬에 미친 영향", 『한국의사학회지』13-2, 2000, 93-107쪽; 김대형·차웅석·김남일, "『東醫寶鑑』身形門의 도가사상에 대한 고찰", 『한국의사학회지』15-2, 2002, 21-44쪽; 오준호·차웅석·김남일, "『東醫寶鑑』鍼灸篇의 醫史學的 考察—「內景篇」에 나타난 鍼灸法을 중심으로—", 『한국의사학회지』17-1, 2003, 119-141쪽; 이혁재·차웅석·김남일, "『東醫寶鑑』『序』와『集例』에 대한 고찰", 『한국의사학회지』17-2, 2004, 177-194쪽; 金南一, "『東医宝鑑』と韓国の韓医学", 『한국의사학회지』17-2, 2004, 171-178쪽; 오준호·차웅석·김남일, "『東醫寶鑑』鍼灸篇의 醫史學的 考察(2)—「外形篇」에 나타난 鍼灸法을 중심으로—", 『한국의사학회지』17-2, 2004, 145-169쪽; 박성규·김수중·김남일, "허준의 자연관 —『동의보감』을 중심으로—", 『한국의사학회지』18-2, 2005, 197-227쪽; 박성규·차웅석·김남일, "한의학적 인간관—『동의보감』을 중심으로—", 『한국의사학회지』21-2, 2008, 13-28쪽.

14. 한창현·박상영·권오민·안상영·안상우, "국내 한의학 학술지에 발표된 동의보감 연구 현황조사", 『한국한의학』22-2, 2009, 7-13쪽. 『동의보감』의 의학 이론에 관한 연구로는 다음과 같은 것들이 주목된다. 여인석, "동의보감에 나타난 기생충 질환", 『의사학』2-2, 1993, 114-121쪽; 김남일, "『동의보감』의 『소문현기원병식』五運主病의 운용", 『한국의사학회지』13-1, 2000, 103-110쪽; 이주혜, "『東醫寶鑑』雜病篇 [寒]문 傷寒 중 太陽病에 대한 고찰", 『한국의사학회지』13-2, 2000, 29-39쪽; 김남일, "『東醫寶鑑』滋陰論의 醫易學的 해석", 『한국의사학회지』13-2, 2000, 131-139쪽; 김의태·김남일, "『東醫寶鑑』에 인용된 張從正의 醫論 研究", 『한국의사학회지』14-1, 2001, 17-30쪽; 소진백, "동의보감에 보이는 단계담음론의 『의사학』적 고찰", 『한국의사학회지』15-1, 2002, 147-182쪽; 유명숙·차웅석·김남일, "『東醫寶鑑』에 나타난 錢乙의

五臟辨證 研究", 『한국의사학회지』17-1, 2004, 143-161쪽; 오준호·차웅석·김남일·안상우, "『東醫寶鑑』鍼灸法의 選穴方法 고찰", 『한국의사학회지』18-2, 2005, 245-255쪽; 정석기·차웅석·김남일, "『東醫寶鑑』〈咳嗽門〉의 醫論에 대한 의사학적 고찰", 『한국의사학회지』19-1, 2006, 135-147쪽; 朱建平, "东医宝鉴』方剂学内容的初步研究", 『한국의사학회지』20-2, 2007, 278-303쪽; 姜赫俊, "东医宝鉴』方剂引文与『千金方』原文的比较分析", 『한국의사학회지』21-1, 2008, 97-107쪽; 姜赫俊, "东医宝鉴』方剂引文与代表性中医原著比较研究", 『한국의사학회지』22-1, 2009, 91-128쪽; 한봉재·차웅석·김남일, "『東醫寶鑑』의 望診圖像에 관한 연구", 『한국의사학회지』22-1, 2009, 81-89쪽.

15. 이런 문제의식에 대한 어느 정도의 실증은 이루어졌으나, 부족한 점이 적지 않았고 그것을 극복하기 위해 지금 이 책을 새로 쓰게 된 것이다.

16. 『동의보감』에 대한 다른 성격의 연구는 그것의 문화적 아이콘의 성격을 밝히는 작업이 될 것이다. 최근 한국에서는 허준의 일대기를 다룬 소설과 드라마가 크게 인기를 끌면서 그는 한국 의학의 대표자 자격을 넘어서 한국의 슈바이처로 승화했다. '허준' 관련 드라마는 한류 유행을 타고 동아시아를 넘어 동남아시아, 인도, 중동을 넘어 세계로 퍼져나갔다. 이런 현상은 가히 『동의보감』 현상'이라 부를 만하다. 과거의 역사가 현대로 이어지고, 현대의 역사상이 다시 과거로 투영된다는 점에서 『동의보감』 현상'에 대한 연구는 또 다른 도전적인 과제다.

17. 이 책도 『동의보감』에 대한 한의 학술사 연구를 담는 것으로 기획되어 추진되었다. 공동 연구자인 김남일이 『동의보감』 지식 맵, 『동의보감』을 계승한 10대 한의학 저작, 한의학으로 본 『동의보감』의 질병관, 생명관, 『동의보감』 상한의 특성 등 연구 성과를 보고했지만, 한의학의 전문적인 내용을 깊이 파고드는 연구 방식이 이 책의 전반적인 성격과 크게 이질적이어서 최종 출간물인 이 책에서는 싣지 않기로 했음을 밝힌다. 별도의 출간물로 선보일 것으로 예상된다.

18. 『민족문화대백과사전』, 「동의보감」 항목.(온라인판 http://encykorea.aks.ac.kr/Contents/Index).

19. 흔히 『동의보감』은 목차 2권이라고 말하는데 이는 정확치 않다. 정확하게 말하면 「동의보감서(東醫寶鑑序)」와 「동의보감총목(東醫寶鑑總目)」을 합해 2권이다.

20. 1991년에 보존 상태가 뛰어난 『동의보감』 초간본 3종(국립도서관 소장본, 한국학중앙연구원 소장본, 서울대 규장각 소장품)을 보물(1085, 1085-1, 1085-2)로 지정했다가, 2008년에 각각 보물 제1085-1호, 보물 제1085-2, 1085-3으로 변경했다. 이 3종은

2015년 6월 문화재적 가치와 세계적 위상을 고려하여 국보(국보 제319-1호, 제319-2호, 제319-3호)로 승격되었다.

1장 조선 개국 이후 의학적, 지적 역량의 성장

1. 三木榮, 『朝鮮醫學史及疾病史』, 富士精版印刷, 1963, 52-53쪽.

2. 三木榮, 『朝鮮醫書誌』, 學術院圖書刊行會刊, 1956, 166-167쪽.

3. 『고려사』 권8, 세가(世家) 권 제8, 문종(文宗) 13년 2월.

4. 『태종실록』 24권, 12년(1412 임진 / 명 영락(永樂) 10년) 8월7일(기미). 이 책에서 『조선왕조실록』은 고전번역원 온라인 한국고전DB데이터 『조선왕조실록』을 활용했다. (http://db.itkc.or.kr/index.jsp?bizName=JO). 따라서 기사의 연도, 월, 일만 표시하며 정확한 쪽수는 따로 표기하지 않는다. 『조선왕조실록』을 비롯한 문집 등의 모든 기사는 음력이다.

5. 권근, 『양촌선생문집』 권9, 서류, 『향약제생집성방(鄕藥濟生集成方)』의 서.

6. 이 책 외에 이 시기의 중요 관찬 의서로는 『삼국사기』, 『대명률집해』 30권을 포함하여 24종 이상이 있으며, 불교 관련 서적도 최소한 30여 종 이상 출판된 것으로 알려져 있다. 김두종, 『한국인쇄기술사』, 232쪽, 6-7쪽.

7. 『동문선』 제91권, 서, 권근, 향약제생집성방 서(鄕藥濟生集成方序).

8. 三木榮, 『朝鮮醫學史及疾病史』, 130쪽.

9. 『세종실록』, 세종 15년 계축(1433, 선덕 8) 6월11일(임진).

10. 1421년 황자후를 중국에 보내어 약재 확인 작업이 시작된다. 『세종실록』, 세종 3년 신축(1421, 영락 19) 10월7일(병신).

11. 『세종실록』, 세종 15년 계축(1433, 선덕 8) 6월11일(임진).

12. 『세종실록』, 세종 15년 계축(1433, 선덕 8) 6월1일(임오).

13. 『세종실록』, 세종 15년 계축(1433, 선덕 8) 6월1일(임오).

14. 첫째 단계: 집현전(集賢殿) 부교리(副校理) 김예몽(金禮蒙)·저작랑(著作郎) 유성원(柳誠源)·사직(司直) 민보화(閔普和) 등에게 명하여 여러 방서(方書)를 수집해서 분문유취(分門類聚)하여 합(合)해 한 책을 만들게 했다.

둘째 단계: 이어서 집현전 직제학(直提學) 김문(金汶)·신석조(辛碩祖), 부교리(副校理) 이예(李芮), 승문원(承文院) 교리(校理) 김수온(金守溫)에게 명하여 의관(醫官)

전순의(全循義)·최윤(崔閏)·김유지(金有智) 등을 모아서 편집하게 했다.

　셋째 단계: 안평대군(安平大君) 이용(李瑢)과 도승지(都承旨) 이사철(李思哲)·우부승지(右副承旨) 이사순(李師純)·첨지중추원사(僉知中樞院事) 노중례(盧仲禮)로 하여금 감수(監修)케 했다.『세종실록』, 세종 27년 을축(1445, 정통 10) 10월27일(무진).

15. 『세조실록』, 세조 4년 무인(1458, 천순 2) 4월6일(계해).

16. 『세조실록』, 세조 5년 기묘(1459, 천순 3) 9월1일(경진).

17. 『세조실록』, 세조 5년 기묘(1459, 천순 3) 9월4일(계미).

18. 『세조실록』, 세조 9년 계미(1463, 천순 7) 3월25일(갑인).

19. 『세조실록』, 세조 9년 계미(1463, 천순 7) 5월30일(무오).

20. 『세조실록』, 세조 10년 갑신(1464, 천순 8) 9월8일(무오).

21. 『세조실록』, 세조 10년 갑신(1464, 천순 8) 1월11일(갑자).

22. 『세조실록』, 세조 10년 갑신(1464, 천순 8) 9월8일(무오).

23. 『성종실록』, 성종 8년 정유(1477, 성화 13) 5월20일(병술).

24. 『성종실록』, 성종 8년 정유(1477, 성화 13) 5월20일(병술)

25. 『성종실록』, 성종 13년 임인(1482, 성화 18) 4월15일(계축).

26. 『의방유취』의 축약 가능성 추정에 관한 논의에 대해서는 안상우의 "『의방위취』에 대한 의사학적 연구"(경희대 박사학위논문, 2000)의 15-16쪽, 40-41쪽을 참조할 것.

27. 김예몽·전순희·최윤찬, 『의방유취』 1, 「범례」. 『醫方類聚』 1, 人民衛生出版社, 1981, [5]쪽.

28. 『의방유취』 「범례」. 범례에는 식치, 금기, 도인만 말하고 있으나 실제 본문에서는 침구까지도 같이 포함한다. 보통의 의서와 달리 '식치'가 중요한 항목으로 들어간 까닭은 『의방유취』 교정 사업에 주도적인 구실을 한 세조가 쓴 『의약론』을 통해 짐작해볼 수 있다. 그는 8종의 의사를 들면서, 식치와 관련된 식의를 두 번째 단계로 자리매김했다. 세조 9년 계미(1463, 천순7) 12월27일(신해).

29. 『醫方類聚』 1, 人民衛生出版社, 1981, [5]쪽.

30. 안상우, "『동의보감』의 '유취' 인용문에 대한 고찰", 28쪽.

31. 안상우, "『동의보감』의 '유취' 인용문에 대한 고찰", 61쪽.

32. 신용개, 『이락정집』, 의문정요발. 안상우, "『동의보감』의 '유취' 인용문에 대한 고찰", 26쪽.

33. 신용개, 『이락정집』, 의문정요발. 안상우, "『동의보감』의 '유취' 인용문에 대한 고찰", 25-27쪽.

34. 성종 24년 계축(1493, 홍치6) 2월15일(경술).

35. 김홍균, "醫林撮要의 醫史學的 研究: 저자, 판본, 구성, 인용문헌 등을 중심으로", 경희대 박사학위논문, 2000, 110쪽.

36. 허준,『동의보감』,「내경편」권1, 역대의방(歷代醫方), 1613, 6a. 현재 허준이 언급한 책『의림촬요』(8권본)는 전하지 않으며, 후대에 후학들이 증보한『의림촬요』(13권본)만 전한다.『의림촬요』를 보완한 것으로 추정되는『의림촬요속집』(1608) 1권이 남아있다.

37. 김홍균, "醫林撮要의 醫史學的 研究: 저자, 판본, 구성, 인용문헌 등을 중심으로", 44쪽.

38. 최신 명대 의서인『의학입문』은 특별히 인기를 끌었다. 영의정을 역임한 유성룡은 1600년 이 책의 침구학을 추려『침경요결』을 편찬했다.

39. 김홍균, "醫林撮要의 醫史學的 研究: 저자, 판본, 구성, 인용문헌 등을 중심으로", 85쪽. 그렇다면 원본『의림촬요』의 출현은 인용서목 중 가장 늦게 출현한『의학강목』이후인 1565년에서 정경선이 죽던 1583년 사이에 국내에서 간행한 것이 된다.

40. 김홍균, "醫林撮要의 醫史學的 研究: 저자, 판본, 구성, 인용문헌 등을 중심으로", 16쪽.

41. 허준,『동의보감』,「내경편」권1, 역대의방(歷代醫方), 6a.

42. 허준의『찬도방론맥결집성』에 관한 분석은 신동원,『조선사람 허준』, 235-246쪽을 재정리한 것이다.

43.『흠정사고전서』,「맥결간오」제요.

44. 高文鑄 主編,『醫經病源診法名著集成』, 華夏出版社, 1997, 1029쪽.

45. 허준,『찬도방론맥결집성』,「발문」. 김신근 편,『한국의약대계』39, 457-458쪽.

46. 이를테면 촌구맥에 대한 주석 부분에서『난경』을 들어 매우 상세하게 내용을 이해하도록 한 부분(허준,『찬도방론맥결집성』. 김신근 편,『한국의약대계』39, 50쪽)이나 임신맥을 설명하는 부분에서『황제내경소문』의 내용을 인용하며 뜻을 좀 더 명료하게 한 부분(허준,『찬도방론맥결집성』, 421쪽) 등이 그것이다.

47.『세종실록』, 세종 12년 경술(1430, 선덕5) 3월18일(무오).

48. 의학 취재 25과목에 속한 것 중『소문괄』이라는 의서는 그 어디서도 명칭이 확인되지 않는다. 따라서 이를 책 제목으로 보지 않고『소문』에 관한 책 일괄이라는 일반적인 뜻으로 해석한다면, 이 말은 왕빙 등의 주석이 딸린『소문』을 지칭한다. 미키 사카에에 따르면, 조선판본『소문』은 모두 당대 왕빙이 주석을 달고 송대 손기와 고보형 등이 주석을 단『보주석문황제내경소문』이다. 三木榮,『朝鮮醫學史及疾病史』, 135쪽.

49.『화제지남』은『화제국방』에 딸린 용약에 관한 부록이다.

50. 『연의본초(衍義本草)』를 『연의』, 『본초』로 보아야 할지 『본초연의』로 보아야 할지 분명치 않다. 『본초연의』만 보았다고 하면 『증류본초』는 시험 과목에서 빠지게 되는데, 『본초연의』는 구종석의 저술로 『증류본초』를 보완하기 위해 편찬되었기에 분량이 얇고 체제도 완정(完整)하지 않아 그것만 가지고는 본초 전체를 이해할 수가 없다. 세종 때의 『향약집성방』 편찬에 『증류본초』의 주요 판본 중 하나인 『대관본초』(『본초연의』에 포함되지 않음)가 적극적으로 활용되고 있어 이 책이 입수되어 있는 상태였기 때문에 『본초』와 『본초연의』 양자를 가리키는 것일 수도 있다. 이상의 내용은 오재근의 교정 의견을 따른 것임을 밝힌다.

51. 『상한유서』와 『쌍종처사활인서』 등 상한 전문서 2종과 『부인대전양방』은 이 분야에서 매우 잘 알려진 의서이지만, 『두씨전영』은 무슨 책인지 잘 고증이 되지 않는 의서다. 『의방유취』에도 인용되어 있지 않으며, 『향약집성방』에서도 3차례밖에 인용되지 않았다. 왜 이 책이 선정되었는지 의문이 든다.

52. 이러한 강도 높은 학습은 또다시 1445년 『의방유취』 편찬의 밑거름이 되었을 것이다.

53. 『세조실록』, 세조 10년 갑신(1464, 천순 8) 5월15일(정묘). 새 취재에서는 의관의 품계에 따라 강(講)할 의서를 별도로 규정했던 듯하다. 정(正)·종(從) 3품은 『소문(素問)』을 강하고, 정·종 4품은 『장자화방(張子和方)』을, 정·종 5품은 『소아약증직결(小兒藥證直訣)』과 『창진집(瘡疹集)』을, 정·종 6품은 『상한유서(傷寒類書)』, 『외과정요(外科精要)』를, 정·종 7품은 『부인대전(婦人大全)』과 『산서(産書)』를, 정·종 8품은 『직지방(直指方)』을, 정·종 9품 이하 생도(生徒)에 이르기까지는 『동인경(銅人經)』을 강하게 했으며, 다만 『대전본초(大全本草)』와 『맥경(脈經)』은 모두 강하도록 했다.(『세조실록』, 세조 10년 갑신(1464, 천순 8) 1월2일(을묘)). 즉 진맥과 본초학을 필수 과목으로 삼고, 그다음에는 『동인경』을 통해서 경락과 침법을 연마하고, 차츰 종합 처방서인 『직지방』을 집중 공부한 후, 산부인과, 외과, 상한병(열성 전염병), 두창 각 전문과를 익힌 후, 고급 과목으로서 『장자화방』과 『소문』을 강하도록 한 것이다. 장자화(張子和)는 금원사대가 중 한 사람으로 토·한·하 삼법을 정식화한 인물로, 『의방유취』에서는 그가 지은 『유문사친』뿐만 아니라 그 책의 부분인 「치병백법(治病百法)」, 「삼법육문(三法六門)」, 「십형삼료(十形三療)」, 「치법잡론(治法雜論)」, 「잡병구문(雜病九門)」 등 5종을 각각 별개의 책으로 구분하는 식으로 특별 취급했다. 『창진집』은 유일하게 조선의 책으로 1457년 임원준이 펴낸 두창 전문서다.(『세조실록』, 세조 10년 갑신(1464, 천순 8) 1월2일(을묘)). 『산서』는 미키 사카에에 따르면, 조선에서 편찬한 의서다.(三木榮, 『朝鮮醫書誌』, 51쪽.) 세종 때 편찬된 『태산요록』을 지칭하는 것일 수도

있다.

54. 장자화(張子和)는 금원사대가 중 한 사람으로 토·한·하 삼법을 정식화한 인물로, 『의방유취』에서는 그가 지은 『유문사친』뿐만 아니라 그 책의 부분인 「치병백법(治病百法)」, 「삼법육문(三法六門)」, 「십형삼료(十形三療)」, 「치법잡론(治法雜論)」, 「잡병구문(雜病九門)」 등 5종을 각각 별개의 책으로 구분하는 식으로 특별 취급했다.

55. 두창 전문 의서인 『창진집』은 유일하게 조선의 책으로 1457년 임원준이 펴낸 두창 전문서다.

56. 이전의 『본초연의』보다 한결 더 상세한 본초서인 『대전본초』가 이때부터 취재 과목으로 들어와 이후에도 계속 정착했다.

57. 『산서』는 미키 사카에에 따르면, 조선에서 편찬한 의서다.(三木榮, 『朝鮮醫書誌』, 51쪽.) 세종 때 편찬된 『태산요록』을 지칭하는 것일 수도 있다.

58. 취재 제외 과목은 『난경』, 『직지맥(直指脈)』, 『찬도맥(纂圖脈)』, 『천금익방(千金翼方)』, 『화제방(和劑方)』, 『성제총록(聖濟摠錄)』, 『위씨득효방(危氏得効方)』, 『의방집성(醫方集成)』, 『어약원방(御藥院方)』, 『제생방(濟生方)』, 『제생발수방(濟生拔粹方)』, 『서죽당방(瑞竹堂方)』, 『백일선방(百一選方)』, 『화제지남(和劑指南)』, 『연의본초(衍義本草)』, 『쌍종처사활인서(雙鍾處士活人書)』, 『침구경(針灸經)』, 『두씨전영(竇氏全嬰)』, 『향약[제생]집성방(鄕藥[濟生]集成方)』, 『우마의방(牛馬醫方)』 등 21종이다. 『세조실록』, 세조 10년 갑신(1464, 천순 8) 5월15일(정묘).

59. 『세조실록』, 세조 10년 갑신(1464, 천순 8) 1월2일(을묘).

60. 취재 과목이 공식 발표되기 넉 달 전의 기록에 품계별 취재 상황이 나온다. 『세조실록』, 세조 10년 갑신(1464, 천순 8) 1월2일(을묘).

61. 『세조실록』, 세조 7년 신사(1461, 천순 5) 10월6일(임신).

62. 『세조실록』, 세조 10년 갑신(1464, 천순 8) 8월25일(병오).

63. 『성종실록』, 성종 2년 신묘(1471, 성화 7) 5월25일(정유).

64. 『세조실록』, 세조 4년 무인(1458, 천순 2) 3월11일(무술).

65. 三木榮, 『朝鮮醫學史及疾病史』, 296쪽.

66. 노중례, 『태산요록』, 여강출판사. 김신근 편, 『한국의약대계』 33, 1999, 1-136쪽.

67. 신동원, 『조선사람 허준』, 263-264쪽.

68. 허준, 『언해두창집요』, 발문. 김신근 편, 『한국한의학대계』 37, 여강출판사, 1994, 285쪽.

69. 신동원, 『조선사람 허준』, 268쪽.

70. 이하 『태산요록』과 『언해태산집요』의 비교는 신동원, 『조선사람 허준』, 265-267쪽을

참조했다.

71. 신동원, 『조선사람 허준』, 268쪽.

72. 김중권은 『언해태산집요』의 내용과 『동의보감』 「잡병편」 '부인문'의 내용을 일일이 비교, 검토했다. 그는 "인용 내용이 동일한데도 서로 다른 인용서로 밝힌 경우가 있는가 하면 아주 인용서를 생략한 경우도 있고, 처방들이 각각 동일한 인용문헌을 인용하면서도 약의 용량이 다르게 나타나기도 한다."는 점을 지적했다.(김중권, "언해태산집요』의 서지적 연구", 『서지학 연구』 9, 1993, 193쪽.) 그렇지만 이런 차이점은 둘 사이에 존재하는 공통점에 비하면 비교적 사소한 것이라 할 수 있다.

73. 현전 『구급방』의 내용을 현전 『의방유취』와 『향약집성방』을 같이 비교해볼 때, 『향약집성방』 계통과는 사뭇 다르며, 『의방유취』와 크게 유사하다.(안상우, "『의방유취』에 대한 의사학적 연구", 20쪽). 인용문헌을 보면, 모두 『화제방』, 『성혜방』, 『성제총록』, 『백일선방』, 『위생보감』, 『천금방』, 『득효방』, 『천금방』, 『수역신방』, 『관견대전양방』, 『담료방』, 『경험양방』, 『갈씨비급방(葛氏備急方)』, 『위생이간방(衛生易簡方)』, 『비급대전양방(備急大全良方)』, 『주후방(肘後方)』, 『직지방(直指方)』, 『경험비방(經驗祕方)』, 『의방집성(醫方集成)』, 『주씨집험방(朱氏集驗方)』, 『간요제중방(簡要濟衆方)』, 『경험구급방(經驗救急方)』 등의 의서에서 뽑아냈다. 조선 의서로서는 『본조경험』 한 책의 내용이 덧붙었다.

74. 8권본의 오기인 듯하다. 이 책의 서문에서는 8권임을 밝히고 있다. 김신근, 『한국약서고』, 127쪽.

75. 현재까지 이 의서를 『향약집성방』의 중간으로 이해해왔으나, 『신찬구급간이방』에서는 그것이 『향약집성방』이 아닌 『향약제생방』임을 구체적으로 밝히고 있다.

76. 권건, 『구급이해방』, 「발문」. 三木榮, 『朝鮮醫書誌』, 64쪽.

77. 김안국, 『촌가구급방』, 서문. 三木榮, 『朝鮮醫書誌』, 73쪽.

78. 김호, 『허준의 동의보감 연구』, 110쪽.

79. 신동원, 『조선사람 허준』, 255-256쪽.

80. 김휴, 『해동문헌총록』, '의가류', 학문각 영인본, 1969, 539쪽.

81. 조선전기 민간의 두창에 대한 금기는 어숙권의 『패관잡기』에 잘 기술되어 있다. "우리나라의 풍속에는 두창신(痘瘡神)을 중히 여겼다. 그것에 대한 중요한 금기로는 "제사·초상집 출입·잔치·성교·외인에서부터 기름·꿀 냄새·비린내·노린내·더러운 냄새 등"까지 미친다. "이것은 의방(醫方)에 실린 것으로 대개, 두창이 누에와 같이 물건에 따라서 변화하는 것이기 때문이다. 세상 사람들이 이것을 매우 삼가고 지키며,

그 밖의 꺼리는 일들은 이루 다 적을 수가 없다. 어쩌다가 그것을 범하면 죽는다. 그렇지 않다 해도 위태하게 되는 자가 열 가운데 예닐곱이 된다. 만약 목욕하고 빌면 거의 죽으려 하다가도 다시 살아난다. 그러므로 사람들은 더욱 그것을 믿고 지성으로 높이고 받든다. 심지어는 출입할 때에 반드시 관대(冠帶)를 하고 나갈 때나 들어올 때에 고하기까지 한다. 앓고 난 뒤 한두 해가 지나도 아직 집안의 제사를 꺼린다. 사대부 중에도 그 풍속에 구애되어 제사를 폐지해버리는 사람까지 있다. 두창신에 대한 금기가 예전에는 이렇지 않았는데, 근년에 와서 더 심해졌다. 만일 또 40~50년을 지나면 마침내는 어떤 지경이 될지 모르겠다." 어숙권, 『패관잡기』권2, 『국역대동야승』4, 민족문화추진회, 경인문화사, 1985, 495쪽, 760쪽.

82. 신동원, 『조선사람 허준』, 277쪽.

83. 『세조실록』, 세조 10년 갑신(1464), 2월14일(정유).

84. 신동원, 『조선사람 허준』, 284쪽.

85. 신동원, 『조선사람 허준』, 285쪽.

86. 『중종실록』, 중종 13년 무인(1518, 정덕 13) 4월1일(기사).

87. 『중종실록』, 중종 20년 을유(1525, 가정 4) 1월23일(임오).

88. 신동원, 『조선사람 허준』, 296쪽.

89. 박세거 외 6인, 『분문온역이해방』, 「서(序)」.

90. 박세거 외 6인, 『분문온역이해방』, 「서」.

91. 조선의 벽온방 전통은 『동의보감』이 발간하던 해인 1613년에 나온 허준의 『신찬벽온방』과 『벽역신방』으로 이어졌다. 이에 대해서는 신동원, 『조선사람 허준』, 277-317쪽을 참조할 것.

92. 『명종실록』, 명종 9년 갑인(1554, 가정 33) 11월25일(임술).

93. 三木榮, 『朝鮮醫書誌』, 274쪽.

94. 『선조실록』, 선조 26년 계사(1593, 만력 21) 9월9일(경신).

95. 『동의보감』, 「잡병편」권9, 「잡방문(雜方門)」.

96. 비슷한 시기에 『황달학질치료방』이외에 『달학이해방(疸瘧易解方)』, 『황달학방黃疸瘧方)』 등의 이름이 보인다. 김두종은 『달학이해방』의 저자인 유지번·김윤언 등에 의해 이런 책이 출간된 것으로 추정했다. 김두종, 『한국의학사』, 탐구당, 1966, 297쪽.

97. 김두종, 『한국의학사』, 271쪽.

98. 유희춘과 이문건의 서적에 대한 폭넓은 관심은 다음 논문을 참조할 것. 배현숙, "柳希春이 版刻을 主導한 書籍에 관한 硏究", 『한국도서관정보학회지』34, 2003, 277-

295쪽; 우정임, "『미암일기』를 통해 본 유희춘의 서적교류와 지방판본의 유통", 『지역과 역사』 26, 2010, 119-177쪽; 우정임, "『묵재일기』에 나타난 명종대 지방의 서적유통 실태", 『지역과 역사』 17, 2005, 87-134쪽.

99. 이에 앞서 연대는 불분명하지만 갑진자(1485년 제작)로 찍은 『황제내경』 판본이 존재한다.

100. 『세종실록』, 세종 24년 임술(1442, 정통 7) 2월25일(병진).

101. 『세종실록』, 세종 31년 기사(1449, 정통 14) 3월2일(임오).

102. 이미 1422년 병고로 시달리던 세종은 장남인 세자(문종)에게 일을 맡겼으므로, 『의방유취』 초고 완성도 문종이 주도했다고 볼 수 있다. 병약한 문종도 일찍 죽어 1552년 문종의 어린 아들 단종이 왕이 되었으나, 1555년 숙부(세조)에 의해 폐위되고 이후 세종의 둘째 아들인 세조의 정치가 시작되었다.

103. "동원이라는 말이 붙어 있지만 모두 다 이동원(李東垣)의 저작이 아니라 『내외상변혹론(內外傷辨惑論)』(1247), 『난실비록(蘭室秘錄)』(1247), 『비위론(脾胃論)』(1249) 등 3종만이 그의 저작이다. 10종 중 가장 먼저 나온 것은 송대 최가언(崔嘉言)(12세기)의 「맥결(脈訣)」이며, 이고(李杲)의 제자인 원대 왕호고(王好古)의 책 2종, 『탕액본초(湯液本草)』(1289)와 『차사난지(此事難知)』(1308)가 포함되었고, 이 밖에 14세기 원나라 의사의 저작으로 주진형(朱震亨)의 『국방발휘(局方發揮)』(14세기)와 『격치여론(格致餘論)』(1347), 왕리(王履)의 「의경소회집(醫經溯洄集)」(1368)과 제덕지(齊德之)의 「외과정의(外科精義)」(14세기)가 실렸다. 이 10종은 진법, 약물, 방론에서부터 내과, 외과를 망라하며 내용이 풍부하고, 후대에 크게 영향을 끼쳤다." 吳楓·高振鐸 編, 『中華古文獻大辭典 醫藥卷』, 196쪽. 신동원, "조선후기 의원의 존재양태", 『한국과학사학회지』26권 2호, 225-226쪽 재인용.

104. 『성종실록』, 성종 19년 무신(1488, 홍치 1) 10월11일(신축).

105. 『성종실록』, 성종 19년 무신(1488, 홍치 1) 10월11일(신축).

106. 또한 조선판 『의학정전』은 1554~1585년에 전주에서 목판본으로 찍혀 나오기도 했다. 김두종, 『한국의학사』, 270쪽.

107. 吳楓·高振鐸 編, 『中華古文獻大辭典 醫藥卷』, 133쪽.

108. 신동원, "이황의 의술과 퇴계 시대의 의학", 『퇴계학연구』20, 2010, 257-258쪽. 이에 관한 내용은 김성수, 2006, 116-123쪽을 같이 참조할 것.

109. 신동원, 『조선의약생활사』, 2014, 들녘, 426쪽.

110. 김두종, 『한국의학사』, 271쪽.

111. 三木榮, 『朝鮮醫書誌』, 220쪽.

112. 한의학대학사전편찬위원회, 『한의학대사전』(의사문헌편), 동양의학연구원 출판부, 1985, 302-303쪽.

113. 이문건, 『묵재일기』, 1552년 10월 4일. 국사편찬위원회, 『묵재일기』(상), 1998, 539쪽.

114. 三木榮, 『朝鮮醫書誌』, 212쪽.

115. 三木榮, 『朝鮮醫書誌』, 232쪽.

116. 한의학대학사전편찬위원회, 『한의학대사전』(의사문헌편), 171쪽.

117. 한국한의학연구원 고문헌 해제, 『단계선생의서찬요(丹溪先生醫書纂要)』.

118. 김두종, 『한국의학사』, 269-271쪽.

119. 劉時覺, 『宋元明淸醫籍年表』, 人民衛生出版社, 2005, 36-73쪽

120. 三木榮, 『朝鮮醫書誌』, 1-14쪽. 적지 않은 의서들이 구급방이나 전염병 의서들이다.

121. 小曾戶洋, 『日本漢方典籍辭典』, 大修館書店, 1999, 435쪽. 의서 인쇄본이 적었다는 것이지, 의서 출현 자체가 적었다는 것을 뜻하지 않는다. 인쇄 사업의 경우도 17세기 이후 일본에서는 조선에서 약탈해 간 의학 서적과 금속활자를 이용해 매우 활발하게 펼쳐졌다.

122. 『세종실록』, 세종 27년 을축(1445, 정통 10) 3월30일(계묘).

123. 『세조실록』, 세조 12년 병술(1466, 성화 2) 10월2일(경자). 이를 보면 전해에 양성지(梁誠之)가 책임을 맡아 교정의 일단락을 본 『의방유취』가 완전히 끝나지는 않았음을 짐작할 수 있다. 안상우, "『의방유취』에 대한 의사학적 연구", 2000, 14쪽.

124. 『세종실록』, 세종 12년 경술(1430, 선덕 5) 3월18일(무오).

125. 『중종실록』, 중종 13년 무인(1518, 정덕 13), 7월12일(기유).

126. 『선조실록』, 선조 6년 계유(1573, 만력 1) 1월12일(계사).

127. 『선조실록』, 선조 6년 계유(1573, 만력 1) 11월30일(병오); 선조 6년 계유(1573, 만력 1) 1월12일(계사).

128. 『선조실록』, 선조 6년 계유(1573, 만력 1) 3월23일(계묘); 선조 7년 갑술(1574, 만력 2) 10월10일(신해).

129. 『선조실록』, 선조 2년 기사(1569, 융경 3) 9월4일(갑술).

130. 『선조수정실록』, 선조 1년 무진(1568, 융경 2) 12월1일(을해).

131. 『선조실록』, 선조 8년 을해(1575, 만력 3) 9월27일(임술).

132. 『선조수정실록』, 선조 8년 을해(1575, 만력 3) 9월1일(병신).

133. 『한국민족문화대백과사전』, 「성리학」 항목.

1. 『국역 의방류취 총목록』, 여강출판사, 1992, 199-237쪽.

2. 三木榮, 『朝鮮醫書誌』, 193쪽.

3. 김두종, 『한국의학사』, 270쪽.

4. 한국한의학연구원『식물본초』해제.

5. 한국한의학연구원, 『의방유취』인용문헌 해제.

6. 김두종, 『한국의학사』, 270쪽.

7. 『활인심법』은 달리 『신간경본활인심법(新刊京本活人心法)』 또는 『구선활인심방(臞仙活人心方)』이라고도 한다. 한국한의학연구원, 『의방유취』인용문헌 해제.

8. 『활인심법』과 함께 주권의 『건곤생의(乾坤生意)』가 조선에서 널리 읽혔다. 『건곤생의』는 용약(用藥), 운기(運氣), 각 과 병증 치료법 및 단약(丹藥), 고약(膏藥), 침구(針灸) 등을 나누어 기술했다. 분량은 많지 않지만 포함되어 있는 내용은 광범위하다.(한국한의학연구원 온라인 용어사전). 조선에서도 중종~명종 사이에 『건곤생의』와 『건곤생의비온(乾坤生意秘韞)』이 찍혀 나왔다. 三木榮, 『朝鮮醫書誌』, 208쪽.

9. 전순의, 『식료찬요』서(한국한의학연구원 온라인 사이트 참고).

10. 『성종실록』, 성종 18년 정미(1487, 성화 23) 4월27일(병신).

11. 어숙권, 『패관잡기』제2권. 三木榮, 『朝鮮醫書誌』, 59쪽.

12. 『이생록』의 내용은 김성수, 「조선시대 의료체계와 『동의보감』」, 2006, 89-93쪽에 상세히 분석되어 있다.

13. 김두종, 『한국의학사』, 297쪽.

14. 김두종, 『한국의학사』, 296-297쪽; 김성수, 「조선시대 의료체계와 『동의보감』」, 2006, 90쪽.

15. 김성수, 「조선시대 의료체계와 『동의보감』」, 2006, 93쪽.

16. 김성수, 「조선시대 의료체계와 『동의보감』」, 2006, 90-92쪽.

17. 김기빈, 용암집(龍巖集) 해제, 『한국문집총간』속2(민족문화추진회 편), 경인문화사, 2005 (고전번역원 온라인).

18. 이황, 『퇴계집』권12, 「서(書)」, 여박택지(與朴澤之). 민족문화추진회, 『한국문집총간』29, 경인문화사, 1996, 337b.

19. 김두종, 『한국의학사』, 270쪽.

20. 유희춘, 『미암선생집(眉巖先生集)』권13, 「일기」, 삭절(刪節)○상경연일기별편(上經筵

日記別編), 병자(丙子) 만력4년아선묘10년(萬曆四年我宣廟十年). 민족문화추진회, 『한국문집총간』34, 경인문화사, 1989, 393c. 혹시 뒤에서 살필 1574년 선조 임금에게 바친 식료 양생법을 『양생대요』라 이름을 붙이고, 1571년부터 2년 동안 그가 전라도 관찰사로 나가 있던 시절에 곡성에서 펴낸 것인지도 모르겠다. 만일 그렇다면 이 책은 식치에 관한 서적으로 간주되어야 할 것이다.

21. 이황, 『퇴계선생문집』 권43 「발(跋)」, 서허감찰소장양생설후(書許監察所藏養生說後). 민족문화추진회, 『한국문집총간』 30, 1996, 경인문화사, 461d~462a.

22. 『선조수정실록』, 선조 5년 임신(1572, 융경 6) 1월1일(무오).

23. 『선조실록』, 선조 28년 을미(1595, 만력 23) 1월8일(신사).

24. 『선조실록』, 선조 35년 임인(1602, 만력 30) 4월23일(갑인).

25. 『선조실록』, 선조 28년 을미(1595, 만력 23) 10월17일(병진).

26. 『선조실록』, 선조 36년 계묘(1603, 만력 31) 8월30일(계축).

27. 김성수, 「조선시대 의료체계와 『동의보감』」, 경희대학교 박사학위논문, 2006, 73~76쪽.

28. 이황, 『퇴계집』 권12, 「서(書)」, 여박택지(與朴澤之). 민족문화추진회, 『한국문집총간』 29, 경인문화사, 337b.

29. 김호, 『허준의 동의보감 연구』, 일지사, 2000, 166쪽.

30. 노수신과 허준의 집례의 유사성에 대해서는 신동원이 보완해 삽입한 것이다.

31. 노수신, 『소재선생문집(穌齋先生文集)』, 「내집 하편」, 서기록정(庶幾錄丁), 치심양위 보신지요 부음선의대홍거지절(治心養胃保腎之要 附飲膳衣襯興居之節). 민족문화추진회, 『한국문집총간』 35, 2006, 407a.

32. 허준, 『동의보감』 권3, 「내경편」 권1, 「집례」, 1a.

33. 김호, "조선전기 대민 의료와 의서 편찬", 『국사관논총』 68, 1996, 65쪽.

34. 이이, 『율곡집』 권21, 「성학집요(聖學輯要)」, 겸언양혈론(兼言養血氣). 민족문화추진회, 『한국문집총간』 44, 1996, 473b.

35. 이이, 『율곡전서습유(栗谷全書拾遺)』, 권5, 「잡저(雜著)」2, 수요책(壽夭策). 민족문화추진회, 『한국문집총간』 45, 1996, 559a~561b.

36. 高光 撰, "金丹歌." 方春陽 主編, 『中國氣功大成』, 吉林科學出版社, 1989, 497쪽.

37. 신동원, "朱熹와 연단술: 『周易參同契考異』의 내용과 성격", 『한국의사학회지』 14권, 45-46쪽.

38. 이능화, "21장 조선단학파", 『조선도교사』, 보성문화사, 1986.

39. 김낙필, 『조선시대의 내단사상』, 대원출판, 2005, 63쪽.

402 | 주석

40. 이능화, 『조선도교사』, 보성문화사, 1986, 233-239쪽.

41. 『선조실록』, 선조 28년 을미(1595, 만력 23), 1월8일 (신사).

42. 김낙필, 『조선시대의 내단사상』, 대원출판, 2004, 27쪽.

43. 최일범, "권극중의 선단호수에 관한 연구", 동양철학연구 9, 1988.

3장 어의 허준의 등장과 활약

1. 허준의 묘역 발견에 대해서는 신동원, 『조선사람 허준』, 72-74쪽을 볼 것.

2. 『선조실록』, 선조 37년 갑진(1604, 만력 32), 7월2일 (신해).

3. 이수광, 『지봉유설(芝峯類說)』 권18, 기예부(技藝部), 방술. 이수광 저/남만성역, 『지봉
   유설』 하, 을유문화사, 1998, 601쪽.

4. 이수광, 『지봉유설(芝峯類說)』 권19, 식물부(食物部). 이수광 저/남만성 역, 『지봉유
   설』 하, 450쪽.

5. 이 책은 대체로 『동의보감』(1615년) 이후 18세기 후반 이전에 간행된 것으로 추정된
   다. 1장에서 살폈듯, 『의림촬요』는 정경선(鄭敬先)이 짓고 양예수(楊禮壽)가 교정한
   책을 후학이 증보하여 양예수 저로 표기한 책으로 허준의 『동의보감』과 함께 조선 의
   학의 쌍벽을 이룬다는 평가를 받는 책이다. 이 책에 실린 「역대의학성씨(歷代醫學姓
   氏)」에서는 명대 의사 이천(李梴)의 『의학입문(醫學入門)』에 담긴 같은 제목의 글을
   대부분 전재하면서 몇몇 내용을 바꿨는데, 그 가운데 조선의 명의 2인이 추가되었다.
   양예수와 허준이 그들이다. 둘에 대한 기록이 다 짧기는 하지만, 허준의 전기가 87자
   로 양예수의 26자보다 3배 많다. 조선 의학의 역사를 통틀어 2명을 선택하여 중국 역
   대 명의와 나란히 놓은 데다 허준의 행적을 양예수보다 훨씬 길게 서술한 점을 보면,
   후학이 그에 대해 품은 존경심의 정도를 헤아릴 수 있다. 김홍균, "醫林撮要의 醫史學
   的 研究: 저자, 판본, 구성, 인용문헌 등을 중심으로", 51쪽.

6. 양예수, 『의림촬요』, 「역대의학성씨」. 김신근 편, 『한국의약대계』 8, 여강출판사, 1994,
   63쪽.

7. 아마도 이 청원이라는 자(字)는 주자의 유명한 시 「관서유감(觀書有感)」에서 취했을
   것이다. "반 이랑 네모난 연못이 한 거울을 이루었으니[半畝方塘一鑑開], 하늘 빛 구
   름 그림자가 함께 돌고 돈다[天光雲影共徘徊]. 저것에 묻노니 어찌하여 이처럼 깨끗
   한가[淸]. 근원[源]으로부터 맑은 물 흘러오기 때문이네." 이 시에서 청, 원이 등장하

며, 이는 깨끗한 물 근원이라는 자연현상을 말한 것인 동시에 도학적 심체(心體)의 수양을 뜻하는 것이기도 하다. 그렇기에 당시의 유학자들이 이 시를 무척 즐겨서 이황은 도산서원에 '천광운영대' 연못을 지어 관상했고, 기대승 또한 '천광운영대'라는 시를 지어 추종했다. 게다가 허준은 『언해두창집요』와 『동의보감』에서 '고요한 물거울에 비추인 듯 확연히 드러나리라.'는 표현으로 「관서유감」에 등장하는 '감(鑑)'을 즐겨 썼는데, 이 또한 우연이 아닌 듯하다. '고요한 물[止水]'과 '밝은 거울[明鑑]'이 상통하며 둘 다 사물을 올바르게 볼 수 있는 맑은 심체를 이루기 때문이다.(이익, 『성호사설』 제30권, 「시문문(詩文文)」, 주자·퇴계 시[朱子退溪詩]) 참조. 이익, 『국역성호사설』11, 1986, 민족문화추진회영인본, 원문 99쪽.

8. 허준과 동시대인으로 먼 친척이자 근거지가 같은 허적(許樀, 1563~1640)은 구암을 이렇게 묘사했다. "천년 산 신령스러운 거북이 돌로 화해서 우뚝 추켜세운 머리가 달리는 물줄기를 끊네. 아마도 사당 안 창자 잘리는 액을 피해 도망 와 구부정히 진흙 가운데 꼬리를 끌며 노는 것이리. 연잎과 시초 풀은 비록 멀리 있을지라도 상(床)에 오르고 그물에 잡히는 것을 어찌 다시 걱정하리오. 거센 파도 놀란 물결 난동하기 어려우니 고요히 해마다 비바람 세월이 쌓이도다." 허적, 『수색집(水色集)』, 권4 「시(詩)」, 구암(龜巖). 민족문화추진회, 『『한국문집총간』』 69, 경인문화사, 1988, 70c.

9. 『한국민족문화대백과사전』 「이정」조, 「황효공」조.

10. 이황, 『퇴계선생문집』, 권5 「속내집(續內集)」, 시(詩), 구암정사(龜巖精舍). 민족문화추진회, 『한국문집총간』 81, 경인문화사, 1993, 446a.

11. "扈聖勳時. 太醫許浚者. 肥澤似僧樣. 常啓口微笑. 余見其貌本. 曲盡莞容. 苟一見浚者. 亦必立辨爲某也." 朴瀰, 『汾西集』 권11, 記 十四首, 丙子亂後, 集舊藏屛障記 8. 민족문화추진회, 『한국문집총간』 속집 25, 경인문화사, 2006, 107d.

12. 공신 책봉은 1604년 6월에 최종 확정되었다. 1601년 3월부터 시작한 논의가 3년 여 기간 남짓의 논의 끝에 공신을 호종공신, 선무공신, 청난공신 등 3개 분야에 각기 1등, 2등, 3등을 두도록 하여 최종 109명을 선발했다. 이들에게는 공신을 입증하는 109통의 교서가 일일이 작성되었고, 살아 있는 공신인 64명 중 상중에 있는 이운룡(李雲龍)과 이순신(李純信) 2인을 제외한 나머지 62인은 초상화를 그리도록 했다.

13. 이수광, 『지봉유설』 권18, 「기예부(技藝部)」, 방술(方術).

14. 李梴 편저/진주표 역해, 『신대역편주의학입문(新對譯編註醫學入門)』, 「歷代醫學姓氏」, 법인문화사, 2009, 166쪽.

15. "惟爾心通岐伯 業精長桑 東垣授方 獨活幾千: 北禁通藉 匪懈踰數十年. 藝則絶於十

全 智已於三折."(扈聖宣武淸難原從三功臣都監儀軌)(《奎 14923》).

16. 김홍균, "醫林撮要의 醫史學的 硏究: 저자, 판본, 구성, 인용문헌 등을 중심으로", 2000, 25쪽.

17. 양예수, 『의림촬요』, 「역대의학성씨」. 김신근 편, 『한국의약대계』 8, 63쪽.

18. 허준의 출생에 관한 부분은 졸고, 『조선사람 허준』, 101-108쪽의 내용을 수정 보완하여 재정리한 것임을 밝힌다.

19. 김호, 『허준의 동의보감 연구』, 103쪽.

20. 김호, 『허준의 동의보감 연구』, 100쪽.

21. 김호, 『허준의 동의보감 연구』, 100-104쪽.

22. 『장성읍지』(규장각, 古 4797-1-1-3).

23. 허준의 탄생지에 관한 논의는 김호의 논의가 가장 받아들일 만하다. 그는 일찍이 허준의 탄생지가 허준을 내의원에 천거한 담양 출신의 유희춘과 밀접한 관계가 있음을 주장했고(『허준의 동의보감 연구』, 111-112쪽), 최근에는 『장성읍지』의 기록을 찾아내어 그의 출생지가 구체적으로 장성임을 밝혔다. 『장성읍지』는 후대에 편찬된 기록이기는 하나, 이전까지 축적된 자료를 활용한 공식성을 띠고 있으므로 더 확실한 기록이 나오지 않는 한, 학계에서는 이를 받아들일 수밖에 없다.

24. 김호, 『허준의 동의보감 연구』, 104-105쪽.

25. 김호, 『허준의 동의보감 연구』, 110-111쪽에 허준과 김안국, 김정국의 관계에 대해 잘 정리되어 있다.

26. 유희춘, 『미암일기』, 1571년 11월 초2일. 이 책에서는 『미암일기』 원문 텍스트는 한국학중앙연구원 왕실도서관 장서각 디지털 아카이브를, 번역본으로는 담양향토문화원 번역을 활용했다. 담양향토문화원 역, 『미암일기』 3, 광명문화사, 1994, 281쪽. (이하에서는 담양향토문화원 번역본을 『미암일기』 1, 『미암일기』 2, 『미암일기』 3, 『미암일기』 4로 표시한다.)

27. 『명종실록』, 명종 2년 정미(1547, 가정26) 9월18일(병인).

28. "10촌 이내를 친족으로 간주하고 12촌, 14촌에게도 연좌제를 적용하는 조선시대에는 비교적 가까운 친척에 속했다."(『위키백과사전』 '허엽' 조). 허난설헌, 허균은 허성의 동생들이다.

29. 『브리태니카백과사전』 「허엽」 조.

30. 유희춘, 『미암일기』, 1568년 정월29일. 『미암일기』 1, 168쪽.

31. "수험생들은 녹명소에 먼저 사조단자(四祖單子)와 보단자(保單子)를 제출해야 했다.

사조단자는 응시자 및 그 아버지·할아버지·외할아버지·증조부의 관직과 성명·본관·거주지를 장백지(壯白紙)에 기록한 것이다. 보단자는 일명 보결(保結)이라고도 하는데, 6품 이상의 조관(朝官)이 서명 날인한 신원보증서. 중종 조 이후부터는 사조 안에 누구나 알 수 있는 현관(顯官: 文武兩班職)이 없는 경우 지방 응시자는 경재소(京在所)의 관원 3인, 서울 응시자는 해당 부(部)의 관원 3인의 추천서를 받아야만 했다."『한국민족문화대백과사전』,「녹명」조.

32. 유희춘,『미암일기』, 1568년 4월초7일.『미암일기』1, 265쪽. 번역본에는 허준이 누락된 채 김란옥·오대립·박자추만 녹명인에 들어 있다. 이 기사의 장서각 디지털 아카이브의 원문은 다음과 같다. http://yoksa.aks.ac.kr/main.jsp. G002+AKS-AA25_55024_002_0008.

33. 유희춘,『미암일기』, 1568년 4월초3일.『미암일기』1, 259쪽.

34. 이성무·최진옥·김희복 편,『조선시대잡과합격자총람』, 한국정신문화연구원,「역과」, 1990, 4쪽. 의과의 경우에는 방목에 합격자가 없는 것으로 나오는데, 그것은 실제로 뽑지 않은 게 아니라 자료의 영성함에 주로 기인한다.『조선시대잡과합격자총람』, 14-15쪽.

35. 이긍익,『연려실기술별집(燃藜室記述別集)』제9권,「관직전고(官職典故)」과거 3 등과 총목(登科摠目), 경문사, 1976, 726쪽. (고전번역원 온라인 사이트 이용.)

36.『역주 경국대전』, 한국정신문화연구원, 1985, 172쪽.

37.『명종실록』, 명종 21년 병인(1566, 가정 45) 8월8일(병인). 그렇지만『실록』을 보면 적지 않은 예외가 있었으므로 쉽게 단정하기 힘든 측면이 있다. 일례로 그의 친동생 허징은 1586년(선조 19) 다음과 같이 문과에 합격했다. [문과] 선조(宣祖) 19년(1586) 병술(丙戌) 알성시(謁聖試) 병과(丙科) 2위(5/9).『국조문과방목(國朝文科榜目)』(규장각한국학연구원[奎106]). 허징은 아마도 이이의 새 정책에 힘입은 것이리라. "선조 조에 이르러 선정신(先正臣) 이이가 서얼에게 쌀을 바치게 하고 허통해주자는 논의를 처음 발론하여 이로부터 문과(文科)·무과(武科)에 응시하는 것을 허가했으나, 청(淸)·요(要)의 여러 벼슬은 허가하지 아니했습니다." 이긍익,『연려실기술별집』제12권,「정교전고(政敎典故)」, 서얼(庶孼)을 금고(禁錮)하다, 경문사, 853쪽.(고전번역원 온라인 사이트 이용.)

38. 한국학중앙연구원의 한국역대인물종합정보시스템에서는 수집 가능한 모든 과거 기록이 집대성되어 온라인으로 제공되고 있다. http://people.aks.ac.kr/front/search/totalSearch.aks.

39. 허준의 부친은 전라도 지방관으로 갔을 때 그곳에서 모친 영광김씨를 소실로 삼은 듯하며, 소실에게서 얻은 아들이 허준이다. 김호, 『허준의 동의보감 연구』, 102-103쪽.

40. 유희춘, 『미암일기』, 1567년 10월14일. 『미암일기』1, 33쪽.

41. 유희춘, 『미암일기』, 1568년 4월초3일. 『미암일기』1, 260쪽.

42. 유희춘, 『미암일기』, 1568년 정월24일. 『미암일기』1, 160쪽.

43. 유희춘, 『미암일기』, 1573년 2월초6일. 『미암일기』3, 1994, 547쪽.

44. 유희춘, 『미암일기』, 1569년 2월22일. 『미암일기 1, 205쪽.

45. 유희춘, 『미암일기』, 1569년 4월20일. 『미암일기』1, 289쪽.

46. 유희춘의 서적에 대한 폭넓은 관심은 다음 논문을 참조할 것. 배현숙, "柳希春이 版刻을 主導한 書籍에 관한 硏究", 『한국도서관정보학회지』34, 2003, 277-295쪽; 우정임, "『미암일기』를 통해 본 유희춘의 서적교류와 지방판본의 유통", 『지역과 역사』26, 2010, 119-177쪽.

47. 유희춘, 『미암일기』, 1568년 6월24일. 『미암일기』1, 397쪽.

48. 문풍강활산은 아마도 풍문강활산의 오기인 듯하다.

49. 유희춘, 『미암일기』, 1569년 6월초6일. 『미암일기』2, 1993, 28-29쪽.

50. 유희춘, 『미암일기』, 1569년 8월12일. 『미암일기』2, 139쪽. 의정부 약방 의원은 혜민서에서 파견하며 종9품의 하급 의관이다.

51. 유희춘, 『미암일기』, 1573년 11월초3일. 『미암일기』4, 1994, 253쪽.

52. 온라인 한국역대인물종합정보시스템 검색 '석함(石涵)'조.

53. 전전의감부봉사(前典醫監副奉事)를 역임했으며([의과] 명종(明宗) 19년(1564) 갑자(甲子) 식년시(式年試) 2위. 온라인 한국역대인물종합정보시스템 검색), 『실록』에는 훗날 1601년 허준과 함께 내의로 봉직한 기록이 보인다.

54. 유희춘은 허준이 관직에 나아갔을 때에는 그의 관직을 나타내 내의, 내의 첨정, 내의정 등이라는 말을 쓰기도 했으며, 그가 여러 의원과 함께 등장할 때 의원 허준이라는 부분이 한 차례 보인다. 유희춘, 『미암일기』, 1573년 정월초1일. 『미암일기』3, 489쪽.

55. 유희춘, 『미암일기』, 1569년 6월초7일. 『미암일기』2, 30쪽.

56. 유희춘, 『미암일기』, 1569년 6월23일. 『미암일기』2, 56쪽.

57. 유희춘, 『미암일기』, 1569년 6월24일. 『미암일기』2, 58쪽.

58. 유희춘, 『미암일기』, 1569년 6월29일. 『미암일기』2, 62쪽.

59. 『선조실록』, 선조 37년 갑진(1604, 만력 32) 7월2일(신해).

60. 유희춘, 『미암일기』, 1569년 윤6월초3일. 『미암일기』2, 66쪽.

61. 유희춘,『미암일기』, 1567년 10월20일.『미암일기』1, 47쪽.

62. 유희춘,『미암일기』, 1568년 5월초10일.『미암일기』1, 327쪽.

63. 유희춘,『미암일기』, 1568년 4월15일. 자신이 4품직이 되자 그는 자기를 추천해달라는 중부(中部) 주부(主簿, 종6품) 우창령(禹昌齡)의 청을 거절하기도 했다. 유희춘,『미암일기』, 1568년 4월27일.『미암일기』1, 302쪽.

64. 유희춘,『미암일기』, 1568년 5월초10일.『미암일기』1, 328-329쪽.

65. 유희춘,『미암일기』, 1568년 정월28일.『미암일기』1, 165쪽.

66. 유희춘,『미암일기』, 1569년 6월20일.『미암일기 2, 53쪽.

67. 이는『경국대전』의 천거 조항을 따른 것이다.『역주 경국대전』, 116쪽.

68. 『역주경국대전』,「이전(吏典),, 경관직 내의원, 38-40쪽.

69. 의관은 정 1인, 부정 1인, 첨정 1인, 판관 1인, 주부 1인, 의학교수 2인, 작장 2인, 봉사 2인, 부봉사 4인, 의학훈도 1인, 참봉 5인 등 총 21인이다.『역주경국대전』,「이전」, 경관직 전의감, 45-46쪽.

70. 의관은 주부 1인, 의학교수 2인(1인은 문관 겸직), 직장 1인, 봉사 1인, 의학훈도 1인, 참봉 4인 등이다. 가장 높은 직책이 주부로서 종6품이다.『역주경국대전』,「이전」, 경관직 혜민서 62-63쪽.

71. 『역주경국대전』,「이전」, 경관직 활인서, 63-64쪽.

72. 『역주경국대전』,「이전」, 경관직 전의감, 46쪽.

73. 『역주경국대전』,「이전」, 천거, 116쪽.

74. 유희춘,『미암일기』, 1571년 11월초2일.『미암일기』3, 281쪽.

75. 『역주경국대전』,「이전」, 제과, 117쪽.

76. 내의원 운용의 전모를 알려주는 책으로는『육전조례(六典條例)』(1866년)가 유일하다. 이 책은『경국대전』과 이후에 그 책을 보완해서 만든『대전회통(大典會通)』(1865년) 등이 실제 행정에 불편한 점이 많아서 새로이 행정의 세세한 측면까지를 더욱 자세하게 기록한 책이다. 허준이 살던 시대보다 200년 정도 후에 나온 책이기 때문에 그것이 이전의 상황을 제대로 반영하고 있는가에 대한 의심을 품을 수도 있다. 하지만 그럴 가능성은 별로 없는 듯 보인다.『경국대전』에 규정된 행정직의 이름과 수, 품계가 모두 동일할 뿐만 아니라『선조실록』등에서 나오는 다른 관직명과 임무가 그대로 보이기 때문이다. 내의원 조직의 실제 운용 사례가『육전조례』에 잘 나타나 있다. 이를 보면, 내의원은 세 단계 조직으로 구성되어 있었다.(『육전조례』,「내의원」조. 경문사 영인본 하권, 1979, 813~833쪽).『육전조례』에 입각한 내의원 운영에 대해서는

신동원,『조선사람 허준』, 112~113쪽 내용을 참조할 것.

77. 실제로 이 정원이 다 지켜졌는지는 의문이다.『조선왕조실록』이나『승정원일기』등을 보면, 왕의 병 때 실제 참여하는 사람은 많아도 예닐곱에 지나지 않기 때문이다. 넓게 각각 12명씩 인력 풀을 두고 그 안에서 차출하는 시스템이었는지도 모르겠다.

78. 허준의 벼슬길과 관련해서 산원이란 직책에 주목할 필요가 있다. 의원에게도 실직은 아니지만 품계 승진의 길을 열어주었다. 이런 방식은 절묘하다. 높은 품계라는 명예 를 수여함으로써 형식적으로나마 기술직인 의관을 고위 문무관과 대등한 차원으로 대접할 수 있는 장치였기 때문이다. 이는 전의감이나 혜민서의 의관이 갖지 못한 내 의원 의관 또는 어의의 최대 장점이다. 물론 왕이 죽거나 했을 때에는 삭탈관직에서 사형까지 부담이 따랐지만, 치료가 성공했을 때에는 호피나 말을 얻는 것부터 시작 해서 관작의 상승이 내려졌다. 서자 출신이『경국대전』에서 정한 한계를 깨고 당상 관이 되거나 양반으로 허통되었고, 경우에 따라서는 정승에 맞먹는 숭록대부(崇祿 大夫)나 보국숭록대부(輔國崇祿大夫)까지도 넘볼 수 있는 기회가 주어졌다.

79. 신동원, "조선후기 의원의 존재 양태",『한국과학사학회지』, 218쪽.

80. 노수신,『소재선생문집(蘇齋先生文集)』, 권5, 「시(詩)」, 기사20운(紀事二十韻). 민족 문화추진회,『한국문집총간』35, 경인문화사, 2007, 181c.『실록』에는 1576년 8월 1일, 공의전의 병 때 회복의 공으로 노수신, 정종영, 박계현과 의관들이 상을 받은 것이 나와 있다.『선조실록』, 선조 9년 병자(1576, 만력 4), 8월1일(신유).

81.『선조실록』, 선조 9년 병자(1576, 만력 4) 8월1일(신유).

82. 이를테면, 7월 2일 허준이 인사차 오자 유희춘은 그를 지인인 송순(宋純)의 병을 돌 보도록 했으며(유희춘,『미암일기』, 1569년 7월초2일.『미암일기』2, 97쪽), 7월 15일 사 촌 나사침의 아들의 약재 구입에 대해 상의토록 했으며(유희춘,『미암일기』, 1569년 7월15일.『미암일기』2, 110쪽), 9월 9일 (자신이 복용할) 소토사원(小兔[주:菟]絲圓) 을 제약할 일에 대해 상의했다.(유희춘,『미암일기』2, 1569년 9월초9일). 1570년 5월 2 일 허준이 인사차 오자 부인이 복용할 오수유환(吳茱萸丸)에 대해 의논했고(유희춘, 『미암일기』, 1570년 5월초7일.『미암일기』2, 276쪽), 6월 30일 나사침 아들의 습증에 쓸 위령탕(胃苓湯)에 대해 상의한 후, 위령탕 약값 백미 3말을 허준에게 보냈다.(유희 춘,『미암일기』, 1570년 6월30일.『미암일기』2, 439쪽.) 8월 23일 송군직(宋君直)의 약 에 대해 의논했다.(유희춘,『미암일기』, 1570년 8월23일.『미암일기』2, 514쪽). 9월 22 일에는 허준이 자신이 제제한 이황원(二黃元) 8냥을 가지고 왔는데(유희춘,『미암일 기』, 1570년 9월22일.『미암일기』2, 546쪽), 이 이황원은 유희춘의 폐열(肺熱) 증상에

대해 다섯 달 전 명의 양예수가 내려준 처방(유희춘,『미암일기』, 1570년 4월 29일.『미암일기』2, 263쪽)으로 이후 그는 여러 군데서 이 약을 구해 복용해왔다. 9월 25일에는 허준이 강심탕(降心湯) 10복(服)을 지어 보냈다.(유희춘,『미암일기』, 1570년 9월 25일.『미암일기』2, 547쪽). 1571년 유희춘이 전라관찰사로 내려가 있을 때에는 당약 재를 사기 위해 속목(贖木) 11필을 허준에게 보내기도 했다.(유희춘,『미암일기』, 1571년 6월 초3일.『미암일기』3, 159쪽.) 물론 허준이 내의원에 근무하고 있었기 때문에 그를 통해 당약재를 구했던 것이다. 이 밖에도 유희춘은 정판서가 부탁한 녹용을 허준을 통해 내의원 제조의 허락을 받고자 했다.(유희춘,『미암일기』, 1573년 3월 초8일.『미암일기』3, 604쪽.)

83. 유희춘,『미암일기』, 1571년 11월 초7일.『미암일기』3, 286쪽.

84. 유희춘,『미암일기』, 1571년 11월 27일.『미암일기』3, 309쪽.

85. 유희춘,『미암일기』, 1573년 11월 초3일.『미암일기』4, 253쪽. 그렇지만 1581년 허준이 교정을 본『찬도방론맥결집성』에서는 그의 관직이 첨정으로 나타나 있는 것을 보면, 그의 관직이 오르락내리락했음을 알 수 있다. 신동원,『조선사람 허준』, 111쪽.

86. 유희춘,『미암일기』, 1574년 5월 18일.『미암일기』4, 569쪽. 이해 3월 26일자 기록에 내의 허준이라 하고 있으므로 그는 여전히 내의원에 근무하고 있었음을 알 수 있다. 유희춘,『미암일기』, 같은 날짜.

87. 신동원, "이황의 의술과 퇴계 시대의 의학",『퇴계학논집』6, 2010, 247-252쪽.

88. 퇴계학연구원,『퇴계전서』18, 아세아문화사, 1996, 71쪽.

89. 신익성(申翊聖),『낙전당집(樂全堂集)』권10,「묘지명(墓誌銘)」, 비안현감박공묘지 명 병서(比安縣監朴公墓誌銘 幷序), 민족문화추진회,『한국문집총간』93, 1992, 328a~328b.

90. 이경석(李景奭)『백헌선생집(白軒先生集)』권38,「문고(文稿)」, [시장(諡狀)], 이조판 서청송군심공심공시장(吏曹判書青松君沈公諡狀). 민족문화추진회,『한국문집총간』96, 경인문화사, 1992, 356d.

91. 이황,『퇴계전서』18권, 71쪽.

92. 신동원, "조선후기 의약 생활의 변화: 선물경제에서 시장경제로—『미암일기』·『쇄미 록』·『이재난고』·『흠영』의 비교 분석",『역사비평』75, 2006, 353쪽.

93. 성혼,『우계선생집(牛溪先生集)』, 권4,「간독(簡牘)」1, 답정이상철서 정해9월(答鄭二 相澈書 丁亥九月). 민족문화추진회,『한국문집총간』43, 1996, 107b.

94.『선조실록』, 1574.2.15일자.

95. 이 책은 1581년에 완간되어 1612년에 인쇄되었다. 현존하는 『찬도방론맥결집성』을 볼 때, 책의 완성과 인쇄, 발간 사이에는 오랜 기간의 공백이 있다. 어떻게 해서 이런 공백이 생겼는지에 대해서는 불분명하다. 현존하는 것이 초간본이 아닐지도 모른다. 하지만 한 가지 분명한 사실은 임란 이후 수많은 의학 서적이 망실되어 새 책을 펴내는 상황이 벌어졌고, 그런 분위기에서 허준이 교정한 『찬도방론맥결집성』이 편찬되어 나왔다는 점이다.

96. 허준, 『찬도방론맥결집성』, 「발문」. 김신근 편, 『한국의약대계』 39, 458쪽.

97. 허준, 『찬도방론맥결집성』, 「발문」. 김신근 편, 『한국의약대계』 39, 458쪽.

98. 허준, 『찬도방론맥결집성』, 「발문」. 김신근 편, 『한국의약대계』 39, 458쪽.

99. 허준, 『찬도방론맥결집성』, 「발문」. 김신근 편, 『한국의약대계』 39, 458쪽.

100. 허준, 『찬도방론맥결집성』, 「발문」. 김신근 편, 『한국의약대계』 39, 459쪽.

101. 『선조실록』, 1587.12.9일자.

102. 허준, 『언해두창집요』, 「발문」. 김신근 편, 『한국한의학대계』 37, 283-284쪽.

103. 『선조실록』, 선조 24년 신묘(1591, 만력 19) 1월4일(신축).

104. 허준, 『언해두창집요』, 「발문」. 김신근 편, 『한국한의학대계』 37, 283-284쪽.

105. 허준, 『언해두창집요』, 「발문」. 김신근 편, 『한국한의학대계』 37, 283-284쪽.

106. 허준의 『찬도맥결방론집성』에 보면 "통훈대부 행 내의원 첨정 허준"이라고 나온다. 당시로서는 그의 실직이 종4품인 첨정이지만, 그는 이미 내의원 정을 지낸 바 있기 때문에 정3품 당하관 작위인 통훈대부를 썼다. 여기서 행(行)이란 관계(官階)가 실직보다 높기 때문에 붙은 것이다.

107. 『조선왕조실록』에서 통정대부란 명칭은 직접 보이지 않는다. 다만 "당상관의 가좌를 제수했다."는 표현이 보일 뿐이다.(『선조실록』, 1591.1.3일자.) 문맥으로 볼 때, 이는 당하관에서 당상관으로 올렸다는 뜻으로 해석된다. 즉, 1등급 올린 것이다. 만일 당상관 중에서도 종2품 이상이 되었다면 다른 표현을 썼을 것이다.

108. 『선조실록』, 선조 23년 경인(1590, 만력 18) 12월25일(계사); 선조 24년 신묘(1591, 만력 19) 1월3일(경자).

109. 『선조실록』, 선조 24년 신묘(1591, 만력 19) 1월4일(신축).

110. 허준, 『언해두창집요』, 「발문」. 김신근 편, 『한국한의학대계』 37, 283-284쪽.

111. 허준, 『언해두창집요』, 「발문」. 김신근 편, 『한국한의학대계』 37, 283-284쪽.

112. 『선조실록』, 선조 37년 갑진(1604, 만력 32) 6월25일(갑진).

113. 『선조실록』, 선조 37년 갑진(1604, 만력 32) 10월29일(을해).

114. 서울대학교 규장각, 「충훈정량호성공신숭록대부양평군허준서(忠勳貞亮扈聖功臣崇錄大夫陽平君許浚書), 『호성선무원종공신도감의궤(扈聖宣武淸難原從三功臣都監儀軌)』, 서울대 규장각, 1999, 505-506쪽. 전문은 다음과 같다. "지난번 섬나라 도적이 쳐들어와 국경까지 옮겼을 때 모든 관청이 뿔뿔이 흩어지고 모두 내버려두고 떠날 뜻만 있고 모든 관리는 물결처럼 흩어져 모두 도망가기를 묻는 사람들뿐이었다. 너는 변변치 않은 관리였으나 뜻이 절실하여 나라에 바쳤으니 아랫것들에게는 성심(誠心)을 깨우쳐주었으며 동료에게는 대의(大義)를 떨쳐 보였다. 농부는 어찌 쟁기와 호미를 버리고 손으로 부대를 지고 나서는가? 충신은 근력을 아끼지 않고 몸소 굴레를 지고 따르도다. 때는 임진년 6~7월 사이에 하늘 어둑하고 장마 가득한 땅을 따라 천 리 길을 갈 때 아침에서 저녁까지 달리고 또 달리는 것을 감당치 못해 자주 건강을 잃을 때마다 [그대의] 돌보는 힘에 의지했다. 이렇듯 급하고 어려운 때를 맞아 잠시도 떨어져 있지 않고 적전(赤箭)이나 청지(靑芝) 같은 약을 써서 병을 고치는 효험이 있었고, 그런 정성을 끝까지 변치 않았도다."

115. 『선조실록』, 선조 28년 을미(1595, 만력 23) 4월13일(을묘).

116. 『선조실록』, 선조 29년 병신(1596, 만력 24), 3월3일(경오).

117. 허준의 벼슬의 영욕에 관한 부분은 신동원, 『조선사람 허준』, 118-126쪽 참조.

118. 『선조실록』, 선조 37년 갑진(1604, 만력 32) 6월25일(갑진).

119. 『선조실록』, 선조 38년 을사(1605, 만력 33), 9월17일(무자); 9월19일(경인).

120. 『선조실록』, 선조 38년 을사(1605, 만력33), 9월19일(경인).

121. 『선조실록』, 선조 39년 병오(1606, 만력34), 1월3일(임신).

122. 『선조실록』, 선조 39년 병오(1606, 만력34), 1월3일(임신).

123. 『선조실록』, 선조 39년 병오(1606, 만력34), 1월4일(계유).

124. 『선조실록』, 선조 39년 병오(1606, 만력34), 1월6일(을해).

125. 『선조실록』, 선조 39년 병오(1606, 만력34), 1월6일(무인)

126. 이수광 저/남만성 역, 『지봉유설』상, 을유문화사, 1998, 146쪽.

127. 『선조실록』, 선조40년 정미(1607, 만력35), 11월1일(경신).

128. 『광해군일기』, 광해군 즉위년 무신(1608만력 36), 3월22일 (기유).

129. 광해군은 1608년 11월 "허준이 호성공신일 뿐 아니라 나를 위해서 수고가 많았던 사람이다. 근래에 내가 마침 병이 많으나 내의원에 경험이 많은 훌륭한 의원이 적다."고 하면서 허준을 귀양살이에서 풀어줄 것을 시도했으나 중신들의 반대로 무산되었

다.(『광해군일기』, 광해군 즉위년 무신(1608, 만력 36), 11월22일(을사)). 다시 1년 후에야 해배되었다.(광해군 1년 기유(1609, 만력 37) 11월22일 (기해)).

130. 『광해군일기』, 광해군 4년 임자(1612, 만력 40) 10월7일 (정묘).

131. 오늘날의 학자는 이 당독역이 성홍열에 해당하는 것으로 본다. 허준의 성홍열에 대한 세밀한 관찰은 한·중·일 동아시아 3국을 통틀어 성홍열과 유사 질환을 구별해낸 최초의 것이며, 세계 홍역사상(紅疫史上)으로도 가장 이른, 또 정확한 기록 가운데 하나로 평가하기도 한다.(三木榮, 『조선질병사』, 1962, 58쪽.) 『벽역신방』은 허준이 최후까지 학문적인 불을 태워 마지막으로 빛낸 광채의 증거물이다.

132. 『광해군일기』, 광해군 7년 을묘(1615, 만력 43) 11월13일(을유).

133. 최립, 『간이집(簡易集)』 권8, 「휴가록(休假錄)」, '동갑인 태의(太醫) 허 양평군(許陽平君)이 조정으로 돌아갈 때 전송하다.' 민족문화추진회, 『한국문집총간』 49, 경인문화사, 1996, 497c~497d.

4장 『동의보감』 출현을 둘러싼 사회적 상황

1. 三木榮. 『朝鮮醫學史及疾病史』, 195쪽.

2. 三木榮, 『朝鮮醫學史及疾病史』, 194-195쪽.

3. 이에 대해서는 허정, "『동의보감』의 보건사적 연구(1)", 『한국보건사학회지』 제2권 제1호, 1992, 25-32쪽을 볼 것. 1992년 이후의 연구로는 김호, 『허준의 동의보감 연구』, 일지사, 2000, 84-85쪽을 볼 것.

4. 김두종, 『한국의학사』, 탐구당, 1966, 319쪽.

5. 노정우, 「한국의학사」, 『한국문화사대계III 과학·기술사』, 고대 민족문화연구소출판부, 1970, 813-814쪽.

6. 김호, 『허준의 동의보감 연구』, 75-85쪽.

7. 허정, "『동의보감』의 보건사적 연구(1)", 『한국보건사학회지』 제2권 제1호, 1992, 26쪽.

8. 허정, "『동의보감』의 보건사적 연구(1)", 26쪽.

9. 허정, "『동의보감』의 보건사적 연구(1)", 27쪽.

10. 허정, "『동의보감』의 보건사적 연구(1)", 27-29쪽.

11. 허정, "『동의보감』의 보건사적 연구(1)", 30-32쪽.

12. 신동원, 『조선사람 허준』, 166쪽.

13. 신동원, "『동의보감』과 동아시아의학의 에포컬 모멘텀", 『에포컬 모멘텀』(한도현·신동원 외 지음), 들녘, 2012, 95쪽.

14. 『국역조선왕조실록』, 광해군 2년 경술(1610, 만력 38) 8월6일(무인). 고전번역원(www.minchu.or.kr)번역본과 원본 참조.

15. 이정구, 『동의보감』, 「서」. 이 내용은 이정구의 문집인 『월사집』에도 실려 있다.

16. 허준, 『동의보감』 권1, 「동의보감서(東醫寶鑑序)」, 1613, 1b.

17. 『광해군일기』, 광해군 즉위년 무신(1608, 만력 36) 2월21일(무인) 소경대왕의 행장 ③. 『선조실록』, 『광해군일기』 등 『조선왕조실록』 기록에 대해서 여기서는 고전번역원의 『국역조선왕조실록』을 가리킨다. 해당 사이트는 http://db.itkc.or.kr/index.jsp?bizName=JO과 같다.

18. 게다가 선조는 어려서부터 쇠약했기 때문에, 또 만년에 얻은 자신의 중병 때문에 의학에 유달리 관심을 가졌던 인물이다. 선조의 양생관은 오랜 기간을 거쳐 형성된 것이다. 『선조실록』을 쭉 따라 읽다 보면, 십수 개의 관련 기록을 통해 선조가 유달리 수양과 양생의 문제에 큰 관심을 가졌다는 것을 느낄 수 있다. 선조의 양생에 대해서는 신동원, 『조선사람 허준』, 한겨레출판, 2001, 163-166쪽; 조남호, "선조의 주역과 참동계 연구, 그리고 동의보감", 『선도문화』15, 2013, 394-425쪽을 참조할 것.

19. 이정구, 『월사집』 권39, 「서상(序上)」, 동의보감서(東醫寶鑑序). 『한국문집총간』 70, 143d.

20. 이정구, 『월사집』 권39, 「서상(序上)」, 동의보감서(東醫寶鑑序). 『한국문집총간』 70, 143d.

21. 이정구, 『월사집』 권39, 「서상(序上)」, 동의보감서(東醫寶鑑序), 『한국문집총간』 70, 143d.

22. 허준, 『동의보감』 권3, 「내경편」 권1, 「집례」, 1a.

23. 허준, 『동의보감』 권3, 「내경편」 권1, 「집례」, 1a.

24. 허준, 『언해두창집요』 「발문」. 김신근 편, 『한국한의학대계』 37, 285쪽.

25. 허준, 『언해두창집요』 「발문」. 김신근 편, 『한국한의학대계』 37, 285쪽.

26. 이 3종 언문 의서 이외에 『언해납약증치방(諺解臘藥症治方)』도 허준의 저작으로 추정되기도 한다. 역사학자 이우성이 중국에서 새로 발굴하여 국내에 영인, 소개한 『태의원선생안』(고종 초기 저술된 것으로 추정됨)은 이 『언해납약증치방』을 허준의 저서라고 적고 있다.(「태의원선생안」, 『서벽외사(栖碧外史)해외수집본』 78, 아세아문화사, 1997, 457쪽.) 이 책에는 편찬자에 대한 정보가 적혀져 있지 않기 때문에 그것을

곧바로 허준의 저작이라고 단정하기 힘들다. 또 『태의원선생안』 이외에 다른 문헌에서 이 책이 허준의 저작이라고 말한 것은 아직 보이지 않는다.

27. 『언해태산집요』, 『언해구급방』, 『언해두창집요』의 구체적인 내용에 대해서는 이 책의 1장을 참고할 것.

28. 『선조실록』, 선조 39년 병오(1606, 만력 34) 5월14일(신사).

29. 하정용, "內醫院字本 硏究의 諸問題: 『東醫寶鑑』 硏究를 위한 先行課題", 『의사학』 17-1, 2008, 28쪽.

30. 『광해군일기』, 광해군 1년 기유(1609, 만력 37) 2월18일(경오).

31. 김홍균, "醫林撮要의 醫史學的 硏究: 저자, 판본, 구성, 인용문헌 등을 중심으로", 2000, 65쪽.

32. 김홍균, "醫林撮要의 醫史學的 硏究: 저자, 판본, 구성, 인용문헌 등을 중심으로", 2000, 66-67쪽.

33. 『선조실록』, 선조 29년 병신(1596, 만력 24) 2월14일(신해).

34. 『쇄미록』은 유희춘의 『미암일기』와 함께 16세기 조선 사회의 생활상을 가장 잘 그린 일기로 평가받고 있다. 오희문이 한양을 떠난 1591년(선조 24) 11월 27일부터 충청도 장수, 예산, 임천, 황해도 평강을 전전하다 서울로 다시 돌아온 다음 날인 1601년 2월 27일까지 만 9년 3개월간의 생활을 기록하고 있다.

35. 이에 대해서는 신동원, 『조선의약생활사』, 들녘, 2014, 561-568쪽을 참조할 것.

36. 『선조실록』, 선조 29년 병신(1596, 만력 24) 2월16일(계축).

37. 『선조실록』, 선조 29년 병신(1596, 만력 24) 2월19일(병진).

38. 『선조실록』, 선조 29년 병신(1596, 만력 24) 2월19일(병진).

39. 이에 대해 사신(史臣)은 "지금 적군이 경내에 남아 있고 백성들은 시름에 젖어 있다. 그러므로 민간의 초췌함이 이때보다 더 심한 적이 없었는데, 안으로는 궁중의 의식이 사치하고, 밖으로는 신료들이 하는 일 없이 세월만 보내고 있으니, 비록 10행의 윤음을 아침, 저녁으로 내린들 무슨 유익함이 있겠는가."는 부정적인 입장을 적었다. 『선조실록』, 선조 29년 병신(1596, 만력 24) 2월19일(병진).

40. 『선조실록』, 선조 29년 병신(1596, 만력 24) 2월19일(병진).

41. 이정구, 『월사집(月沙集)』 제39권 「서상(序上)」 동의보감서(東醫寶鑑序). 민족문화추진회, 『한국문집총간』 70, 경인문화사, 1991, 143d.

42. 이정구, 『월사집(月沙集)』 제39권 「서상(序上)」 동의보감서. 『한국문집총간』 70, 143d.

43. 이정구, 『월사집(月沙集)』 제39권 「서상(序上)」 동의보감서. 『한국문집총간』 70, 143d.

44. 『선조실록』, 선조 29년 병신 (1596, 만력 24) 2월19일(병진).

45. 이정구, 『월사집(月沙集)』 제39권 「서상(序上)」, 동의보감서 『한국문집총간』 70, 143d.

46. 이정구, 『월사집(月沙集)』 제39권 「서상(序上)」, 동의보감서. 『한국문집총간』 70, 143d. 이 문장이 이처럼 임금이 마땅히 해야 할 당위가 아니라 과거의 일로 번역될 수 있음을 주목할 필요가 있다. 보통 다른 『동의보감』 번역본에서는 이 대목에 대해 "태화가 흩어지면, 육기가 조화를 잃으니……"라 하여 이를 시대 조건에 얽매이지 않은 당위적인 내용으로 푼다. 그렇지만 『월사집』에 실린 『동의보감』의 서문 번역자는 이 '태화의 기운'을, 가뭄으로 인한 농사의 흉작, 태백성이 나타나는 것 같은 천변, 형옥의 적체와 민심의 불안, 관리의 부패와 태만 등과 관련지어 풀이했다. 논쟁적이기는 하나, 이 또한 타당한 번역의 하나다.

47. 이정구, 『월사집(月沙集)』 제39권 「서상(序上)」, 동의보감서. 『한국문집총간』 70, 143d.

48. 함규진은 『선조 나는 이렇게 본다』(보리, 2012, 206-223쪽)에서 교서의 내용과 『동의보감』의 편찬이 직접 관련된 것으로 파악한다.

5장 『동의보감』의 편찬과 출간

1. 1992년도 허정의 논문이 나오기 전까지 『동의보감』의 공동 저술 여부를 깊이 따진 연구가 없었다. 그는 『동의보감』의 서문을 분석하여 『동의보감』 편찬이 전담 편집국 안에서 허준과 6인의 공동 작업으로 이루어졌고 그때 편집의 골격이 만들어졌음을 논변했다. 허정, "『동의보감』의 보건사적 연구(1)", 『한국보건사학회지』 2-1, 20-23쪽.

2. 이상의(李尙毅), 『소릉집(少陵集)』, 좌찬성소릉이공연보(左贊成少陵李公年譜) 민족문화추진회, 『한국문집총간』 속 12, 경인문화사, 2006, 104a.

3. 『선조수정실록』, 선조 36년 계묘(1603, 만력 31) 7월1일(을묘).

4. 『선조실록』, 선조 38년 을사(1605, 만력 33) 11월3일(계유).

5. 『선조실록』, 선조 28년 을미(1595, 만력 23) 1월8일(신사).

6. 이긍익, 『연려실기술(燃藜室記述)』 권11, 명종조 고사본말(明宗朝故事本末). 명종조의 유일(遺逸). 북창고옥선생시집(北窓古玉先生詩集) 건(乾), 1785, 부록 3쪽.

7. 정재서, "정작", 『역대의학인물열전』(이선아 등 6인 저), 한국한의학연구원, 2007, 70-71쪽.

8. 「의약동참선생안(醫藥同參先生案)」, 이우성 편, 『창진집 외 1종』, 아세아문화사, 1997, 515쪽.

9. 정재서, "정작", 『역대의학인물열전』, 71-72쪽.

10. 김홍균은 양예수가 과거에 급제한 해가 1549년임을 들어 당시 의과 합격 평균 연령이 20세 정도임을 고려해 출생연도를 1530년 정도로 추정했으며, 몰년은 『선조실록』의 기록에 따라 1600년으로 확정했다.(김홍균, "양예수", 『역대의학인물열전』, 99-100쪽). 이를 받아들인다면 양예수의 나이는 1539년생인 허준보다 9살 많은 것이 된다.

11. 『조선시대(朝鮮時代) 잡과합격자(雜科合格者) 총람(總覽)』(한국정신문화연구원, 1990).

12. 김호, 『허준의 동의보감 연구』, 116-117쪽. 그렇지만 그의 형 양인수(楊仁壽)는 선조 임금이 왕이 되기 전의 사부였다. 따라서 선조는 즉위하자마자 자신이 왕이 되기 전에 그에게 『사략(史略)』을 가르친 양인수를 서용했다. 동반(東班)에 서용하려 했으나 그가 서얼이라서, 과거나 현량 등용이 아닌 자신의 은원만으로 양반의 핵심인 동반에 임용하는 것이 지나치다고 해서 6품 무관직을 내렸다. 1575년 그가 서얼 출신이 아님이 확실히 밝혀지자 문관직의 6품직을 내렸다.(『선조실록』, 선조 8년 을해(1575, 만력 3) 12월22일(병술)). 양예수의 또 다른 동생 양지수(楊智壽)도 의관이었는데, 그는 임진왜란 때 적의 포로가 되자 적을 꾸짖으며 강에 투신해 죽어 충절로 기록되었다.(『선조실록』, 선조 33년 경자(1600, 만력 28) 12월1일(경오).)

13. 김호, 『허준의 동의보감 연구』, 117쪽.

14. 이런 사실은 천거를 통해 입사한 허준의 케이스와 달리 그가 정통적인 의관의 길을 밟았음을 말해준다. 일반적으로 의관 지망생은 전의감과 혜민서에 학도로 들어가는 것이 가장 유리했다. 보통 10대 중반 이후의 지망생이 기본적인 학문을 마친 후 이 두 기관에 들어가 의학 이론과 임상을 학습했다. 『경국대전』에 따르면 전의감 학도 정원이 50인, 혜민서 정원이 30인이었다. 이 두 기관이 의관 출세에 유리한 점은 두 가지였다. 첫째는 유능한 교수와 훈도가 학도를 가르쳤다는 점이다. 둘째는 학도로 있으면서 관직 임용 시험인 취재를 통해 관직으로 나아갈 수 있었다는 점이다. 계속 시험을 처러 혜민서, 전의감, 정부 파견 기관의 말단 의관이나 지방의 심약 직을 시발로 해서 7품 이하의 참하(參下) 직 의원이 될 수 있었다. 또 의과에 합격했을 때에는 참상(參上) 직으로 올라갈 수 있었고, 내의원 의관으로 발탁되어 나갈 수 있었다. 취재에서 최고 성적을 받았다면, 바로 혜민서나 전의감, 또는 활인서(活人署)의 종9품 참봉(參奉)부터 시작했을 것이나 양예수는 지방의 약재 공납을 담당한 심약으로부

터 관직을 시작했으므로 『경국대전』에 비추어봤을 때 그가 차점자였음을 알 수 있다. 그렇지만 심약의 지위에서 의과에 6등으로 급제했으므로 1품계가 올랐을 것이다.

15. 『명종실록』, 명종 18년 계해(1563, 가정 42) 9월20일(을미). 사관은 이때 동궁이 편찮은 지 오래되었지만, 공을 독차지하기 위해 그가 다른 의원에게 알리지 않다가 위독한 지경에 달한 것을 비난하고 있다.

16. 이에 대해 사관은 "예수는 계해년 가을에 홀로 동궁(東宮)을 모시면서 약을 잘못 써 돌아가시게 하는 변이 일어나도록 했는데도 권력에 빌붙어 그 죄를 면하고 도리어 승진되니 많은 사람들이 더욱 분통해했다."며 통분해했다. 『명종실록』, 명종 19년 갑자(1564, 가정 43) 12월21일(기축).

17. 『명종실록』, 명종 22년 정묘(1567, 융경 1) 6월28일(신해).

18. 유희춘, 『미암일기』 1570년 4월 29일. 『미암일기』2, 263쪽.

19. 김두종, 『한국의학문화대연표』, 탐구당, 1966, 295쪽.

20. 이때에는 공의전의 병을 고쳐서 도제조 노수신, 제조 정종영, 부제조 박계현을 비롯한 의관들이 등급으로 나뉘어 상을 받았다. 『선조실록』, 선조 9년 병자(1576, 만력 4) 8월1일.

21. 『선조실록』, 선조 11년 무인(1578, 만력 6), 7월4일(계축).

22. 김두종, 『한국의학문화대연표』, 297-301쪽.

23. 김홍균, 『역대의학인물열전』1, 2007, 113쪽.

24. 『중조전습방』은 『동의보감』에도 인용되어 있다.

25. 『한국민족문화대백과사전』, 「종계변무」조.

26. 김홍균, 『역대의학인물열전』1, 2007, 131쪽.

27. 김홍균, 『역대의학인물열전』1, 2007, 127쪽.

28. 『선조실록』, 선조 29년 병신(1596, 만력 24) 3월3일(경오).

29. 『선조실록』, 선조 37년 갑진(1604, 만력 32) 7월2일(신해).

30. 김홍균, 『역대의학인물열전』1, 2007, 119쪽.

31. 허준, 『동의보감』 권1, 「동의보감서(東醫寶鑑序)」.

32. 『선조실록』, 선조 33년 경자(1600, 만력 28) 12월1일(경오).

33. 『선조수정실록』, 선조 36년 계묘(1603, 만력 31) 7월1일(을묘).

34. 『선조실록』, 선조 37년 갑진(1604, 만력 32) 7월2일(신해).

35. 『광해군일기』, 광해군 즉위년 무신(1608, 만력 36) 9월26일(경술).

36. 허준, 『언해두창집요』 「발문」. 김신근 편, 『한국한의학대계』37, 285쪽.

37. 여기에 언급된 3종의 의서는 기존의 전통을 잇는 것으로, 이미 앞에서 살폈듯이 백성을 위한 의술 중 가장 기본적인 성격을 띠었다. 전쟁으로 인해 간단하면서도 요긴했기 때문에 민간에 널리 보급되었던 이런 간편 의서조차도 전쟁 중 망실되어 민간에서 찾아보기 힘든 상황이 되었기 때문에 선조는 비슷한 성격의 책을 보완해서 보급하라는 명령을 내린 것이다. 왕이 고금의 내장 의서를 내주는 걸 보면, 심지어 내의원이나 전의감 같은 국가 의료기관에서도 이런 책자가 부족했거나, 거기서 갖추지 못한 진귀한 새로운 자료를 제공했음을 짐작할 수 있다.

38. 허준, 『언해두창집요』 「발문」. 김신근 편, 『한국한의학대계』 37, 285쪽.

39. 물론 언해에 더 많은 시간이 들었을지도 모르며, 편찬 작업이 궤도에 오르면 시간이 단축되므로 이런 추정을 기계적으로 적용해서는 안 될 것이다. 여기서는 단지 방대한 작업에 시간이 많이 소요됨만을 지적하고자 한다.

40. 『선조실록』, 선조39년 병오(1606, 만력34) 5월14일(신사).

41. 『언해구급방』, 『언해태산집요』, 『언해두창집요』 간기 참조.

42. 『광해군일기』, 광해군2년 경술(1610, 만력38) 8월6일(무인).

43. 『광해군일기』, 광해군 2년 경술(1610, 만력 38) 8월6일(무인).

44. 『광해군일기』, 광해군 2년 경술(1610, 만력38) 8월6일(무인).

45. 『동의보감』 서문. 이정구는 1611년 4월에 서문을 완성했다.

46. 『광해군일기』, 광해군 3년 신해(1611, 만력 39) 11월21일(병진).

47. 『광해군일기』, 광해군 3년 신해(1611, 만력 39) 11월21일(병진).

48. 『광해군일기』, 광해군 3년 신해(1611, 만력 39) 11월21일(병진).

49. 오늘날의 서지학 연구에 따르면, 이 책은 훈련도감의 목활자(또는 내의원의 목활자)로 인쇄된 것이다. 그간 『동의보감』은 훈련도감 활자본(三木榮, 『朝鮮醫書誌』, 95쪽; 김두종, 『한국의학사』, 323쪽)으로 통용되어왔으나, 천혜봉은 이 책이 조선전기의 금속활자인 을해자의 서체를 사용한 목판본임을 밝혔고(천혜봉, 『한국목활자본』, 범우사, 1993, 42쪽), 하정용은 1610년 전후에 내의원에서 펴낸 활자본인 『동의보감』을 비롯한 여러 의서를 내의원 활자본으로 명명해야 한다는 주장을 했다. 하정용, "내의원 활자본 연구의 제문제―『동의보감』 연구를 위한 선행과제―", 『의사학』 제17권 1호, 2008, 28-30쪽.

1. 도씨는 명나라 학자 도화(陶華)로서 『상한육서(傷寒六書)』를 지었다.

2. 홍원식, 『중국의학사(中國醫學史)』, 서울동양의학연구원, 1987, 259쪽.

3. 樓英 편찬/진주표 역주, 『註釋醫學綱目』, 「自序」, 법인문화사, 2010, 12쪽.

4. 樓英 편찬/진주표 역주, 『註釋醫學綱目』, 「自序」, 12쪽.

5. 虞摶, 『의학정전(醫學正傳)』, 「서(序)」, 성보사, 1986, [3]쪽.

6. 龔信, 『萬病回春』, 人民衛生出版社, 1992, [5]쪽.

7. 龔信, 『萬病回春』 人民衛生出版社, 1쪽.

8. '먼저 신형의 근본인 형기에 대해 인식한다. 태초는 기의 시작이고, 태시는 형의 시작이며, 태소는 질의 시작으로서 이후 천지의 작용으로 양의 정인 태양, 음의 정인 달이 생겨난다. 이어서 음양과 오행의 작용이 시작되어 이 기운의 작용에 따라 남녀의 교합으로 인간이 형성된다. 인간의 신체는 정·기·신을 몸의 근본 요소로 하면서 오장과 육부의 작용을 포괄하고 오장육부를 관통하는 12경락이 작동한다. 몸속의 장부는 몸 겉의 무리, 코, 눈, 입, 혀, 귀, 치아, 뼈, 수염, 눈썹, 털, 인과 후, 머리카락, 손톱, 힘줄, 손, 발 등의 외형적 요소와 연관되며, 혼·백이나 영혈과 위기, 맥 등과 연관된다. 내인, 외인, 불내외인 등으로 인한 병은 이른바 6맥, 8맥, 7표, 8리, 9도 등의 맥법과 여섯 개의 사맥 등 맥의 상태를 보아 진단한다. 맥진 이외에도 망진·문진·맥진 등의 진단법을 숙지한다. 이어서 상한, 해수, 복창, 하리, 광질, 곽란, 소갈 등 각종 질병을 살펴 헤아린다. 기미론(氣味論)에 입각한 본초학, 7방 10제의 처방학, 땀내는 법과 설사시키는 용약법, 침구법 등을 써서 병을 치료한다.' 龔信, 『萬病回春』 人民衛生出版社, 1-13쪽.

9. 김예몽·전순희·최윤찬, 『의방유취』 1, 「범례」, 『醫方類聚』 1, 人民衛生出版社, [5]쪽.

10. 김예몽·전순희·최윤찬, 『의방유취』 1, 「범례」, 『醫方類聚』 1, 人民衛生出版社, [5]쪽.

11. 王象禮, 「陳無擇」, 「三因極一病證方論方」, 中國中醫藥出版社, 2005, 33쪽.

12. 王象禮, 「陳無擇」, 33쪽.

13. 虞摶, 『의학정전』, 권1, 「의학혹문(醫學或問), 성보사, 1-2쪽,

14. 李湯卿, 『心印紺珠經』, 中醫古籍出版社, 1985, 23쪽.

15. 李湯卿, 『心印紺珠經』, 12쪽.

16. 李梴 편저/진주표 역해, 『신대역편주의학입문(新對譯編註醫學入門)』, 209-212쪽.

17. 李梴 편저/진주표 역해, 『신대역편주의학입문(新對譯編註醫學入門)』, 158쪽.

18. 『중국의적고』나 다른 문헌에 이 책의 이름이 보이지 않는다.

19. 李梴 편저/진주표 역해, 『신대역편주의학입문(新對譯編註醫學入門)』, 158쪽, 159쪽, 175쪽, 194쪽, 197쪽, 202쪽.

20. Paul U. Unschuld, *Medical Ethics in Imperial China* (University of California Press, 1979), p.39.

21. 신동원, "한국 의료윤리의 역사", 『의사학』 9-2, 2000, 171쪽.

22. 李梴 편저/진주표 역해, 『신대역편주의학입문(新對譯編註醫學入門)』, 2190-2193쪽.

23. 김홍균·김남일, "의림촬요의 역대의학성씨에 대하여", 『경희한의대논문집』 21-1, 1998, 109-110쪽.

24. 양예수와 허준이 『의림촬요』의 「역대의학성씨」에 오른 것을 보면, 이 『의림촬요』는 정경선 찬·양예수 교정의 8권본 원본이 아니라 허준 사후 후학들이 증보한 『의림촬요』의 것이다. 김홍균·김남일, "의림촬요의 역대의학성씨에 대하여", 110쪽.

25. 허준, 『동의보감』, 「내경편」 권1, 역대의방(歷代醫方), 2a~6a. 한국 의학사 분야의 대표적인 두 학자 미키 사카에(三木榮)와 김두종이 이 「역대의방」을 『동의보감』이 인용한 문헌 목록으로 간주한 이래, 오랫동안 그것이 정설로 받아들여져왔다. 1995년 신동원이 이에 대해 의문을 제기하면서, 그것이 인용문헌을 적은 게 아니라, 명대 의학자 이천이 지은 『의학입문』의 「역대의학성씨(歷代醫學姓氏)」에 실린 인물 전기에서 의학 서적만 추리고 거기에 명대 후반 의서와 조선 의서 몇몇을 추가한 것임을 밝히는 한편, 아울러 『동의보감』에는 「역대의방」에 등장하지 않는 수많은 의서가 인용되어 있다는 사실을 파악해냈다.(신동원, "『동의보감』의 「역대의방」은 과연 인용문헌을 적은 것인가?", 『한국보건사학회지』 3, 1995, 13쪽.) 한 걸음 더 나아가 김홍균·김남일은 원본이라 할 수 있는 『의학입문』의 「역대의학성씨」, 이를 약간 증보한 『의림촬요』의 「역대의학성씨」, 『동의보감』의 「역대의방」에 등장하는 의서를 낱낱이 대조하여 목록에 약간의 차이가 있었음을 밝혀내고, 그 차이가 뜻하는 게 무엇인지 논했다. (김홍균·김남일, "의림촬요의 역대의학성씨에 대하여", 『경희한의대논문집』 21-1, 1998, 105-118쪽.)

26. 여기서 순서가 착종된 부분이 존재한다. 원나라 때 저작인 『양생주론』·『영류검방』·『증치요결』 3종의 의서가 명나라 의서들 사이에 끼어 있다. 왜 이런 일이 발생했을까? 그 까닭은 「역대의방」의 나열이 이천이 지은 『의학입문』의 「역대의학성씨」를 참조한 데서 찾을 수 있다. 「역대의학성씨」는 우선 의사의 범주를 상고성현(上古聖賢), 유의(儒醫), 명의(明醫), 세의(世醫), 덕의(德醫), 선선도술(仙禪道術, 도사와 승려) 등 여섯 범주로 나눈 후 각 카테고리별로 훌륭한 의사를 시대 순으로 나열했다. 여기서

원대에 나온 3의서는 덕의 부분에 송대 저작 이후 배열되어 있었는데, 허준은 이를 제대로 된 시대 위치로 옮기지 않고 「역대의학성씨」의 순서를 그대로 따랐다. 이런 사실은 「역대의방」이 「역대의학성씨」과 크게 관련되어 있음을 시사한다.

27. 「역대의방」에서는 이천의 「역대의학성씨」에서 의학 저술을 남기지 않은 인물은 배제되었는데, 215명 중 166명이 그러하다. 김홍균·김남일, "의림촬요의 역대의학성씨에 대하여", 117쪽.

28. 김홍균·김남일, "의림촬요의 역대의학성씨에 대하여", 110-115쪽.

29. 허준,『동의보감』,「내경편」 권1, 역대의방(歷代醫方), 2a. 이 9종의 의서는 「역대의학성씨」에 적힌 '상고성현'의 내용과 완전히 동일하다. 아마도 이 리스트는 당대(唐代) 감백종(甘伯宗)이 편찬한『역대명의성씨(歷代明醫姓氏)』에 담겼던 내용이『의림사전(醫林史傳)』,『외전(外傳)』 등의 책으로 계속 이어져온 내용일 것이다.

30. 허준,『동의보감』,「내경편」 권1, 역대의방(歷代醫方), 2b~3b.

31. 이 책의 내용은 대부분 「역대의학성씨」에 실려 있다. 반면에 「역대의방」은 「역대의학성씨」에 실린 배위(裴頠)의『태의권형(太醫權衡)』을 비롯한 17종의 책을 싣지 않았으며 거기에 없는 장중경(張仲景)의『금궤옥함경(金匱玉函經)』과 왕도의『외대비요』를 새로 추가했다.

32. 본초의 전통에 관한 내용은『정화신수증류비용본초(政和新修經史證類備用本草)』의 서문을 통해 파악할 수 있다. 여기에는 서지재(徐之才)의『약대』, 맹선의『식료본초』, 견립언(甄立言)의『본초음의』, 진장기의『본초습유』(아울러 송대의『일화자본초』)가 다른 본초서와 함께 중요한 저작으로 언급되어 있다. 단, 이 책에서는『본초음의』의 저자를 견립언이 아니라 이함광(李含光)의 저작이라고 하고 있다.

33. 허준,『동의보감』,「내경편」 권1, 역대의방(歷代醫方), 3b~4a.

34. 『비용본초경사증류(備用本草經史證類)』는『경사증류비용본초(經史證類備用本草)』를 말하는 것일 텐데,『동의보감』에서는『의학입문』「역대의학성씨」의 정보를 그대로 받아들여『비용본초경사증류(備用本草經史證類)』라 쓰고 있다.

35. 『동의보감』에서는『의설(醫說)』의 저자를 장확(張擴)으로 기재했지만, 오늘날『의설』의 저자는 남송의 장고(張杲, 1149~1227)로 밝혀져 있다.

36. 홍원식,『중국의학사』, 동양의학연구원, 1987, 174쪽.

37. 『성제총록』은 황명으로 편찬된 방대한 의서로서 「역대의학성씨」에서는 배제되어 있다. 이에 비해 「역대의학성씨」에서는『성제총록』에 앞서 편찬된, 성격이 비슷한『태평성혜방』을 황명을 받아 편찬을 주도한 왕회은(王懷隱)조에 이 사실을 기록했다. 어

찌 된 이유인지는 알 수 없으나 「역대의학성씨」에서는 『삼인방』도 게재하지 않았다.

38. 허준, 『동의보감』, 「내경편」 권1, 역대의방(歷代醫方), 4a~5a.

39. 『원병식(原病式)』, 『소문현기(素問玄機)』는 보통 『소문현기원병식』이라는 단일 책자를 뜻하는데, 허준의 「역대의방」은 이 둘을 따로 구분했다. 착오가 있었던 것인지, 판본의 차이인지 모르겠다.

40. 「역대의학성씨」에서는 대원례를 명대의 인물로 간주했는데, 「역대의방」은 그를 원대의 인물에 배속시켰다. 아마도 출생연도를 기준으로 해서 그렇게 한 것으로 추측된다.

41. 허준, 『동의보감』, 「내경편」 권1, 역대의방(歷代醫方), 5a~6a.

42. 「역대의방」에서는 저자인 누영(樓英)이 밝혀져 있지 않고, 단지 '본조인소찬(本朝人所撰)'이라고만 되어 있다.

43. 李梴 편저/진주표 역해, 『신대역편주의학입문(新對譯編註醫學入門)』, 192쪽.

44. 허준, 『동의보감』, 「내경편」 권1, 역대의방, 6a.

45. 『동의보감』에서는 오늘날 『소문현기원병식』으로 알려진 한 종의 책을 『원병식』·『소문현기』 등 두 종의 책으로 표기했다.

46. 허준, 『동의보감』 권3, 「내경편」 권1, 「집례」, 1b.

47. 이고(李杲)는 「약상론(藥象論)」을 지었으며, 그의 이름이 포함된 『동원십서』 가운데에는 「탕액본초」가 포함되어 있다. 주진형(朱震亨)은 『본초연의보유』를 지었다.

7장 의학 일통의 신형장부의학 기획

1. 허준, 『동의보감』 권1, 「동의보감서」, 1a.

2. 허준, 『동의보감』, 「내경편」 권1, 신형장부도(身形藏府圖), 7a.

3. 黃龍祥 主編, 『中國鍼灸史圖鑑』 靑島出版社, 2002, 67쪽.

4. 뇌, 전중, 격막에 대한 설명은 다음과 같다. '뇌는 지극한 음의 기운인 정이 머리에 있어 척추를 따라 순환하면서 인체 다른 곳에 공급하게 되는데 신장이 이 기능을 주관한다.' '전중의 이름은 기해(氣海)로 양 젖꼭지 사이에 있어 기의 바다를 이룬다. 능히 음양의 기운을 베푸는 곳으로서 생명의 근원이다. 부모 된 자로서 이를 손상해서는 안 된다.' '격막은 심장과 폐의 아래에 있으며 척추, 옆구리, 배와 더불어 서로 들러붙어서 막을 친 것과 같다. 탁한 기운이 위로 치고 올라가는 것을 막는다. 이처럼 격막이 몸체를 가로지르면서 격막의 아래쪽으로는 간, 위, 비장, 신장 등이 놓여 있다.'

5. 李梴 편저/진주표 역해, 『신대역편주의학입문(新對譯編註醫學入門)』, 100쪽. 그림에서는 표시되어 있지만, 그림 밖 설명인 박스에서는 '심계(心系)'라는 표현이 보이는데 이를 지칭하는 것인지 모르겠다. 이 그림에서는 위와 관련해서도 '위계'라는 표현이 보이는데, 『의학강목』의 그림에는 보이지 않는 것이다. 박스 설명에서는 심계 이외에 소심계(小心系), 신계 등 두 표현이 보이는데, 『의학강목』에 따르면 소심계는 두 개의 신장 중 하나로 여겨진 명문을 말한다.

6. 龔信, 『萬病回春』, 人民衛生出版社, 33-35쪽.

7. 龔信, 『萬病回春』, 人民衛生出版社, 29-32쪽.

8. 黃龍祥, 『中國針灸史圖鑑』, 靑島出版社, 2003, 67-8쪽.

9. 허준, 『동의보감』, 「내경편」 권1, 11a.

10. 허준, 『동의보감』, 「외형편」 권1, 1a.

11. 허준, 『동의보감』, 「내경편」 권1, 11a.

12. 허준, 『동의보감』권3, 「내경편」 권1, 「신형장부도」, 7b.

13. 『醫方類聚』 9, 人民衛生出版社, 1981, 337쪽.

14. 김예몽, 전순의, 최 윤 찬, 『의방유취(醫方類聚)』 권 4, 「오장문(五藏門)」 1, 오장론(五臟論), 의인(醫人). 『醫方類聚』 1, 人民衛生出版社, 84쪽. 이 의인 부분에는 신형장부도에서 빠진 한 구절이 더 있다. "땅에 구주가 있으니 사람에게 구규가 있다[地有九州, 人有九竅]."는 내용이 그것이다. 생략 이유는 이미 구성, 구규의 대응에서 이를 언급했기 때문일 것이다.

15. 丹波元胤, 『中國醫籍考』, 人民衛生出版社, 1983, 179-180쪽.

16. 허준, 『동의보감』, 「내경편」 권1, 「집례」, 1b.

17. 주진형, 『격치여론』, 「치병선관형색연후관맥문증론(治病先觀形色然後察脈問證論)」에는 다음과 같이 되어 있다. "經曰 : 診脈之道, 觀人勇怯, 肌肉皮膚, 能知其情, 以為診法也. 凡人之形, 長不及短, 大不及小, 肥不及瘦. 人之色, 白不及黑, 嫩不及蒼, 薄不及濃."

18. 김남일의 미발표 논문의 견해를 따른 것임.

19. 허준, 『동의보감』, 「내경편」 권1, 집례, 1a.

20. 허준, 『동의보감』, 「내경편」 권1 신형문(身形門), 단전유삼(丹田有三), 11a.

21. 허준, 『동의보감』, 「내경편」 권1, 신형문, 사대성형(四大成形), 8b.

22. 김호는 이런 불교와 도교, 또 『동의보감』의 유교적 분위기를 아울러 조선전기의 삼교회통(三敎會通)의 분위기를 반영하는 것으로 보았고(김호, 『허준의 동의보감 연구』,

134쪽), 신동원은 이에 대해『동의보감』이 불교적 인체관을 받아들이고는 있지만 그것을 삼교회통적 정도로 보기 힘들다는 견해를 제시했다.(신동원,『조선사람 허준』, 89~92쪽.) 검토 결과 허준의 불교 관련 인용은 모두『의방유취』에서 재인용한 것이며,『동의보감』은『의방유취』에서 훨씬 강하게 풍기는 불교적 뉘앙스를 매우 제한된 범위 내에서 인용하고 있다. 또한「용수안론(龍樹眼論)」같은『의방유취』에 실린 불교적 의학 서적은 단 한 차례도 인용하고 있지 않다.

23. 허준,『동의보감』「내경편」권1, 신문(神門), 인신신명(人身神名).『정리(正理)』라는 책을 인용한 대목에서는『황정경』의 논의에 이어 몸을 세 부분으로 나누어 각각의 팔경 신을 말한 대목이 있는데, 이 경우에는 몸을 내외로 나눈 것이 아니라 신체를 상중하로 나누어 각각의 신을 말하고 있다. 상부 팔경은 발신(髮神), 흉신(胸神), 안신(眼神), 비신(鼻神), 이신(耳神), 구신(口神), 설신(舌神), 치신(齒神) 등과 같고, 중부 팔경으로는 폐신(肺神), 심신(心神), 간신(肝神), 비신(脾神), 좌신신(左腎神), 우신신(右腎神), 담신(膽神), 후신(喉神) 등과 같으며, 하부 팔경으로는 신신(腎神), 대장신(大腸神), 소장신(小腸神), 동신(胴神), 위신(胃神), 격신(膈神), 양협신(兩脇神), 좌양신(左陽神)·우음신(右陰神) 등이 있다. 신체를 내외로 나누지는 않았지만 안팎의 주요 부분을 동등하게 취급하는 경향을 엿볼 수 있으며, 각각의 부분은 대부분『동의보감』에서 내경과 외형으로 분류되었다.

24. 신동원,『조선사람 허준』, 180쪽.

25. 보통 이전의 장부도는 몸속의 신형을 그렸다 해도 외부는 전혀 강조하지 않았으며 시선의 초점은 오로지 안쪽에 국한되었다. 이와 달리 허준은 그 어느 누구도 시도하지 않았던 안과 밖에 동등한 의미를 부여하는 의학 체계를 내세웠기 때문에 여기서 드러난 것처럼 실제로 든 근거가 삼오나 사대의 경우보다 다소 빈약한 것처럼 느껴진다.

26. 허준,『동의보감』,「잡병편」권1, 천지운기(天地運氣), 운기지변성역(運氣之變成疫), 15b.

27. 허준,『동의보감』,「잡병편」권1, 천지운기, 운기지변성역, 15b~16a.

28. 허준,『동의보감』,「잡병편」권1, 토문(吐門), 토내고법(吐乃古法), 46a.

29. 허준,『동의보감』「내경편」권1, 집례, 1a.

30. 李湯卿,『心印紺珠經』, 13쪽.

31. 김예몽·전순희·최윤찬,『의방유취』권1, 五常大論.『醫方類聚』1, 人民衛生出版社, 19-20쪽.

32. 「내경편」에 정·기·신을 둔 것,「잡병편」의 한·토·하의 순서를 바꾼 것,「탕액편」의

약물 분류 순서를 완전히 바꾼 것들이 모두 이에 속한다. 「내경」이니 「외경」이니 「잡병」이니 하는 큰 분류 자체도 이러한 성격을 띤다.

33. 『동의보감』, 「탕액편」 권1, 수부문(水部門), 14a.

34. 『동의보감』, 「탕액편」 권1, 수부문(水部門), 18b.

35. 『동의보감』, 「탕액편」 권1, 수부문(水部門), 20a.

36. 사실 본초서에서 흔히 취하는 순서는 「탕액편」에 나오는 사람에서 금석에 이르는 과정을 반대로 한 것이다. 다시 말해 금석과 같은 광물계로부터 시작하여 식물계를 거쳐 동물계에 이르는 순서이다. 특히 본초서의 완성이라 할 수 있는 명대의 『본초강목(本草綱目)』에서는 수화토금옥석을 맨 처음에 둔다. 즉 오행 가운데 목을 제외한 나머지 원소들[수화토금]과 옥석을 묶은 광물계를 맨 처음에 두고, 다음에는 곡식과 채소, 과일, 나무의 순서로 식물계가 나온다. 식물계 다음은 동물계로 충(蟲), 금수에 이어 마지막으로 사람이 온다. 「탕액편」의 후반부는 『본초강목』의 이러한 자연적 분류의 순서를 따르지만, 그 전반부는 다른 본초서들과 동일한 요소들을 갖고 전혀 다른 방식의 배열을 통해 물로부터 인간의 탄생까지의 과정을 말하고 있다. 흔히 『본초강목』을 두고 본초학에서 박물학으로의 전환이 일어났다는 평가를 하는데, 『동의보감』 「탕액편」에는 자연사만이 아니라 인간의 발생 과정도 담겨 있다. 그런 의미에서 본초서도 아니고 종합 의서의 일부인 『동의보감』의 「탕액편」이 위에서 설명한 관점에서 약재들을 배열하고 구성된 점은 상당히 독특하다고 하지 않을 수 없다. 이러한 점은 같은 종합 의서인 『의학입문』이 약재에 대해 자연적 분류 방식을 전혀 채택하지 않고 병증에 대한 효과라는 철저하게 임상적 관점에서 약재를 분류한 점과 극적으로 대조된다.

8장 동아시아 의학 전범의 확립

1. 제한문(諸寒門)의 경우, 『동의보감』은 여기에 상한을 포함시켰지만, 『의방유취』에서는 이 둘을 분리해서 각각의 문으로 삼았다.

2. 신동원, 『조선사람 허준』, 205-206쪽 참조.

3. 허준, 『언해두창집요』, 김신근 편, 『한국한의학대계』 37, 283-284쪽.

4. 김예몽·전순의·최 윤 찬, 『의방유취(醫方類聚)』 263, 「소아문(小兒門)」 25. 『醫方類聚』 11, 人民衛生出版社, 744쪽.

5. 김예몽·전순의·최 윤 찬, 『의방유취(醫方類聚)』 263, 「소아문(小兒門)」 25. 『醫方類

聚』11, 人民衛生出版社, 744쪽.

6. 허준, 『동의보감』, 「잡병편」 권11, 소아문, 51b.

7. 이수광, 『지봉유설』 19, 식물부 약. 이수광 저/남만성 역, 『지봉유설』 하, 450쪽.

8. 『동의보감』 전체 세목을 엑셀로 통계 작업해서 얻은 결과다.

9. 『만병회춘』은 1면에 최대 11행 21자(빈칸 1자 제외) 해서 242자, 『동의보감』은 20행 18
   자(빈칸 2자 제외)로 360자, 초간본 『향약집성방』의 경우 15행 18자로 270자다. 『동의
   보감』과 『의학입문』은 대활자의 절반 크기인 활자를 사용하기 때문에 1면에 들어가는
   정보량이 증가한다. 단, 『동의보감』의 경우 계산하지 않은 여백에 약간의 대활자가 배
   치되기 때문에 글자 수가 다소 추가되며, 『의학입문』의 경우에는 중요한 의학 이론 부
   분에는 대활자를 써서 2행이 아니라 1행으로 구성되는 부분이 많기 때문에 활자 수가
   약간 감소한다.

10. Shin, Dongwon, The Characteristics of Joseon Medicine: Discourses on the Body,
    Illustration and Dissection, *The Review of Korean Studies*, vol.13, No. 1, pp.157-158.

11. 허준, 『동의보감』 권3, 「내경편」 권1, 「집례」, 1b.

9장 동아시아 의학의 종합의 종합

1. 『동의보감』 인용문헌에 '易老'라 표현되어 있는 것은 보통 '역로'라고 읽지만, 이 '이로
   (易老)'가 주희의 시 '소년이로학난성(少年易老學難成)'에서 비롯된 것이라면 우리말
   로 '이로'가 맞을 것이다.

2. 『동의보감』의 인용서 중 경험과 경험방, 양생과 양생서, 양성(養性)과 양성서(養性書),
   거가필용(居家必用)·필용(必用)·필용방(必用方)·필용전서(必用全書) 등 동일한 것처
   럼 보이는 경우도 있지만, 그것이 동일한 책에서 비롯한 것인지는 분명치 않다. 사람 이
   름이 들어간 경우에도 저자가 쓴 책이 여럿 존재하는 경우가 많기 때문에 그것을 어떤
   저작이라 특정하기도 힘들다. 단적인 예로 단계(丹溪), 동원(東垣), 장자화(張子和)·자
   화(子和)·자화방(子和方), 황보밀(皇甫謐)과 황보사안(皇甫士安), 하간(河間) 등이
   그러하다. 이런 사정 때문에 『동의보감』의 인용문헌 수를 정확하게 파악하는 것은
   사실상 불가능하다. 확실하게 동일한 책으로 판단되는 것으로는 다음 27종이 있다.
   갑을(甲乙)과 갑을경(甲乙經), 단계심법(丹溪心法)과 단심(丹心), 득효(得效)와 득효
   방(得效方), 본사(本事)와 본사방(本事方), 사요(四要)와 산거(山居), 삼인(三因)과 삼

인방(三因方), 서죽(瑞竹)과 서죽당방(瑞竹堂方), 성혜(聖惠)와 성혜방(聖惠方), 신응(神應)과 신응경(神應經), 양로(養老)와 양로서(養老書), 어약(御藥)과 어원(御院), 연수(延壽)와 연수서(延壽書), 영추(靈樞)와 영추경(靈樞經), 자생(資生)과 자생경(資生經), 직지(直指)와 직지방(直指方), 직소(直小)와 직지소아(直指小兒), 참동(參同)과 참동계(參同契), 천금(千金)과 천금방(千金方), 칠금문(七禁文)과 태을진인칠금문(太乙眞人七禁文), 포박(抱朴)과 포박자(抱朴子), 활인(活人)과 활인서(活人書), 활심(活心)·활심인(活心人)·활인심(活人心)·활인심방(活人心方)·구선활심(臞仙活心), 황정(黃庭)과 황정경(黃庭經), 회남(淮南)과 회남자(淮南子) 등이 그것이다. 필사본을 한 부 만들어 내의원에 두고 원본을 지방으로 내려보내 발간토록 했던 사실이 이를 말한다. 이렇듯 인용 표기가 완전히 통일되지 않은 사실은 『동의보감』이 마무리 단계 무엇인가 미흡함이 있었음을 시사한다. 연로한 허준이 서둘러 완성본을 제출하려 했던 것 같고, 임진왜란 직후 내의원에서도 여력이 없어 『의방유취』의 발간 때와 같은 엄격한 교정를 실행하지 못했던 것 같다.

3. 연변의 학자 崔秀漢이 『朝鮮醫籍通考』(中國中醫藥出版社, 1996)에서 『동의보감』의 인용 출처를 밝히는 작업을 한 이래 국내에서 여러 학자가 이에 관한 연구를 수행한 바 있으며, 이런 연구 덕택에 『동의보감』 인용문헌에 대한 이해도가 높아졌다. 그렇지만 많은 경우 서명이 비슷한 것을 추론해서 규정짓는 데서 적지 않은 오류가 발견된다. 나는 이런 문제점을 피하기 위해서 인용 출처를 원 인용 자료와 비교 검토하는 방법을 썼는데, 오늘날 수많은 원전 문헌이 전산화되어 있기 때문에 가능한 일이었다.

4. 한의학대학사전편찬위원회, 『한의학대사전』(의사문헌편), 40쪽.

5. 「내경편」 209회, 「외형편」 317회, 「잡병편」 672회, 「탕액편」 82회, 「침구편」 5회 등과 같다.

6. 三木榮, 『朝鮮醫書誌』, 216쪽.

7. 『의학정전』에 대한 설명은 한의학대학사전편찬위원회, 『한의학대사전』(의사문헌편), 229쪽 참조.

8. 한의학대학사전편찬위원회, 『한의학대사전』(의사문헌편), 228쪽.

9. 이 책은 『동의보감』 전체 인용문헌의 16퍼센트 정도의 비중을 차지하며, 「내경편」 396회, 「외형편」 521회, 「잡병편」 1301회, 「탕액편」 412회, 「침구편」 178회 등 전편에 골고루 편재되어 있다.

10. 한의학대학사전편찬위원회, 『한의학대사전』(의사문헌편), 10-11쪽.

11. 한의학대학사전편찬위원회, 『한의학대사전』(의사문헌편), 56쪽.

12. 진주표, 『만병회춘』, 법인문화사, 2007; 『대역의학입문』, 법인문화사, 2009; 『의학강

목』, 법인문화사, 2010.

13. 120종으로 개별 분류된 것 중 송대 주굉의 『활인서』가 각각 『무구자활인서』, 『남양활인서』, 『상한활인서』 등 서로 다른 이름으로 분류되어 있다. 또 『유문사친』의 경우에는 「三法六門」, 「十形三療」, 「雜記九門」, 「治病百法」 등의 편명을 마치 서명처럼 따로 구분했다. 이를 구분한다면 실제 서종은 114종이 된다.

14. 분류의 대상으로 된 책은 『천금방』, 『외대비요』 등 의방서이며, 참고한 가운데에는 『내경』, 『소문』, 『침경』, 『갑을경』, 『난경』, 『맥경』 등 의학 경전 등이며 목록에 올라 있는 것 중에서 여러 책이 실제로 편집에 사용되지 않았다. 그럼에도 어떤 연유로 이런 책들이 인용 목록에 올라 있는지 알기 힘들다. 혹시 세종 때 완성된 365권 본에는 있었지만, 최종 인쇄본 266권에는 빠진 것이 아닌지도 모르겠다.

15. 한의학대학사전편찬위원회, 『한의학대사전』(의사문헌편), 124쪽.

16. 물론 드물게 명대의 의서도 『의방유취』에 포함되어 있는데, 14세기 말에 간행된 주권의 『활인심』(44회)이 그것이다.

17. 『의방유취』에서는 장중경의 책을 그대로 싣지 않았으며, 성무기가 주석한 『상한론주해(傷寒論注解)』 전문을 인용했다.

18. 이 『맥결』은 조선에서 과거로 쓰던, 또 자신이 교정에 참여했던 『찬도방론맥결집성』일 가능성이 높다.

19. 『증류본초』에 관한 설명은 한의학대학사전편찬위원회, 『한의학대사전』(의사문헌편), 8쪽 참조.

20. 『동의보감』의 「침구편」에서는 『증류본초』 인용이 3회에 지나지 않는다.

21. 『동의보감』에서는 『동원십서』 안에 포함되어 있는 왕호고의 『탕액본초』가 123회 인용되어 있는데 이를 이동원의 본초로 간주했는지 모른다. 또 주단계의 저작인 경우에는 특별히 본초서가 구별되어 있지 않다. 아마도 『단계』 등의 이름으로 인용된 데 포함되어 있을 것이다.

22. 이 책은 최근 이동철의 연구에 의해 임진왜란에 참전했던 원황(袁黃, 1533~1606)이란 인물의 저작인 『기사진전(祈嗣眞詮)』임이 밝혀졌다.(이동철, "『동의보감』의 심리학 연구를 위한 예비적 시론—『동의보감』과 불교의 관계에 대한 재검토", '『東醫寶鑑』을 중심으로 살펴본 동아시아 醫科學 문명 전개에 대한 비교 연구' 세미나, 2013, 11, 23, 경희대 발표문.) 『동의보감』에 인용된 책 중 가장 최신의 것으로 허준과 면식이 있었을 가능성이 높다.

23. 최수한, 『朝鮮醫籍通考』, 75쪽.

24. "驚悸當補血安神宜靜神丹寧志元養血安神湯朱砂膏若氣鬱驚悸宜交感丹(方見氣部)加味四七湯〈諸方〉." 허준 엮음/동의과학연구소 옮김, 『동의보감』제1권 「내경편」, 휴머니스트, 2002, 415쪽.

25. 『의방유취』권7, 오장문, 성혜방1.

26. 국윤욱, 「동의보감 옹저론(상)의 인용문헌에 대한 연구」, 우석대 한의학과 석사논문, 2004, 41쪽. 이 논문에는 이 편에 실린 모든 사례에 대해 교감을 하면서, 인용 때 달라진 부분을 짚고 있다. 이 비슷한 연구로는 문영옥, 「『동의보감』 오장 육부 연관문의 인용문에 대한 연구」, 원광대 한의학전문대학원 석사논문, 2010; 최현배, 「『동의보감』 오관 연관문의 인용문에 대한 연구」, 원광대 한의학전문대학원 석사논문, 2013 등이 있다.

27. 허준, 『동의보감』 권1, 「동의보감서」, 2b.

28. 2014년 8월 14일 대구에서 열린 한 국제세미나에서 동의보감에 관한 내용을 한형조 교수와 나눈 대화이다.

29. 고미숙, 『동의보감, 몸과 우주 그리고 삶의 비전을 찾아서』, 그린비, 2011, 67쪽.

10장 「동의보감」과 조선 동의 전통의 전개

1. 허준, 『동의보감』 권3, 「내경편」 권1, 「집례」, 1b.

2. 한의학대학사전편찬위원회, 『한의학대사전』(의사문헌편), 232쪽.

3. 한의학대학사전편찬위원회, 『한의학대사전』(의사문헌편), 282쪽.

4. 김홍균은 『의림촬요』가 1551년 무렵에 존재했을 가능성이 있으며, 최종적으로는 1589년에서 1593년 사이에 완성된 것으로 추정한다. 김홍균, "醫林撮要撮要의 醫史學的 研究: 저자, 판본, 구성, 인용문헌 등을 중심으로", 2000, 38-40쪽.

5. 三木榮, 『朝鮮醫書誌』, 86쪽.

6. 『중종실록』, 중종 13년 무인(1518, 정덕 13), 7월12일(기유),

7. 허준, 『동의보감』 권1, 「동의보감서」.

8. 『선조실록』, 선조 38년 을사(1605, 만력 33) 11월3일(계유).

9. 『선조실록』, 선조 36년 계묘(1603, 만력 31) 3월14일(경오),

10. 허준, 『동의보감』 권1, 「동의보감서」, 1b.

11. 이익, 『성호사설』 제28권, 시문문(詩文門), 무경과 경전(武經經傳). 민족문화추진회

영인본, 원문 27b~28a.

12. 방동인, 『향토사연구자료총서』1, 한강사, 1994, 247쪽.

13. 이익, 『성호사설』 제28권, 시문문(詩文門), 무경과 경전(武經經傳). 민족문화추진회 영인본, 원문 27b~28a.

14. 정조, 『홍재전서』 제179권, 군서표기(羣書標記) 1, ○ 어정(御定) 1 수민묘전(壽民妙詮) 9권. 민족문화추진회, 『한국문집총간』 267, 2001, 494b.

15. 박지원, 『연암집』 권15, 「별집」, 열하일기, 구외이문(口外異聞). 민족문화추진회, 『한국문집총간』 252, 2000, 296a~296b.

16. 중국 의서 목록은 『소문』·『영추』·『난경』·『금궤요략』·『상한론』·『동인침구경』·『선명방론』·『내외상변혹록』·『비위론』·『난실비장』·『격치여론』·『국방발휘』『금궤구현』·『외과정의』·의경소회집·『맥결간오』·『설씨의안』·『침구문대』·『전수현주』·『증치준승』·『의학입문』·『본초강목』·『경악전서』·『본초비요』·『의방집해』 등과 같다. 홍석주 원저/리상용 역주, 『역주 홍씨독서록』, 아세아문화사, 2006, 218-230쪽.

17. 홍석주 원저/리상용 역주, 『역주 홍씨독서록』, 아세아문화사, 2006, 231쪽.

18. 이덕무, 『국역 청장관전서』 4, 민족문화추진회, 1997, 192쪽.

19. 梁永宣·黃英華, "中國對『東醫寶鑑』的認識和研究, 『동의보감』을 중심으로 살펴본 동아시아 의과학 문명 전개에 대한 비교 연구 컨퍼런스 발표집, 2012.11, 103쪽.

20. 崔守漢, 『朝鮮醫籍通考』, 63-66쪽.

21. 이 부분에 대한 논의는 신동원, 『조선사람 허준』, 216-220쪽 참조하여 집필함.

22. 『정조실록』, 정조 23년, 12월14일(갑오).

23. 정조, 『홍재전서』 권8, 『수민묘전서(壽民妙詮序). 민족문화추진회, 『한국문집총간』 262, 2001, 130d.

24. 김성수, "18세기 후반 의학계의 변화상─『흠영』으로 본 조선후기 의학", 『한국문화』 65, 2014, 119쪽.

25. 조정준의 의학 풍토론에 대해서는 『한국실학사상연구 4 과학기술편』(연세대국학연구원, 2005)에 실린 졸고 "실학과 의학"을 참조했다.

26. 조정준, 『급유방(及幼方)』, 「동방육기론」. 조정준 저, 『급유방』. 김신근 편, 『한국의약대계』 34, 여강출판사, 1993, 15-16쪽.

27. 특수한 지역적 상황을 중시하는 경향을 이헌길에서도 볼 수 있다. 그는 정약용을 마진으로부터 구하고, 그의 마진 연구의 결정적 동기를 제공한 인물이다. 이헌길은 같은 장소라도 시대에 따라 치료법이 달라질 수밖에 없다는 입장을 지녔으며, "내가 죽

은 뒤에는 나의 방문으로 진(疹)을 치료해서는 안 된다."고 말했다.(정약용, 『마과회통(麻科會通)』, 「오견편(吾見篇)」. 서울대학교 천연물과학연구소 편, 『마진기방·마진편·마과회통』, 1995, 391쪽.) 여기에는 세월이 지나면 운기가 바뀐다는 운기학(運氣學)적 견해가 깔려 있다.

28. 정조, 『홍재전서』 제179권 군서표기(羣書標記) 1 ○ 어정(御定) 1 수민묘전(壽民妙詮) 9권. 민족문화추진회, 『한국문집총간』 267, 2001, 494b.

29. 정조, 『홍재전서』 제184권, 군서표기(羣書標記) 6 ○ 명찬(命撰) 2 제중신편(濟衆新編) 9권 간본. 민족문화추진회, 『한국문집총간』 267, 580a~580b.

30. 황도연, 『의종손익』, 권1 「자서(自序)」. 김신근 편, 『한국의약대계』 25, 여강출판사, 1994, 5-6쪽.

31. 황도연, 『의종손익』, 권1 「자서(自序)」. 김신근 편, 『한국의약대계』 25, 여강출판사, 1994, 7쪽.

32. 황도연, 『의종손익』, 권1 「범례」. 김신근 편, 『한국의약대계』 25, 여강출판사, 1994, 28-31쪽.

33. 『동의수세보원』이란 말은 갑오구본(1894) 표지나 권제에 처음 기재되어 있다. 그렇지만 이제마 자신은 '의원론'에서 이 책을 『수세보원』이라 적었다. 또 함흥에 있는 이제마의 묘지명에는 『수세보원』으로만 기록되어 있다고 한다. 사정이 이렇기 때문에 이 책의 정확한 제목이 『수세보원』인지, 『동의수세보원』인지 하는 논란이 있다. 이런 내용은 오재근의 설명을 옮긴 것이다.

34. 이제마에 관한 논의는 신동원, 『조선사람 허준』, 229-232쪽을 참조했다.

35. 이제마, 『동의수세보원』, 「의원론(醫源論)」, 여강출판사 번역본, 1992, 65-66쪽.

11장 중국과 일본에서의 『동의보감』

1. 『朝鮮人筆談』 寫本 1책(京都大學医学部付屬圖書館 富士川文庫). "朝鮮通信使와 筆談―朝鮮人筆談 1636(寬永 13)년"의 冒頭에 「問朝鮮国医師白判事士立信甫」 또 본문에 「問朝鮮国権進士子敬」이 있다. 그것에 의하면 野間三竹(静軒)라는 인물이 寬永 13년 医員 白士立 및 史文学官 権(菊軒)과 問答하였을 때의 기록이다. ……医員 白士立에 대한 静軒의 짧은 질의응답이 7개 있다." 성해준, "野間三竹의 『北溪含豪』와 『明心寶鑑』", 『일어일문학』 41, 2009, 339쪽.

2. 김두종,『한국의학사』, 탐구당, 1981, 324쪽.

3. 田代和生,『江戶時代朝鮮藥材調査の研究』, 慶應大學出版會, 1999, 56쪽.

4. 笠谷和比古, "德川吉宗の享保改革と本草",『東アジアの本草と博物學の世界 下』, 思文閣出版, 2007, 4쪽.

5. 矢部一郎,『江戶の本草』, サイエス社, 1984, 82쪽.

6. 田代和生, 慶應大學出版會, 62쪽.

7. 笠谷和比古,『江戶の本草』, 4쪽.

8. 田代和生, 慶應大學出版會, 62쪽.

9. 田代和生, "享保改革期の朝鮮藥材調査", 慶應大學出版會, 53쪽.

10. 田代和生, 慶應大學出版會, 53쪽.

11. 원래 호겐(法眼)은 에도시대 승려에게 붙이던 관직명이었다. 그런데 당시에는 의사도 승려와 마찬가지로 방외인(方外人)으로 취급하여 원래는 승려에게 붙이는 관직명을 동일하게 의관에게도 적용했다. 실제로 의사도 승려와 마찬가지로 머리를 깎고 승려의 복색을 했다.

12. 박경련,「동의보감에 대한 서지적 연구: 특히 일·중 양국에의 전파경위와 그 두 나라에 끼친 영향을 중심으로 하여」, 청주대학교 석사학위논문, 2000, 65쪽,

13. 許浚,『訂正東醫寶鑑』 권1, 1890, [1b]~[3a]. (김남일 번역).

14. 이 책에는 藤原朝臣의 다음과 같은 서문이 달려 있다. "이에 醫官인 法眼 源元通에게 命하여 訓訂을 덧붙이고 인쇄하여 小臣에게 서문을 맡겼다. 살펴보건대, 의학도 또한 학문의 도이다. 그 가르침이 術이 많으나, 그 학문이 밝지 못하고서 그 術이 정미로운 경우가 없으니, 그 학문을 밝게 하고자 한다면 독서를 많이 하지 않을 수 없다. 近世의 의사들은 항상 '병을 치료할 따름이니, 어찌 반드시 독서한 다음에 병을 치료할 것인가.'라고 말하니, 어그러진 말이다. 병을 치료하는 법이 어찌 그 책의 밖에 있겠는가? 지금 의학의 기술이 있는 자들이 경험이 없는 것이 아닌데도 소견이 다르니, 소견이 다르면 의혹이 있고 어그러지게 된다. 그 폐단이 죽고 사는 큰일에 관계되는 것이므로 가히 삼가지 않을 것인가? 그 학문이 밝으면 의혹이 없을 것이고, 그 術이 정미롭다면 어그러지지 않을 것이다. 그 치료한 醫案이 분명한 것은 靑囊이 풍부한 자가 아니면 말하지 못할 것이다. 의학의 서적은 무릇 무수하니, 비록 넓게 본 사람이라 하더라도 감히 하루아침 하루저녁에 궁구하여 예측할 수 있겠는가? 더구나 재산을 의서 사는 데 쓰지 않는 무리가 어찌 능히 저장하여 축적시킬 수 있겠는가? 진실로 讀書한 然後에 병을 치료하면 數十年間의 헛수고들이 어찌 이익됨이 있겠는

가. 이 책이 사용된다면 이러한 누됨이 없을 것이다. 무릇 백성들의 질병이 사망을 면하여 위생의 도가 크게 후세에 보탬이 될 것이다." 許浚, 『訂正東醫寶鑑』 권1, 1a~3b. (김남일 번역).

15. 吉田裕和, "『東醫寶鑑』に對して─日本における受容の高まり", 第1回傳統醫療國際 Seminar 발표문, 2014년 7월 24일, 교토대학.

16. 吉田裕和, "『동의보감』이 일본에 미친 영향─에도중기를 중심으로", '『동의보감』을 중심으로 살펴본 동아시아 의과학 문명 전개에 대한 비교 연구' 세미나 자료집(번역문), 2013년 11월 23일, 35쪽.

17. 小曽戸 洋, 『日本漢方典籍辭典』, 大修館書店, 1999, 424-425쪽.

18. 다시로 가즈이(정성일 옮김), 『왜관』(논형, 2005). 268쪽.

19. 다시로 가즈이, 『왜관』, 291쪽. 하야시 료키에게 보내졌을 이 보고서의 행방은 현재 알려져 있지 않다.

20. 田代和生, "享保改革期の朝鮮藥材調査", 慶應大學出版會, 73쪽.

21. 다시로 가즈이, 『왜관』, 295-296쪽.

22. 다시로 가즈이, 『왜관』, 298-299쪽.

23. 『東醫寶鑑拔書』에 관한 내용은 신동원이 자료를 발굴해 보완한 것임을 밝힌다.

24. 『京都帝國大學富士川本目錄』, 1942, 109쪽.

25. 衛生先生, 『東醫寶鑑拔』, 권1, 권2.

26. 김형태, 『통신사의학관련 필담창화집 연구』(보고사, 2011), 151쪽.

27. 前田道伯, 『對麗筆語』, 出雲寺和泉椽, 1748, 11쪽.

28. 野呂實夫, 『朝鮮人筆談』, 1748, 발행지 미상. 김형태 역주, 『조선인필담·조선필담』, 보고사, 2014, 52쪽.

29. 橘元勳, 『韓客筆談』, 1719, 필사본. 김형태 역주, 『상한의문답·한객필담』, 보고사, 2014, 157-158쪽.

30. 丹羽貞机, 兩東筆語 1748, 필사본. 김형태 역주, 『양동필어』, 보고사, 2014, 224-225쪽.

31. 村上秀範 『和韓唱和附錄』, 浪華書林, 1748. 기태완 역주, 『화한창화록·화한창화부록』, 보고사, 2014, 288-289쪽.

32. 井敏卿, 『松菴筆語』, 1764, 발행지 미상, 16-17쪽.

33. 前田道伯, 『對麗筆語』, 出雲寺和泉椽, 1748, 12쪽.

34. 前田道伯, 『對麗筆語』, 34쪽.

35. 김호, "1763년 癸未 通信使와 日本 古學派 儒醫 龜井南冥의 만남", 『조선시대사학

보』47(2008), 83-119쪽.

36. 龜井南冥, 『南冥問答』, 『近世漢方醫學集成』 14 (大塚敬節·矢數道明, 名著出版, 1985), 414쪽.

37. 龜井南冥, 『南冥問答』, 『近世漢方醫學集成』 14 (大塚敬節·矢數道明, 名著出版, 1985), 414쪽.

38. 신동원, 『조선사람 허준』, 한겨레출판, 2001, 228-229쪽.

39. 畑柳安惟和, 『醫學院學範』 권3, 출판서지 불명, 43장.

40. 이 소절의 내용은 신동원, 『조선사람 허준』, 한겨레출판, 2001, 222-228쪽의 내용을 축약, 보완한 것이다.

41. 장문선, "『동의보감』이 중국의학에 미친 영향", 『구암학보』3(1993), 32쪽. 여기서 25 판을 찍은 것은 새롭게 다시 찍은 것이 아니라, 이전에 있었던 동일한 판본을 다른 방식으로 표기한 것이 많아서 더욱 정밀한 연구가 요청된다. 박경련 "동의보감의 국 내 및 국외에 있어서의 간행에 관한 고찰", 『의사학』, 9-2, 2000, 154-155쪽.

42. 최근에 중국학자 량윙쉬안(梁永宣)은 중국과 대만의 각 도서관에 소장되어 있는 『동의보감』 현황을 조사했다. 여기에는 중국에서 찍은 것 이외에도 조선에서 찍은 것, 일본에서 찍은 것까지 포함된다. 1949년 이전까지 중국에서는 32종의 다른 판본 이 존재했으며, 1949년 이후의 것으로 9종이 보인다. 현대판에는 원본 『동의보감』 이 외에 건강실용서 관련 서적 2종, 역사서적 1종이 같이 분류되어 있다. 梁永宣·黃英 華, "中國對『東醫寶鑑』的認識和研究", '동의보감'을 중심으로 살펴본 동아시아 의 과학 문명 전개에 대한 비교 연구' 세미나 자료집, 2012.11.17. 경희대, 113-115쪽.

43. 모리스 꾸랑, 『한국서지』(수정번역본), 일조각, 1994, 559쪽.

44. 장문선, "『동의보감』이 중국의학에 미친 영향", 32쪽에서 재인용.

45. 阎桂银, "王如尊手抄本《东医宝鉴》探讨", 『中华医史杂志』 32-3, 2002, 152쪽.

46. 阎桂银, "王如尊手抄本《东医宝鉴》探讨", 153-154쪽.

47. 능어(凌魚)의 『동의보감』 서문은 박지원의 『열하일기』에도 실려 있다. 박지원, 『연암 집』 권15, 「별집」, 열하일기, 구외이문(口外異聞). 민족문화추진회, 『한국문집총간』 252, 2000, 295c~296b.

48. 박경련 "동의보감의 국내 및 국외에 있어서의 간행에 관한 고찰", 152쪽.

49. 현재 중국에서 발견되는 1763년 판으로 壁魚堂沃根園 각본과, 同文堂 각본이 있는 데, 이 둘은 광동판의 1763년 원 판각을 활용해 그 연도로 발간 연도를 삼은 것으로 추정된다.

50. 「역대의방」의 86종 의서를 인용문헌으로 간주한 것이다.

51. 박경련 "동의보감의 국내 및 국외에 있어서의 간행에 관한 고찰", 157쪽.

52. 장문선, "『동의보감』이 중국의학에 미친 영향", 33쪽에서 재인용.

53. 이에 대한 정보는 한국한의학연구소의 안상우 연구원으로부터 얻었다.

54. 이에 대해서는 우리말로 된 것 중 홍원식 편저, 『중국의학사』(동양의학연구원, 1987), 8장(명대의 의학), 9장(청대의 의학)이 참고할 만하다.

55. 일본에서는 '『동의보감』을 의학의 표준으로 삼으라.'는 도쿠가와 막부의 입장도 있었지만, 이 책이 금원사대가 근세파의 추종에 불과하다는 고방파 의사들의 맹비난도 있었다.

56. 梁永宣·黃英華, "中國對『東醫寶鑑』的認識和研究", '『동의보감』을 중심으로 살펴본 동아시아 의과학 문명 전개에 대한 비교 연구' 세미나 자료집, 2012.11.17. 경희대, 123-124쪽.

에필로그_ 「동의보감」, 동아시아 의학, 세계 의학 1-15

1. 『히포크라테스 전집』의 내용과 그 형성 과정에 대해서는 다음의 글을 참조할 수 있다. 여인석·이기백 옮김, '해제'『히포크라테스 선집』, 나남, 2011, 227-259쪽.

2. 『황제내경』 자체에 대한 연구로는 다음의 연구서가 참고가 된다. 龍伯堅 지음/백정의·최일범 번역, 『황제내경개론(黃帝內經槪論)』, 논장, 1988. 그리고 『황제내경』과 히포크라테스 의학을 비교한 다음의 학위논문도 참고가 된다. 반덕진, 「히포크라테스 의학과 황제내경 의학의 건강 사상에 관한 비교연구」, 서울대학교 보건대학원 박사학위논문, 2004.

3. 일본에서는 『상한론』의 문헌학적·의학사적 연구와 더불어 임상적 측면의 연구도 활발하게 이루어지고 있다. 반면에 서양의 동아시아 의학사 연구자들 가운데 『상한론』에 관심을 갖고 연구하는 이들을 찾기는 어렵다. 대개는 이론적 성격이 강한 『황제내경』에 더욱 많은 관심을 가지고 있으며, 현재까지의 연구 성과도 그러하다. 이는 『상한론』이 임상서이기 때문이다. 『상한론』에 근거한 임상적 실천이 살아 있는 전통으로 존재하지 않는 서구 사회에서 『상한론』에 대한 연구를 하기는 쉽지 않기 때문일 것이다.

4. 중국의 본초서에 대해서는 다음의 책에 잘 정리가 되어 있다. 岡西爲人, 『本草槪說』, 創元社, 1977. 49-53쪽. 이 밖에 山田慶兒, 『中国医学の起源』(岩波書店, 1999)도 중국

의 본초 역사를 초기 형성기를 중심으로 잘 설명하고 있다.

5. Robert T. Gunter, *The Greek Herbal of Dioscorides* (New York, 1959).

6. Danielle Jacquart, *L'Épopéde la science arabe* (Découvertes Gallimard, 2006), pp.66~69.

7. 헬레니즘 시대 각 의학파들의 대립에 대해서는 다음의 논문이 참고가 된다. 여인석, "철학과의 관계에서 본 의학적 합리성의 기원", 『서양고전학연구』25 (2006), 93-119쪽.

8. 이에 대한 유일한 현대어 완역본은 19세기 프랑스에서 나왔다. Oribase, *traduit par Bussemaker et Daremberg, Oeuvres D'Oribase* I~V, L'Imprimerie Nationale, 1851~1862.

9. 아랍 의학사에 대한 개설서로는 다음의 책이 있다. Manfred Ullmann, *Islamic Medicine* (Edinburgh University Press, 1997).

10. Danielle Jacquart et Françoise Micheau, *La médecine arabe et l'occident médiéval* (Maisonneuve et Larose, 1990), p.43.

11. 예를 들어 질병의 원인에 대한 논의에서 갈레노스는 스토아학파의 원인론을 받아들이지만 아비첸나는 아리스토텔레스의 4원인(질료인, 형상인, 작용인, 목적인)론을 의학에 수용한다.

12. Paul Mazliak, *Avicenne et Averroès* (Vuibert/Adapt, 2007), pp.45-50.

13. Avicenna, *The Canon of Medicine* (Great Books of the Islamic World, Inc., 1999), p.3.

14. 서양에서도 맥진은 고중세 의학에서 중요하게 여겨진 진단법이었다. 『의학정전』에서는 약 60여 개의 맥상을 구별하고 있다.

15. Mazliak, *Avicenne et Averroès*, Vuibert/Adapt, 2007. p.50.

표 일람

〈표 1〉 허준의 가계도

〈표 2〉 천지인 삼재의 합일에 따른 신체관

〈표 3〉『동의보감』을 비롯한 주요 의서의 편제 비교

〈표 4〉『동의보감』의 내상문 세목

〈표 5〉 외과 서적

〈표 6〉 부인과 전문 서적

〈표 7〉 소아과 전문 서적

〈표 8〉『동의보감』 양생서 인용

〈표 9〉『동의보감』에 인용된 조선(고려) 의서

〈부표〉『동의보감』 인용 출처

도판 일람

〈그림 1〉 구암 허준 동상, 중국 상하이 중의약대 포둥 캠퍼스의 허준 동상

〈그림 2〉『동의보감』 영영개간(嶺營開刊) 목판본

〈그림 3〉『동의보감』 청대 부춘당장판, 『동의보감』 일본원각 중국번각판

〈그림 4〉 국보『동의보감』 규장각본 표지와 '내사기'

〈그림 5〉『향약구급방』

〈그림 6〉『향약집성방』

〈그림 7〉『의방유취』 초간본

〈그림 8〉『의림촬요』

〈참고문헌〉

1.역사 일반 사료

『경국대전(經國大典)』

『고려사(高麗史)』

『대명률집해(大明律集解)』

『대전회통(大典會通)』

『동문선(東文選)』(서거정)

『묵재일기(默齋日記)』(이문건)

『미암일기(眉巖日記)』(유희춘)

『사기(史記)』

『삼국사기(三國史記)』

『성호사설(星湖僿說)』(이익)

『성호사설유선(星湖僿說類選)』(안정복)

『수민묘전(壽民妙詮)』(정조)

『승정원일기(承政院日記)』

『양촌선생문집(陽村先生文集)』(권근)

『연암집(燕巖集)』(박지원)

『육전조례(六典條例)』

『이락정집(二樂亭集)』(신용개)

『장성읍지(長城邑誌)』(규장각)

『조선시대잡과합격자총람(朝鮮時代雜科合格者總覽)』(한국정신문화연구원, 1990.).

『조선왕조실록(朝鮮王朝實錄)』

『지봉유설(芝峯類說)』(이수광)

『청장관전서(靑莊館全書)』(이덕무)

『퇴계집(退溪集)』(이황)

『패관잡기(稗官雜記)』(어숙권)

『해동문헌총록(海東文獻總錄)』(김휴)

『홍재전서(弘齋全書)』(정조)

『소재집(穌齋集)』(노수신)

『欽定四庫全書』

『對麗筆語』(前田道伯, 出雲寺和泉椽, 1748)

『松菴筆語』(井敏卿, 발행지 미상, 1764)

『醫學院學範』(畑柳安惟和, 출판서지 불명.

2. 의학서적

『한국의약대계』1~50(김신근 편, 여강출판사 영인본, 1994).

『近世漢方醫學集成』(大塚敬節·矢數道明, 名著出版, 1985),

『격치여론(格致餘論)』(주진형)

『구급이해방(救急易解方)』(윤필상 등)

『국방발휘(局方發揮)』(주진형)

『금궤옥함경(金匱玉函經)』(장중경)

『급유방(及幼方)』(조정준)

『난실비록(蘭室秘錄)』(이동원)

『내외상변혹론(內外傷辨惑論)』(이동원)

『대전본초(大全本草)』

『동원처방용약지장진주낭(東垣處方用藥指掌珍珠囊)』

『동의보감(東醫寶監)』(허준)

『동의보감』(북역본, 여강출판사, 1994)

『동의보감』(동의과학연구소 옮김, 휴머니스트, 2002)

『东医宝鉴』(郭靄春 注釋, 中国中医药出版社, 2013)

『東醫寶鑑拔』(衛生先生, 출판서지 미상)

『동의수세보원(東醫壽世保元)』(이제마)

『동인경(銅人經)』(왕유일)

『마과회통(麻科會通)』(정약용)『마진기방(麻疹奇方)·마진편(麻疹篇)·마과회통(麻科會通)』(서울대학교 천연물과학연구소 편, 1995)

『만병회춘(萬病回春)』(공정현)

『맥경(脈經)』(왕숙화)

『벽역신방(辟疫新方)』(허준)

『보주석문황제내경소문(補註釋文黃帝內經素問)』

『본초괄요(本草括要)』(장선)

『부인대전양방(婦人大全良方)』(진자명)

『분문온역이해방(分門瘟疫易解方)』(김안국 등)

『비위론(脾胃論)』(이동원)

『상한론(傷寒論)』(장중경)

『성제총록(聖濟總錄)』

『소문(素問)』

『소아소씨병원(小兒巢氏病源)』

『소아약증병원일십팔론(小兒藥證病源一十八論)』(유경유 찬)

『신찬구급간이방(新撰救急簡易方)』

『신찬벽온방(新撰辟瘟方)』(허준)

『심인감주경(心印紺珠經)』(이탕경)

『언해두창집요(諺解痘瘡集要)』(허준)

『외대비요(外臺秘要)』(왕도)

『위생보감(衛生寶鑑)』(나천익)

『유문사친(儒門事親)』(장자화)

『의림촬요(醫林撮要)』(양예수)

『의림촬요속집(醫林撮要續集)』

『의방유취(醫方類聚)』

『의종손익(醫宗損益)』(황도연)

『의학입문(醫學入門)』(이천)

『제병원후론(諸病源候論)』(소원방)

『제중신편(濟衆新編)』(강명길)

『직지방(直指方)』(양사영)

『차사난지(此事難知)』(왕호고)

『찬도방론맥결집성(纂圖方論脈訣集成)』(허준)

『창진집(直訣瘡疹集)』

『촌가구급방(村家救急方)』(김정국)

『침경요결(鍼經要訣)』(유성룡)

『탕액본초(湯液本草)』(왕호고)

『태평성혜방(太平聖惠方)』

『태평혜민화제국방(太平惠民和劑局方)』

『향약구급방(鄕藥救急方)』

『활인심법(活人心法)』(주권)

『황제내경(黃帝內經)』

3. 디지털 아카이브

한국한의학연구원 한의고전명저총서(https://www.kiom.re.kr)

국립도서관(http://www.nl.go.kr/nl/index.jsp)

규장각한국학연구원(http://e-kyujanggak.snu.ac.kr/search/e-kyu.jsp)

왕실도서관 장서각 디지털 아카이브(http://yoksa.aks.ac.kr)

학술연구정보서비스(http://www.riss.kr/index.do)

한국 브리태니커(http://www.britannica.co.kr)

한국고전번역원(http://www.itkc.or.kr), 구 민족문화추진회(www.minchu.or.kr)

한국민족문화대백과사전(http://encykorea.aks.ac.kr/Contents/Index)

한국어 위키백과(http://ko.wikipedia.org)

한국역사정보통합시스템(http://koreanhistory.or.kr)

4. 단행본

기태완 역주, 『화한창화록·화한창화부록』, 보고사, 2014.

김두종,『한국고인쇄기술사』, 탐구당, 1981.

김두종,『한국의학문화대연표』, 탐구당, 1966.

김두종,『한국의학사』, 탐구당, 1981.

김문웅,『역주 신선태을자금단 간이벽온방 벽온신방』, 세종사업기념회, 2009.

김신근,『한국약서고(韓醫藥書攷)』, 서울대출판부, 1987.

김형태 역주,『상한의문답·한객필담』, 보고사, 2014.

김형태 역주,『양동필어』, 보고사, 2014.

김형태 역주,『조선인필담·조선필담』, 보고사, 2014.

김형태,『통신사의학관련 필담창화집 연구』, 보고사, 2011.

김호,『허준의 동의보감 연구』, 일조각, 2000.

다시로 가즈이, 정성일 옮김,『왜관』, 논형, 2005.

동양의학대사전 편찬위원회,『동양의학대사전』, 경희대학교 출판국, 1999.

방동인,『향토사연구자료총서』 1, 한강사, 1994.

신동원,『조선사람 허준』, 한겨레출판, 2001.

신동원·김남일·여인석,『한권으로 읽는 동의보감』, 들녘, 1999.

여인석·이기백 옮김,『히포크라테스 선집』, 나남, 2011.

이능화,『조선도교사』, 보성문화사, 1977.

이선아 등 6인 저,『역대의학인물열전』, 한국한의학연구원, 2007.

천혜봉,『한국목활자본』, 범우사, 1993.

한의학대학사전편찬위원회,『한의학대사전』(의사문헌편), 동양의학연구원 출판부, 1985.

허균,『한국의 정원 선비가 거닐던 세계』, 다른세상, 2007.

홍원식,『중국의학사』, 동양의학연구원, 1987.

賈得道,『中國醫學史略』, 山西人民出版社, 1979.

丹波元胤,『中國醫籍考』, 人民衛生出版社, 1983.

方春陽 主編,『中國氣功大成』, 吉林科學出版社, 1989.

吳楓·高振鐸 編,『中華古文獻大辭典 醫藥卷』, 1989.

吳楓·高振鐸 編,『中華古文獻大辭典 醫藥卷』, 吉林文史出版社, 1990.

崔秀漢,『朝鮮醫籍通考』, 中國中醫藥出版社, 1996.

傅維康, 李經緯 主編,『中國醫學通史: 文物圖譜卷』, 人民衛生出版社, 2000

黃龍祥 主編,『中國鍼灸史圖鑑』, 靑島出版社, 2002.

三木榮,『朝鮮醫書誌』, 學術院圖書刊行會刊, 1956.

三木榮,『朝鮮醫學史及疾病史』, 富士精版印刷, 1963.

三木榮,『朝鮮醫事年表』, 思文閣出版, 1985.

岡西爲人,『本草概說』, 創元社, 1977.

矢部一郎,『江戶の本草』, サイエス社, 1984.

坂出祥伸,『道教と養生思想』, ペリカン社, 1992.

田代和生,『江戶時代 朝鮮藥材調査の研究』, 慶應大學出版會, 1999.

山田慶兒,『中国医学の起源』, 岩波書店, 1999.

山田慶兒,『東アジアの本草と博物學の世界』, 思文閣出版, 2007.

Avicenna, *The Canon of Medicine*, Great Books of the Islamic World, Inc., 1999.

Gunter, Robert T., *The Greek Herbal of Dioscorides*, Hafner Pub. Co., 1959.

Jacquart, Danielle et Micheau, Françoise, *La médecine arabe et l'occident médiéval*, Maisonneuve et Larose, 1990.

Jacquart, Danielle, *L'Épopéde la science arabe*, Découvertes Gallimard, 2006.

Mazliak, Paul, Avicenne et Averroés, Vuibert/Adapt, 2007.

Oribase, traduit par Bussemaker et Daremberg, Oeuvres D'Oribase I~V, L'Imprimerie Nationale, 1851~1862.

Ullmann, Manfred , *Islamic Medicine*, Edinburgh University Press, 1997.

Unschuld, Paul U., *Medical Ethics in Imperial China*, University of California Press, 1979.

5. 논문

강혁준, "『東醫寶鑑』 方劑引文與『千金方』原文的比較分析", 『한국의사학회지』21-1, 2008.

강혁준, "『東醫寶鑑』 方劑引文與代表性中医原著比较研究", 『한국의사학회지』22-1, 2009.

국윤욱, 「동의보감 옹저론(상)의 인용문헌에 대한 연구」, 우석대 한의학과 석사논문,

2004.

김남일, "『東醫寶鑑』滋陰論의 醫易學的 해석", 『한국의사학회지』13-2, 2000.

김남일, "『동의보감』을 통해 살펴본 허준의 醫易思想", 『한국의사학회지』12-2, 1999.

김남일, "『동의보감』의 『소문현기원병식』 五運主病의 운용", 『한국의사학회지』13-1, 2000.

김대형·차웅석·김남일, "『東醫寶鑑』身形門의 도가사상에 대한 고찰", 『한국의사학회지』15-2, 2002.

김성수, 「조선시대 의료체계와『동의보감』」, 경희대학교 박사학위논문, 2006.

김의태·김남일, "『東醫寶鑑』에 인용된 張從正의 醫論 研究", 『한국의사학회지』14-1, 2001.

김중권, "『언해구급방』의 서지학적 연구", 『서지학연구』10, 1994.

김호, "1763년 癸未 通信使와 日本 古學派 儒醫 龜井南冥의 만남", 『조선시대사학보』47, 2008.

김호, "조선중기 사회와 허준의『동의보감』", 『역사비평』27, 1994.

김홍균, 「醫林撮要擦要의 醫史學的 研究: 저자, 판본, 구성, 인용문헌 등을 중심으로」, 경희대 박사학위논문, 2000.

문영옥, 「『동의보감』오장 육부 연관문의 인용문에 대한 연구」, 원광대 한의학전문대학원 석사논문, 2010.

박경련, 「동의보감에 대한 서지적 연구: 특히 일·중 양국에의 전파경위와 그 두 나라에 끼친 영향을 중심으로 하여」, 청주대학교 석사학위논문, 2000.

박경련 "東醫寶鑑의 國內및 國外에 있어서의 刊行에 관한 考察", 『의사학』, 9-2, 2000.

박성규·김수중·김남일, "許浚의 自然觀—『東醫寶鑑』을 중심으로—", 『한국의사학회지』18-2, 2005.

박성규·차웅석·김남일, "韓醫學的 人間觀—『東醫寶鑑』을 중심으로—", 『한국의사학회지』21-2, 2008.

반덕진, 「히포크라테스 의학과 황제내경 의학의 건강 사상에 관한 비교연구」, 서울대학교 보건대학원 박사학위논문, 2004.

배현숙, "柳希春이 版刻을 主導한 書籍에 관한 研究", 『한국도서관정보학회지』34, 2003.

성해준, "野間三竹의『北溪含豪』와『明心寶鑑』", 『일어일문학』41, 2009.

성호준, 「『동의보감』의 철학적 연구: 유학과 도교사상을 중심으로」, 성균관대학교 박사학위논문, 2001.

소진백, "동의보감에 보이는 단계담음론의 『의사학』적 고찰", 『한국의사학회지』15-1,

2002.

신동원, "이황의 의술과 퇴계 시대의 의학", 『퇴계학논집』6, 2010.

신동원, "조선후기 의원의 존재양태", 『한국과학사학회지』26-2, 2004.

신동원, "朱熹와 연단술: 『周易參同契考異』의 내용과 성격", 『한국의사학회지』14-2, 2001.

신동원, "한국 의료윤리의 역사", 『의사학』9-2, 1999.

신동원. "『東醫寶鑑』의 歷代醫方'은 과연 인용문헌을 적은 것인가?", 『한국보건사학회지』3, 1995.

안상우, "『동의보감』의 '유취' 인용문에 대한 고찰", 『한국의사학회지』13-1, 2000.

안상우, "『醫方類聚』가 『東醫寶鑑』편찬에 미친 영향", 『한국의사학회지』13-2, 2000.

안상우, 「고의서산책」 28, 『민족의학신문』, 2000.4.10.

梁永宣·黃英華, "中國對『東醫寶鑑』的認識和研究", 『동의보감』을 중심으로 살펴본 동아시아 의과학 문명 전개에 대한 비교 연구 컨퍼런스 발표집, 2012.11

여인석, "동의보감에 나타난 기생충 질환", 『의사학』2-2, 1993.

오준호·차웅석·김남일, "『東醫寶鑑』鍼灸篇의 醫史學的 考察―「内景篇」에 나타난 鍼灸法을 중심으로―", 『한국의사학회지』17-1, 2003.

오준호·차웅석·김남일, "『東醫寶鑑』鍼灸篇의 醫史學的 考察(2) ―「外形篇」에 나타난 鍼灸法을 중심으로―", 『한국의사학회지』17-2, 2004.

오준호·차웅석·김남일·안상우, "『東醫寶鑑』鍼灸法의 選穴方法 고찰", 『한국의사학회지』18-2, 2005.

우정임, "『미암일기』를 통해 본 유희춘의 서적교류와 지방판본의 유통", 『지역과 역사』26, 2010.

유명숙·차웅석·김남일, "『東醫寶鑑』에 나타난 錢乙의 五臟辨證 研究", 『한국의사학회지』17-1, 2004.

이주혜, "『東醫寶鑑』雜病篇 [寒]문 傷寒 중 太陽病에 대한 고찰", 『한국의사학회지』13-2, 2000.

이혁재·차웅석·김남일, "『東醫寶鑑』『序』와 『集例』에 대한 고찰", 『한국의사학회지』17-2, 2004.

장문선, "『동의보감』이 중국의학에 미친 영향", 『구암학보』3, 1993.

정석기·차웅석·김남일, "『東醫寶鑑』〈咳嗽門〉의 醫論에 대한 의사학적 고찰", 『한국의사학회지』19-1, 2006.

정우열, "『동의보감』의 질병분류에 대한 연구", 『동의병리학』13-1~16-2, 1999~2002.

정우열·전병훈·이진홍, "동의보감의 신형장부도와 허준의 의학사상", 『동의병리학회지』 10-2, 1996.

정은아·김남일, "許浚의 『諺解胎産集要』에 對한 研究", 『한국의사학회지』15-2, 2002.

조원준, 「17세기 초 조선에서 유행한 '당독역'에 대한 연구: 허준의 『벽역신방』을 중심으로」, 원광대 박사학위논문, 2004.

차웅석, "중국의 『의학입문』이 한국의 『동의보감』에 미친 영향", 『한국의사학회지』13-1, 2000.

최현배, 「『동의보감』 오관 연관문의 인용문에 대한 연구」, 원광대 한의학전문대학원 석사논문, 2013.

하정용, "內醫院字本 研究의 諸問題: 『東醫寶鑑』 研究를 위한 先行課題", 『의사학』17-1, 2008.

한봉재·차웅석·김남일, "『東醫寶鑑』의 望診圖像에 관한 연구", 『한국의사학회지』22-1, 2009.

한창현·박상영·권오민·안상영·안상우, "국내 한의학 학술지에 발표된 동의보감 연구현황조사", 『한국한의학』22-2, 2009.

허정, "『동의보감』의 보건사적 연구", 『한국보건사학회지』2-1, 1991.

허정, 『동의보감』의 보건사적 연구(1), 『한국보건사학회지』2-1,

허종·안상우, "『纂圖方論脈訣集成』 편찬과 朝鮮中期의 脈學의 成就", 『한국의사학회지』 15-2, 2002.

金南一, "『東医宝鑑』と韓国の韓医学", 『한국의사학회지』17-2, 2004.

阎桂银, "王如尊手抄本《东医宝鉴》探讨", 『中华医史杂志』32-3, 2002.

朱建平, "『東醫寶鑑』方劑学内容的初步研究", 『한국의사학회지』20-2, 2007.

梁永宣·黄英華, "中國對『東醫寶鑑』的認識和研究", '『동의보감』을 중심으로 살펴본 동아시아 의과학 문명 전개에 대한 비교 연구' 세미나 자료집, 2012.11.17. 경희대

吉田裕和, "『동의보감』이 일본에 미친 영향—에도중기를 중심으로", '『동의보감』을 중심으로 살펴본 동아시아 의과학 문명 전개에 대한 비교 연구' 세미나 자료집(번역문), 2013년 11월 23일.

Shin, Dongwon, The Characteristics of Joseon Medicine: Discourses on the Body, Illustration and Dissection, *The Review of Korean Studies*, vol.13, No. 1, 2010.

찾아보기

Contents in English

Donguibogam and the History of Medicine in East Asia:
How a Compilation Led to a Universal Synthesis of Medical Knowledge

Prologue: Why *Donguibogam* (Treasured collections of Eastern medicine, 1613)?

Part I: The Birth of *Donguibogam*, its Background, and Process
Chapter 1: Growth in Medical and Intellectual Capabilities since the Establishment of the Joseon Dynasty
Chapter 2: Spreading of the *Yangsaeng* (Health Preservation) Culture among the Literati Class since the Beginning of the Joseon Dynasty
Chapter 3: Emergence and Prominent Activities of Court Physician Heo Jun
Chapter 4: Social Environment for the Appearance of *Donguibogam*
Chapter 5: Compilation and Publication of *Donguibogam*

Part II: *Donguibogam*, the Model for East Asian Medicine
Chapter 6: Task of Overcoming Confusion in Medicine since the Jin and Yuan Dynasties in China
Chapter 7: Project for the Establishment of Medicine Based on the Universal Understanding of Anatomy of the Body and Its Internal Organs
Chapter 8: Establishment of the Model for East Asian Medicine
Chapter 9: Synthesizing East Asian Medicine

Part III: After the Publication of *Donguibogam*
Chapter 10: *Donguibogam* and the Development of 'Eastern Medicine' Tradition in Joseon
Chapter 11: Joseon in China and Japan

Conclusion

Epilogue: Joseon, East Asian Medicine, and World Medicine